Vergessene Pfade
Chiemgauer Alpen

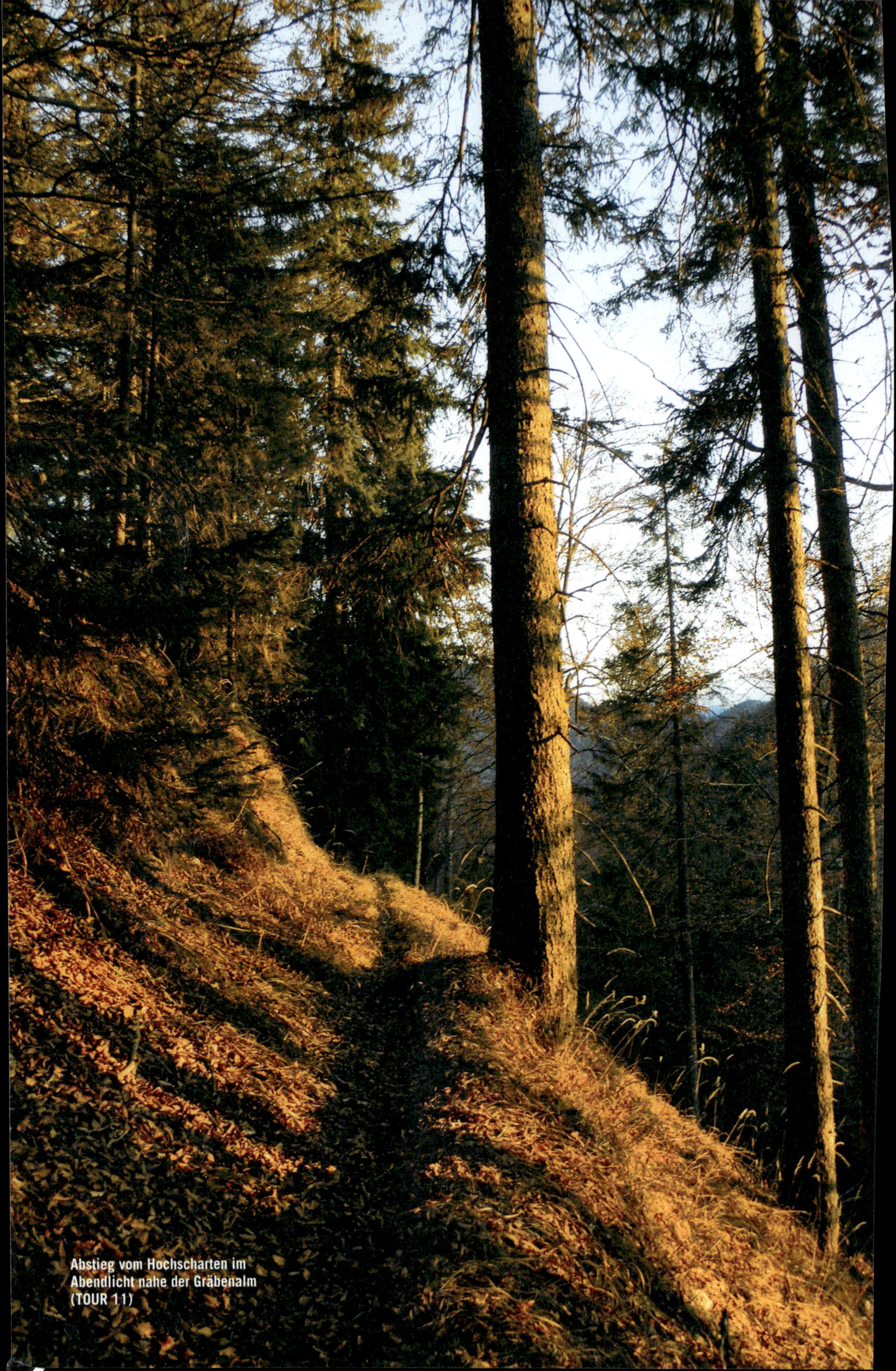

Abstieg vom Hochscharten im Abendlicht nahe der Gräbenalm (TOUR 11)

Michael Kleemann

Vergessene Pfade
CHIEMGAUER ALPEN

40 außergewöhnliche Touren abseits des Trubels

BRUCKMANN

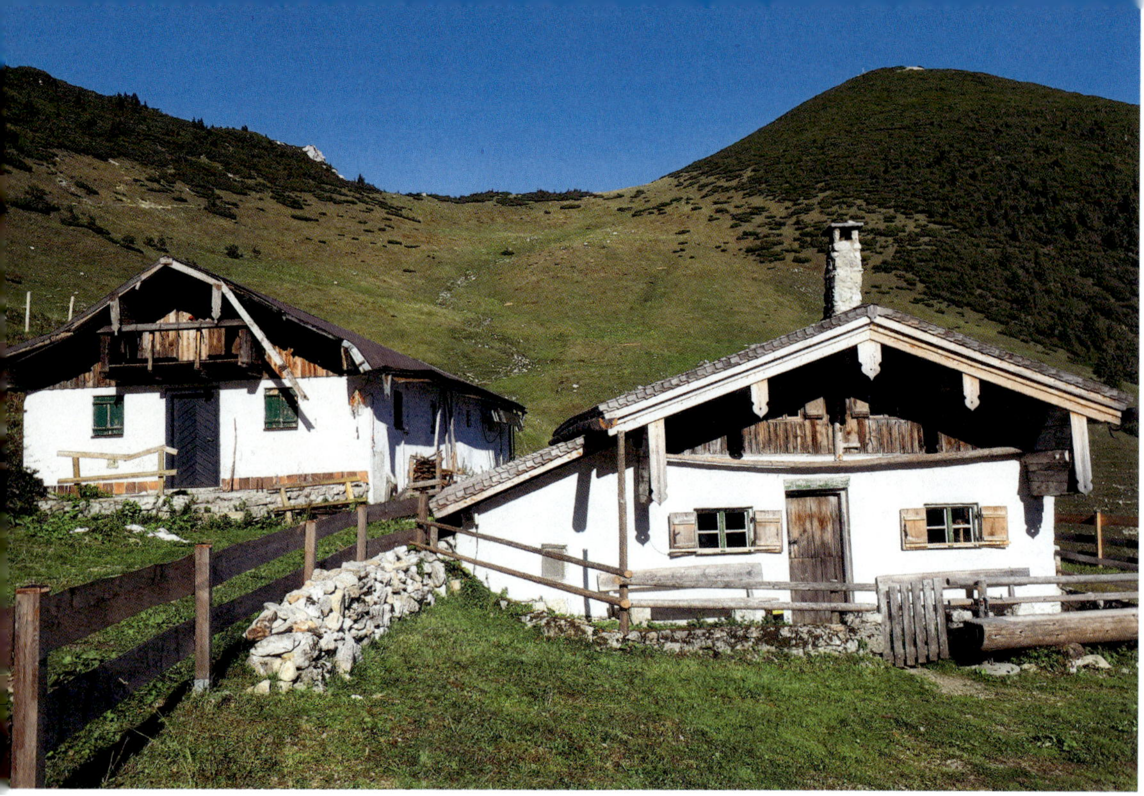

Idyllisch gelegen: Die Oberkaseralm unter dem Geigelstein (TOUR 30)

Aus alter Zeit, neu aufgebracht: Schild der Predigtstuhlbahn (TOUR 6)

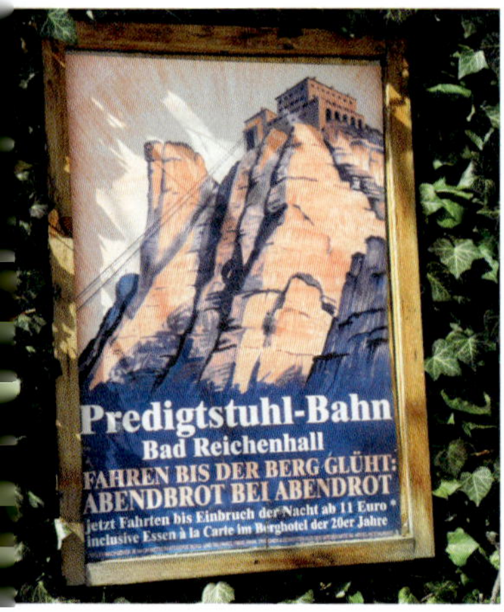

Chiemgauer Alpen

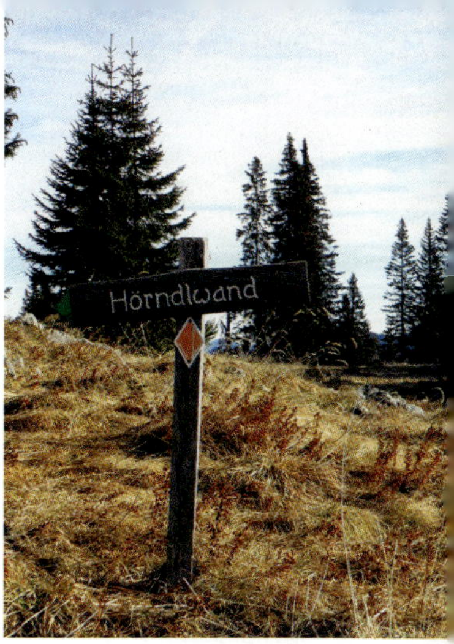

Es ist nicht mehr weit zur Hörndlwand (TOUR 10).

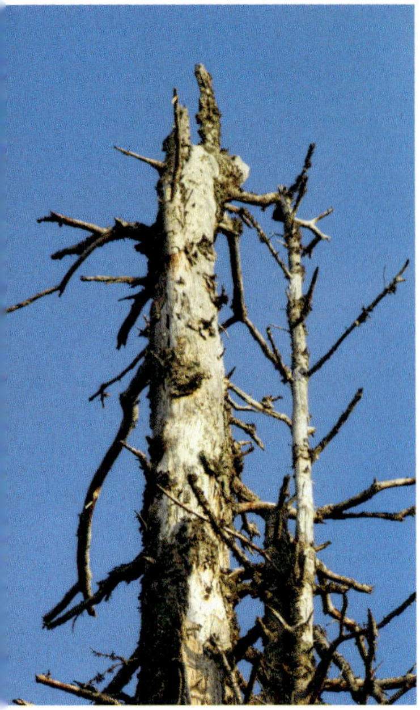

Totholz oder Kunstwerk? (TOUR 28)

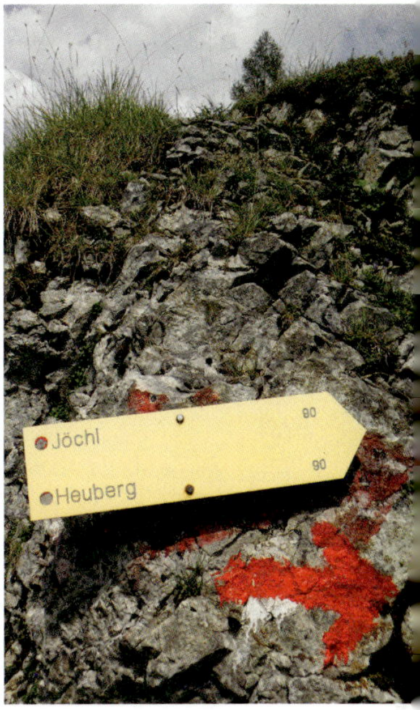

Wegweiser zum Glück (TOUR 32)

Sommeridylle bei Walchsee mit Blick auf den Zahmen Kaiser (li.)
Stiller Vorgipfel im Zahmen Kaiser: der Heuberg (re.) (beide TOUR 32)

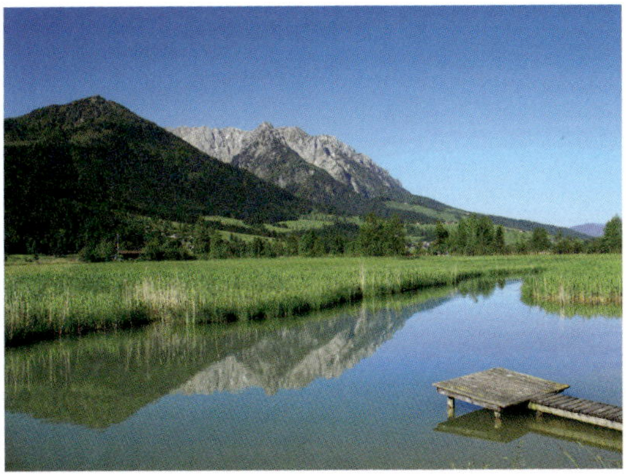

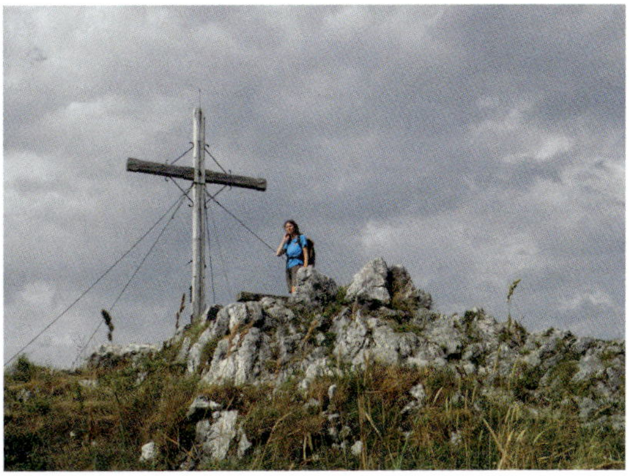

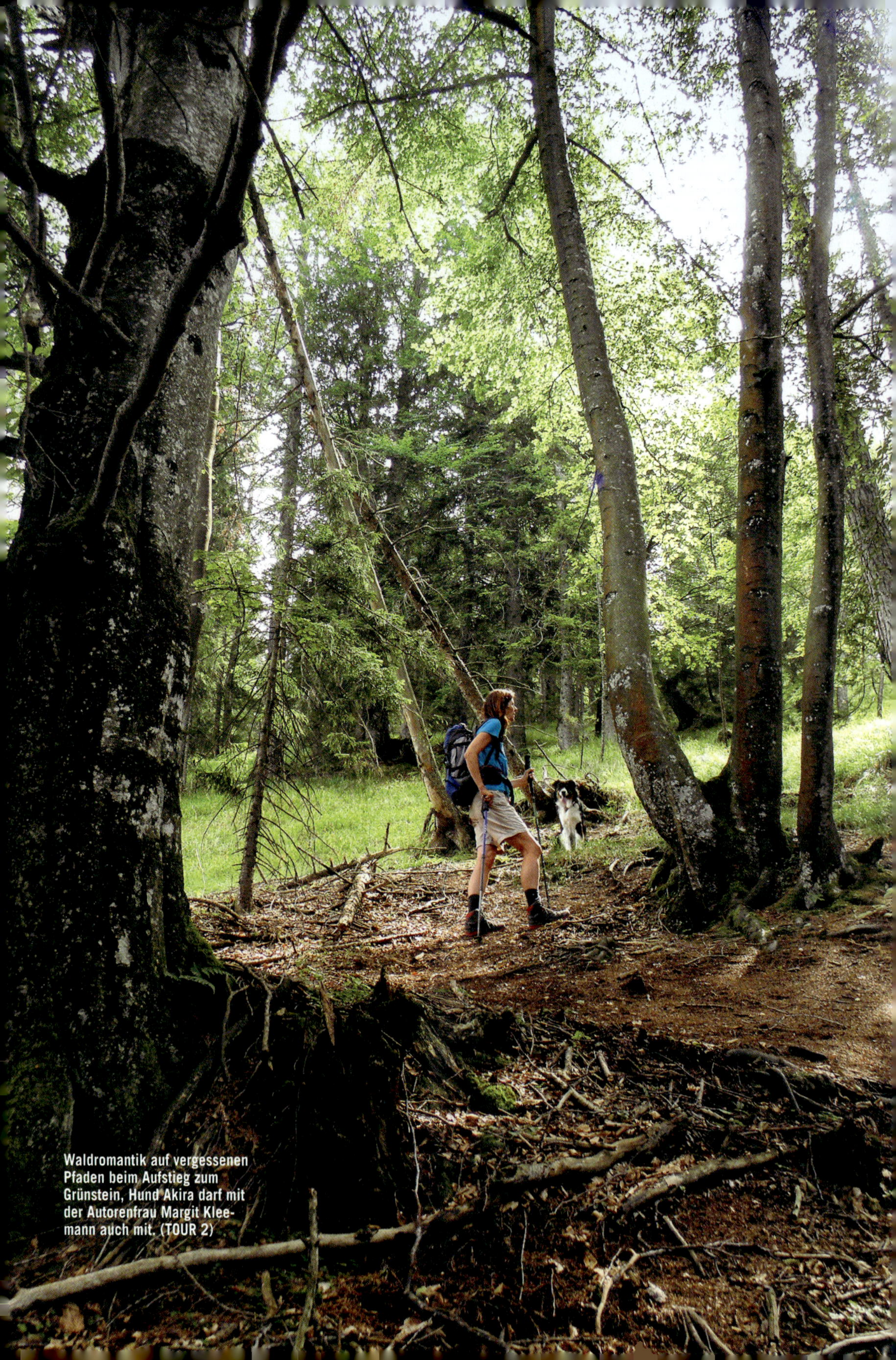

Waldromantik auf vergessenen Pfaden beim Aufstieg zum Grünstein, Hund Akira darf mit der Autorenfrau Margit Kleemann auch mit. (TOUR 2)

Vorwort

Es kann wohl kaum eine schönere Arbeit geben, als auf »vergessenen Pfaden« durch die Berge zu streifen. Und immer lag bei dieser Recherche in den entlegensten Regionen der Chiemgauer Alpen, aber auch in den Berchtesgadener Alpen, dem Kaisergebirge und dem Mangfallgebirge, Spannung in der Luft, denn man weiß ja nicht, ob der »vergessene Pfad« auch an das Ziel führt, um Ihnen, liebe Leserinnen und Leser, eine interessante Wanderung anbieten zu können. Besonders in den Chiemgauer Alpen zogen die Pfade oft durch die Steilhänge, und manchmal endete der Weg auch einfach im Nirwana. Das heißt im Windbruch oder ich stand vor einem Abbruch des Weges, der keine Umgehung ermöglichte, weil die Hänge rundherum einfach zu steil waren. Schließlich sollten die »vergessenen Pfade« ja immer noch begehbar sein – auch bei der erforderlichen Trittsicherheit. Dann hieß es, sich an den Rückzug zu machen, um an anderer Stelle wieder aufs Neue sein Glück zu versuchen.

Oftmals streifte ich stundenlang alleine durch die Bergwälder. Man hatte manchmal den Eindruck, sich in einer Parallelwelt zu befinden. Im gleichmäßigen Schritt glitten die Gedanken ab. Ich dachte an die noch verbliebenen Urwälder dieser Erde, genoss es dabei, wenn das Licht der Sonne durch das Dach der Baumkronen drang. Dann dachte ich wieder an Alltägliches: Reicht der Proviant? Wo ist die nächste Wasserquelle? Komme ich bei Tageslicht noch rechtzeitig ins Tal? Oh weh, ich habe heute meine Stirnlampe vergessen. Ich kam noch jedes Mal in der Dämmerung an mein Auto am Parkplatz. Oft waren es nette Wanderer, die meine Not erkannten und mich ein Stück mitnahmen, was als Anhalter an der Straße wohl nicht möglich gewesen wäre. Verschwitzt, mit Stöcken und einem Kopftuch bewaffnet, manchmal auch schon ganz schön müde. So einen nimmt man nicht mit, das würde ich wahrscheinlich auch nicht machen. Aber so sieht man eben aus, wenn man sich stundenlang im Schoß von Mutter Natur bewegt hat. Abends, noch von der Tour bewegt, habe ich bis tief in die Nacht alles niedergeschrieben. Ein paar Stunden Schlaf danach, um am nächsten Tag neuerlich seiner Sucht zu frönen. Irgendeinem schmalen Pfad zu folgen, kaum einsehbar. Irgendjemand hat mir da etwas erzählt, oder der Weg ist in Ansätzen auf einer der topografischen Karten zu finden gewesen. Jahrzehnte alt, bevor man ihn auf den neuen Karten ausradiert hat. Für immer verschwunden? Nein! Hier sind sie – wieder entdeckt und detailliert beschrieben, damit sie noch lange weiterleben.

In diesem Sinne wünsche ich Ihnen, liebe Leserinnen und Leser, Ihre ganz eigenen alpinen Glücksmomente auf den »vergessenen Pfaden«.

Bad Aibling, im März 2020 und 2022

Ihr Michael Kleemann

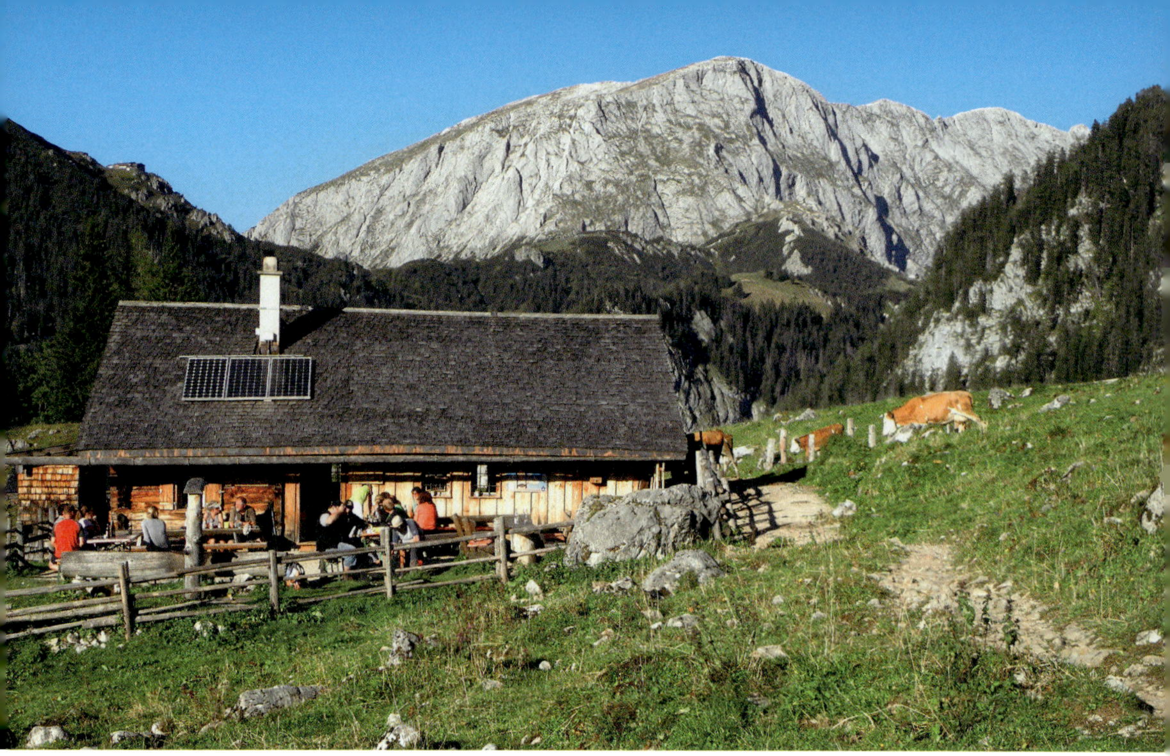

Eine richtige Alm: Die Priesbergalm mit dem Hohen Brett (TOUR 1)

Einleitung

Warum werden Pfade »vergessen«?

Früher war es wichtig, gut zu Fuß in den Bergen voranzukommen. Ein ganzes Wegenetz an Pfaden und Steigen zog sich durch die Bergregionen der Chiemgauer Alpen und durch die angrenzenden Gebirgsregionen, um Jagdhütten, aber auch um die Diensthütten der einzelnen Forstämter miteinander zu verbinden. So konnte man auf diesen Pfaden auch größere Wegstrecken zurücklegen. Heute werden solche Wege nicht mehr oder nur noch vereinzelt benötigt. Forststraßen durchschneiden ganze Bergflanken und machen quasi jede Alm und Diensthütte mit dem Jeep erreichbar. Das bedeutet auch, dass diese Forststraßen die Pfade regelrecht zerschneiden. Gelangt man von einem Pfad auf eine querende Forststraße, ist es oft schwer, den Verlauf des Weges auf der anderen Seite der Forststraße zu erkennen. Geht es mehreren Wanderern so, dann verwächst der Weg zusehends, und es dauert nicht lange, bis der Weg schon nach zwei bis drei Jahren nicht mehr zu finden ist. So gesehen sind es im wahrsten Sinne des Wortes »vergessene Pfade«.

Zu welchem Zweck sind die »vergessenen Pfade« entstanden und haben sie noch eine Zukunft?

Neben den oben erwähnten Verbindungssteigen zu Forst- und Jagdhütten erschlossen diese Wege auch Almen. Um mit dem Vieh und den Tragetieren hier heraufzukommen, führten die Wege in angenehmer, gleichmäßiger Steigung und in vielen Kehren bergauf. Sie waren zudem als Reitwege bekannt. Auch die königliche Gesellschaft wollte sich hier heraufbringen lassen. Vereinzelt wurden sogar Wege, zum Beispiel für König Ludwig II. angelegt, so etwa um die Soiernkessel-Umrandung. Nur noch bruchstückhaft sind manche dieser alten Steige zu erkennen. Daneben gibt es auch sogenannte Wartungswege, wenn beispielsweise Wasser aus einer Quelle mittels Rohrleitungen in das Tal gebracht wurde. Diese Wege sind bis heute noch gut erhalten, da sie ja aus wirtschaftlichen Gründen gewartet werden müssen. Auch gibt es ehemals markierte Wanderwege, die aus verschiedenen Gründen aufgelassen wurden. So erinnern nur noch verblichene Markierungen an früher lebhaftere Zeiten der Wege. Neben den erwähnten Forststraßen machen auch die Stürme den Pfaden zu schaffen. Cyrill, der letzte große Orkan, fegte aus Südwesten heran und traf Waldgebiete, die bislang als relativ windgeschützt für solche Wetterlagen galten. Ganze Waldflächen wurden hier vernichtet. Beispiel dafür ist die Region um die Schwarzbachwacht in den Berchtesgadener Alpen. Auch einzelne Waldstücke in den Chiemgauer Alpen, die nach Südwesten ausgerichtet sind, waren betroffen, etwa am Gurnwandkopf und am Hochscharten. Da, wo es die Hangneigung zuließ, wurden neue Forstwege gebaut, um das Holz abzutransportieren. Sie zerschnitten abermals das Wegenetz dieser Pfade. An steilen Bergflanken, wo oft keine neuen Forstwege gebaut wurden, türmen sich zum Teil bis heute noch umgeknickte Bäume auf. Ein Durchkommen war an solchen Stellen nicht mehr möglich. Und dennoch, da und dort schlängeln sich neue Pfade hinauf – dort, wo der Wald noch intakt ist. Manche Einheimische markieren die Pfade, doch die gesprühten Punkte an den Bäumen halten Wind und Wetter vielleicht gerade zwei Jahre stand. Dann sind diese Markierungen wieder verblichen. Da hilft es, Steinmännchen zu bauen, die an einigen Pfaden zahlreich den Wegesrand säumen.

Das Gipfelkreuz des Schneibsteins (TOUR 1)

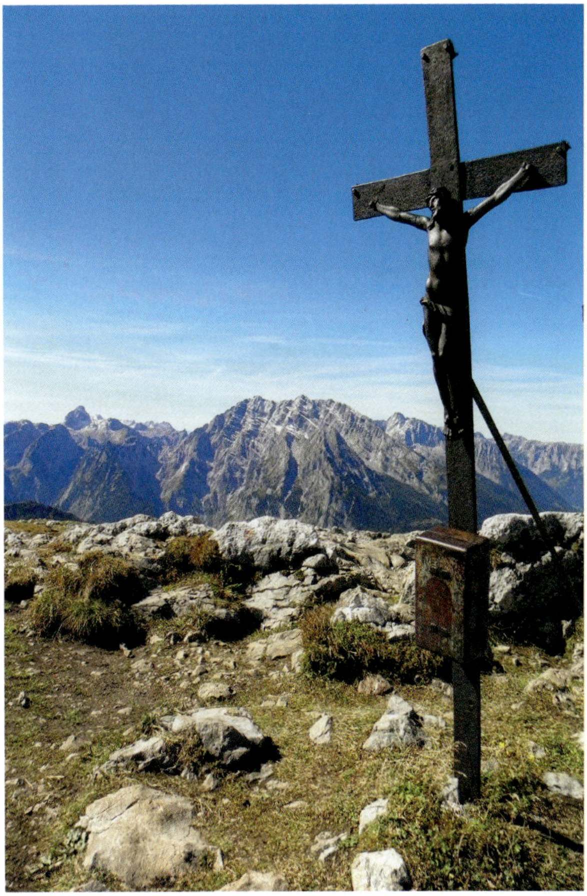

Erschließen wir damit die letzten ruhigen Ecken in den Bergen?

Durchaus skeptisch werden vor allem manche Einheimische dieser Art von Bergbuchliteratur gegenüberstehen. Doch sicher lockt dieses Buch nicht die Massen an. Es bleibt eher den Individualisten vorbehalten. So gesehen hat es auch sein Gutes, denn der Erhalt dieser verborgenen Pfade bleibt nur dann gesichert, wenn sie auch regelmäßig begangen werden. Sonst würden sie zuwachsen. Viele Wanderer werden solche

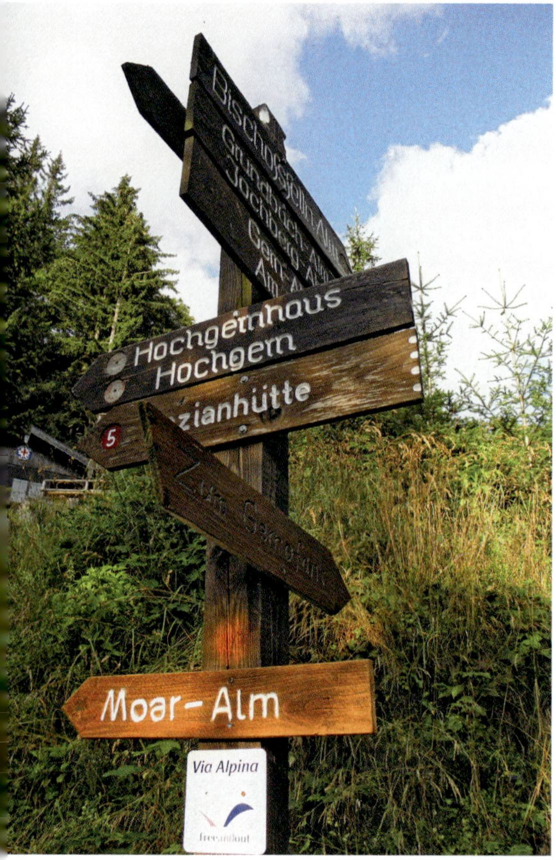

Wegweisergewirr beim Aufstieg zum Hochgern (TOUR 13)

Wege ohnehin nicht begehen. Denn die meisten möchten neben einem Panoramablick auch das kulinarische Erleben am Berg nicht missen. Auf den beschriebenen Wegen in diesem Buch gibt es meistens keine Hütten oder Berggasthöfe, die am Weg liegen. Auch wenn wir am Berg schöne Aussichten genießen können, heißt meine Devise: »Der Weg ist das Ziel.« Zudem sollten wir bedenken, dass das Wissen um diese Wegkultur weitergegeben werden sollte. Nur dadurch können wir auch deren Erhalt sichern.

Sind die »vergessenen Pfade« auf Karten zu finden?

Diese Frage ist nicht klar zu beantworten. Um wirklich die schwarz gestrichelten Linien der topografischen Karten oder Alpenvereinskarten zu finden, gibt es zwei Möglichkeiten: Entweder der Weg entspringt aus einer Abzweigung anderer Wege heraus, oder man sucht den Weg direkt im offenen Gelände. Steil bergauf werden wir diesen Weg aber kaum finden. Zum einen sind beim Aufstieg durch die Bergflanken diese Pfade nicht zu erkennen, zum anderen sind wir schon etwas außer Puste und haben den Blick nicht dafür. Besser ist es, bergab in der Falllinie zum Tal in Serpentinen abzusteigen. Von oben herab können wir einen Steig oder Pfad aufspüren, da er so viel besser sichtbar ist. Aber auf die topografischen Karten sollten wir uns nicht unbedingt verlassen. Nur auf ganz alten Kartenversionen sind die Steige noch eingezeichnet. Zudem gibt es keine »Kartengeher« vor Ort, die die Wege noch inspizieren, um die Karten zu aktualisieren. Heutzutage werden Luftbildaufnahmen von einer speziellen Software ausgewertet und so zu Kartendaten verarbeitet; alte Pfade und Steige haben hier keinen Platz mehr. Oftmals werden dann die schwarz gestrichelten Linien aus der Karte entfernt. Ein klares Bild geben die Karten diesbezüglich schon lange nicht mehr. Nur wenige der Wege entsprechen den Angaben in der Karte. Oft sind Pfade eingetragen, die nicht mehr aufzufinden und meist völlig verwachsen sind. Wiederum gibt es Wege, die in der Karte überhaupt nicht eingetragen sind, obwohl sie schon seit Jahrzehnten den gleichen Wegverlauf haben. Eins kann man dennoch sagen: Je steiler der Hang, desto größer ist die Chance, dass so ein »vergessener Pfad« noch existiert. Denn in steilen Bergflanken können sich nur schwer junge Bäume und Sträucher ansiedeln, auch Aufforstungen werden wir hier kaum vorfinden.

Anforderungen

Gehzeit und Höhenmeter einer Tour werden auf den »vergessenen Pfaden« oft anders wahrgenommen. Mal ist man vielleicht völlig beeindruckt von der landschaftlichen

Schönheit der Tour und nimmt die Anstrengungen einer Tour kaum wahr, dagegen werden Schwierigkeitsfaktoren, wie kurze Strecken in weglosem Gelände oder besondere Steilheit in den Gebirgsflanken auch erschwerend wahrgenommen. Eine sachliche Hilfe bietet die im Anschluss aufgeführte Schwierigkeitsbewertung, die so das gesamte Spektrum der angebotenen Touren abdecken.

Mögliche Gefahren und Widrigkeiten

Um die gesamte Charakteristik der »vergessenen Pfade« zu erfassen, ist es unerlässlich, auch auf die damit verbundenen alpinen Gefahren und Widrigkeiten hinzuweisen, da sich diese Wege ja zumeist abseits vom offiziellen, alpinen Wegenetz befinden. So kann ich über folgende Punkte aus meinen Tourenerfahrungen berichten:

- Fehlende Schilder oder Markierungen. Dann ist der Wegverlauf so gut wie möglich an natürlichen Orientierungspunkten wie Bachläufen, Talverläufen, Himmelsrichtungen beschrieben.
- Fehlende Sicherungen oder marode Holzstufen;
- Pflanzenverwuchs durch Jungwald, der sich in den folgenden Jahren nach Erscheinen dieses Buches weiter verstärken kann.

»Stoamanderl« als Wegweiser beim Aufstieg zum Hochscharten (TOUR 11)

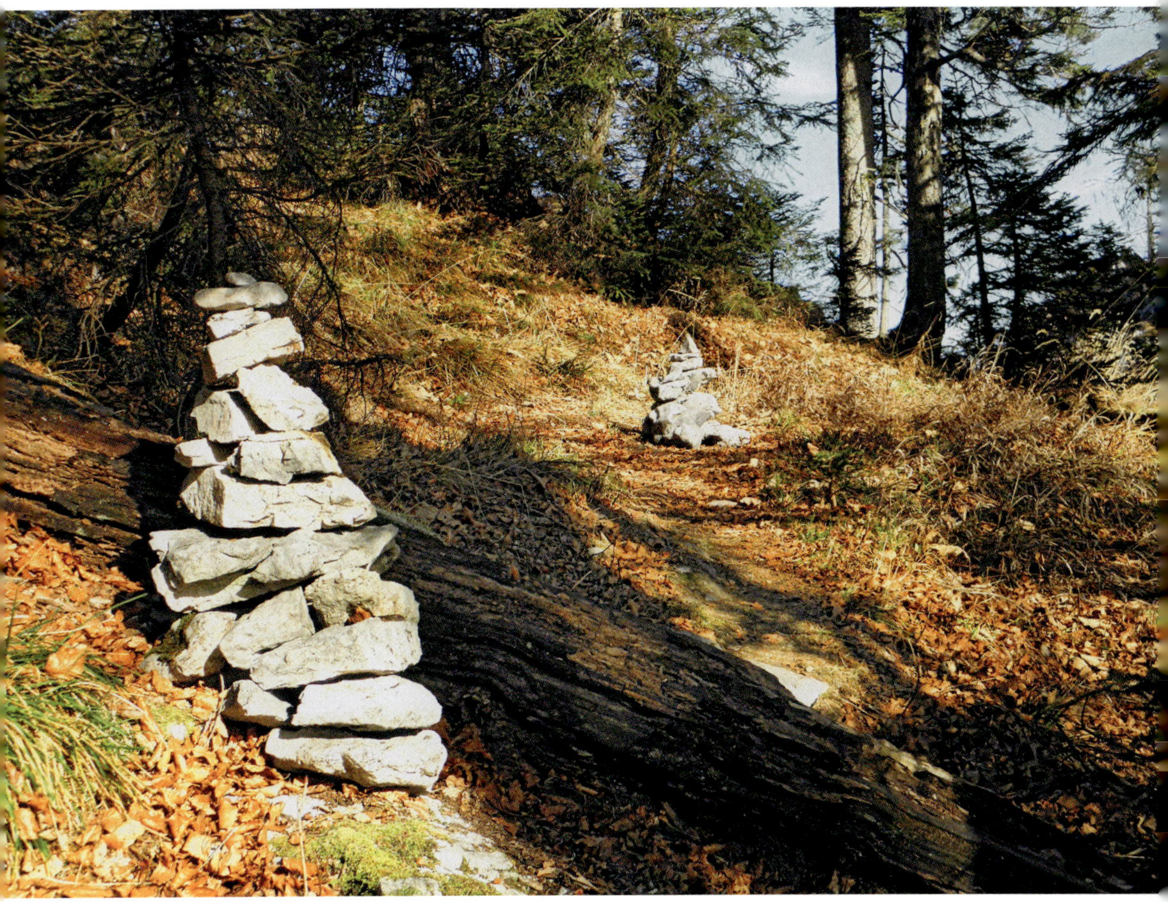

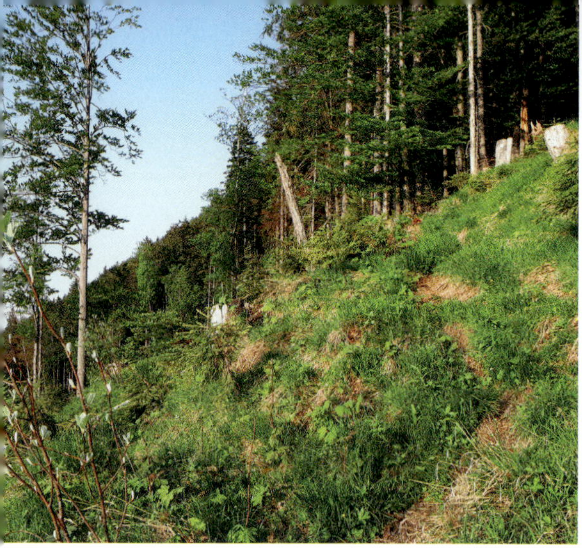 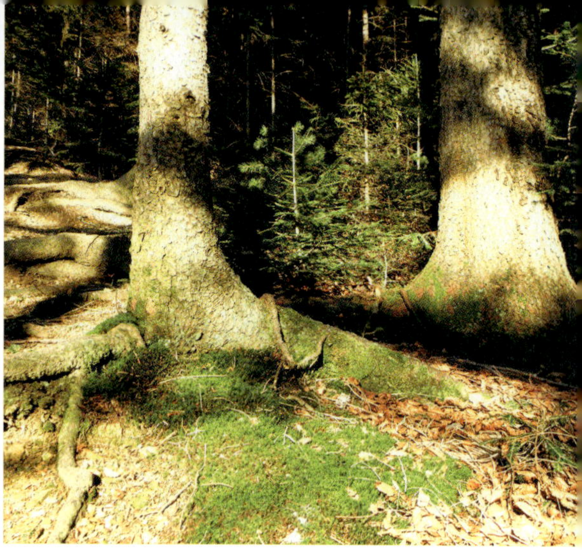

Der »77-Steig« vom Riesenberg zur Frasdorfer Hütte (oben, TOUR 22)

Vergessener Pfad im Abendlicht am Riesenberg (oben rechts, TOUR 22)

- Starker Grasbewuchs. Derartige Wegpassagen sollten nur bei Trockenheit in den vorherigen Tage begangen werden. In schattseitigen Lagen, besonders im Spätherbst, sollten diese Wegpassagen komplett gemieden werden.
- Abzweigende Pfade, die vom beschriebenen Weg wegführen.
- Pfadspuren durch Waldarbeiter, Wildwechsel, Erosion, auch Schuttreisen, die von menschlichen Pfaden nur schwer zu unterscheiden sind.
- Wegverläufe, die mit den Angaben in der Karte nicht übereinstimmen.
- Schwierigkeiten in der Orientierung, die ein Umkehren erzwingen.
- Änderungen im Wegverlauf durch Erosion, Hangrutsch und Windbruch, die ebenso eine Umkehr erfordern können.
- Keine Möglichkeit, Auskünfte durch fehlende Hütten und andere Wanderer sowie deren mangelnden Wegkenntnissen dieser Wegegattung betreffend einzuholen
- Begegnungen mit Einheimischen, Jägern und Förstern, die ihr Missfallen äußern über das Wandern abseits markierter Wege, obwohl das im angegebenen Gebiet erlaubt ist.
- Später nach Druckschluss angebrachte Absperrungen oder Warnschilder, die eine Begehbarkeit des Weges infrage stellen.
- Wegsperrung wegen Holzfällarbeiten oder Windbruch, die nach Druckschluss nicht mehr berücksichtigt werden konnten. Das kann auch offizielle, markierte Wanderwege betreffen.

Ausrüstung und persönliche Voraussetzungen

Für alle Touren sollten Sie gut ausgerüstet sein. Dazu gehören Wanderschuhe mit Profilgummisohle, regenfeste Wanderkleidung, gegebenenfalls auch höhenverstellbare Teleskopstöcke zur Entlastung der Kniegelenke beim Abstieg, besonders in steilen Bergflanken. Sie sollten sich zudem schon zuvor mit Wanderungen auf markierten Wegen die erforderliche Bergerfahrung und die notwenige Trittsicherheit – auf einzelnen Touren auch Schwindelfreiheit – erworben haben. Sonnenschutz wie Sonnencreme mit hohem Lichtschutzfaktor, Sonnenkappe und Sonnenbrille sind ebenso wichtig wie eine

Rechte Seite: Gänseblümchen im Irgendwo

Tupperbox für die Brotzeit und eine Trinkflasche (1,5 Liter pro Person mindestens). Weitere Faustregeln diesbezüglich haben sich nicht bewährt. Vielmehr spielen Faktoren wie Jahreszeit, sonnseitige Anteile der Tour sowie Trinkwasserquellen eine Rolle. Traubenzucker und ein Stück Schokolade sollten in Ihrem Verpflegungsrepertoir ebenfalls nicht fehlen. In diesem Zusammenhang bedenken Sie bitte, dass auf den meisten Touren keine Hütte wartet, oder sich erst wieder im Talort ein Gasthof befindet. Ebenso sollten Wechselwäsche, ein Mobiltelefon sowie eine Stirnlampe, falls Sie in Dunkelheit geraten, in Ihrem Rucksack nicht fehlen.

Was es sonst noch zu sagen gibt

Bitte stören Sie nicht unnötig Tiere wie Gämsen und Rehe, und nähern Sie sich ihnen nur sehr langsam. Zudem sind unter Naturschutz stehende Pflanzen nicht zu pflücken. Auch dürfen einige in den neuen Alpenvereinskarten ausgewiesenen Gebiete in der Wintersaison nicht betreten werden. Angaben zur besten Jahreszeit können auch von den in den Tourenkapiteln gemachten Angaben abweichen. Die Klimaerwärmung verändert gerade in den Alpen gewohnte Wetterverhältnisse. So verschieben sich Wärme- und Kälteperioden oder finden in kürzeren Zeiträumen statt. Nicht selten gibt es in den Wintermonaten Dezember und Januar komplett schneefreie Bergregionen, die dann auch in dieser Zeit einige Touren möglich machen. Deshalb ist es wichtig, sich über die jeweiligen Verhältnisse vor Ort zu informieren. Dazu gehört auch, sich noch kurz vor der Tour über die Wegverhältnisse zu informieren. In diesem Zusammenhang sind vorab detaillierte Wettervorhersagen aus der jeweiligen Region einzuholen, besonders bei Gewitterneigung, auch in Verbindung mit Kaltlufteinbrüchen. Auf vielen Touren gehen Sie länger in tiefen Bergwäldern und engen Seitentälern und können so eine sich abzeichnende Wetterveränderung nicht erkennen.

Schwierigkeitsbewertung

● **Leicht** – technisch einfache Wanderungen auf Pfaden und Wegen, die teilweise auch unmarkiert sind. Ausgesetzte oder schwierige Stellen sind hier nicht vorzufinden.

● **Mittel** – mittelschwierige Bergwanderungen mit alpinem Charakter, die absolute Trittsicherheit auf Pfaden und Wegen erfordern, die auch sehr steile Hänge durchqueren können. Diese Wege sind teilweise auch unmarkiert. An manchen Passagen sind Drahtseilsicherungen zu finden oder die Zuhilfenahme der Hände ist erforderlich. Schwindelfreiheit wird nur auf einzelnen Touren vorausgesetzt.

● **Schwer** – anspruchsvolle Bergtouren auf Wegen und Pfaden mit alpinem Charakter, auch mit weglosen Passagen, die absolute Bergerfahrung und Trittsicherheit erfordern. An manchen Passagen sind Drahtseilsicherungen vorzufinden, oder die Zuhilfenahme der Hände ist erforderlich. Schwindelfreiheit wird nur auf einzelnen Touren vorausgesetzt, bei denen auch Steilhänge durchquert werden können.

Die schwierigste Passage einer Tour ist maßgebend für die Einstufung des jeweiligen Weges, auch wenn nur einzelne Komponenten aus den Angaben der Einstufungen zutreffen. Deshalb gibt es auch nur in Ausnahmefällen zwei Farben in der Bewertung einer Tour.

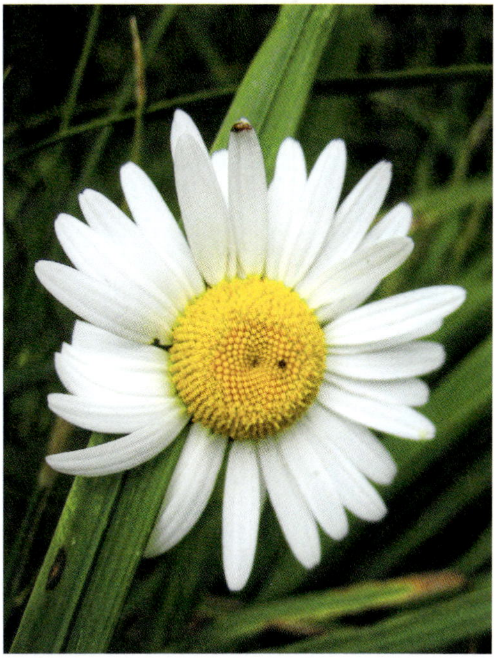

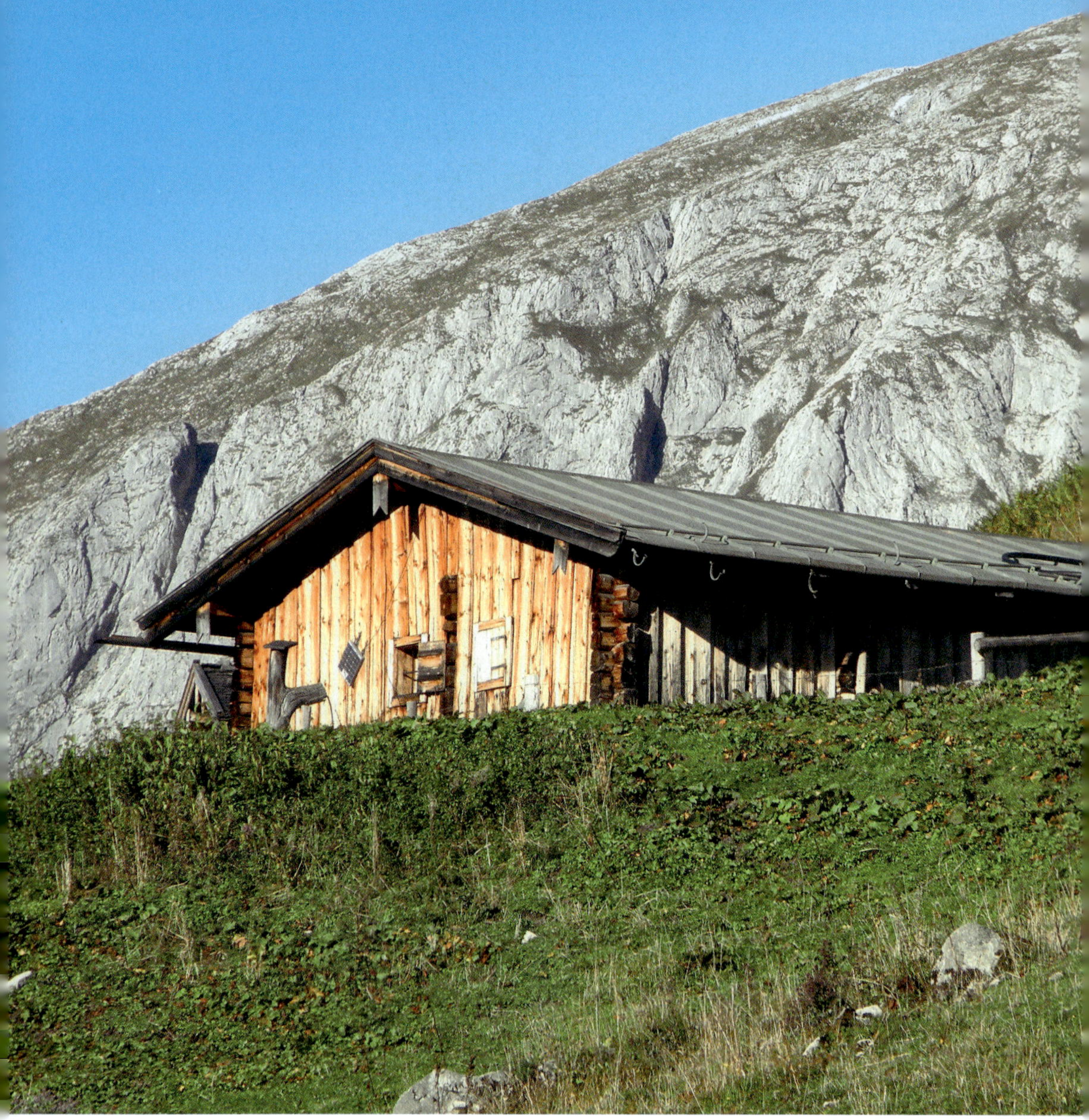

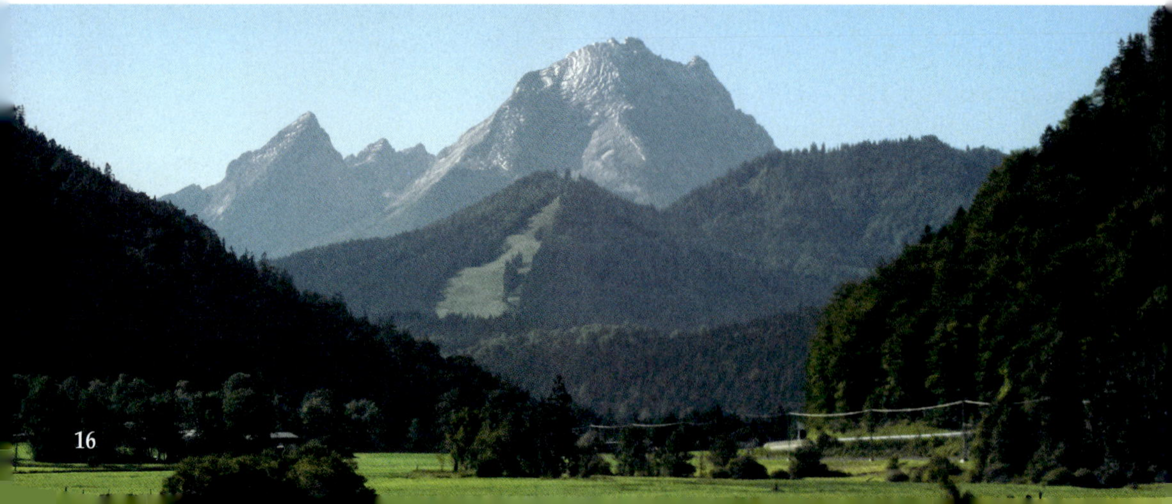

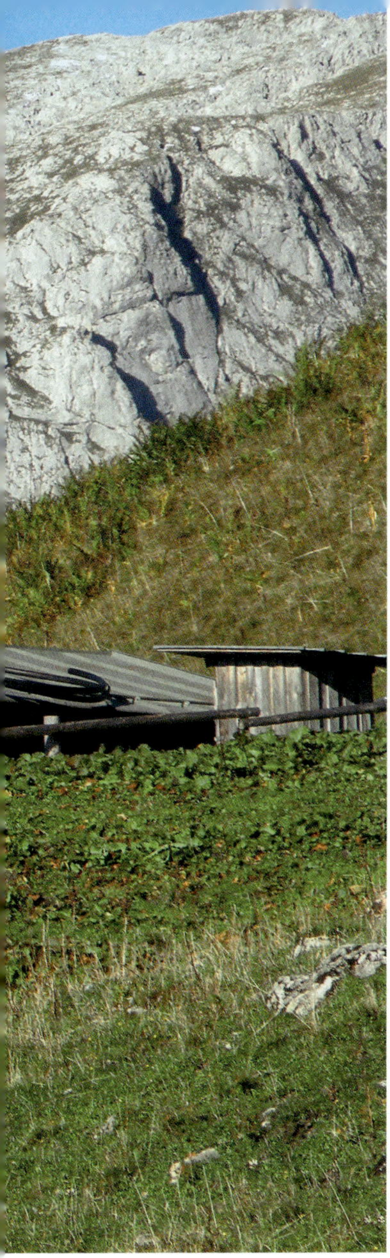

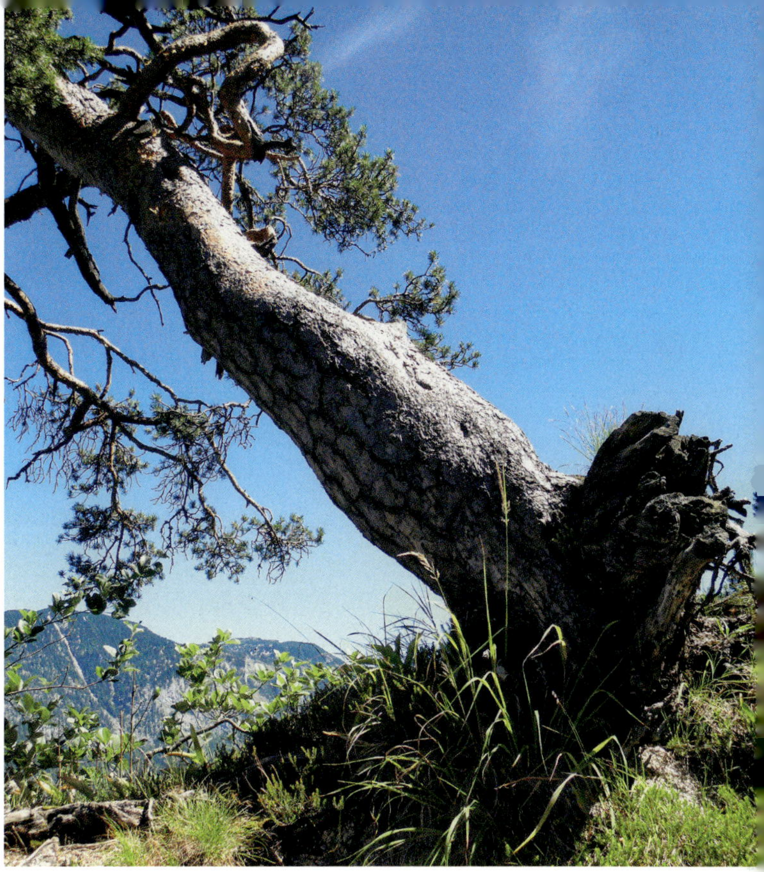

Berchtesgadener Alpen

Almromantik über dem Königssee (oben li.). Alte Kiefer im Lattengebirge, die Wind und Wetter nachgibt (oben re.). Wohin geht es heute (unten re.)? Steinernes »Sozialleben«: die Watzmannfamilie von Hallthurm aus gesehen (unten li.)

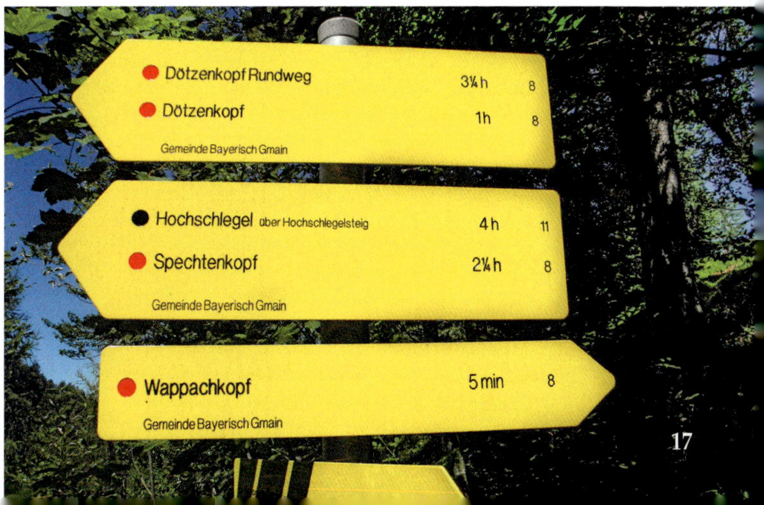

1

Schneibstein (2275 m)

Stille Bergwelt um den Seeleinsee

mittel | 600/1750 Hm | 8.00 Std. | 20,2 km

Tourencharakter
Wanderung auf breiten Wanderwegen und anspruchsvollen Steigen

Ausgangspunkt
ÖPNV: Haltestelle Jennerbahn oder Königssee (640 m)
Pkw: Parkplatz Königssee/Jennerbahn (620 m)

Endpunkt
Wie Ausgangspunkt

Gipfel
Schneibstein (2275 m)

Bergbahn
Jennerbahn, www.jennerbahn.de

Anfahrt Pkw
A8 München–Salzburg bis Ausfahrt Berchtesgaden, nach Berchtesgaden über Bad Reichenhall, in Berchtesgaden den Wegweisern zum Königssee folgen

Verkehrsanbindung ÖPNV
Bahn München–Freilassing, Bahn Freilassing–Berchtesgaden, Bus 841 oder 842 bis Königssee, Jennerbahn-Talstation

Gehzeiten
Jennerbahn-Bergstation – Schneibstein 3 Std. – Seeleinsee 1½ Std. – Königsbachalm 2 Std. – Jennerbahn-Talstation 1½ Std.

Beste Jahreszeit
Mitte Mai bis Ende Oktober bei absoluter Schneefreiheit

Einkehr/ Unterkunft
Bergrestaurant Jennerbahn; Königsbachalm; Schneibsteinhaus; Carl-von-Stahl-Haus; Priesbergalm

Karte
AV-Karte BY-21 Nationalpark Berchtesgaden

Der Schneibstein liegt hoch über dem Jenner, der gut mit der Bergbahn erreichbar ist. Hier startet die Kleine Reib'n vorbei am Seeleinsee und der Priesbergalm. Bezaubernd entlegene Bergwelten warten auf dieser aussichtsreichen Rundtour.

Die Kleine Reib'n Vom Gipfel des Schneibsteins zieht der Weg als weite Höhenwanderung nach Süden, bevor es dann vorbei am Schlunghorn über einen Felsabsatz hinunter zum idyllisch gelegenen Seeleinsee geht. Durch märchenhafte Lärchenwälder steigen wir über den Stiergraben dann ab zur Priesbergalm, die noch lange im Licht des Nachmittages steht, mit Blick auf den Watzmann. Einen schöneren Ort für eine Jause kann es wohl nicht geben. Dann geht es hinunter zur Königsbachalm und über den Hochbahnweg zurück zur Talstation der Jennerbahn. In diesem Wegabschnitt kann man wunderbare Tiefblicke auf den Königssee genießen.

Der Aufstieg zum Schneibstein Vom Ⓐ **Parkplatz Haltestelle Königssee Jennerbahn** machen wir nach der Auffahrt mit der Jennerbahn zunächst einen Abstecher zum ❶ **Jennergipfel**. Dann gehen wir von der Ostseite der Bergstation mit dem Wegweiser »Stahlhaus« zunächst steil bergab auf einem breiten Schotterweg. Dann wandern wir weitgehend eben über dem

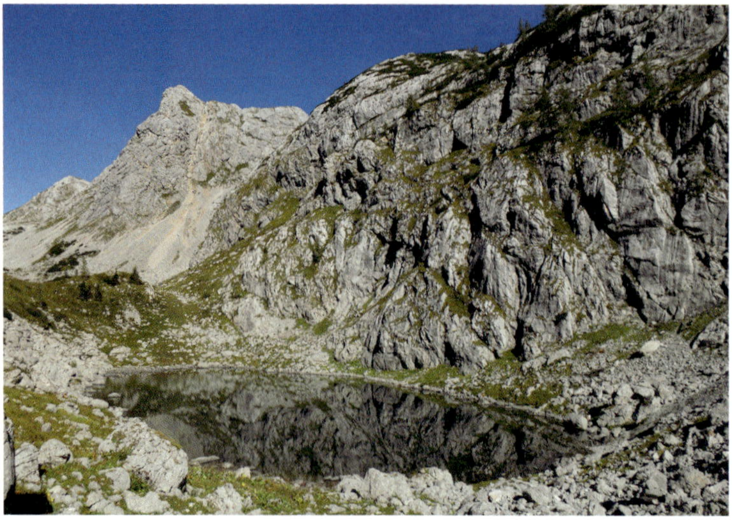

Wortspiel: Die Seele des Ortes am Seeleinsee

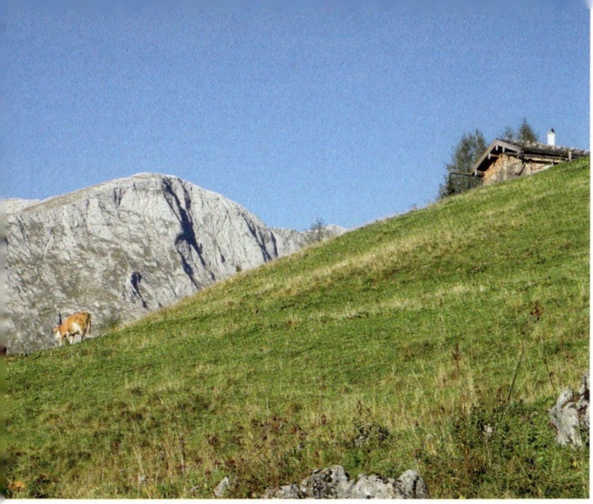

Zum Malerwinkl

Wer noch Zeit hat, sollte einen Abstecher zum ***Malerwinkl*** machen. Der Weg ist in Nähe der Jennerbahn-Talstation entsprechend beschildert. Hier hat man den wohl schönsten Blick über den Königssee nach Süden. Dabei sieht man schon auf St. Bartholomä und kann in der Ferne dem Königssee-Echo zuhören, wenn die Bootsführer mit ihrer Trompete spielen und die Felswände über dem See das Echo wiedergeben.

Eine echte Alm: Die Priesbergalm mit dem Hohen Brett

Schneibsteinhaus zum ❷ **Stahlhaus**, mit der entsprechenden Beschilderung. Nun führt in südlicher Richtung ein steigähnlicher Weg mit dem Schild »Schneibstein« hinauf zum Gipfel. Dabei werden auch steilere Felsabsätze durchquert, die Trittsicherheit erfordern. Am Gipfel des ❸ **Schneibstein** angelangt, nehmen wir den Bergpfad in südlicher Richtung mit dem Schild »Seeleinsee, Priesbergalm«. Am Abzweig nach Golling linker Hand gehen wir weiter geradeaus zum Seeleinsee, vorbei am Schlunghorn. Eine felsige Steilstufe erfordert hier besondere Trittsicherheit, dann ist es auch nicht mehr weit zum ❹ **Seeleinsee**. Hier nehmen wir dann den Wegweiser »Priesbergalm, Königssee« durch den Stiergraben. Der Bergpfad führt bergab durch den Lärchenwald. Am Abzweig zur Gotzenalm linker Hand gehen wir weiter geradeaus über einen Bach, erneut dem Wegweiser »Priesbergalm, Königssee« folgend. Dann geht es über einige Bergwiesen hinüber zur ❺ **Priesbergalm**. Von hier aus folgen wir dem Schild »Königssee über Hochbahnweg«, das ich in der Folge nicht mehr erwähne. So geht es nun auf einem breiten Schotterweg hinunter zum Abzweig zum Schneibsteinhaus. Hier gehen wir hinunter zur ❻ **Königsbachalm** und weiter über den Hochbahnweg, mit schönen Aussichtspunkten über den Königssee. Weiter folgen wir nun dem Wegweiser »Königssee« in den gleichnamigen Ort. Über die Hochbahnstraße, vorbei am Cafe Hochbahn, gehen wir dann linker Hand in die Jennerbahnstraße zu unserem Ausgangspunkt Ⓔ **Parkplatz Haltestelle Königssee Jennerbahn**.

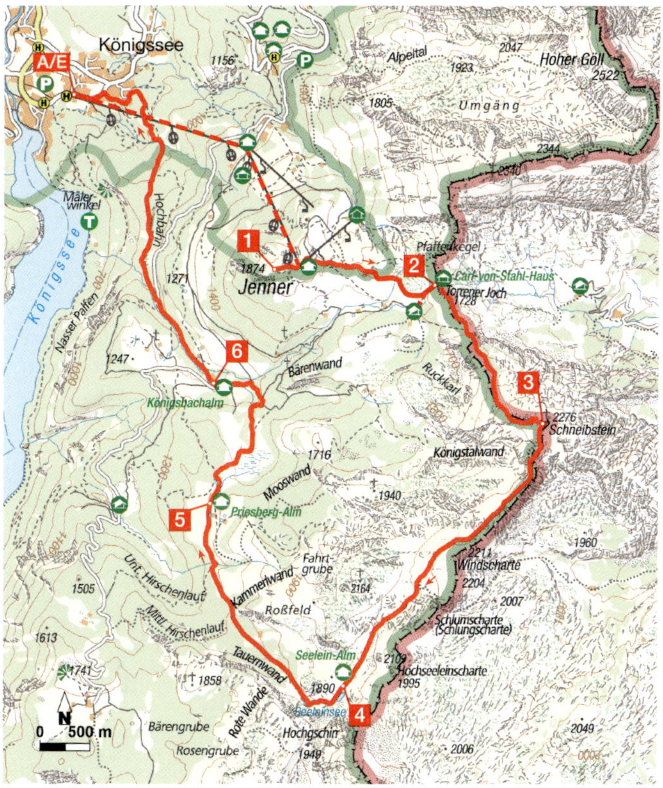

2

Grünstein (1303 m)

Stiller Steig auf bekannten Aussichtsgipfel

mittel | 570/570 Hm | 4.00 Std. | 5,6 km

Tourencharakter
Zunächst breite, fein geschotterte Forstwege sowie steigähnliche Wanderwege (Waldsteig), im Schlussanstieg steiler Steig zum Gipfel

Ausgangspunkt
Wanderparkplatz Hammerstiel (770 m)

Endpunkt
Wie Ausgangspunkt

Gipfel
Grünstein (1303 m)

Anfahrt Pkw
A8 München–Salzburg bis Ausfahrt Bad Reichenhall, über Bad Reichenhall Richtung Berchtesgaden, von dort zum Wanderparkplatz Hammerstiel

Verkehrsanbindung ÖPNV
Bahn München–Berchtesgaden, Rufbus Berchtesgaden zum Wanderparkplatz Hammerstiel unter www.berchtesgaden.de/anreise/busse-in-der-region/rufbus-berchtesgaden, mindestens 2 Std. vor Abfahrt zu bestellen

Gehzeiten
Wanderparkplatz Hammerstiel – Grünstein 2¼ Std. – Grünsteinhütte ¼ Std. – Wanderparkplatz Hammerstiel 1½ Std.

Beste Jahreszeit
Mitte Mai bis Mitte November bei Schneefreiheit

Einkehr/ Unterkunft
Grünsteinhütte

Karte
BY 22, Berchtesgaden-Untersberg 1:25 000

Der Grünstein zählt zu den beliebtesten Aussichtsbergen über dem Königssee. Als Kontrast hierzu führt auf der zweiten Hälfte des Anstiegs ein stiller Steig hinauf durch den Bergwald bis zum Gipfel. Dort ist man wieder mit allen anderen Wanderern vereint.

Der Grünstein Er bildet den steilen Pförtner hoch über dem Königssee, von dem man atemberaubende Tiefblicke genießen kann. Ganz nah sitzt man hier oben vor dem Watzmann und kann die familiäre Gipfelparade des Massivs genießen. Daneben geht der Blick zum Hohen Göll und zum Untersberg. Etwa nach einer Viertelstunde Abstieg vom Gipfel wartet das Grünsteinhaus mit einem Einkehrschwung auf, bevor man wieder ins Tal steigt.

Der Aufstieg zum Grünstein Vom Ⓐ **Wanderparkplatz Hammerstiel** folgt man dem Wegweiser »Grünstein, Grünsteinhütte« bergan auf einem Spazierweg. Wenig später gelangt man auf einen etwas breiteren Schotterweg, dem man mit dem gewohnten Wegweiser weiter bergan nun recht steil rechter Hand folgt. Dann zweigt man linker Hand mit dem Schild »Grünstein, Grünsteinhütte über Waldsteig« ab. In Kehren und mit Stufen

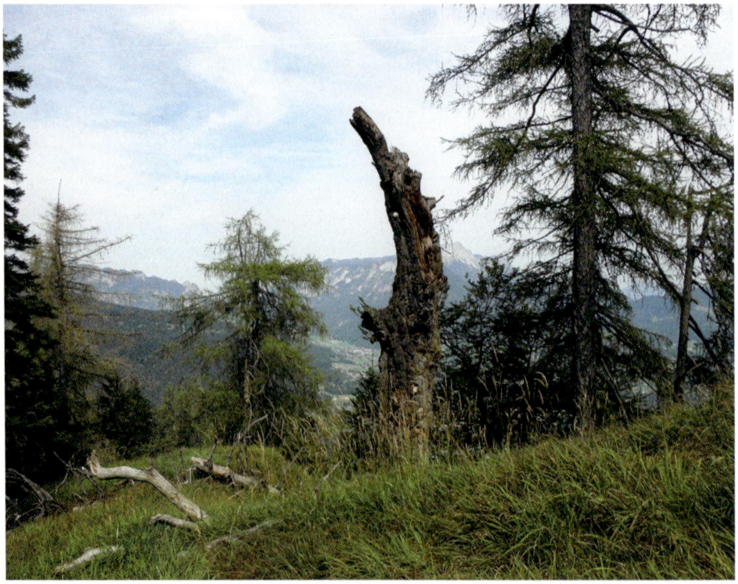

Waldromantik auf »vergessenen Pfaden« beim Aufstieg zum Grünstein, hinten der Untersberg

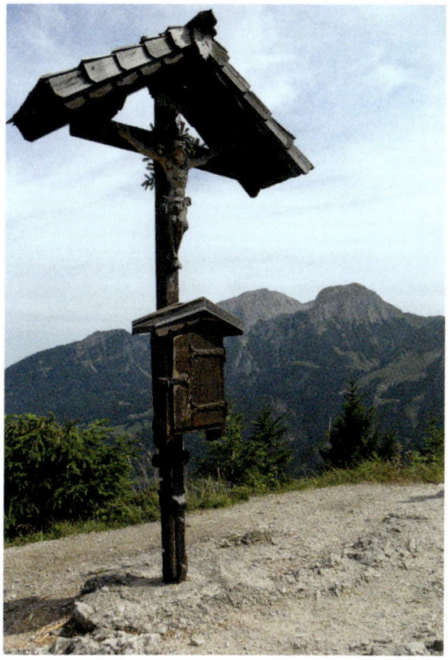

Berchtesgaden

Nach der Tour lohnt noch ein Abstecher nach ***Berchtesgaden***. Über die Fußgängerzone gelangen Sie zum Weihnachtschützenplatz, zum Marktplatz und zum Schlossplatz. Hier können Sie das Ambiente auch von einem der Cafés genießen. Auch ist es eine Alternative, noch das Königliche Schloss Berchtesgaden zu besichtigen, bevor Sie wieder die Heimfahrt antreten (Informationen unter www.berchtesgaden.de).

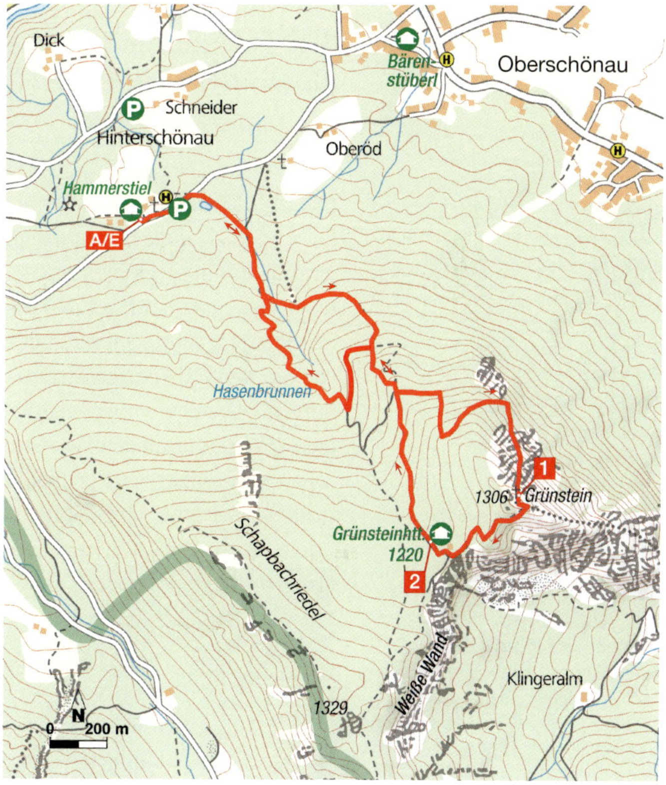

versehen, führt der Weg hinauf durch den Bergwald. Man kreuzt später den breiten Schotterweg und geht auf dem Waldsteig weiter bergauf – mit dem zuletzt erwähnten Wegweiser. Neuerlich wird der breite Schotterweg erreicht. Nun folgen Sie nur einer Kehre auf dem breiten Schotterweg Richtung »Grünstein, Grünsteinhütte« bergauf. Dann ist eine Wegkreuzung erreicht. Rechts sehen wir an einer Bank das Schild »Sackgasse«, das auf einen bergabführenden breiten Weg weist. Hier wandern wir linker Hand vorbei an einer Stange mit einer rot-weißen Markierung in einen alten Steig. Immer wieder sind im weiteren Wegverlauf die Stangen zur Orientierung gesetzt. Der Steig führt nun in Kehren steil bergan. Etwas Gespür für den richtigen Weg ist wichtig; deshalb ist auf Trittspuren zu achten. Im weiteren Verlauf führt der Weg über den Bergkamm – mit ersten Aussichtspunkten hinunter nach Berchtesgaden – auf den Gipfel des ❶ **Grünsteins**, wo wir auf die Normalroute treffen, die wir für den Abstieg wählen. Zurück geht man also auf dem Normalweg zur ❷ **Grünsteinhütte**. Danach wandert man auf dem breiten Schotterweg hinunter: mit dem Wegweiser »Hammerstiel über Forstweg«. Alternativ kann man auch auf der Aufstiegsroute über den Waldsteig zurück zum Ⓔ **Wanderparkplatz Hammerstiel** gehen, sofern der Weg nach Regenfällen nicht zu rutschig ist. In jedem Fall sollte man aber nicht den steilen Anstieg des »vergessenen Pfades« auch für den Abstieg wählen.

Geschafft! Am Gipfelkreuz des Grünstein

3

Hirschangerkopf (1768 m)

Unterwegs auf einem echten Knieschnaggler

schwer 1200/1200 Hm 9.15 Std. 14,5 km

Tourencharakter
Zuerst breite Schotterwege; Almsteig mit seilversicherter Passage, absolute Trittsicherheit und Schwindelfreiheit erforderlich. Zum Hirschangerkopf auf Pfaden über die Hochfläche, im Schlussanstieg unschwierige Kletterei. Rückweg Nierntalsattel auf gut angelegten Steigen.

Ausgangspunkt
ÖPNV: Bushaltestelle Hallthurm (670 m)
Pkw: Wanderparkplatz Hallthurm (670 m)

Endpunkt
Wie Ausgangspunkt

Gipfel
Hirschangerkopf (1768 m)

Anfahrt Pkw
A8 München–Salzburg Ausfahrt Bad Reichenhall, Richtung Berchtesgaden über Bad Reichenhall, in Hallthurm vor dem Bahnübergang links zum Wanderparkplatz

Verkehrsanbindung ÖPNV
Bahn: München–Salzburg bis Freilassing, Richtung Berchtesgaden bis Bad Reichenhall-Hbf, Bus: 841 Richtung Königssee nach Hallthurm, Umstieg auch über Bhf. Bayrisch-Gmain zur Haltestelle Bayrisch-Gmain Alpgarten möglich

Gehzeiten
Hallthurm – Zehnkaser über Almsteig 2¾ Std. – Hirschangerkopf 2 Std. – Zehnkaser 2 Std. – Hallthurm über Nierntalsattel 2½ Std.

Beste Jahreszeit
Mitte Mai bis Ende Oktober bei absoluter Schneefreiheit

Einkehr/ Unterkunft
Keine

Karte
AV-Karte BY22 Untersberg

Viele Sagen und Geschichten ranken sich um den Untersberg. Zwischen dem Zehnkaser und dem Hirschangerkopf gibt es über den mystisch anmutenden Hochflächen kleine Pfade durch die Gassen der duftenden Latschenkiefern. Dazu wartet ein einmaliges Panorama.

Der Untersberg Viele Geschichten ranken sich um den Untersberg, weshalb er auch eine Sonderstellung in den Berchtesgadener Alpen einnimmt. Zahllose Höhlen ziehen durch den Berg, viele sind von ihnen noch unerforscht. Manchmal wird von mysteriösen Zeitverlusten in seinen Höhlen, aber auch auf den Hochflächen, berichtet. Auf der Hochfläche um den Hirschangerkopf wehen tibetanische Fahnen, die der Umgebung eine besondere Aura verleihen. Irgendwie ist es hier oben eine ganz eigene Welt, von steilen Felsabbrüchen umgeben. Zwischen den Latschen sehen wir immer wieder Dolinen. Das sind karstige Vertiefungen, zumeist verschüttet, aber einige von ihnen könnten in noch unerforschte

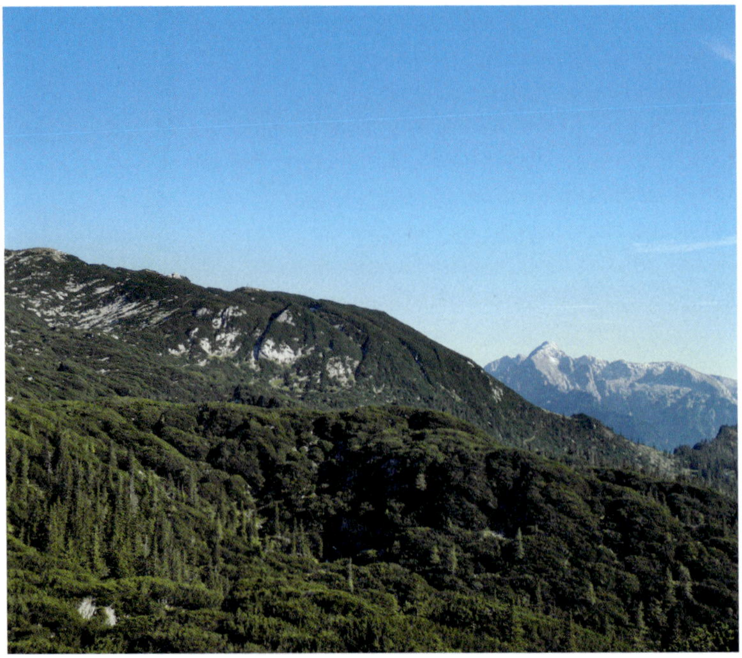

Höhlen führen. Immer wieder ist die Rede von Wanderern, die vom Weg abkommen und über eine Doline unfreiwillig in die Unterwelten des Untersberges geraten sind. Da heißt es, immer auf dem Weg zu bleiben!

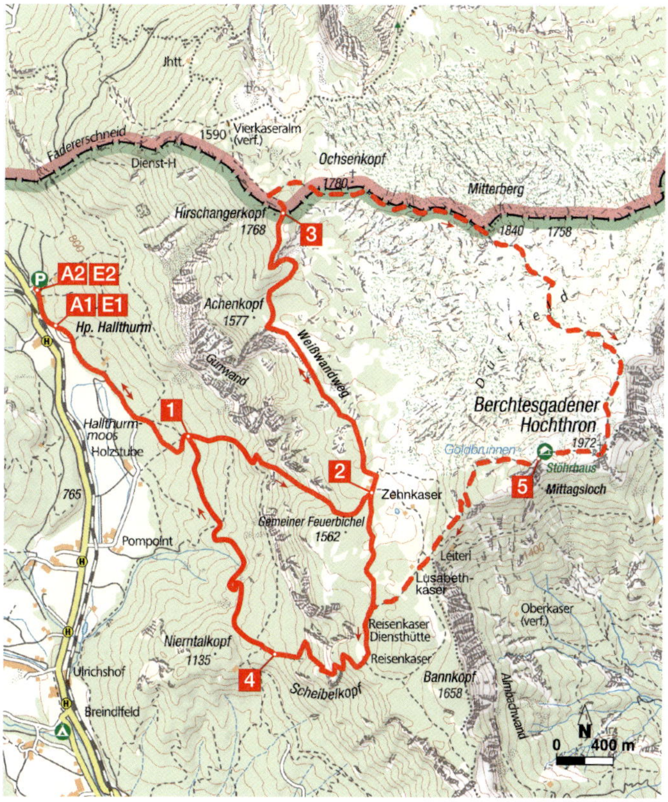

Panormablick vom Hirschangerkopf

Erobert will er ja schon werden, dieser Gipfel. So geht es die letzten Meter in unschwieriger Kletterei hinauf. Der Rundblick kann sich sehen lassen. Im Osten grüßt der Gaisberg als Salzburger Hausberg. Im Süden sehen wir die ganze Gipfelparade der Berchtesgadener Alpen. Hoher Göll, der Watzmann mit Frau und Kindern sowie der Hochkalter – das sind nur die bekanntesten Gipfel. Im Südwesten sehen wir die Reiteralpe mit einer ähnlichen Hochfläche wie am Untersberg, dahinter ragen die Loferer Steinberge auf. Nach Westen hin sehen wir die Berge der Chiemgauer Alpen mit Sonntagshorn, Hörndlwand und natürlich direkt über Bad Reichenhall mit dem Hochstaufen. Da sollte man sich schon Zeit nehmen, um dieses wunderbare Panorama mit allen Sinnen zu genießen.

Linke Seite: Eine andere Welt – der Anstieg zum Hirschangerkopf auf dem Untersberg

Steinmännchen auf dem Untersberg Wer vom Zehnkaser zum Hirschangerkopf geht, sollte bei der Wegführung unbedingt auf die Steinmännchen achten. Aber Vorsicht! Hier gilt es zu unterscheiden. An schönen Plätzen könnten auch Familien ihre Kunstwerke gebaut haben, die dann in die Irre führen. Deshalb ist es wichtig, zuerst die teilweise auch verblassten Markierungen zu suchen und erst dann den Steinmännchen zu folgen.

Kontraste am Vierkaser Ein kurzer Abstecher vom Hirschangerkopf hinunter zum Vierkaser lohnt sich, bevor es zunächst auf dem Hinweg wieder zurück geht. Ein kleines Gipfelkreuz in der Nähe vom Vierkaser symbolisiert am besten die Kontraste des Untersbergs. Rund um den Gipfel weite Wiesen, tief unter uns gähnt der Abgrund mit fabelhaften Ausblicken über die Stadt Salzburg. Im Herbst hört man hier die Hir-

Mit Übernachtung am Störhaus

Wer ein Wochenende am Untersberg verbringen möchte, kann am Sattel des Hirschangerkopfes in etwa 2½ Stunden den Wegweisern zum ***Störhaus*** folgen, um dort zu übernachten. Von dort geht es dann über die Reisenkaserhütte und den Nierntalsattel auf dem beschriebenen Abstiegsweg zurück nach Hallthurm.

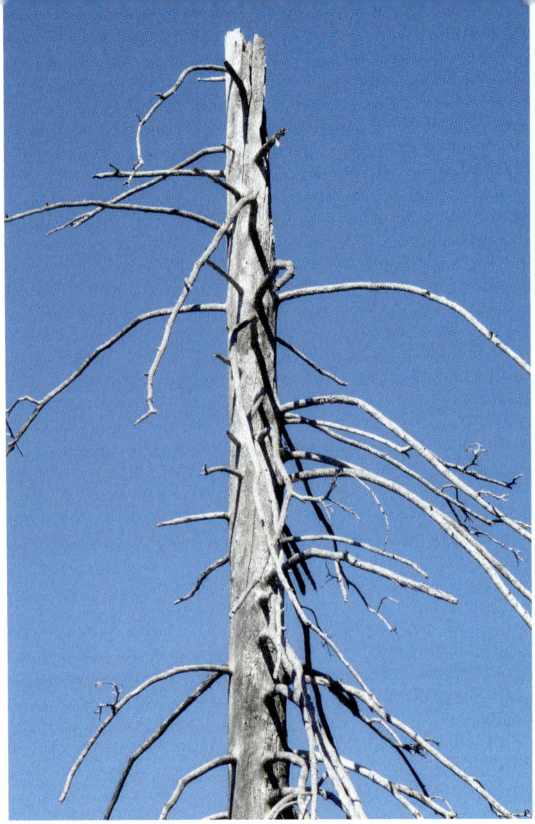

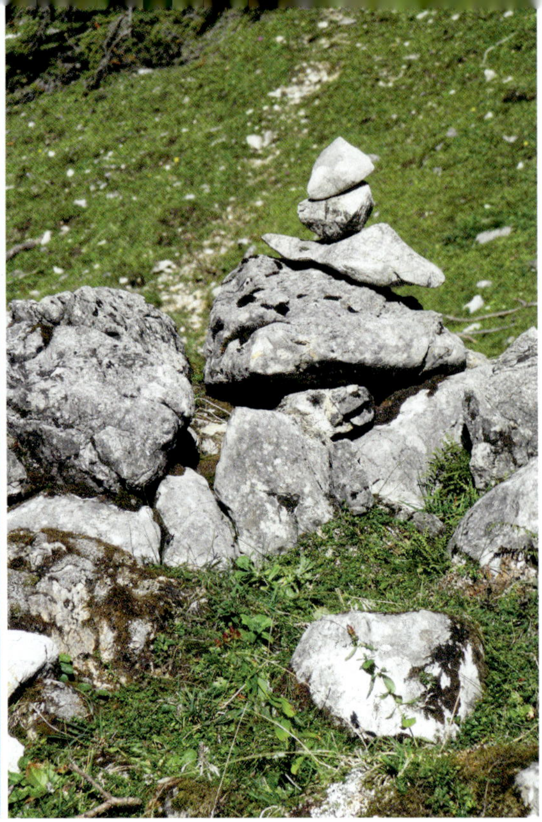

Alte Schönheit (oben). Kunstwerk oder Wegweiser? Auf dem Weg zum Hirschangerkopf (oben re.)

sche auf den Hochflächen und in den Steilhängen röhren, doch manchmal habe ich dieses Geräusch auch schon mit einem Motorrad tief unten im Tal verwechselt. Am Salzburger Flughafen sieht man so nahe die Flugzeuge landen, sodass Kenner genau wissen, um welche Fluggesellschaft und welchen Flugzeugtyp es sich handelt. Größere Kontraste gibt es nicht!

Der Aufstieg über den Almsteig In einigen Karten und Führern ist dieser Weg auch als Alpensteig bezeichnet. Wegen seiner Steilheit ist er bei den Einheimischen auch als »Knaischnaggler« bekannt. Bahn- und Busfahrer folgen von der A1 **Bushaltestelle Hallthurm** der Hauptstraße zur Schranke und überqueren diese. Vorsicht ist hier geboten! Dann gehen wir rechter Hand die Zufahrtsstraße zum A2 **Wanderparkplatz Hallthurm** hinauf. Dort geht es nun auch für Autofahrer rechter Hand in eine geteerte Sackgasse mit dem Schild »Nierntal, Untersberg«. An der darauffolgenden Weggabelung nehmen wir den linken Weg, nun ein breiter Schotterweg und folgen dem Wegweiser »Störhaus«. An der nächsten Weggabelung geht es erneut linker Hand weiter, mit dem gleichen Wegweiser. Wenig später zweigt nun ein Weg linker Hand ab mit dem 1 **Wegweiser Zehnkaser** über Almsteig, dem wir folgen. Der Weg führt nun steil bergan, in engen Kehren hinauf bis unter die ersten Wandausläufer der Leiterwand. Zwischen zwei Felsriegeln geht es dann zu einem kurzen Wandstück, das seilversichert ist. Anschließend weiter steil ansteigend, zuletzt in einer muldenartigen Rinne hinauf zur Hochfläche. Hier folgen wir nun flach ein Stück bis zum weitläufigen 2 **Zehnkaser Almgebiet**. Dort geht es dann linker Hand weiter mit dem Schild »Hirschangerkopf, Vierkaser«. Nun ist etwas Spürsinn gefragt, denn der zunächst gut markierte Weg ist später nur an seinen verblassten Markierungen zu erkennen und an den Steinmännchen, die hier aufgebaut sind. Zuletzt führt dieser Pfad durch die Latschengassen zu einem Thingplatz am Weißbachboden mit aus Holz geschnitzten Perchtenpfählen. Östlich dieses Platzes führt nun ein alter, kaum lesbarer Wegweiser hinauf zum Sattel am ❸ **Hirschangerkopf**. Hier geht es dann ohne Beschilderung linker Hand die letzten Meter in unschwieriger Kletterei hinauf zum Gipfel.

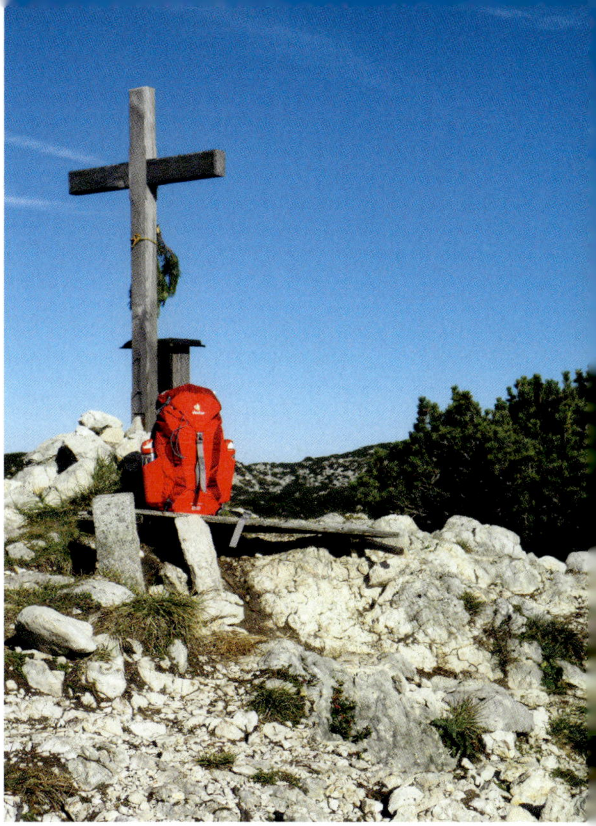

Meistens alleine ist man auf dem Gipfel des Hirschangerkopfes.

Der Abstieg über den Nierntalsattel Zunächst geht es auf dem gewohnten Weg zurück zum ❷ **Zehnkaser Almgebiet**. Dort folgen wir weiter südlich dem markierten Pfad hinüber zur Reisenkaserhütte. Hier orientieren wir uns an den Schildern »Hallthurm, Winkl« auf einem gut angelegten Steig bergab. Weiter unten im Wald verbreitert sich der Weg. Hier gelangen wir bald an den ❹ **Wegabzweig Winkl**. Wir gehen hier weiter geradeaus mit dem Schild »Hallthurm«. Mit diesen Wegweisern geht es weiter bergab, nun auf einem breiten Schotterweg zurück zum Abzweig zum Almsteig mit dem ❶ **Wegweiser Zehnkaser über Almsteig**. Ab hier entspricht die restliche Wegstrecke der Aufstiegsroute zurück zum E2 **Wanderparkplatz Hallthurm** und zur E1 **Bushaltestelle Hallthurm.**

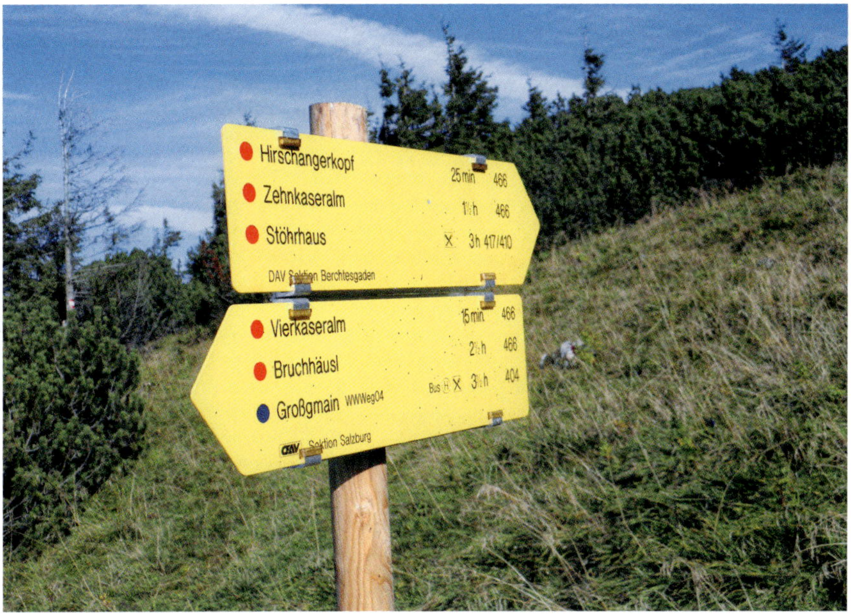

Da und dort steht auch mal ein richtiger Wegweiser.

4

Freimahderkopf (1100 m)

Der kleine Unbekannte im Lattengebirge

mittel 570/570 Hm 4.00 Std. (+ 0.30 ÖVPN) 7.0 km

Tourencharakter
Wanderung auf steigähnlichen Pfaden, die absolute Trittsicherheit verlangen

Ausgangspunkt
ÖPNV: Bf. Bayrisch Gmain (540 m)
Pkw: Wanderzentrum Bayrisch Gmain (560 m)

Endpunkt
Wie Ausgangspunkt

Gipfel
Aussichtspunkt über dem Freimahderkopf (1100 m)

Anfahrt Pkw
A8 München–Salzburg bis Ausfahrt Berchtesgaden, Richtung Berchtesgaden über Bad Reichenhall nach Bayrisch Gmain, in Bayrisch Gmain rechter Hand in die Lattenbergstraße fahren, an einer Straßengabelung rechter Hand in die Alpentalstraße bis zum Wanderzentrum fahren

Verkehrsanbindung ÖPNV
Bahn München–Salzburg bis Freilassing, Bahn Freilassing – Berchtesgaden bis Bayrisch Gmain

Gehzeiten
Bhf. Bayrisch Gmain – Wanderzentrum ¼ Std. (nur für ÖPNV) – Aussichtspunkt über dem Freimahderkopf 2¼ Std. – Wanderzentrum 1¾ Std. – Bf. Bayrisch Gmain ¼ Std. (nur für ÖPNV)

Beste Jahreszeit
Anfang Mai bis Ende Oktober bei Schneefreiheit

Einkehr/Unterkunft
Bayrisch Gmain: Da Mario

Karte
BY 20, Lattengebirge–Reiteralm 1:25 000

Der Freimahderkopf ist ein unbekannter Berg im Übergang zwischen dem Felsenbachtal und dem Weißbachtal. Den Aussichtspunkt haben Sie zumeist für sich allein. An heißen Tagen gibt es in den Schluchten einsame Gumpen und Wasserfälle für ein kühles Bad.

Unser Aussichtspunkt Der Rundwanderweg Felsenbach-Speik führt vom Tal des Felsenbaches in vielen Kehren hinauf zum Freimahderkopf. Trittsichere Wanderer können ab hier noch etwa 150 Höhenmeter höher aufsteigen – auf einem Pfad, der über den Bergkamm führt. An einer kleinen Bank ist dann die Tour zu Ende. Von hier aus haben wir einen herrlichen Ausblick über das Stadtgebiet von Bad Reichenhall hinüber zum Hochstaufen und weiter zum Zwiesel. Beim Abstieg begleiten uns knorrige Kiefern, umgeben von satten Grasmatten. Am Weißbach angekommen, kann man am Ende der Schlucht steil abfallende mystische Felswände bewundern. Kleine Wasserfälle und Gumpen machen hier die heißen Sommertage zu einem Erlebnis. In den Herbsttagen verfärben sich die Grasmatten zusammen mit den Nadeln der Lärchenbäume in ein melancholisches Orange, wenn die Nachmittagssonne auf die nach Westen aus-

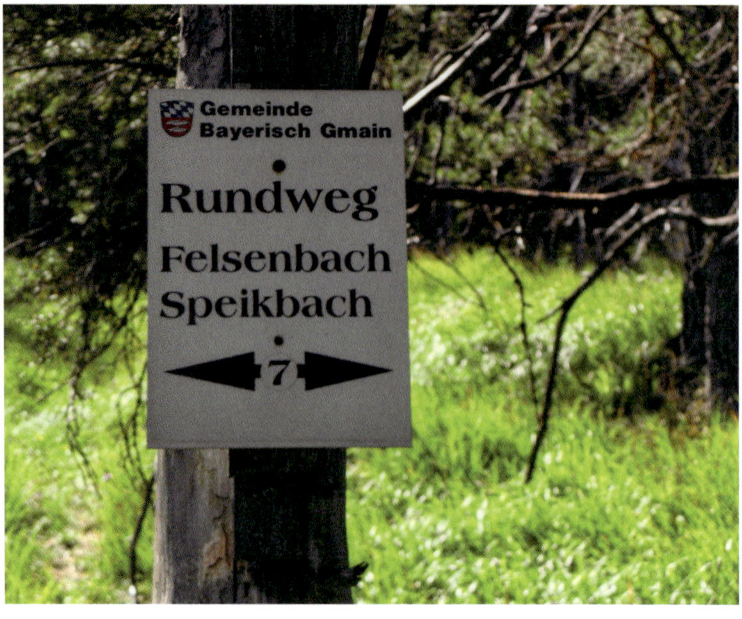

Ein Weg schöner als der andere: in den Schluchten des Lattengebirges

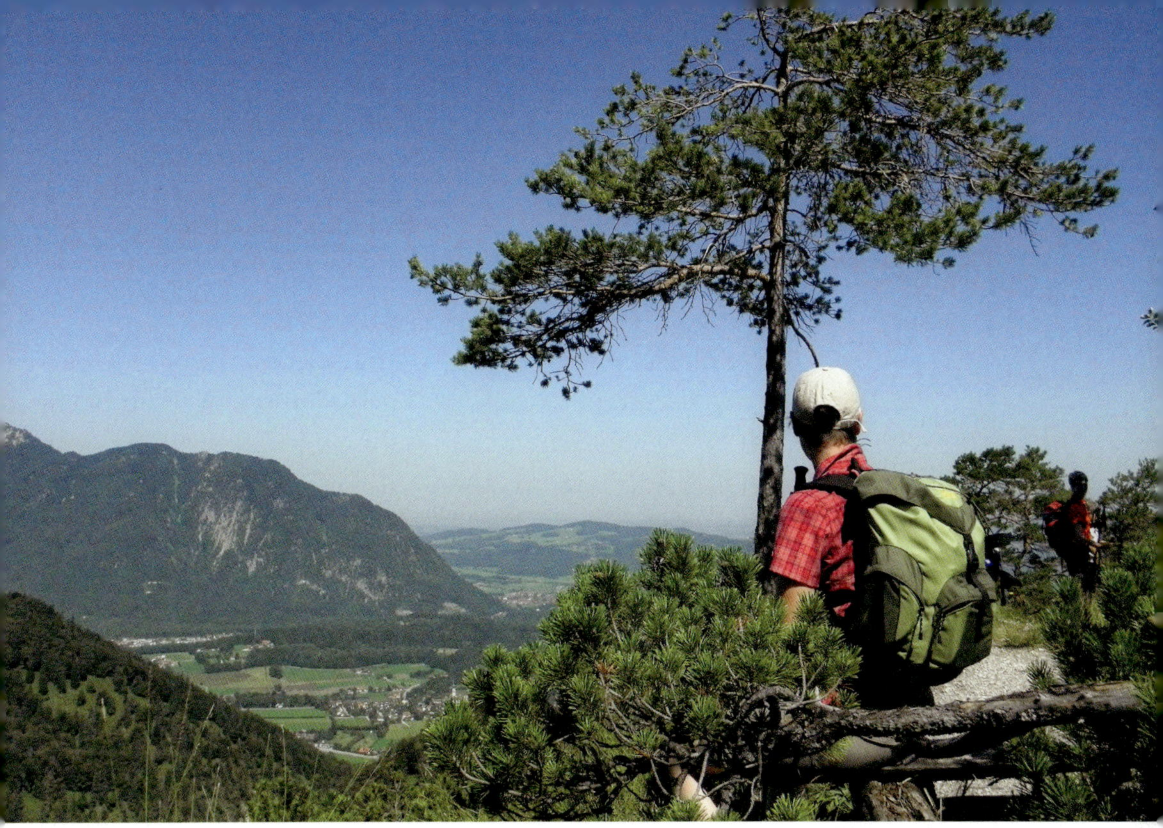

gerichteten Steilflanken fällt. Kaum einen Wanderer werden wir am Bergkamm des Freimahderkopfes sehen. Wer hier einfach nur die Ruhe der Natur genießen will, ist auf dieser Tour genau richtig. Hin und wieder sehen wir auch Gamsrudel, die uns in dieser Region als seltene Gäste beäugen.

Stiller Ausblick nahe dem Freihmaderkopf über Bad Reichenhall zum Hochstaufen

Die Weißbachschlucht Nach unserer Badepause gehen wir dann auf einem schmalen Pfad an der gegenüberliegenden Bergseite entlang. Man hat das Gefühl, man sei ganz weit weg, irgendwo im Urwald. Denn außer dem Rauschen des Wassers unten in der Schlucht ist hier einfach nichts zu hören. Der Weg schlängelt sich dann gemächlich aus dem Tal heraus, dabei wird er immer breiter, und wir merken, dass wir wieder in die Zivilisation kommen.

Auf den Freimahderkopf Bahnfahrer folgen vom A1 **Bahnhof Bayrisch Gmain** der Oberen Bahnhofstraße bergauf. An deren Ende gehen wir auf der Lattenbergstraße ein kurzes Stück rechter Hand. Anschließend links in die Alpentalstraße und folgen ihr in einer Linkskurve vorbei am Feuerwehrhaus bis zum A2 **Parkplatz Wanderzentrum**.

Vom Wanderparkplatz nehmen ab hier auch Autofahrer den sogenannten Maisrundweg. Wir nehmen den linken Schotterweg und

Der Wald-Idyll-Pfad

Interessant sind die Stationen des Wald-Idyll-Pfades am Maisrundweg. Ich habe die Wanderung so gelegt, dass Sie alle Stationen zu den Themen Vegetation, Geschichte, Geologie, Wasser und Salz besichtigen können. Zudem können Sie auf Feenthronen, Waldliegen und Baumbänken rasten und entspannt die Natur genießen.

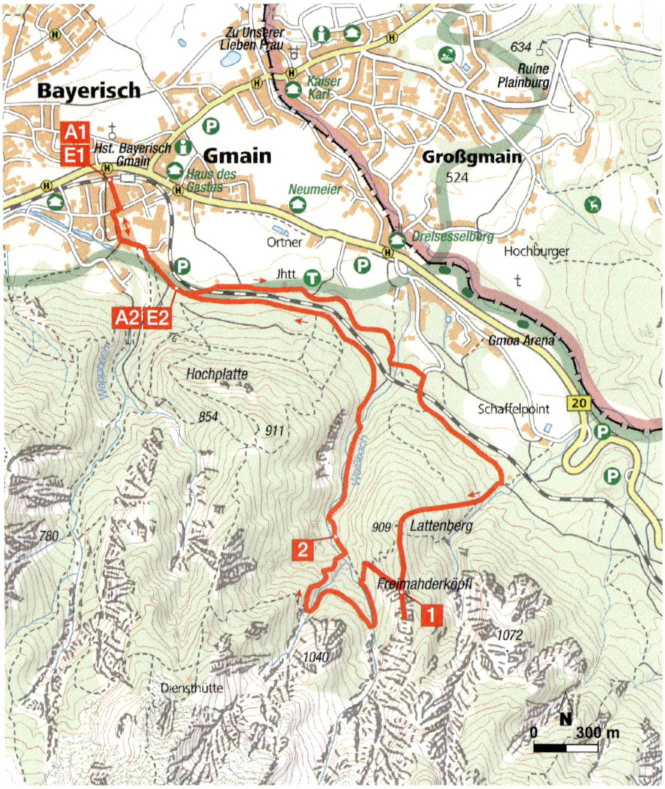

überqueren die Bahngleise. An einer Weggabelung nehmen wir den rechten Schotterweg in Nähe der Bahnlinie. Wir bleiben nun immer auf dem breiten Schotterweg und gehen geradeaus. Abzweigungen, etwa linker Hand zum Friedhof, ignorieren wir dabei. Dann überqueren wir eine kleine Bachbrücke mit dem Wegweiser »Hallthurm, Felsenbach«. Dann folgen wir dem Wegweiser »Hallthurm 7« über die Bahngleise. Gleich darauf geht es linker Hand weiter mit dem kleinen Wegweiser »Hallthurm 2 km«, der leicht zu übersehen ist. Wenig später zweigt ein kleiner Pfad rechter Hand ab: Wir folgen hier dem Wegweiser »Felsenbach, Speikbach«. Der Weg windet sich nun in vielen Kehren bergauf durch den lichten Wald. Zwischenzeitlich führt uns ein Wegweiser »Rund-

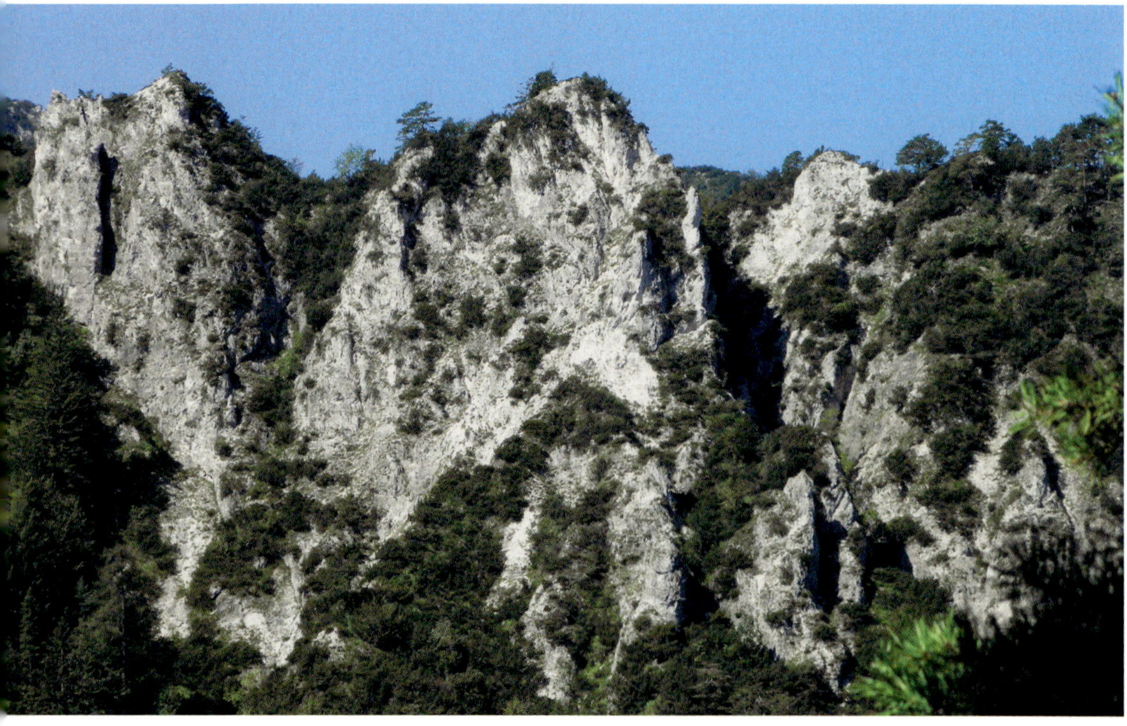

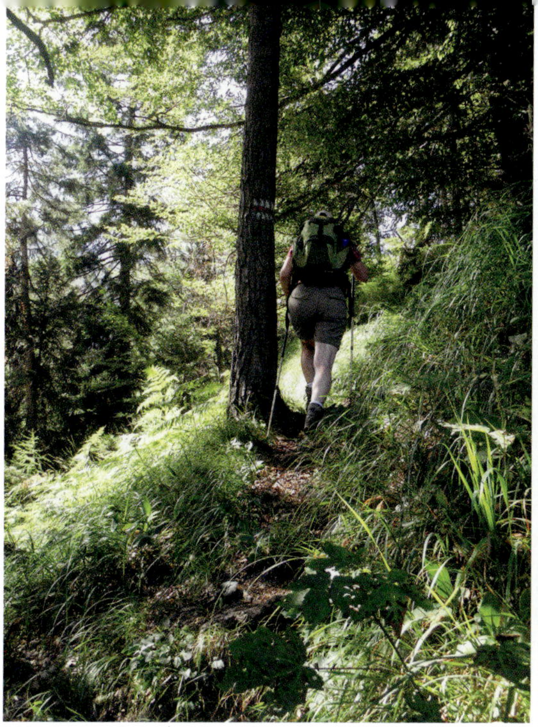

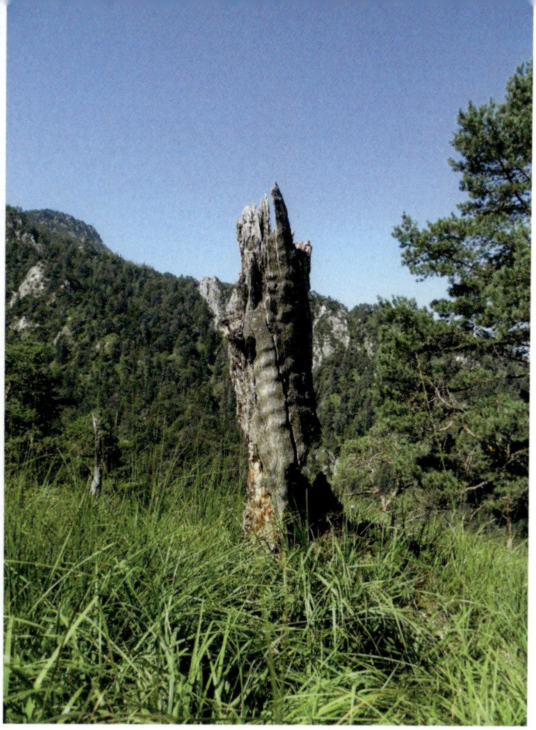

weg, Felsenbach, Speikbach« weiter bergauf. Am Sattel des ❶ **Freimahderkopfes** angelangt, führt uns dieser Wegweiser nun wieder bergab. Zuvor können wir aber dem Pfad folgen, der ohne Beschilderung weiter über den Bergkamm aufwärts zu einem schönen Aussichtspunkt führt. Hier steht eine kleine Bank. Auf diesem Wegabschnitt ist unbedingt Trittsicherheit erforderlich. Hier sind auch einige Warnschilder aufgestellt, die Wegmarkierung nicht zu verlassen, obwohl der Weg gar nicht markiert ist. Nach dem Aussichtspunkt sollten Sie dann auf keinen Fall mehr weitergehen, denn das Gelände ist hier weglos. So steigen wir wieder zurück zum Sattel ab. Dort steigen wir auf der gegenüberliegenden Bergseite mit dem Wegweiser »Rundweg, Felsenbach, Speikbach« nun in vielen Kehren bergab.

In einer anderen Welt: Waldpfad zum Freimahderkopf (oben li.). Baumskulptur im Lattengebirge (oben re.)

In der Weißbachschlucht In der ❷ **Weißbachschlucht** angelangt, folgen wir an einer Weggabelung linker Hand dem Wegweiser »Rundweg, Felsenbach, Speikbach 4«. Nun geht es einige Meter bergauf. Dann gelangen wir direkt an den Weißbach mit einigen schönen Stellen zum Planschen im Wasser. Dann überqueren wir den Bach noch vor der Staumauer und folgen rechter Hand dem Wegweiser »Rundweg, Weißbach, Speik«. Diesem Wegweiser folgen wir später durch ein Bachbett, dann geht es in Kehren bergab, zuletzt überqueren wir zwei Stahlstege. Gleich danach gehen wir linker Hand immer in Nähe des Weißbachs bergab. An einem Rastplatz verbreitert sich der Wanderweg. Hier gehen wir ohne Beschilderung weiter bergab. Zur Orientierung: Hier steht der Wegweiser »Rundweg, Weißbach, Speik, Alpgarten« in der Gegenrichtung. Dann gehen wir über eine Brücke. An der darauffolgenden Weggabelung folgen wir dem linken Weg und dem Schild »Maisrundweg 1« zurück nach Bayrisch Gmain zum E2 **Parkplatz Wanderzentrum**. Autofahrer sind hier am Ausgangspunkt angelangt. Die restliche Wegstrecke für Bahnfahrer entspricht dem Hinweg zurück zum E1 **Bahnhof Bayrisch Gmain**.

Linke Seite: Zauberhafter Seelenort – im Felsgewirr der Weißbachschlucht

5

Dötzenkopf (1001 m)

Romantische Tiefblicke auf Bad Reichenhall

mittel | 600/600 Hm | 4 Std. (+ 0.30 ÖPNV) | 7,8 km

Tourencharakter
Wanderung auf Wanderwegen und Pfaden

Ausgangspunkt
ÖPNV: Bayerisch Gmain Bhf. (540 m)
Pkw: Parkplatz Wanderzentrum (560 m)

Endpunkt
Wie Ausgangspunkt

Gipfel
Wappachkopf (750 m), Dötzenkopf (1001 m)

Anfahrt Pkw
A8 München–Salzburg bis Ausfahrt Berchtesgaden, Richtung Berchtesgaden über Bad Reichenhall nach Bayrisch Gmain, in Bayrisch Gmain rechter Hand in die Lattenbergstr. fahren, an einer Straßengabelung rechts in die Alpentalstraße bis zum Wanderzentrum fahren

Verkehrsanbindung ÖPNV
Bahn München–Salzburg bis Freilassing, Bahn Richtung Berchtesgaden bis Bhf. Bayrisch Gmain

Gehzeiten
Bhf. Bayrisch Gmain – Wanderzentrum ¼ Std. (nur ÖPNV) – Dötzenkopf 1¾ Std. – Bayrisch Gmain, Wanderparkplatz 2¼ Std. – Bhf. Bayrisch Gmain ¼ Std. (nur ÖPNV)

Beste Jahreszeit
Mitte Mai bis Mitte November bei Schneefreiheit

Einkehr/ Unterkunft
Bayrisch Gmain: Da Mario

Karte
BY 20, Lattengebirge-Reiteralm 1:25 000

Der Dötzenkopf ist einer der einsamen Aussichtsgipfel im Lattengebirge. Auf einer schönen Rundwanderung mit eindrucksvollen Tiefblicken über Bad Reichenhall gibt es am Wappbach an heißen Tagen erfrischende Badegelegenheiten in diversen Gumpen.

Zum Dötzenkopf Bahnfahrer gehen vom A1 **Bahnhof Bayrisch Gmain** in südlicher Richtung in die Obere Bahnhofsstraße mit dem Wegweiser »Wanderzentrum«. Dann geht es kurz rechter Hand in die Lattenbergstraße. Sogleich gehen wir links in die Alpentalstraße, der wir bis zum Wanderparkplatz beziehungsweise zum A2 **Wanderzentrum** folgen. Dort gehen nun auch Autofahrer mit den Wegweisern »Dötzenkopf oder Dötzenkopfrundweg«, die ich in der Folge bis zum Gipfel nicht mehr erwähne, auf einem breiten Schotterweg bergauf. An der nächsten Weggabelung gehen wir geradeaus. An der darauffolgenden wandern wir rechter Hand über die Brücke der Wappach. An der folgenden Wegkreuzung geht es geradeaus. Dann nehmen wir an der nächsten Gabelung die Linkskurve des Weges ohne Beschilderung bergauf. So gelangen wir zum 1 **Wappachkopf**. Danach schlängelt sich der Weg weiter hinauf zum Dötzenkopf.

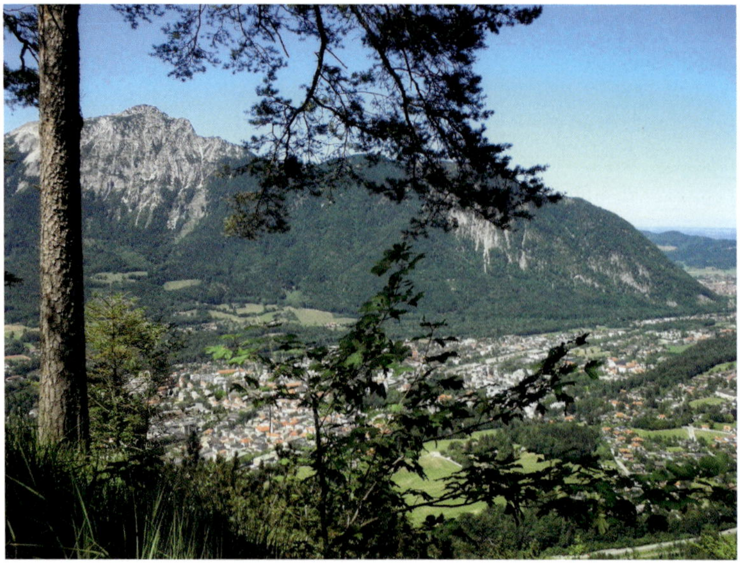

Stimmungsvoller Tiefblick auf der Dötzenkopfrunde nach Bad Reichenhall

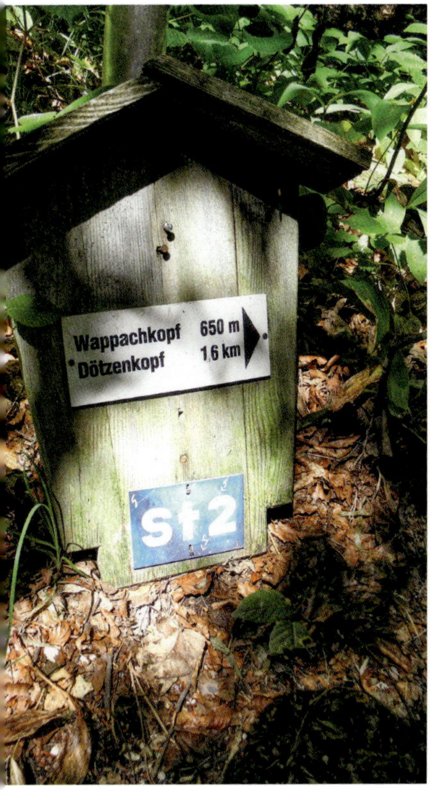

Alter Wegweiser im Urwald des Lattengebirges

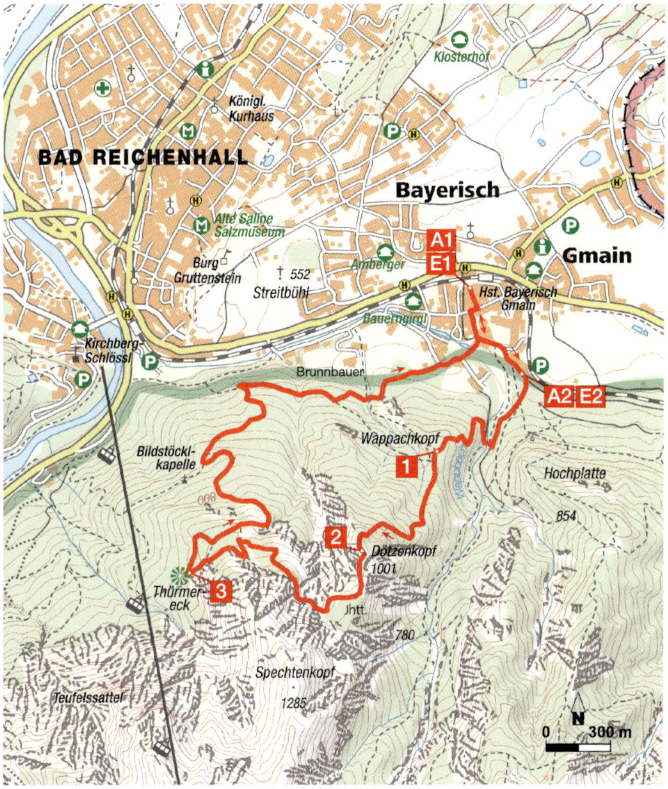

Nach Bayrisch Gmain Hinter dem ❷ **Dötzenkopf** schlängelt sich der Weg nun weiter bergauf mit dem Wegweiser »Spechtenkopf, Hochschlegel« und gewinnt dabei an steigähnlichem Charakter. Nach knapp Hundert Höhenmetern geht es dann wieder bergab über eine Stahltreppe und über eine Stahlbrücke. Wir gelangen an den Wegabzweig zum Spechtenkopf und Hochschlegel, den wir ignorieren und gehen ohne Beschilderung geradeaus. In der Folge geleiten uns die Wegweiser »Bayrisch Gmain oder Bad Reichenhall« in unterschiedlicher Zusammensetzung weiter bergab. Dann lohnt noch ein Abstecher zum Aussichtspunkt ❸ **Thürmereck**, bevor uns der Wegweiser »Bildstöckl, Stadtkanzel« bergab geleitet. Jetzt führt uns wieder das Schild »Bayrisch Gmain« bergab. Dann geht es an einer Gabelung nun rechter Hand mit dem Schild »Wanderzentrum« bzw. »Wanderparkplatz Bayrisch Gmain« weiter. Diese Wegweiser erwähne ich nicht mehr bis zum Ende der Tour. So geht es auf einem schmalen Wanderpfad, kurzzeitig auf einem breiten Forstweg, dann wieder auf einem schmalen Pfad in stetigem Auf und Ab weiter. Am Ende des Pfades folgen wir einer geteerten Fahrstraße nur wenige Meter rechter Hand. In Höhe Theo-Birkel-Straße 9 geht es dann wieder auf einen Wanderweg über den Wappbach. Am Friedhof wandern wir rechts ohne Beschilderung, der Wegweiser zum Wanderzentrum würde hier geradeaus führen. So müsste man einen Umweg in Kauf nehmen. Auf diese Weise gelangen wir zum Feuerwehrhaus. Hier gehen Bahnfahrer auf dem bekannten Hinweg zurück zum E1 **Bahnhof Bayrisch Gmain**. Autofahrer folgen der Alpentalstraße bergauf zum Parkplatz E2 **Wanderzentrum**.

6

Karkopf (1738 m) und Dreisesselberg (1680 m)

Gipfelrunde im Herzen des Lattengebirges

schwer 330/1330 Hm 5.30 Std. 10,6 km

Tourencharakter
Zunächst Wanderung auf typischen Wanderwegen. Beim Abstieg vom Dreisesselberg zur Hochplatte Steige, die absolute Trittsicherheit und Schwindelfreiheit erfordern.

Ausgangspunkt
ÖPNV: Bhf. Bad Reichenhall-Kirchberg (480 m)
Pkw: Talstation Predigtstuhlbahn (480 m)

Endpunkt
Pkw + ÖPNV: Bayerisch Gmain Bhf. (540 m)

Gipfel
Predigtstuhl (1613 m), Hochschlegel (1688 m), Karkopf (1738 m), Dreisesselberg (1680 m)

Anfahrt Pkw
A8 München–Salzburg bis Ausfahrt Berchtesgaden, Richtung Berchtesgaden nach Bad Reichenhall und zur Predigtstuhlbahn

Verkehrsanbindung ÖPNV
Bahn München–Salzburg bis Freilassing, Bahn Richtung Berchtesgaden bis Bad Reichenhall-Kirchberg, Bahn zurück ab Bayrisch Gmain

Gehzeiten
Bahnhof Bad Reichenhall – Predigtstuhlbahn ¼ Std. (nur ÖPNV) – Hochschlegel – Karkopf – Dreisesselberg 2 Std. – Hochplatte – Bayrisch Gmain Bahnhof 3¼ Std.; Bahnhof Bad Reichenhall – Predigtstuhlbahn ¼ Std. (nur Pkw)

Beste Jahreszeit
Mitte Juni bis Anfang November bei Schneefreiheit

Einkehr/ Unterkunft
Bergrestaurant Predigtstuhl, Almhütte Schlegelmulde

Bergbahn
Predigtstuhlbahn, www.predigtstuhlbahn.de

Karte
BY 20, Lattengebirge-Reiteralm 1:25 000

Karkopf und Dreisesselberg – das sind die beiden höchsten Aussichtspunkte auf dieser strammen Bergtour. Daneben geizen aber auch Predigtstuhl und Hochschlegel nicht mit aussichtsreichen Momenten, die sich nahtlos in die Gipfelparade dieser Tour einreihen.

Wildromantische Gipfelrunde Das Lattengebirge mit all seinen Besonderheiten erleben – das ist die Devise dieser Wanderung! Allein schon die Auffahrt mit der Predigtstuhlbahn ist ein Abenteuer. Die Seilschwebebahn ist die älteste im Original erhaltene und ganzjährig verkehrende Großkabinenbahn der Welt. In etwa acht Minuten schwebt die zwölfeckige Pavillongondel bergwärts. Man sieht dabei über die wilden Abbrüche des Predigstuhls und hinunter zum grünen Salaachstausee, dahinter erhebt sich majestätisch, fast senkrecht das Massiv der Reiteralpe. Mit seinen 1614 Metern Höhe liefert der Predigtstuhl eine traumhafte Aussicht über Bad Reichenhall hinweg zum Hochstaufen und hinüber nach Salzburg. Der nächste aussichtsreiche Gipfel ist dann der Hochschlegel, der genauso wie der folgende Karkopf Ausblicke nach Osten zum Untersberg und nach Westen auf die Reiteralpe freigibt. Im Süden

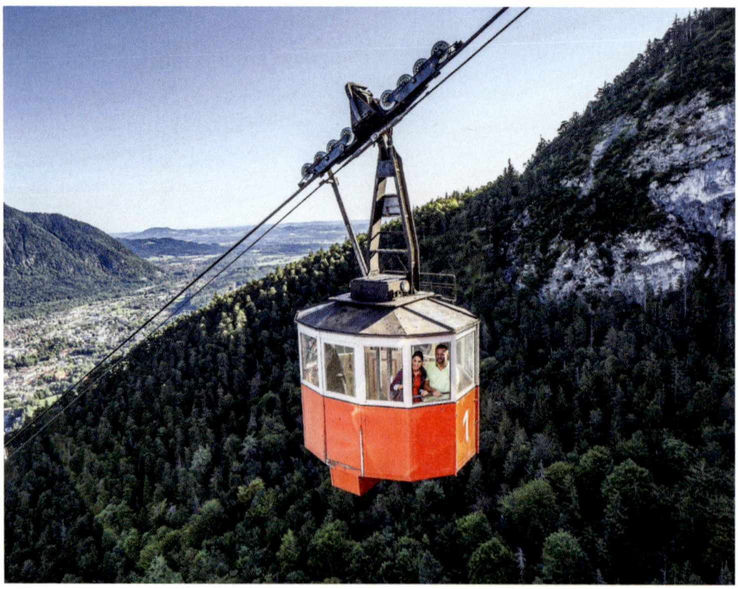

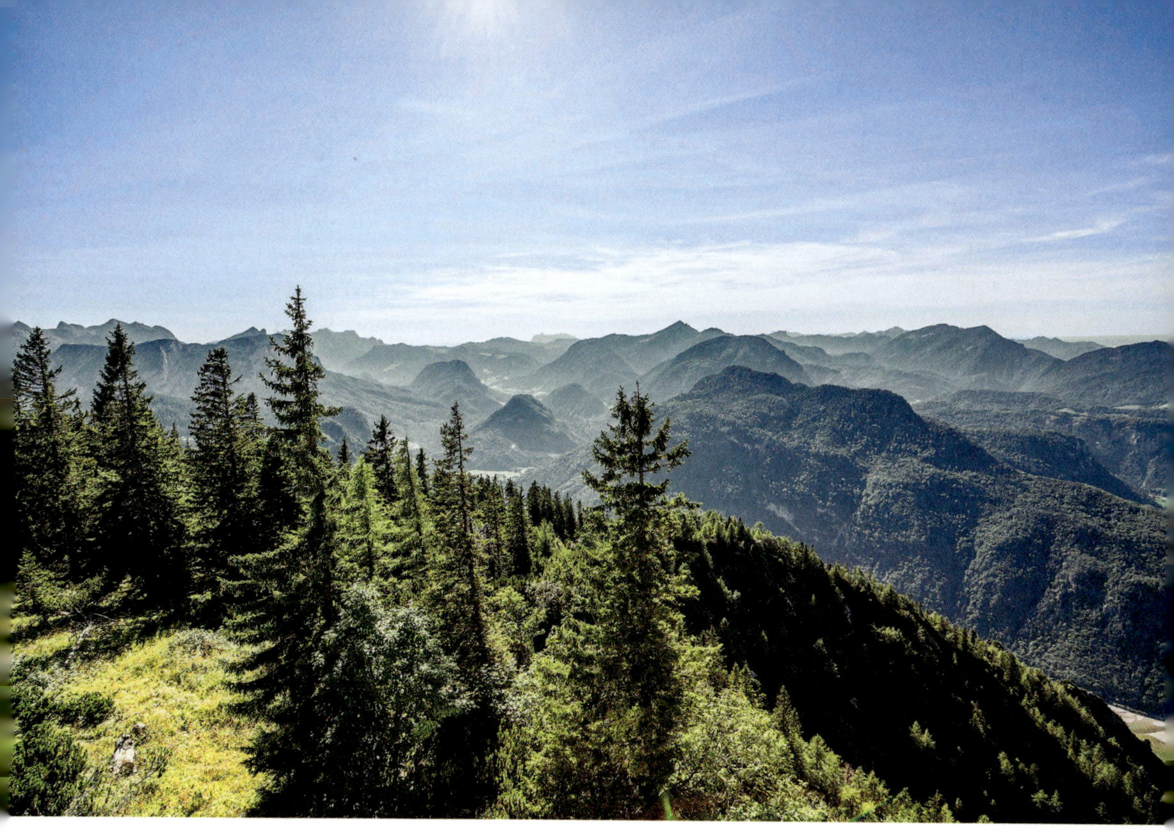

grüßen hier Watzmann und Hochkalter herüber. Dann wartet auch schon der Dreisesselberg mit einer faszinierenden Aussicht in das Salzburger Becken. An klaren Tagen kann man von hier oben die Festung Hohensalzburg sehen. Nun geht es nordwärts in das wilde Schluchtengewirr steil bergab, bis der letzte Aussichtspunkt, die Hochplatte, erreicht ist. Somit werden fünf Aussichtsgipfel auf dieser Wanderung miteinander verbunden!

Ein Tag im September auf dem Predigtstuhl: Traumblick auf Reiteralpe und Chiemgauer Alpen

Hinauf zum Predigtsuhl Bahnfahrer folgen vom A1 **Bahnhof Bad Reichenhall-Kirchberg** der Fußgängerunterführung, und weiter über die Saalachbrücke, den Wegweisern zur »Predigtstuhlbahn«. So geht es nach der Brücke noch ein Stück am Uferweg der Saalach zur Talstation der A2 **Predigtstuhlbahn**. Hier ist auch der Ausgangspunkt für die Autofahrer. Nach der Auffahrt mit der Bergbahn wenden wir uns an der Bergstation nach links zum Predigtstuhl. Vom Gipfel des 1 **Predigtstuhls** geht es dann auf der anderen Seite ein kurzes Stück wieder bergab zur Schlegelmulde mit ihrer urigen Hütte, die auf eine Einkehr wartet. Von dort führt uns nun der Wegweiser »Hallthurm« in Serpentinen den von Latschen gesäumten Weg bergauf. An der nächsten Weggabelung gehen wir weiter rechter Hand bergauf, erneut mit dem Wegweiser »Hallthurm«.

Linke Seite: Altehrwürdige Schönheit – die Predigtstuhlbahn

Bad Reichenhall

Schnell erreicht man am Ende der Tour, vom Bahnhof Bad Reichenhall-Kirchberg aus, die Alte Oberstadt von Bad Reichenhall rund um den Florianiplatz. Danach kann man noch einen Abstecher in die Alte Saline machen, die zu einem Besuch einlädt. Informationen hierzu erhalten Sie unter www.alte-saline.de. Schön ist es auch, im Gastgarten davor einen Kaffee zu trinken, mit Aussicht auf den Predigtstuhl.

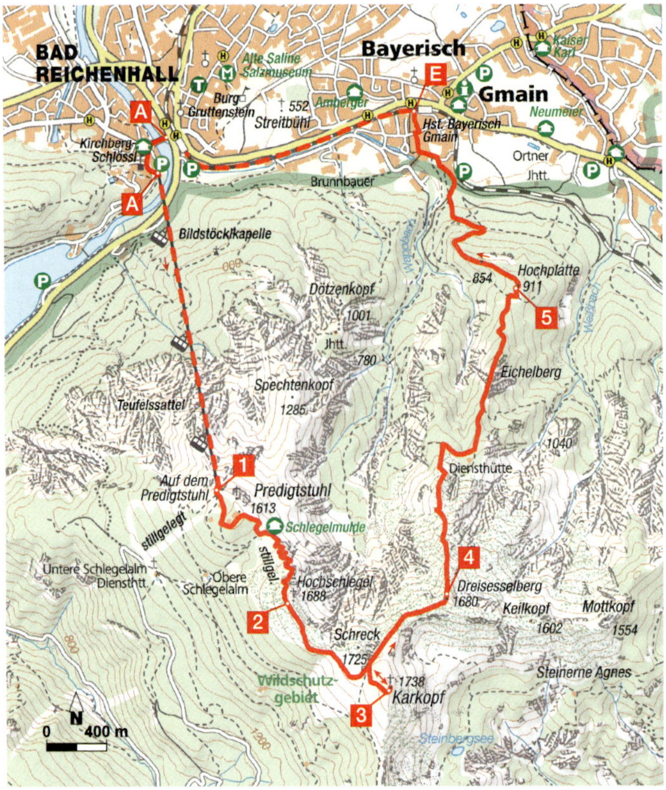

Zum Dreisesselberg Am Gipfel des ❷ **Hochschlegel**, der Bergstation des ehemaligen Sesselliftes angelangt, gehen wir auf dem Höhenweg weiter. Dann zweigt rechter Hand der Weg zum ❸ **Karkopf** bergauf ab. Von ihm steigen wir ein kurzes Stück durch die Latschengassen wieder bergab. Dann geht es nun rechter Hand mit dem Wegweiser »Dreisesselberg, Bayrisch Gmain« leicht bergab durch das plateauähnliche Gelände des Lattengebirges. Rechter Hand lässt man den Steig hinunter nach »Hallthurm über Rotofensattel« liegen und folgt dem nächsten Aufschwung durch die Latschengassen auf den Gipfel des Dreisesselbergs.

Über Eichelberg und Hochplatte nach Bayrisch Gmain Hinter dem Gipfel des ❹ **Dreisesselbergs**

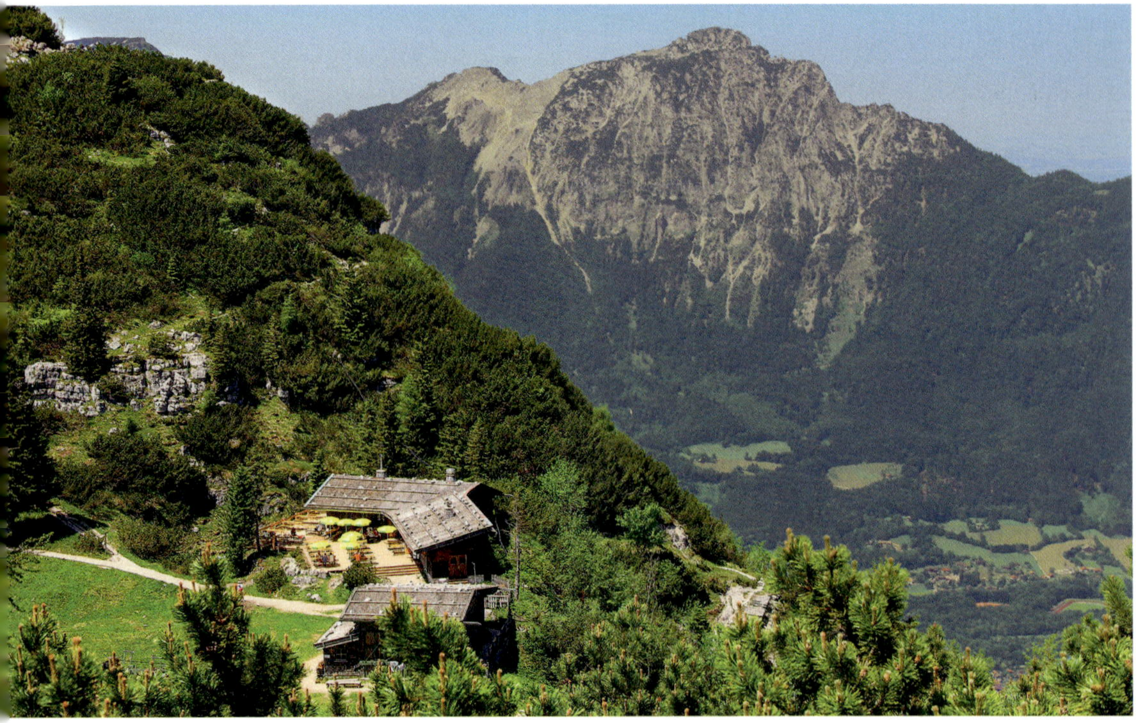

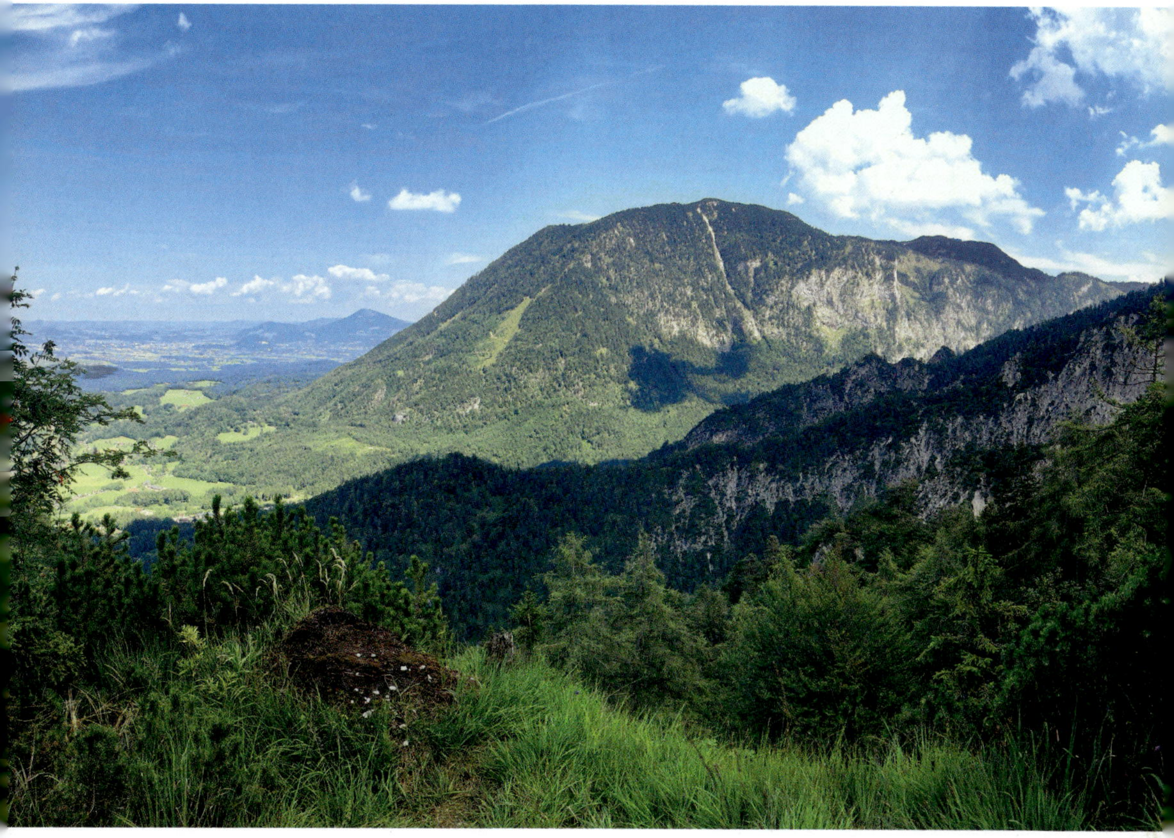

bricht der Steig steil durch die Latschen nach Norden über das Schrofengelände ab. In Kehren windet sich der Steig nun durch den nun höher werdenden Wald über den Mitterberg hinab. Dann folgen wir dem Wegweiser »Eichelbergrunde, Hochplatte« rechter Hand. Später wird dann der steil bergab führende Steig in die Weißbachschlucht rechter Hand ignoriert. Es geht weiter geradeaus, mit dem letzten Wegweiser über den Kamm des Eichelberges bergab. Im bewaldeten Sattel lässt man links das Schild »Wanderzentrum Bayrisch Gmain« liegen und geht geradeaus, nun einige Meter bergauf auf die 5 **Hochplatte**. Der Weg zieht dann nach Westen, auf einem Bergkamm bergab und über die Aussichtskanzel weiter zum Wanderzentrum Bayrisch Gmain. Steile Kehren folgen nun, bis es an einer Weggabelung links mit dem letzten Wegweiser nun weitgehend eben weiter geht. Dann orientiert man sich rechter Hand zum Wanderzentrum Bayrisch Gmain. Hier geht es dann nach der Kneippanlage linker Hand in die Alpentalstraße und ihrer Rechtskurve bis zur nächsten Straßengabelung. Hier wenden wir uns nach rechts in die Lattenbergstraße und gleich wieder links in die Obere Bahnhofstraße zum E1 **Bahnhof** in Bayrisch Gmain. Dort geht es dann für Bahnfahrer direkt auf die Heimreise. Autofahrer nehmen nur eine Station nach Bad Reichenhall-Kirchberg. Hier geht es durch die Fußgängerunterführung weiter und über die Saalachbrücke, den Wegweisern zur Predigtstuhlbahn folgend. So geht es nach der Brücke noch ein Stück am Uferweg der Saalach zur E2 **Talstation** der Predigtstuhlbahn.

Magischer Ausblick – der Untersberg mit Salzburg am Horizont

Linke Seite: Schöner Kontrast – die urige Almhütte der Schlegelmulde mit dem Hochstaufen

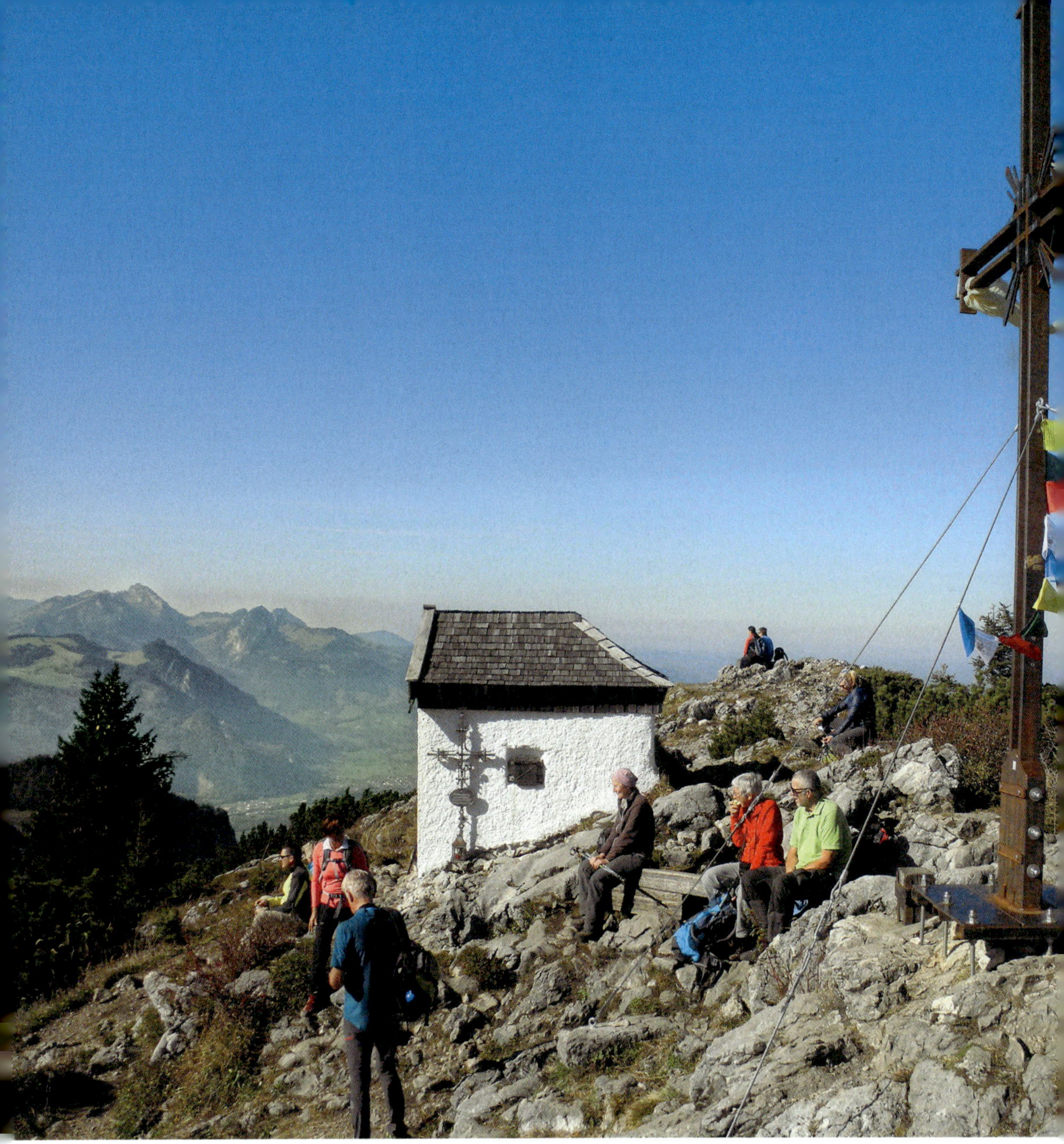

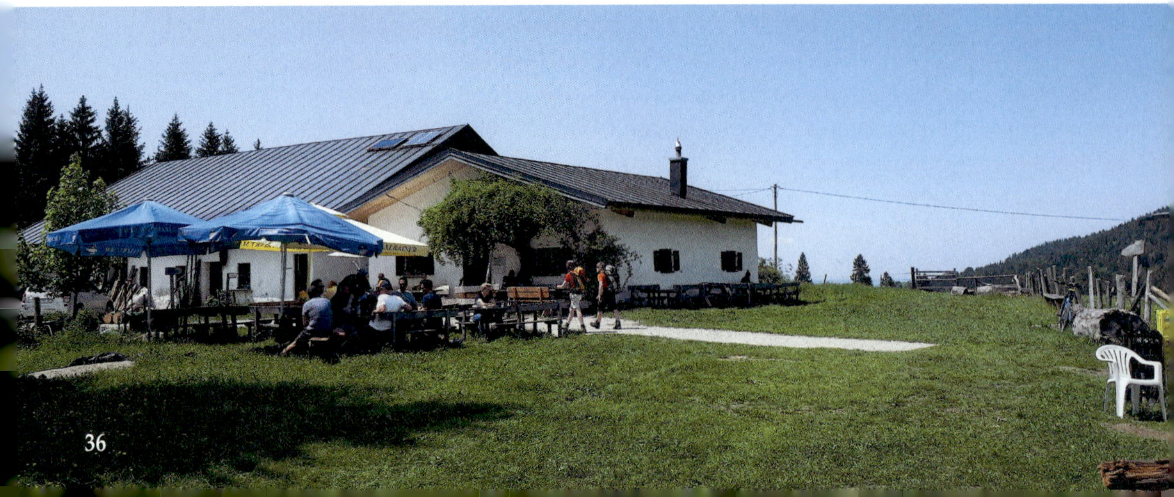

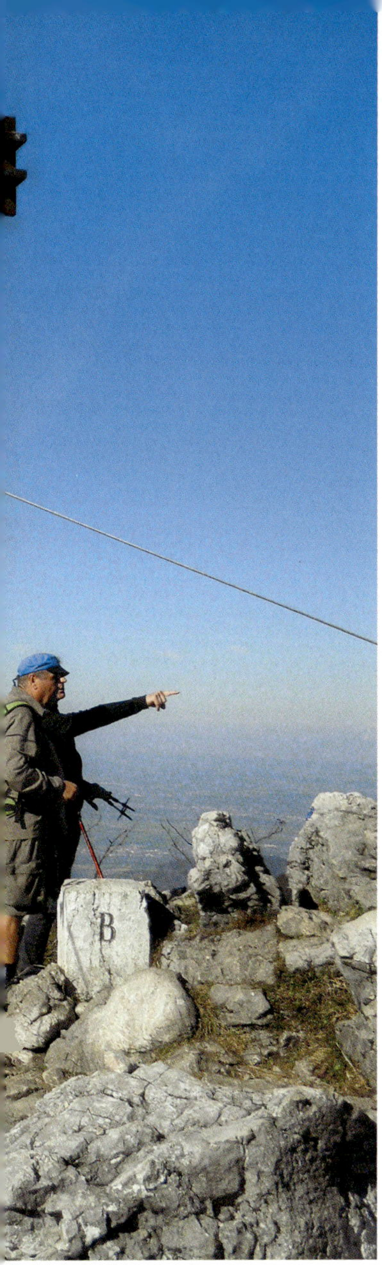

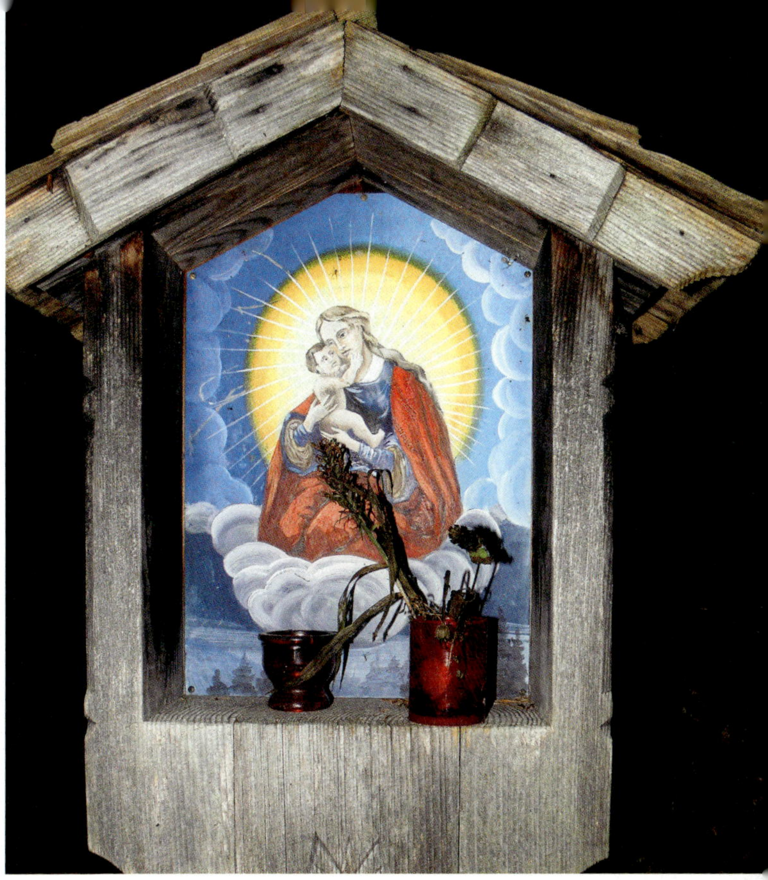

Chiemgauer Alpen

Gipfelrast mit Traumblick vom Spitzstein nach Westen zum Wendelstein (oben li.). Stehen bleiben und innehalten: Marterl am Wegesrand (oben re.). Einatmen und mitnehmen! Almidylle an der Hofbauernalm (unten re.). »Mogst a Tomate auf dei Speckbrot?«: Die Hofalm auf dem Weg zum Hammerstein (unten li.)

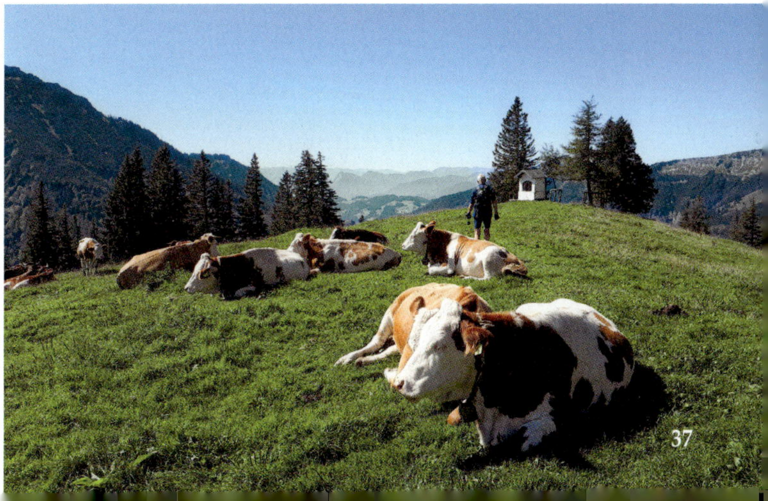

7

Gruberhörndl (1493 m)

Latschenkiefern und Watzmannblick

mittel 610/610 Hm 4.30 Std. 8,1 km

Tourencharakter
Wanderung zunächst auf breiten Schotterwegen, dann auf steigähnlichen Wanderwegen, die absolute Trittsicherheit und Schwindelfreiheit am Gipfel verlangen

Ausgangspunkt
ÖPNV: keine
Pkw: Wanderparkplatz Jochberg (885 m)

Endpunkt
Wie Ausgangspunkt

Gipfel
Gruberhörndl (1493m)

Anfahrt Pkw
A8 München–Salzburg Ausfahrt Ruhpolding/Inzell, am Kreisverkehr nach Inzell, Bad Reichenhall, hinter Weißbach nach »Ortsteil Jochberg« zum Wanderparkplatz Jochberg

Verkehrsanbindung ÖPNV
Keine

Gehzeiten
Wanderparkplatz Jochberg – Kohleralm 2 Std. – Gruberhörndl ½ Std. – Kohleralm ½ Std. – Wanderparkplatz Jochberg 1½ Std.

Beste Jahreszeit
Mitte Mai bis Anfang November bei Schneefreiheit

Einkehr/ Unterkunft
Keine

Karte
AV-Karte BY19 Chiemgauer Alpen Ost

Das Gruberhörndl ist eine Felsbastion, quasi als Vorhut der Staufengruppe. Ein schmaler Kammweg führt von der Kohleralm zu diesem aussichtsreichen Gipfel, Watzmannblick inbegriffen. Tief unter uns liegt – wie ein grünes Auge – der Krottensee am Falkenstein.

Watzmannblick vom Gruberhörndl Vom Tennengebirge über den Watzmann hinüber zur Reiteralpe und weiter zum Sonntagshorn – hier öffnet sich die gesamte Gipfelparade; da fehlt auch nicht die Schlafende Hexe im Lattengebirge. Unter uns wirkt der sonst so imposante Falkenstein ganz klein, mit dem Falken- und dem Krottensee. Im Osten direkt vor uns der Aufbau des Hinterstaufens, allen voran mit dem Gamsknogel. Wer nach dem Gipfel fragt, sollte wissen, dass sich der Berg in bajuwarischer Wortschöpfung »Gruawaherndl« nennt.

Der Aufstieg zur Kohleralm Vom Ⓐ **Wanderparkplatz Jochberg** geht es auf einem Wanderweg zum Gamsknogl im Wald steil bergan. Nach etwa 120 Höhenmetern wird eine Forststraße erreicht. Dieser folgt man nun lange westwärts weitgehend eben. In einer Kehre wird die Straße verlassen. So wandert man durch den Bergwald in das ❶ **Bambachtal** teilweise über kleine Schrofenstufen bergauf. Dann wird das Bachbett nach links verlassen. In einigen Serpentinen gewinnt man weiter an Höhe, bevor der Weg zur Kohleralm quert.

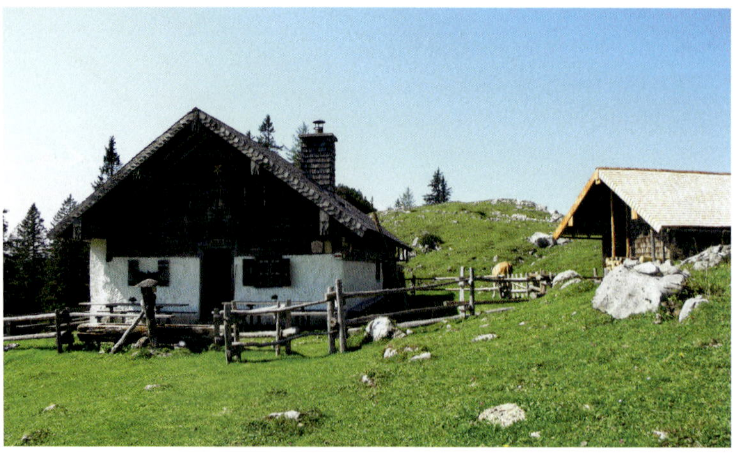

Gemalt oder echt? Die Kohleralm nahe dem Gruberhörndl

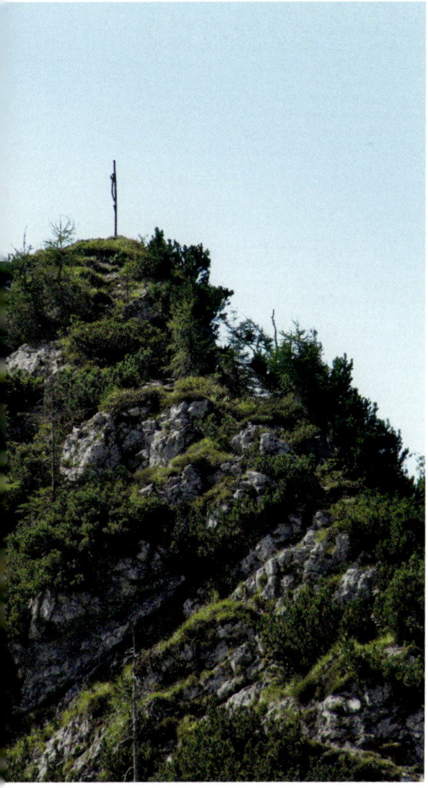

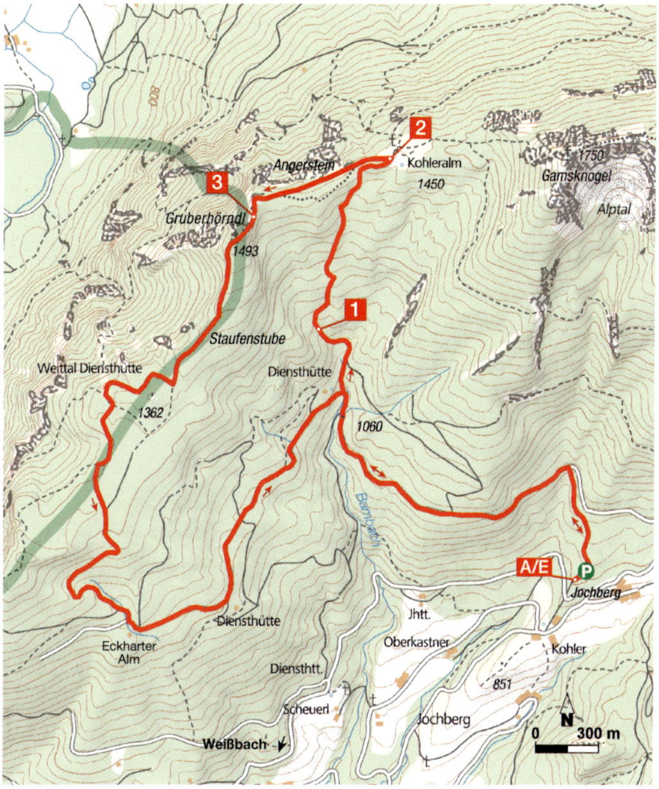

Gruberhörndl oder Gruawahearndl?

Der Kammweg zum Gruberhörndl Von der ❷ **Kohleralm** aus orientieren wir uns nach links, auf einem Waldpfad mit grüner Markierung. Kaum wahrnehmbar wird der Angerstein passiert. Später wandert man durch Buchenwald und Latschen bis zum Gipfel des ❸ **Gruberhörndl**. Dabei führt der Weg auch kurzzeitig auf die Nordseite. Hier ist besondere Vorsicht an den Steilabbrüchen geboten, ebenso am Gipfel. Grüne Markierungspunkte an den Bäumen weisen uns hier den Weg. Der Abstieg entspricht dem Anstieg zurück zum Ⓔ **Wanderparkplatz Jochberg.**

Die Überschreitung des Gruberhörndl Hier öffnet sich am Südwestrücken des Berges ein Pfad, dem man bis zur Einmündung in einen Forstweg bergab folgt. Dann geht es auf dem breiten Schotterweg in zwei langen Kehren zur Eckharteralm. Dort nimmt man die linke Forststraße weitgehend eben zur Kehre beim Bambach. Der restliche Abstieg verläuft auf der Aufstiegsroute. Für diese Alternativroute sind beim Abstieg dann 2¾ Stunden zu veranschlagen. Bedingt durch die Stürme der letzten Jahre kann es passieren, dass Waldgelände mit Windbruch durchquert werden muss. Sollten Sie bemerken, dass aktuell ein Weiterkommen auf dieser Route zu gefährlich ist, dann treten Sie bitte den Rückweg auf der Aufstiegsroute an.

Weißbachfälle

Nach der Tour lohnt sich ein Abstecher zu den romantischen Weißbachfällen und zum Gletschergarten mit seinem Rundweg. Hierzu fahren Sie ein kurzes Stück Richtung Inzell und parken dann am Parkplatz Gletschergarten. Zu den Weißbachfällen geht es über die Straße bergab, zum Gletschergarten rechter Hand bergan.

8

Saurüsselkopf (1270 m)

Kleiner Berg mit großer Aussicht

schwer 570/570 Hm 4.00 Std. 13,2 km

Tourencharakter
Wanderung auf zunächst breiten Schotterwegen. Dann zum Gipfel auf schmalen steigähnlichen Pfaden. Absolute Trittsicherheit und Schwindelfreiheit ist im Gipfelbereich erforderlich.

Ausgangspunkt
ÖPNV: Haltestelle Laubau (700 m)
Pkw: Parkplatz Laubau, Holzknechtmuseum (700 m)

Endpunkt
Wie Ausgangspunkt

Gipfel
Saurüsselkopf (1270 m)

Anfahrt Pkw
A8 München–Salzburg Ausfahrt Ruhpolding, Inzell, am Kreisverkehr Richtung Ruhpolding, in Ruhpolding weiter nach Reit im Winkl bis Laubau zum Wanderparkplatz

Verkehrsanbindung ÖPNV
Bahn München–Salzburg bis Traunstein, Bahn Traunstein–Ruhpolding, Bus 9506 nach Reit im Winkl bis Laubau
Oder
Bahn München–Salzburg bis Prien, von Prien Bus 9505 nach Reit im Winkl, in Reit im Winkl Bus 9506 nach Inzell bis Laubau

Gehzeiten
Laubau Haltestelle/ Parkplatz – Saurüsselkopf 2¼ Std. – Saurüsselkopf – Laubau Haltestelle/ Parkplatz 1¾

Beste Jahreszeit
Anfang Mai bis Anfang November bei absoluter Schneefreiheit

Einkehr/ Unterkunft
Keine

Karte
AV-Karte BY18 Chiemgauer Alpen Mitte

Der Saurüsselkopf ist ein wenig bekannter Gipfel hoch über dem Fischbachtal unter den Nordabbrüchen der Kreuzschneid und des Wildalphorns. Der markante Aussichtsgipfel wird auf abenteuerlichen Pfaden erklommen und sieht schon vom Anstieg aus beeindruckend aus.

Ein ungewöhnlicher Name Wenn man auf diesen Berg geht, sagen die Einheimischen: »Gehst heit aufn Sauriassl!« Woher der Name kommt, lässt sich nicht genau ergründen. Doch eine ungewöhnliche Form hat er schon. So könnte bei der Ansicht vermutet werden, man sieht den Kopf einer Sau, die auf dem Rücken liegt, und die Nase nach oben streckt, das könnte hinkommen. Das möge so im bayerischen Sprachschatz in Ordnung sein. Nordlichter würden dazu vielleicht sagen, dass einen Rüssel nur ein Elefant hat. Dann wäre es der Elefantenrüsselkopf. Ich bleibe bei der bajuwarisch bodenständigen Namensgebung.

Die Chiemgauer Bergwelt Ihre liebenswerten Eigenheiten werden gerade auf dieser Tour sichtbar. Weite Täler mit moorähnlichen Landschaften am Beginn der Tour. Dann folgen tief eingeschnittene Seitentäler, manchmal mit fast senkrechten Grashängen. Kleine Bäche können wir ganz unten sehen – mit schönen Wasserfällen und Gumpen. Nur einige von ihnen kann man auch gut zu Fuß erreichen. Lichte Wälder säumen die Berg-

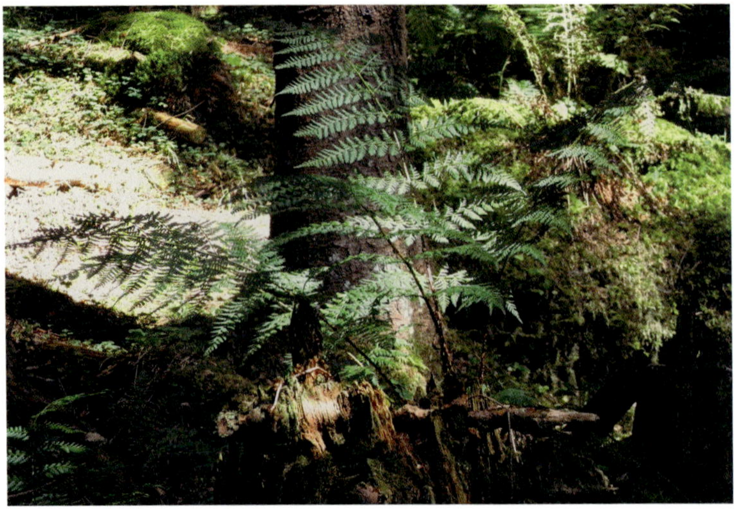

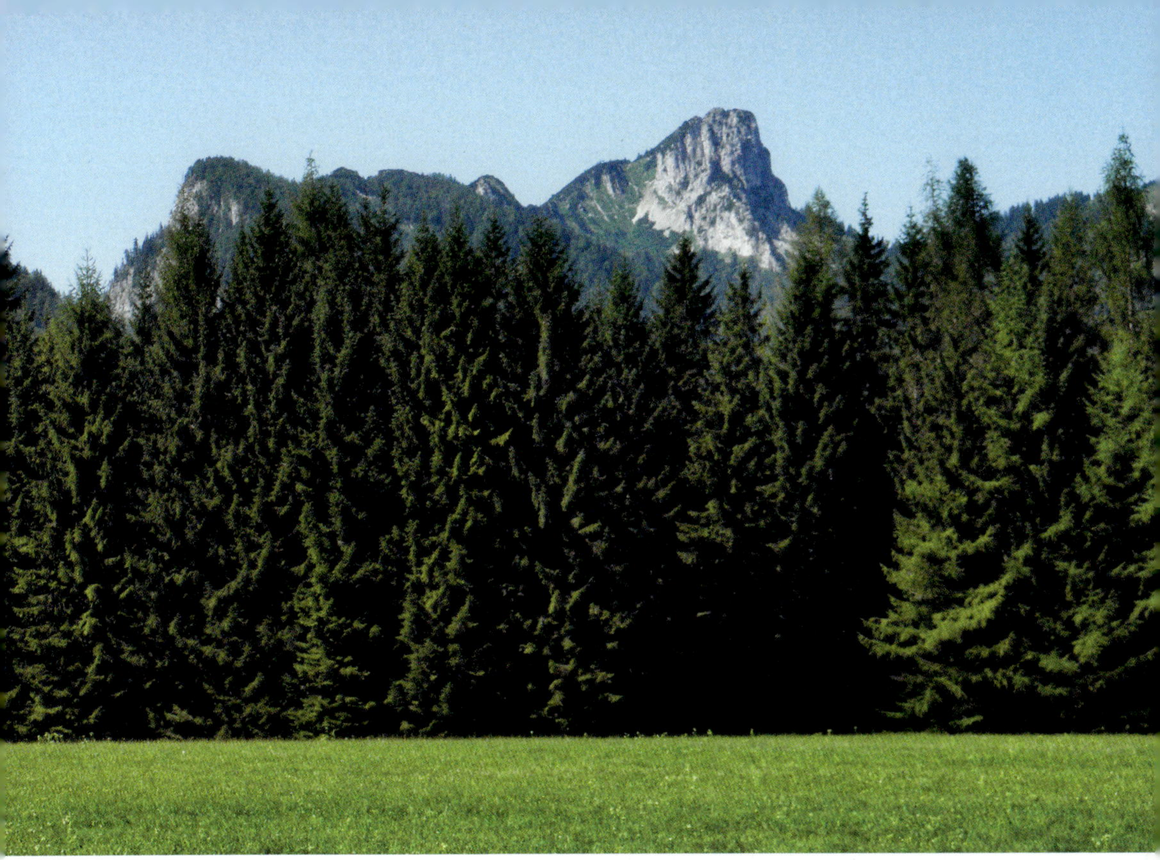

flanken, zumeist mit Buchen und Ahornbäumen. Weiter oben in den steilen Berghängen breiten sich wahre Zaubergärten aus mit Alpenrosen, Latschen, Kiefern und Birken, darüber stehen dann die Felsabbrüche der Gipfel. Das alles schafft ein oft melancholisches Landschaftsbild dieser Chiemgauer Bergwelt, das so nur in dieser Region auftaucht.

Blick auf eine Bergschönheit – die Hörndlwand

Der Gipfel Als unbekannter Aussichtsberg führt er unter den großen Namen der Chiemgauer Alpen ein Mauerblümchendasein. Zu Unrecht, denn der markante Gipfel bietet atemberaubende Tiefblicke hinunter in das Fischbachtal. Dahinter bauen sich im Süden die Loferer Steinberge auf. Ganz nah sind uns hier das Sonntagshorn und der Rauschberg, der von Süden her weit weniger spektakulär aussieht als von seiner schroffen Nordseite. Im Westen sehen wir die Hörndlwand als formschönen Felsenberg thronen. Je näher wir dem Gipfel kommen, umso spannender wird das Gelände. Steile Grashänge wechseln sich mit schroffen Felsen ab, an die sich knorrige Kiefern klammern. Etwas Spürsinn ist gefragt und Trittsicherheit ohnehin, arg ausgesetzt ist der Weg jedoch nie, Schwindelfreiheit ist dennoch, zumindest direkt zum Gipfel erforderlich. So kommen wir recht zügig voran, folgen dem Kamm und erreichen schließlich den Vorgipfel, der mit Latschen besetzt ist. Der Pfad wird immer schmaler, wir steigen wieder ein kleines Stück ab, um dann schließlich die letzten Meter zum Gipfel des Saurüsselkopfs aufzusteigen. Der Gipfel eignet sich prima als Aussichtspunkt, kann aber nur wenige Wanderer beherbergen. Für diesen unbekannten Berg dürfte das kein Problem sein.

Linke Seite: Farne zieren diesen »vergessenen Pfad«.

Rechte Seite oben: Dokumente aus einer harten Zeit – das Holzknechtmuseum

Viele Wege, aber nur einer führt nach Rom Zunächst erwartet uns ein »Hatscher«, wie Einheimische sagen, über breite Forstwege. An seinem Ende, an einer Schleife führt dann ein Pfad zunächst beschaulich bergauf durch den Mischwald. Schließlich sind wir auch schon relativ schnell oben auf dem Kammweg angelangt, der zum Gipfel führt. Ein anderer Pfad führt zwischenzeitlich auf unseren Weg, den ich Ihnen aber nicht empfehlen kann. Manche berichten auch von einem Weg, der von der Fahsteigendiensthütte zum Gipfel führt. Ich konnte diesen Pfad nicht entdecken. Ich denke, dieser Pfad ist, wie so viele andere Wege auch, inzwischen völlig zugewachsen. Manch einer hat es auch schon über die steile Ostflanke versucht, was sehr waghalsig und viel zu steil ist. So ist das Objekt der Begierde, der Saurüsselkopf, wirklich nur über diesen einen Weg zu erreichen. Der ist aber für einen unbeschilderten, respektive »vergessenen Pfad«, gut zu finden, was die Wegführung angeht.

Hike und Bike Gut eignet sich die Tour auch für Mountainbiker. Auf dem Forstweg zunächst eben, dann bis zur Wendeschleife in perfekter Steigung, so lässt sich die Wanderung auch entsprechend verkürzen. Dann sind nach der Auffahrt noch etwa eine Dreiviertelstunde Aufstieg bis zum Gipfel zu veranschlagen, die gleiche Zeit dann auch für den Abstieg, wegen der steigähnlichen Wege, die man vorsichtig gehen sollte, insgesamt also 1½ Stunden.

Waldwunderwelt beim Aufstieg zum Saurüsselkopf (unten li.). Der Saurüsselkopf oder ganz einfach »da Sauriasl« (unren re.)

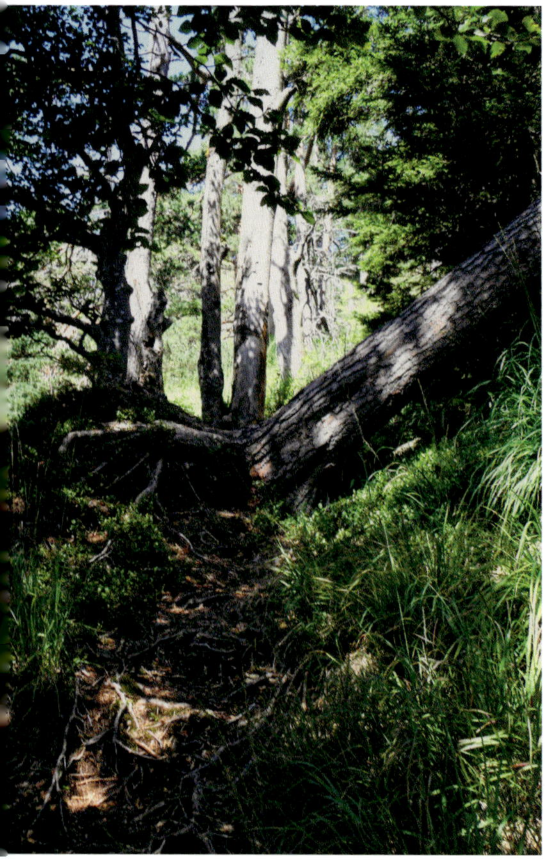

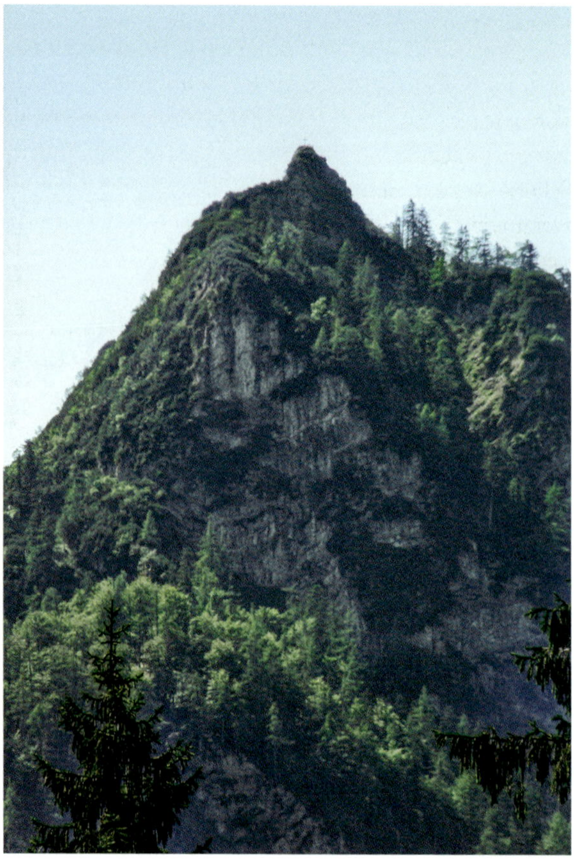

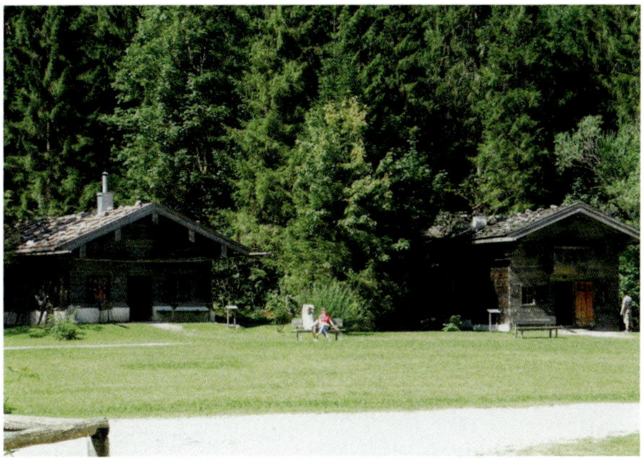

Das Holzknechtmuseum

Besuchen Sie das Holzknechtmuseum! Hier wird die Geschichte der Holzknechte, ihrer Lebens- und Arbeitsbedingungen und die Entwicklung ihrer Geräte und Werkzeuge vermittelt. Ein weiterer Schwerpunkt des Museums ist das 30 000 Quadratmeter große Freigelände mit transferierten und nachgebauten Forsthütten und »Holzerstuben« aus dem Gebiet der ehemaligen Saline Traunstein. Infos unter www.holzknechtmuseum.com

Der Aufstieg ÖPNV-Anreisende gehen von der A1 **Bushaltestelle Laubau** zum A2 **Wanderparkplatz** am Holzknechtmuseum. Von hier aus beginnt nun auch für Autofahrer die Wanderung. Wir nehmen in südlicher Richtung den geteerten Fahrweg mit dem Schild »Staubfall«, dem wir auch weiterhin folgen und deshalb nicht mehr in der Folge erwähnen. So geht es an der nächsten Gabelung rechter Hand in einen breiten Schotterweg. Dann an der nächsten Weggabelung wandern wir linker Hand weiter. In Höhe des ❶ **Infoturmes Biathlonzentrum** weichen mehrere Wege von unserem Hauptweg ab, auf dem wir aber bleiben und weiter geradeaus gehen. Dann zweigen zweimal breite Schotterwege rechter Hand ab, die wir ignorieren. Erst wenn wir die ❷ **Bachbrücke** überquert haben, folgen wir dem dritten Abzweig rechter Hand. Zur Orientierung: Hier zeigt das Schild »Staubfall-Heutal, Laubau-Ruhpolding« geradeaus, das wir nun ignorieren. Wir gehen jetzt auf dem breiten Schotterweg in zunehmender Steigung bergauf. Nach etwa einer Dreiviertelstunde ignorieren wir den ersten Abzweig eines Forstweges. Den nächsten Abzweig nehmen wir nun linker Hand. Der breite Schotterweg führt hier in einer ❸ **großen Schleife** wieder zurück. An einer Rechtskurve der Schleife zweigt nun unser Pfad ab. Zunächst geht es durch den Wald bergauf. Dann sind wir am Kamm des Berges angelangt, dem wir weiter nordwärts folgen. Wir erreichen den Vorgipfel, auf dem viele Latschen wachsen. Unser Weg wird nun zunehmend schmaler. Wir steigen ein kleines Stück in eine Senke ab, dann nehmen wir die letzten Meter zum Hauptgipfel des ❹ **Saurüsselkopfes**. Der Rückweg entspricht dem Hinweg, also zurück zu den bekannten Endpunkten am E2 **Wanderparkplatz** am Holzknechtmuseum und der E1 **Bushaltestelle Laubau**.

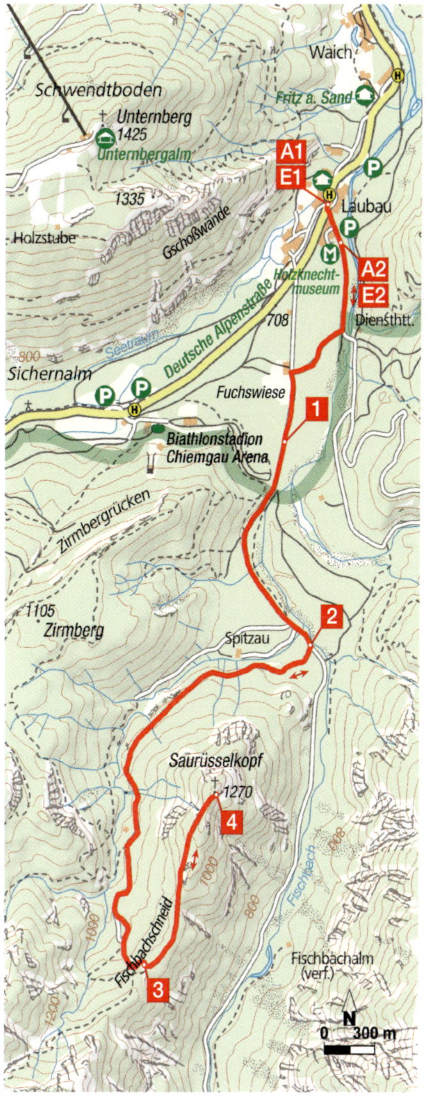

9

Richtstrichkopf (1322 m)

Einsame Pfade unter dem Dürrnbachhorn

mittel 550/550 Hm 5.00 Std. (+ 0.30 ÖPNV) 8,5 km

Tourencharakter
Wanderung zunächst auf ebenen Pfaden entlang des Hausgrabenbaches. Dann zum Gipfel auf schmalen, steigähnlichen Pfaden über steile Wiesenhänge

Ausgangspunkt
ÖPNV: Haltestelle Lödensee (770 m)
Pkw: Parkplatz Lödensee, Parkplatz P2 (770 m)

Endpunkt
Wie Ausgangspunkt

Gipfel
Richtstrichkopf (1322 m)

Anfahrt Pkw
A8 München–Salzburg Ausfahrt Ruhpolding, Inzell, am Kreisverkehr Richtung Ruhpolding, in Ruhpolding weiter nach Reit im Winkl, bis zum Wanderparkplatz Lödensee; ebenso ist die Anfahrt über Bernau und Reit im Winkl möglich, sowie über die Inntalautobahn und Kössen.

Verkehrsanbindung ÖPNV
Bahn München–Salzburg bis Traunstein, Bahn Traunstein–Ruhpolding, Bus 9506 nach Reit im Winkl bis Lödensee
Oder
München–Salzburg bis Prien, in Prien Bus 9505 nach Reit im Winkl, in Reit im Winkl Bus 9506 nach Inzell bis Lödensee

Gehzeiten
Lödensee Haltestelle/Parkplatz – Richtstrichkopf 2¾ Std. – Richtstrichkopf – Lödensee Haltestelle/Parkplatz 2¼ Std.

Beste Jahreszeit
Anfang Mai bis Anfang November bei absoluter Schneefreiheit

Einkehr/ Unterkunft
Keine

Karte
AV-Karte BY18 Chiemgauer Alpen Mitte

Der Richtstrichkopf ist ein unbekannter Vorberg in den Nordabbrüchen des Dürrnbachhorns. Vier Seen können wir vom Gipfel aus bewundern. Daneben grüßen das Sonntagshorn und die Berchtesgadener Alpen herüber. Kaum ein Wanderer verirrt sich in diese Idylle.

Die Nordabbrüche des Dürrnbachhorns Normalerweise sprechen wir ja von »vergessenen Pfaden«. Heute ist es gleich eine ganze Bergregion, die vergessen ist, denn kein einziger markierter Weg führt durch diese Gebirgsregion. Gemeint ist das Gebiet nördlich des Dürnbachhorns zwischen Weitsee und dem Fischbachtal mit seinem Staubfall. Zu unnahbar sind die steilen, bewaldeten Bergflanken, um sie für den Wanderer zugänglich zu machen. Zu schattig ist das Gebiet im Herbst, doch wenige wissen, dass der Richtstrichkopf auch noch im November um die Mittagszeit einige Sonnenstunden bereithält. Fast gänzlich unbeachtet ist dieses Gebiet auch deshalb, weil es umgeben von großen Bergnamen ist, wie dem Ruhpoldinger Rauschberg, der Hörndlwand und nicht zuletzt das Gebiet um die Winklmoosalmen, zu dem viele Wanderer pilgern, zu Hirschbrunftkopf, Hausgrabenkopf oder Saurüsselkopf. Letzterer ist im vorherigen Tourenkapitel beschrieben. Das sind die Namen der Berge, die für dieses weitgehend unbekannte Gebiet stehen. Ein ganzes Netz aus Pfaden durchzieht diese Region.

Der Richtstrichkopf Gleich vier Seen hat der Gipfel bei seinem Ausblick zu bieten. Neben dem naheliegenden Lödensee, dem Weitsee und dem Mittersee sehen wir noch den Walchsee in der Ferne. Im Licht der Abendsonne glitzern diese Seen und schaffen eine zauberhafte Atmosphäre. Unter dem kleinen Gipfelkreuz liegt unter Steinen befestigt in einer Brotzeitdose, wasserdicht in einer Tüte verpackt, das Gipfelbuch, oder besser gesagt, das Gipfelheft. Mehr als 30 Eintragungen pro Jahr sind eine Seltenheit, was diesen Berg auch rein von seinen Besucherzahlen wirklich zu einem vergessenen Berg macht. Auf seiner Ostflanke im Anstieg kurz vor dem Gipfel sieht man ganz nah das Sonntagshorn als eine mit Latschen bewachsene Pyramide. Zwischen ihm und dem Dürrnbachhorn wird uns ein weiter Blick nach Südosten in die Felsflanken der Berchtesgadener Alpen gestattet. Die Buchen im Gipfelbereich schaffen zudem eine mystische Stimmung. Dieses Ambiente lohnt sich,

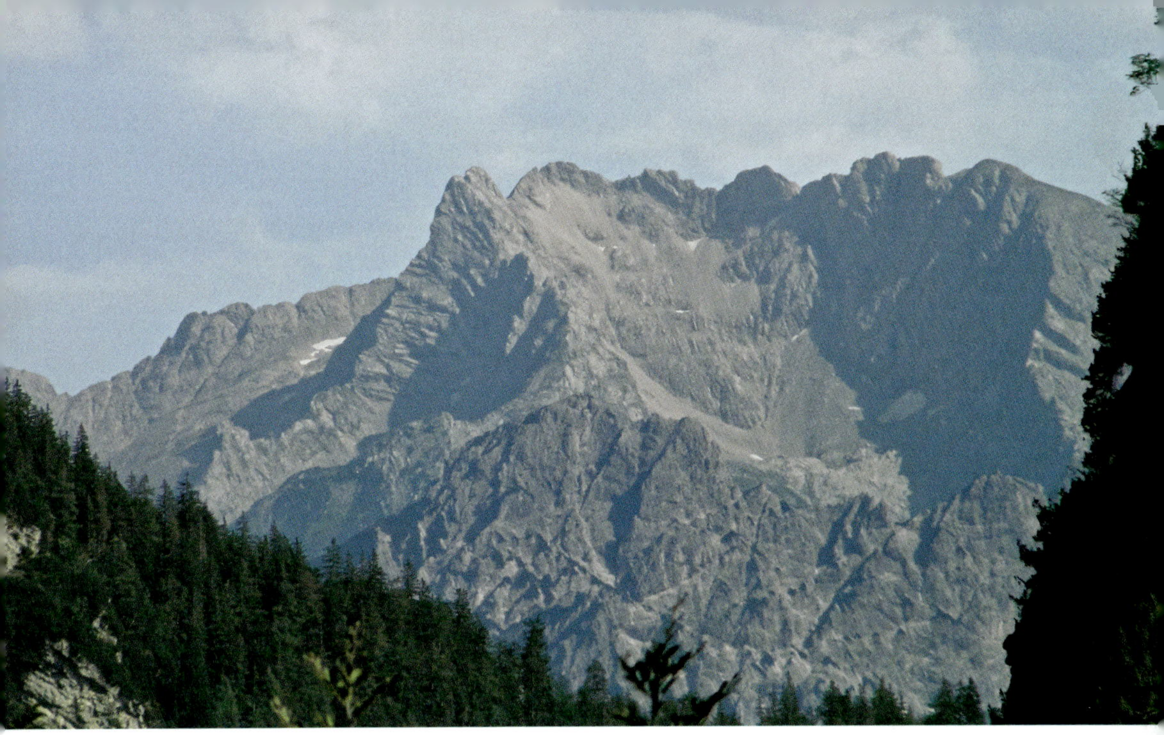

um länger hier oben zu verweilen, nichts denken, einfach die Aussicht genießen, im Hier und Jetzt.

Hoppala! Verblüffender Ausblick in die Loferer Steinberge

Der »vergessene Pfad« Der schmale Weg führt uns durch dichte Wälder, Urwaldfeeling kommt hier auf. Die Stille ist ungewöhnlich. Nur das Rauschen des Hausgrabenbaches begleitet uns eine Zeit lang und vielleicht noch das Wehen der Blätter im Wind. Da schrecken wir schon hoch, wenn urplötzlich ein Ast von einer alten Buche herunterfällt oder ein Gamsrudel, die sich hier in den Bergflanken gerne aufhalten, den Berg hinunterrennt, wenn es uns sieht. Da haben wir es schon schwerer. Denn der idyllische Pfad, der kaum eine Hand breit ist, verlangt in den steilen, mit Gras

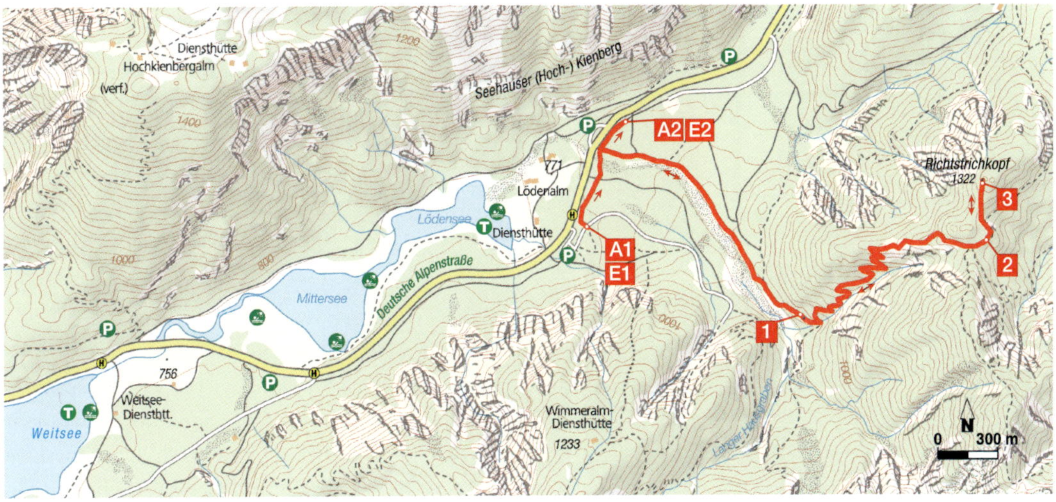

bewachsenen Bergflanken absolute Trittsicherheit und damit unsere volle Aufmerksamkeit. Wenn wir durch den lichten Wald bergauf streifen, kann man die Baumriesen in einer ungewöhnlichen Vielfalt bewundern. Neben knorrigen Kiefern und alten Buchen wachsen hier auch schöne Bergahorne. Im Juli blüht zudem an einigen Stellen der Almrausch, daneben gibt es schon einige Latschenkiefern, bedingt durch die Steilheit des Hanges in ungewöhnlich niedriger Höhe. In einer angenehmen Steigung zieht der Pfad bergauf. Früher wurde wohl dieser schmale Weg von Jägern und Förstern in ihrem Revier, vielleicht voll bepackt, auf dem Weg zu ihren Diensthütten benutzt. So lässt sich die mäßige Steigung erklären. Begeben Sie sich mit allen Sinnen auf diese schöne Tour, versinken Sie im tiefen Grün der Wälder. Manchmal hat man hier den Eindruck, man wäre auf einem anderen Planeten. Umso mehr stört dann halt die Straße am Parkplatz, wenn wir wieder in der Zivilisation angekommen sind. Manch einer hat schon am Richtstrichkopf biwakiert, um die Stille für sich länger zu haben.

Der Aufstieg Bahn- bzw. Busfahrer folgen von der A1 **Bushaltestelle Lödensee** in östlicher Richtung dem breiten Schotterweg, einem Rad- und Fußweg, der neben der Straße im Wald verläuft. Dann durchqueren wir ein Bachbett, an dessen gegenüberliegendem Rand beginnt unser Pfad.

Eintauchen, abschalten: Fabelhafte Waldwelten beim Aufstieg zum Richtstrichkopf (unten li.). Einsamer Gipfel – der Richtstrichkopf mit Blick auf die Hörndlwand (unten re.)

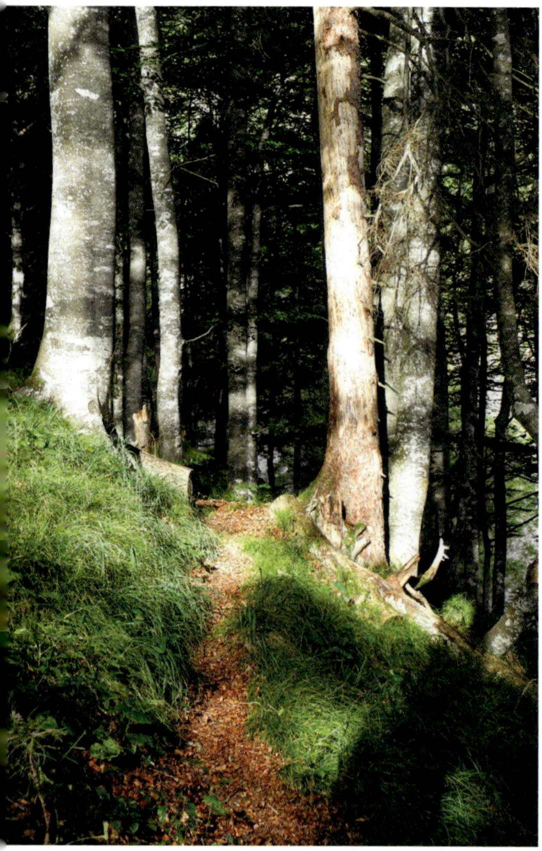

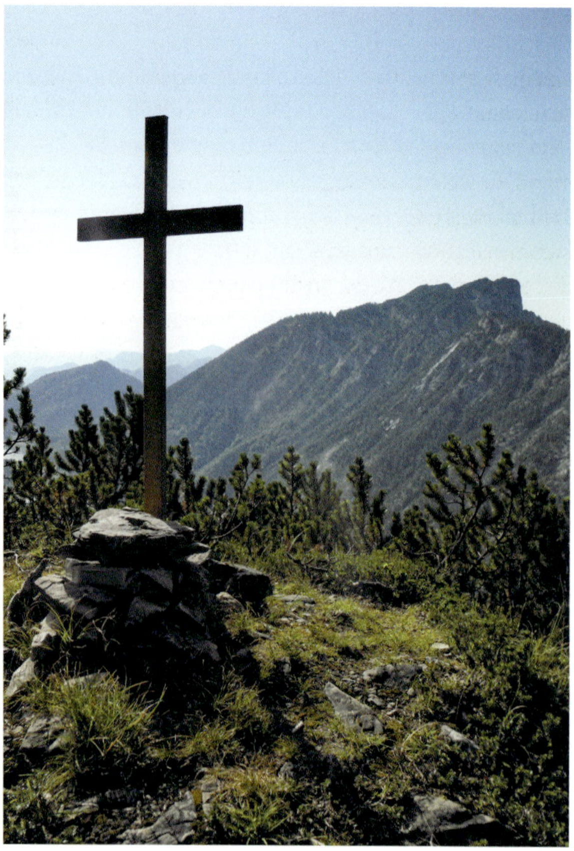

Autofahrer überqueren derweil vom A2 **Parkplatz P2** am Lödensee die Hauptstraße mit größter Vorsicht. Dann geht es durch zwei Metallpfosten, auch hier auf dem breiten Schotterweg, diesem Rad- und Fußweg. Diesem folgen wir rechter Hand nur wenige Meter bis kurz vor das Bachbett. Hier führt dann der Pfad am Bachbettrand links vorbei.

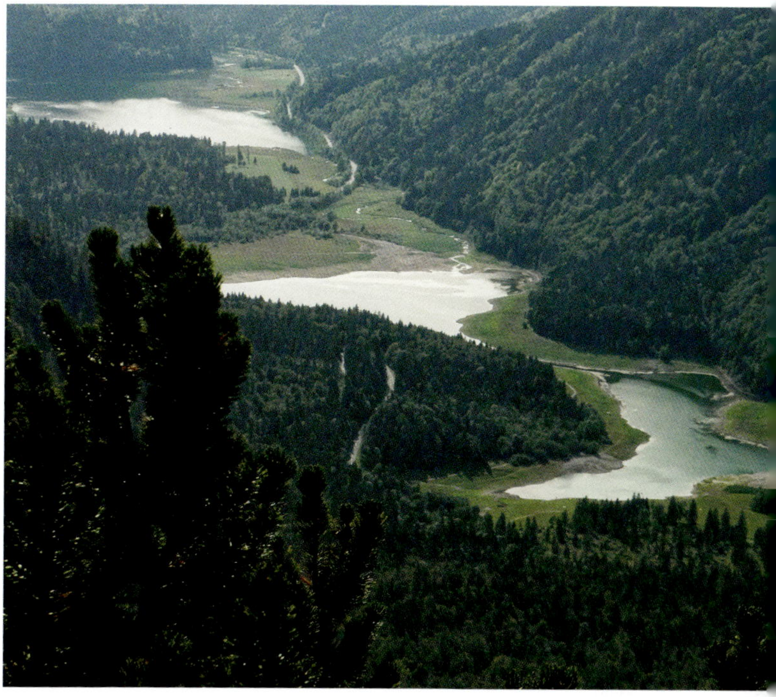

Magisches Dreigestirn: Weitsee, Mittersee, Lödensee

Nun folgen alle dem Wiesenpfad durch moorähnliches Gebiet. Dann geht es in den Wald, der Pfad wird hier nun deutlicher und führt zumeist an den Steilabbrüchen des Hausgrabenbaches entlang. Vorsicht ist hier geboten, da der Hang immer wieder ein Stück abrutscht. Dann mündet ein weiterer Pfad ein, deshalb wird er nun etwas breiter. An einem Bestand mit jungen Ahornbäumen angelangt, nehmen wir die etwas unscheinbare 1 **Pfadabzweigung** links. Sollten wir hier auf dem anderen Weg weiter geradeaus gegangen sein und hier in ein kleines Seitental queren, dann sind wir schon zu weit gewandert. Unser richtiger Pfad führt nun in vielen Kehren in angenehmer Steigung bergauf. Mal an den Bergflanken des Seitentals, mal auf dem Bergkamm selbst, hin und wieder auch auf der anderen Hangseite. Trittsicherheit ist auf diesen schmalen Wegen wichtig. Nach etwa einer Stunde Anstieg gelangen wir in einen 2 **Waldsattel**. Rechter Hand würde hier der Pfad weiter zum Hochbrunftkopf (1499 m) führen. Wir gehen nun links weglos, am besten noch etwas westlich durch die lichte, mit Gras bewachsene und bewaldete Flanke bergauf, dabei handelt es sich um den Vorberg des Richtstrichkopfs. Dabei sollten wir darauf achten, nicht zu weit östlich zu gehen, da wir hier sonst in dichten Fichtenbewuchs geraten. Am Vorberg angelangt, folgen wir einer pfadähnlichen Spur wieder bergab in eine bewaldete Senke. Von ihr geht es dann weglos über den Kamm wieder bergauf. Zuletzt halten wir uns etwas links und folgen dem ewas flacheren Anstieg hinauf bis zum Gipfelkreuz des 3 **Richtstrichkopfs**. Der Abstieg erfolgt auf der Anstiegsroute, zurück zu den bekannten Enpunkten E2 **Parkplatz P2** am Lödensee und E1 **Bushaltestelle Lödensee**.

Der Lödensee

Nach der Tour lohnt noch ein Abstecher zum Lödensee. Suchen Sie sich hier Ihren Badeplatz, um sich am kühlen Nass zu erfrischen. Hierzu gehen wir nach der Tour vom Parkplatz hinüber zum See. Auch am Weitsee gibt es schöne Badeplätze; dabei empfehle ich Ihnen allerdings, mit dem Auto dorthin zu fahren. In beiden Fällen sollten Sie aber noch Proviant und etwas zu trinken dabeihaben, denn Einkehrmöglichkeiten gibt es dort keine.

10

Hörndlwand (1684 m)

Zwei Gipfel im Herz der Chiemgauer Alpen

mittel | 1030/1030 Hm | 6.00 Std. | 11,8 km

Tourencharakter
Wanderung auf Steigen, auch mit schrofigen Passagen. Absolute Trittsicherheit erforderlich.

Ausgangspunkt
ÖPNV: Haltestelle Weitsee-Badeplatz (760 m)
Pkw: Parkplatz Weitsee-Badeplatz (760 m)

Endpunkt
Wie Ausgangspunkt

Gipfel
Gurnwandkopf (1691 m), Hörndlwand (1684 m)

Anfahrt Pkw
A8 München–Salzburg Ausfahrt Ruhpolding, Inzell, am Kreisverkehr Richtung Ruhpolding, weiter nach Reit im Winkl bis zum Wanderparkplatz Weitsee-Badeplatz, ebenso ist die Anfahrt über Bernau-Reit im Winkl möglich, sowie über Inntalautobahn-Kössen

Verkehrsanbindung ÖPNV
Bahn München–Salzburg bis Traunstein, Bahn Traunstein–Ruhpolding, Bus 9506 nach Reit im Winkl bis Badeplatz-Weitsee
Oder
Bahn München–Salzburg bis Prien, in Prien Bus 9505 nach Reit im Winkl, Bus 9506 nach Inzell bis Badeplatz-Weitsee

Gehzeiten
Badeplatz Weitsee – Gurnwandkopf 2¾ Std. – Hörndlwand ½ Std. – Rötelmoss-Almstraße 2¼ Std. – Badeplatz-Weitsee ½ Std.

Beste Jahreszeit
Mitte Mai bis Ende Oktober bei absoluter Schneefreiheit

Einkehr/ Unterkunft
Dandlalm (870 m, Abstecher)

Karte
AV-Karte BY18 Chiemgauer Alpen Mitte

Die Hörndlwand und der Gurnwandkopf sind hervorragende Aussichtsberge. Gewöhnlich steigt man dort hinauf über die markierten Wanderwege vom Seehaus oder Röthelmoos auf. Unsere Rundtour führt auf einem traumhaften Steig vom Badeplatz Weitsee zum Gipfel.

Grandioses Panorama »I geh des Johr scho as fünfte Moi auf'd Herndlwand, so schee is da herob'n«, sagt der Franz aus Traunstein. Recht hat er! Denn sollten Sie sich einen klaren Föhntag für diese Tour ausgesucht haben, dann werden Sie hier oben mit einer traumhaften Aussicht belohnt. Vom Gipfel aus scheinen die Berge nicht enden zu wollen. Dabei haben wir eher ungewohnte Ausblicke. Nach Osten sehen wir bis ins Salzkammergut. Markant erhebt sich hinter dem Schafberg das Höllengebirge. Nach Süden hin grüßt die Kette der Hohen Tauern mit dem Großvenediger und nach Südwesten sehen wir in den Stubaier Alpen den Olperer als Felsennadel, umgeben von weißen Gletscherflächen. Davor liegen der Zahme und der Wilde Kaiser – welch für ein Panorama. Hier oben sind wir nicht ganz alleine. Zumindest die Bergdohlen möchten ein Stück von unserer Gipfelbrotzeit haben. Manche Dohlen fressen sogar aus der Hand.

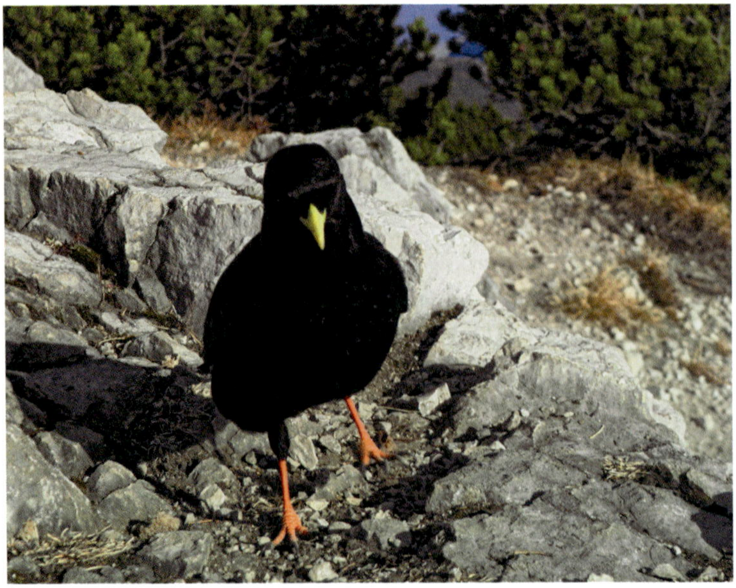

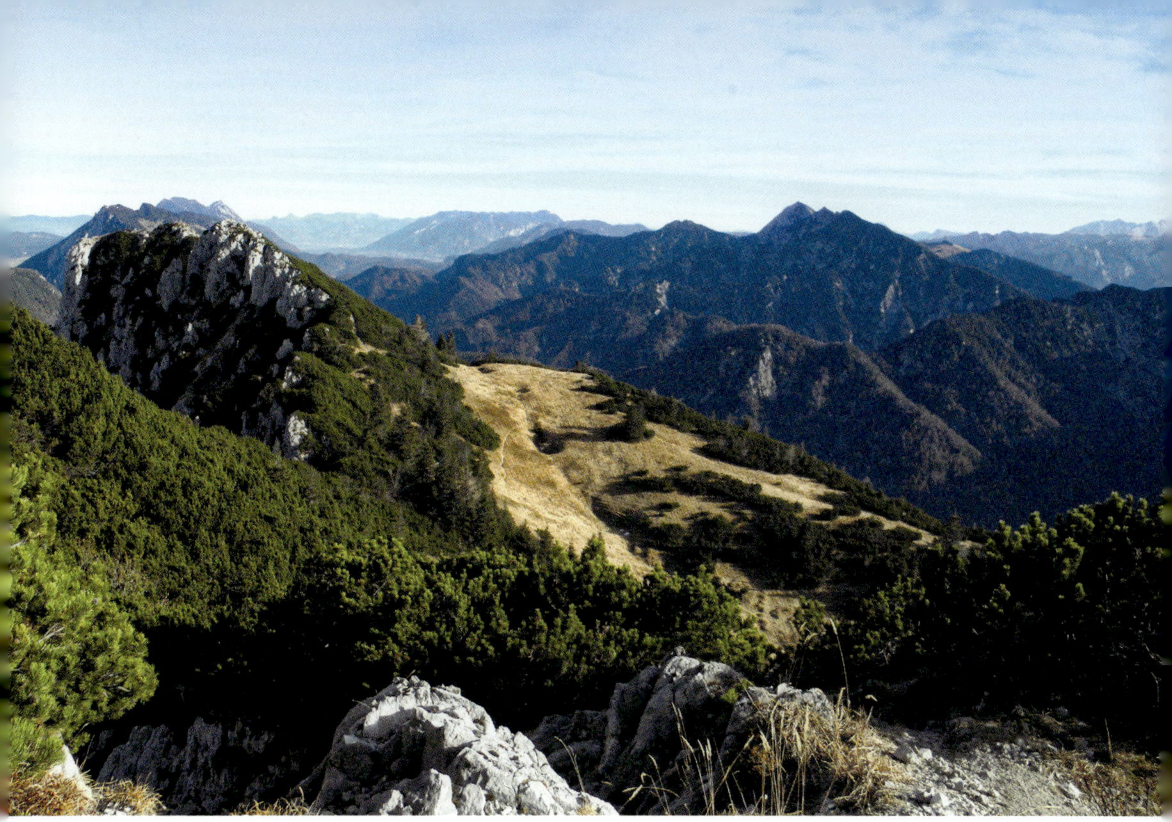

Blick vom Gurnwandkopf in die Chiemgauer Alpen

Sonniger Aufstieg Die sonnenverwöhnten Südhänge liegen auch zur Herbstzeit schnell im gleißenden Licht der Sonne. Der Weitseesteig führt vom Parkplatz bis zum Gipfel. Je weiter wir aufsteigen, umso größer ist die Aussicht. Neben vielen Blaubeermatten gibt es hier auch Heidekraut. Vor den beiden Gipfeln breiten sich wunderschöne Bergwiesen mit Latschenkiefern aus. Sie eignen sich hervorragend für ein Nickerchen oder ein Sonnenbad.

Die Hörndlwand Der formschöne und markante Berg liegt zwischen Ruhpolding und Reit im Winkl und misst 1684 Meter Höhe. Ganze drei Gipfelkreuze gibt es hier oben, dabei ist der Ostgipfel nur für Kletterer zu erreichen. Einige Sportkletterrouten führen durch die bis zu 200 Meter hohe Nordwand. Der Berg ist auch unter dem Namen Hochkienberg oder Seehauser Kienberg bekannt. Sein Gestein besteht aus bis zu 230 Millionen Jahre altem Wettersteinkalk. Überragt wird er von seinem unmittelbaren Nachbarn, dem Gurnwandkopf, um ganze sieben Meter. Beide Berge verbindet eines – neben einem schrofigen Anstieg eine traumhafte Aussicht vom Mangfallgebirge im Westen bis zu den Bergen des Salzkammerguts im Osten.

Ein Traumpfad Vom Ⓐ **Parkplatz** und **Haltestelle Weitsee** Badeplatz gehen wir in östlicher Richtung bergauf, vorbei am Kfz-Verbotsschild »Nur landwirtschaftlicher Verkehr«, auf einem breiten Schotterweg. Der Weg macht gleich darauf eine Linkskurve, und nach wenigen Metern zweigt der Steig rechter Hand ab. Gelbe, verblasste Markierungen weisen uns hier den Weg. Der Steig windet sich in vielen Kehren durch den Wald bergauf. Es folgt eine fast horizontale Querung, dabei mündet

Linke Seite: »Hast a Stückerl für mi«? Liebenswerte Bergdohle am Gipfel der Hörndlwand

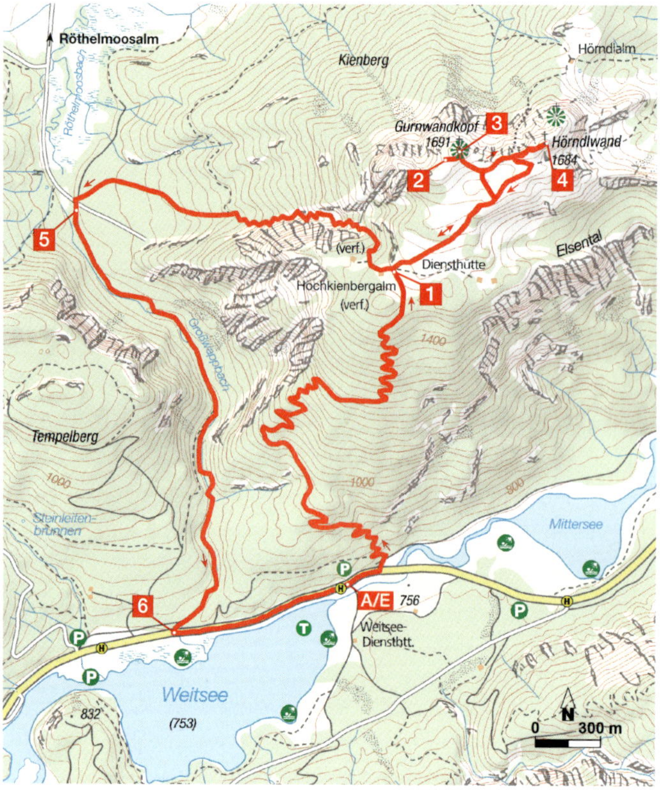

von rechts der Mitterseesteig in den Weg ein. Dann geht es in Serpentinen weiter bergan, durch den nun lichter werdenden Bergwald. Auf den weiten Bergwiesen nahe der verfallenen ❶ **Hochkienbergalm** vor dem Gurnwandkopf gehen wir ein kurzes Stück rechter Hand mit dem Wegweiser »Ostertal, Seehaus«. Nach wenigen Metern folgen wir dann, an einer weiteren Weggabelung linker Hand, dem Wegweiser »Hörndlwand«. Nun gabelt sich an einem Steinmännchen der Weg. Zunächst folgen wir dem linken Weg, der zum Gipfel des Gurnwandkopfs führt.

Die Gipfelparade Vom ❷ **Gurnwandkopf** können wir auch noch einen Abstecher zum ❸ **Obinger Kreuz**, einem Latschengipfel, machen. Dann steigen wir wieder auf

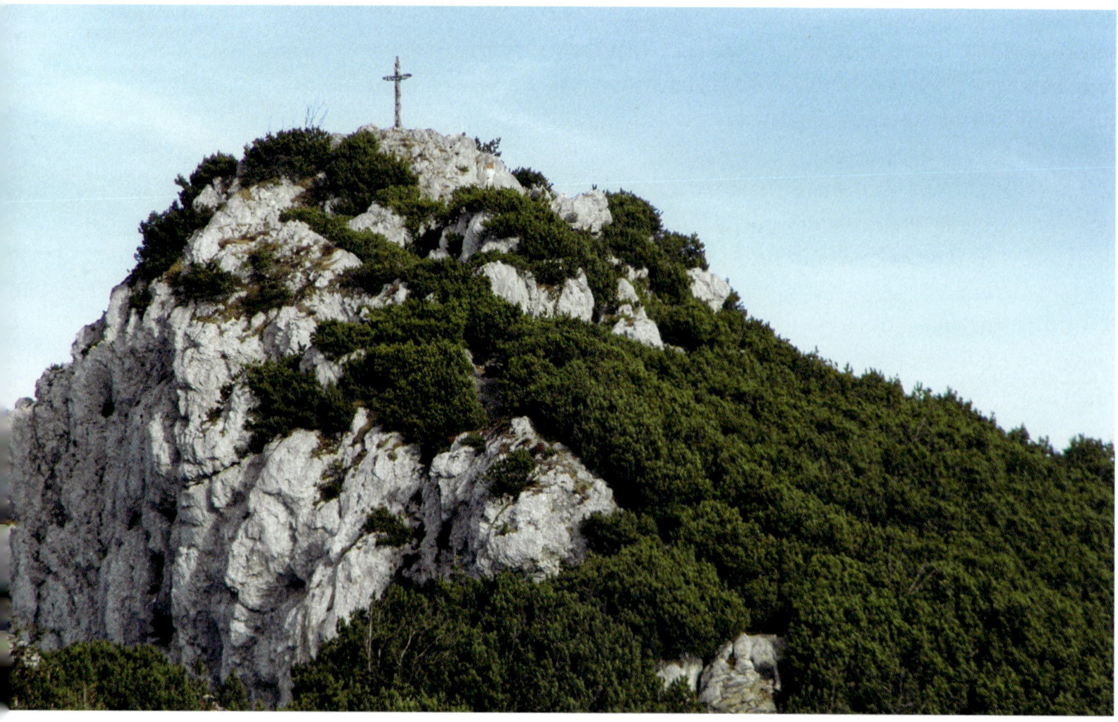

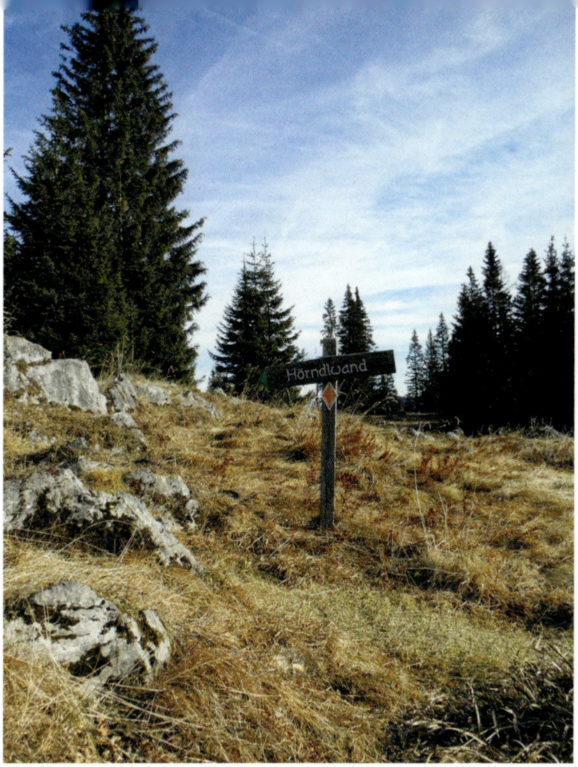

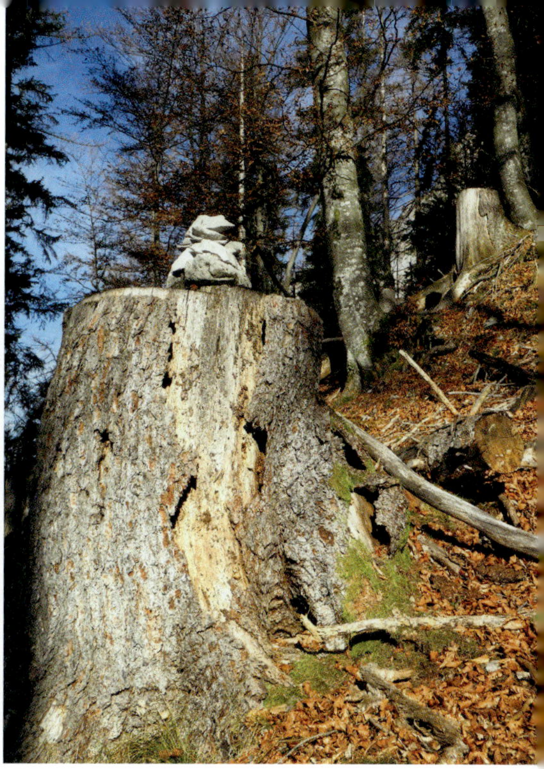

dem Anstiegsweg bergab bis zum Fuß des Bergaufbaues. Hier, an einer Wiese, gehen wir dann linker Hand ohne Beschilderung zum Gipfel der ❹ **Hörndlwand**. Von dort steigen wir auch wieder ab. So gehen wir an der Weggabelung vor dem Bergaufbau geradeaus auf dem Anstiegsweg.

Nicht mehr weit zur Hörndlwand (oben li.). Hinweis unter Kollegen: Wanderer bauen schon mal gerne Steinmännchen zur Orientierung (oben re.).

Der Abstieg über den Großen Wappbach Nahe der verstrauchten Hochfläche an der verfallenen ❶ **Hochkienbergalm** nehmen wir jetzt nicht links den Aufstiegsweg, sondern wandern rechts weiter leicht abwärts bis zum Abbruch mit dem Wegweiser »Gurnwandsteig«. Es geht nun über eine dicht bewachsene Steilrinne in vielen Kehren zwischen den Felswänden steil bergab. Dabei werden einige kurze Schrofenstufen sowie ein paar Baumstämme und eine Schuttreise passiert. Dann schließt sich ein bewachsener Schotterhang in vielen Serpentinen an. Es folgt ein steigähnlicher Waldweg, der sich zu einem Ziehweg ausweitet. An einem breiten Schotterweg, der ❺ **Almstraße Röthelmoosalm**, geht es nach links, schwach abfallend, entlang des Großen Wappbaches bis zu seiner ❻ **Mündung am Weitsee**. Hier wird die B 305 vorsichtig überquert. Dann geht es auf dem Rad- und Fußweg am Südufer des Weitsees entlang zurück zum Ⓔ **Parkplatz und der Haltestelle Weitsee**.

Hinweis Im Sommer 2019 war der beschriebene Anstieg wegen Forstarbeiten offiziell gesperrt. Dennoch konnte ich einige Wanderer und auch frische Trittspuren feststellen. Vereinzelt mussten umgestürzte Bäume überquert werden, was keine Schwierigkeit darstellte. Möglicherweise sind die Forstarbeiten bis zum Erscheinen des Buches beendet. In jedem Falle ist der Anstieg über die beschriebene Route nur zu empfehlen, wenn keine Forstarbeiten stattfinden. Wenn dies der Fall ist, empfehle ich die Abstiegsroute auch für den Anstieg zu nehmen.

Linke Seite: Höhepunkt der Wanderung ist das Gipfelkreuz der Hörndlwand.

11

Hochscharten (1474 m)

Einsamer Gipfel bei Reit im Winkl

mittel | 720/720 Hm | 4.45 Std. | 8,1 km

Tourencharakter
Wanderung zunächst auf Wanderwegen entlang des Kleinen Wappbachs. Ab der Gräbenalm führt dann ein Steig bis zum Gipfel.

Ausgangspunkt
ÖVPN: Haltestelle Weitsee-Röthelmoos (760 m)
Pkw: Parkplatz Weitsee-Gräbenalm (760 m)

Endpunkt
Wie Ausgangspunkt

Gipfel
Hochscharten (1474 m)

Anfahrt Pkw
A 8 München–Salzburg Ausfahrt Ruhpolding, Inzell, am Kreisverkehr Richtung Ruhpolding, in Ruhpolding weiter nach Reit im Winkl bis zum Wanderparkplatz Weitsee-Rö-thelmoos; ebenso ist die Anfahrt über Bernau und Reit im Winkl möglich sowie über die Inntalautobahn und Kössen.

Verkehrsanbindung ÖPNV
Bahn München–Salzburg bis Traunstein, Bahn Traunstein nach Ruhpolding, Bus 9506 nach Reit im Winkl bis Weitsee-Röthelmoos
Oder
Bahn München–Salzburg bis Prien, Bus 9505 nach Reit im Winkl, Bus 9506 nach Inzell bis Weitsee-Röthelmoos

Gehzeiten
Weitsee-Röthelmoos – Gräbenalm 1 Std. – Hochscharten 1¾ Std. – Weitsee-Röthelmoos 2 Std.

Beste Jahreszeit
Ende April bis Anfang November, bei absoluter Schneefreiheit auch in den Wintermonaten

Einkehr/Unterkunft
Keine

Karte
AV-Karte BY18 Chiemgauer Alpen Mitte

Der Hochscharten liegt zwischen dem Gurnwandkopf, dem Hochgern und der Steinplatte. So eingezwängt, hat er dennoch eine aussichtsreiche Lage. Schmale Traumpfade führen auf den Gipfel, der durch seine Abgeschiedenheit besticht.

Der Hochscharten Als Hochscharte bezeichnet man auch eine lange, schmale Erhebung mit steilen Flanken und einem mehr oder weniger kontinuierlichen Kamm, daher kommt der Name Hochscharten, was von seinem Gebirgsaufbau auch völlig zutrifft. Dieser Berg steht ganz im Schatten seiner Chiemgauer Kollegen. Keine Einkehr ist auf dieser Tour zu finden, und auch die Gräbenalm ist nicht bewirtschaftet. Zudem braucht man etwas Gespür, um an das Ziel zu gelangen. Die Südhänge des Berges sind bewaldet, im Norden sind steile Felsabbrüche vorzufinden – beste Voraussetzungen für eine Tour auf »vergessenen Pfaden«. Aussichtsreich ist dieser unbekannte Gipfel allemal. Nach Norden sehen wir den Hochgern, den Hochfelln und die Kampenwand, dahinter erstreckt sich das Chiemgauer Voralpenland. Nach Osten kann man den Gurnwandkopf und die Hörndlwand bewundern. An klaren Tagen kön-

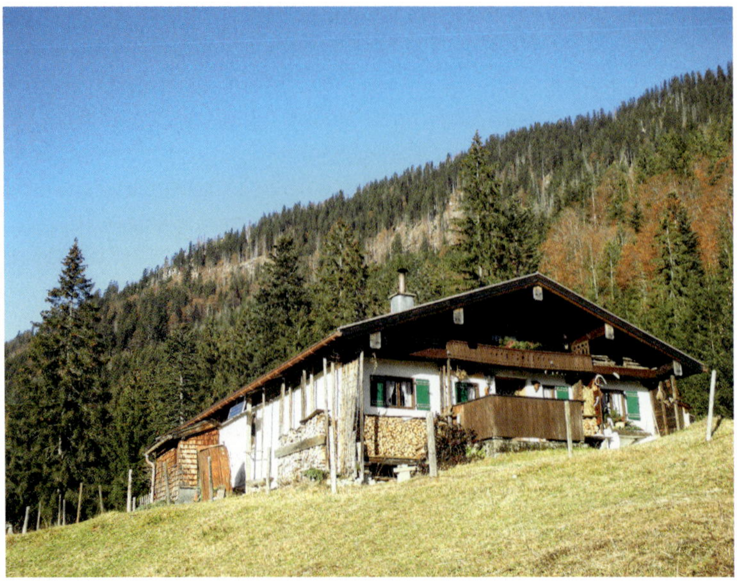

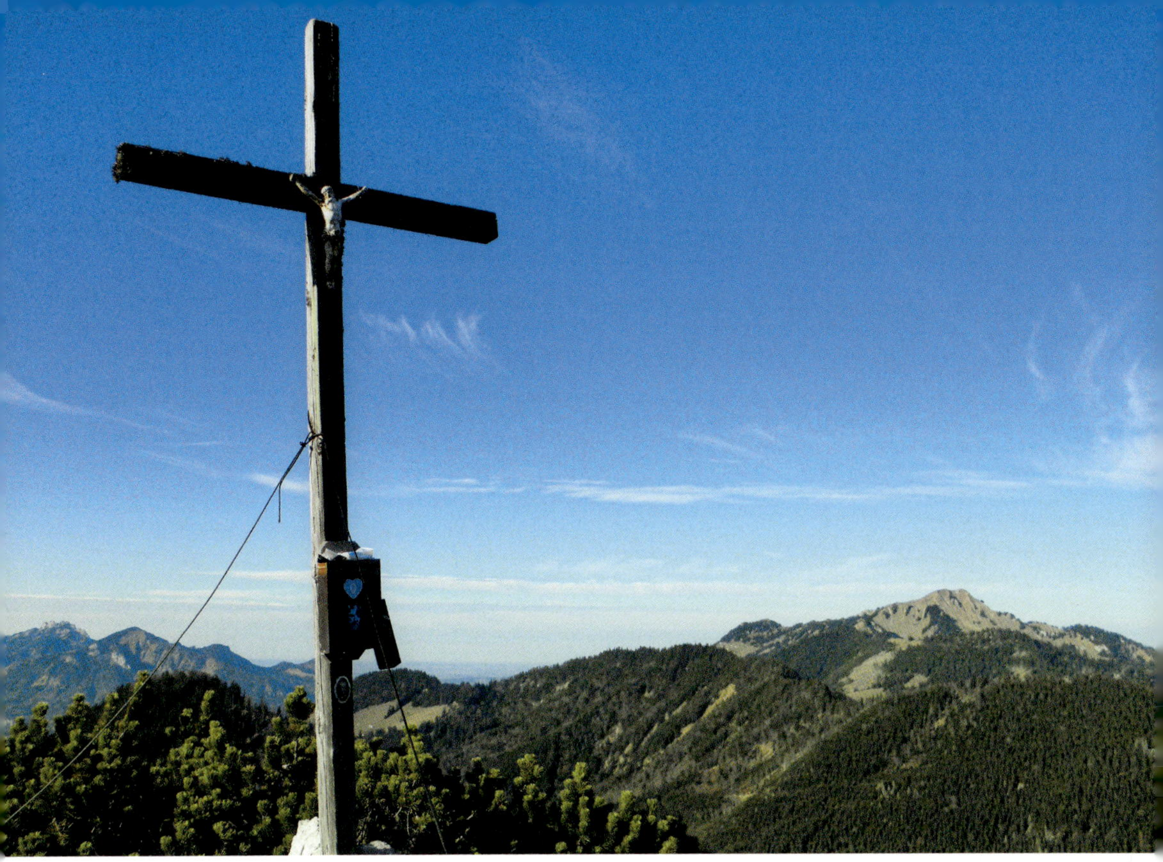

nen wir nach Süden bis in die Hohen Tauern schauen. Markant erhebt sich dabei vor uns der Tauernkogel. An föhnigen Tagen baut sich über den Hohen Tauern eine Wolkenbank auf. Das ist dann eine typische Föhnmauer, der man unbedingt Beachtung schenken sollte, da man sie selten zu sehen bekommt. Die Südhänge des Hochscharten machen diese Wanderung auch im Spätherbst zu einem sonnigen Erlebnis. Denn dieser Berg ist auch zu dieser Jahreszeit von der Sonne beschienen, da im Südwesten der nächste große Gebirgsstock mit dem Zahmen Kaiser weiter weg steht.

Schöne Auszeit – am Gipfelkreuz des Hochscharten mit Blick auf den Hochgern

Waldreiche Wanderung Schon der Aufstieg am Kleinen Wappbach entlang lässt erahnen, dass wir heute eine romantische Tour vor uns haben, auf der wir kaum einen Menschen treffen werden. Das Plätschern des Baches lässt unsere Seele schon beim Aufstieg baumeln. An der Gräbenalm angekommen, wird es interessant. Denn nun ist etwas Spürsinn gefragt. Nördlich hinter der Alm beginnt ein kaum einsehbarer Steig, der uns bis zum Gipfel führt. Hin und wieder gelangen wir an einen Abzweig. Doch immer gilt hier die Devise, den etwas ausgetretenen Pfad bergauf zu benutzen. Durch schönen Mischwald geht es hinauf. Da und dort können wir schon einen Ausblick erhaschen, etwa auf die Loferer Steinberge oder zum Zahmen Kaiser, auch hinüber zum Guffert – dies natürlich nur

Linke Seite: An der Gräbenalm

Der Kleine Wappbach

Falls Sie an einem heißen Sommertag unterwegs sind, dann nehmen Sie sich Badesachen mit. Die Gumpen im Kleinen Wappbach laden zu einem erfrischenden Bad ein. Sie werden sicher hier ein geeignetes Plätzchen finden. Heben Sie sich dazu auch noch eine Brotzeit und etwas zu trinken auf.

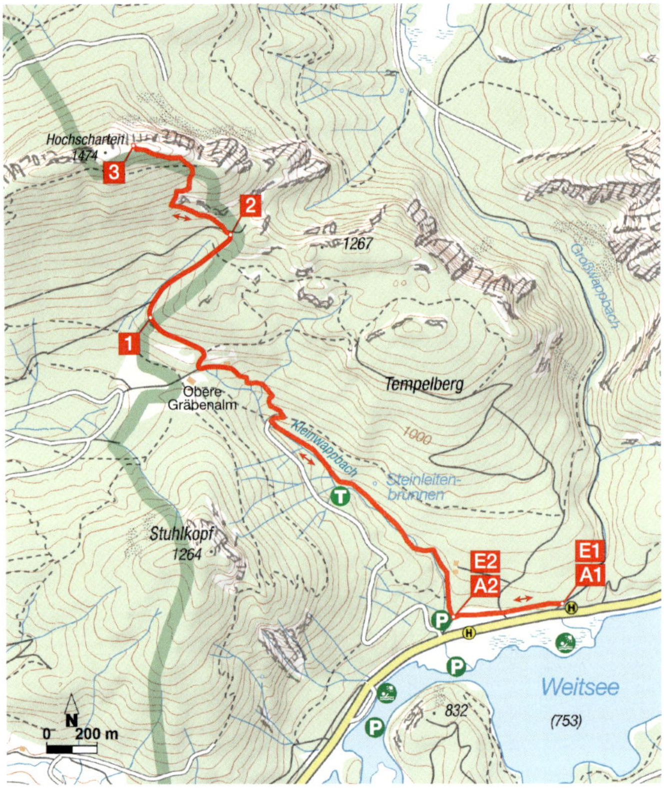

an klaren Tagen. Unterhalb des Gipfels wird der Pfad dann immer schmäler und quert unter den Felswänden, bevor es dann die letzten Kehren bergauf zum Gipfel geht. Kleine Steinmännchen weisen hier uns immer wieder den Weg. Manche von ihnen sind schon richtige Kunstwerke, die ein schönes Bildmotiv abgeben; ansonsten gibt es hier aber keine Markierungen.

Kleiner Weg ganz groß Busfahrer gehen von der A1 **Haltestelle Weitsee-Röthelmoos** zum A2 **Wanderparkplatz Weitsee-Röthelmoos**, das sind etwa 200 Meter neben der Hauptstraße in entgegengesetzter Richtung. Dort folgen nun auch die Autofahrer dem Wegweiser »Reit im Winkl, Gräbenalm« auf einen Forstweg. Nach wenigen Metern folgen wir diesem Wegweiser lin-

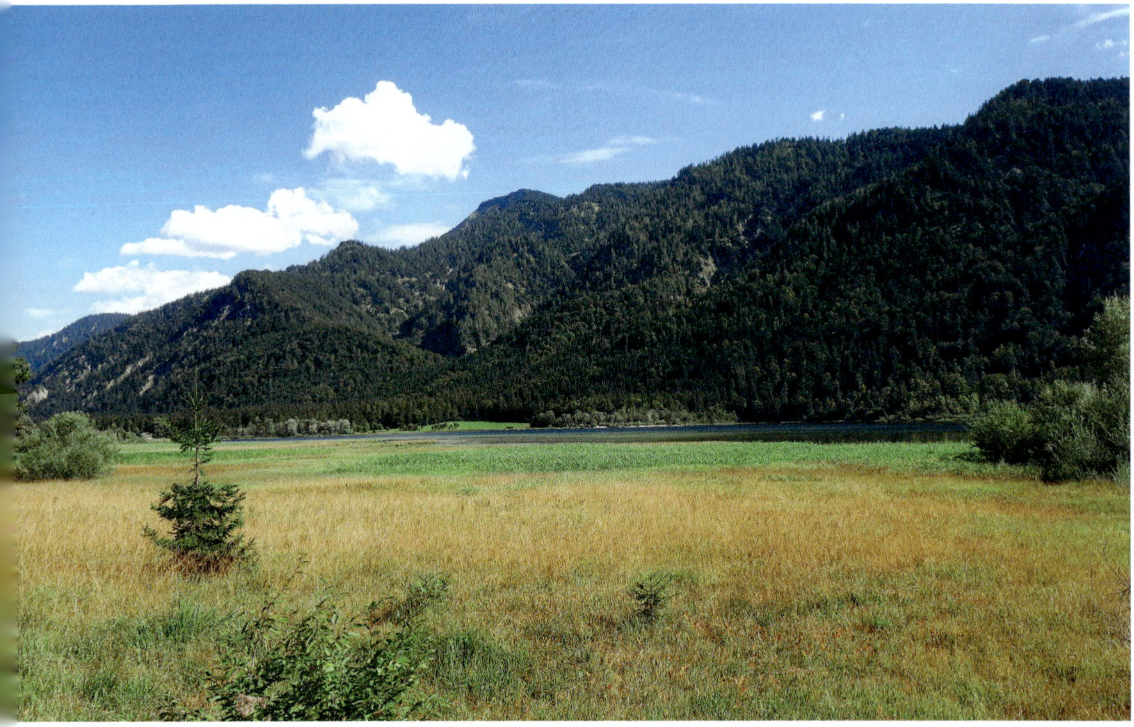

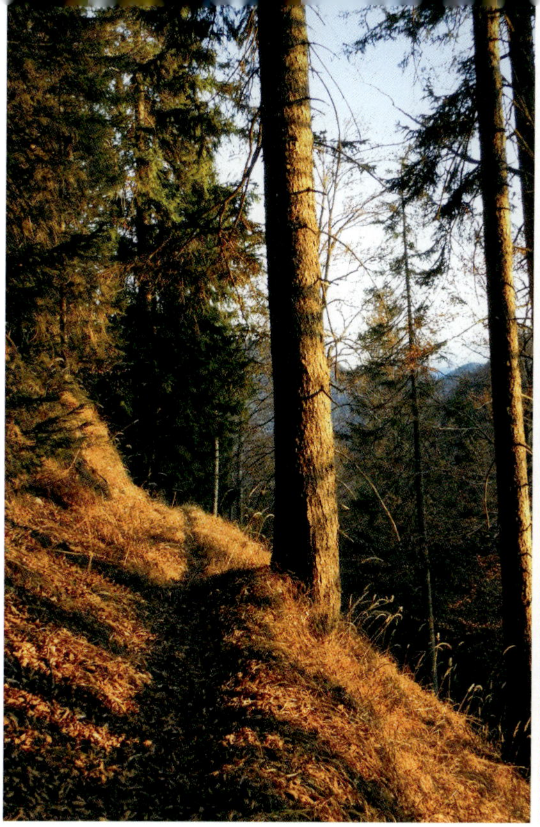 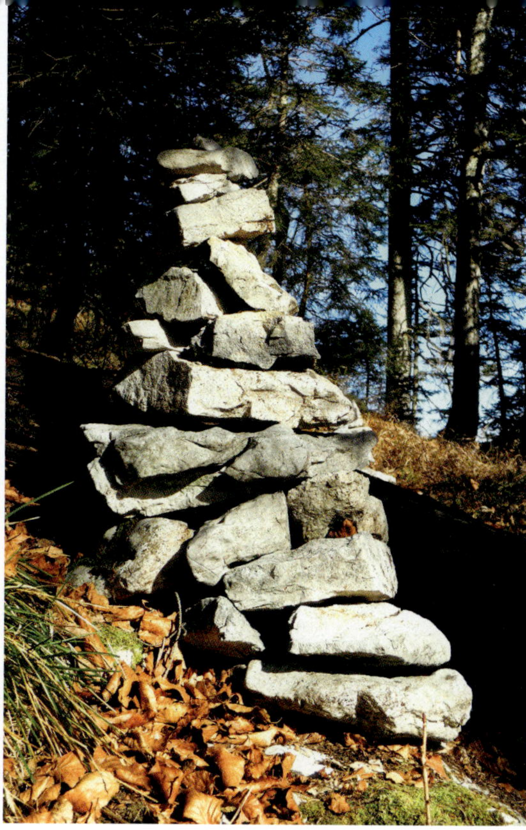

Abstieg vom Hochscharten im Abendlicht nahe der Gräbenalm (oben li.). »Stoamanderl« als Wegweiser beim Aufstieg zum Hochscharten (oben re.)

ker Hand, den wir dann gleich erneut vorfinden. Der Forstweg mündet nun in einen Wanderweg entlang des Kleinen Wappbaches und führt uns bergauf. Zwischenzeitlich geleitet uns auch der Wegweiser »Reit im Winkl«. Dann überqueren wir einen Forstweg und folgen wieder dem Wegweiser »Reit im Winkl, Gräbenalm« weiter bergauf. Über einige Stufen gelangen wir zu den Almwiesen der ❶ **Gräbenalm**. Hier ignorieren wir sämtliche Wegweiser und halten uns hinter der Alm nördlich. Wir überqueren dabei eine Holzstufe über den Zaun. Nun schlängelt sich unscheinbar ein schmaler Pfad durch den Wald bergauf. Später zweigt der Weg linker Hand ab und führt nun weitgehend eben durch die Steilhänge. An einer Weggabelung steigen wir rechter Hand den ausgetretenen Weg bergauf, parallel dazu verläuft ein Bachgraben. Dann gehen wir über ein kurzes ❷ **flaches Wiesenstück**. In diesem Wegabschnitt ist etwas Spürsinn gefragt. Sogleich zweigt der Weg an einem Steinmännchen links bergauf ab in den Wald. An einem Sattel angelangt, überqueren wir einen Forstweg und folgen dem schmalen Bergpfad linker Hand wieder in den Wald. Der Weg führt nun unter eine Felswand und weiter noch in einigen Kehren bis zum Gipfel. In diesem Bereich dienen einige Steinmanndl der Orientierung. Zunächst wird der Ostgipfel erreicht. Unschwierig auf dem Bergkamm gelangen wir über Schrofengelände zum Westgipfel des ❸ **Hochscharten**. Bitten folgen Sie keinesfalls dem auf alten Karten eingezeichneten Kammweg nach dem Gipfel weiter, denn er ist völlig zugewachsen und durch Windbruch auch nicht mehr einsehbar. Somit erfolgt der Abstieg auf der beschriebenen Aufstiegsroute zurück zu den Endpunkten E2 **Wanderparkplatz Weitsee-Röthelmoos** und E1 **Haltestelle Weitsee-Röthelmoos**.

Linke Seite: Am Weitsee

12

Engelstein (972 m)

Unbekannter Felszapfen im Chiemgau

leicht/schwer 200/200 Hm 1.45 Std. 13,1 km (+ 3.45 ÖVPN)

Tourencharakter
Breite Wege, Wanderwege, zum Gipfel felsdurchsetzte Kletterei

Ausgangspunkt
ÖPNV: Bhf. Bergen (580 m)
Pkw: Pattenberg (750 m)

Endpunkt
Wie Ausgangspunkt

Gipfel
Engelstein (972 m)

Anfahrt Pkw
A 8 München–Salzburg bis Ausfahrt Bergen, in Bergen geradeaus durch die Ortsmitte, an einer Kreuzung geradeaus Richtung Hochfelln-Seilbahn (zur Orientierung: Hier ignorieren wir den Wegweiser »Staudach« rechter Hand.), nach wenigen Metern dann rechts den Wegweisern »Pattenberg« auf einer schmalen Fahrstraße bergauf bis nach Pattenberg folgen. Achtung, die Wegweiser sind für Fußgänger gedacht und deshalb etwas schwer erkennbar.

Verkehrsanbindung ÖPNV
Bahn München–Bergen

Gehzeiten
Bahnhof Bergen – Pattenberg 2 Std. (nur ÖPNV) – Engelsteinhöhle ¾ Std. – Engelstein ¼ Std. – Engelsteinhöhle ¼ Std. – Pattenberg ½ Std. – Bahnhof Bergen 1¾ Std. (nur ÖPNV)

Beste Jahreszeit
Mitte Mai bis Ende Oktober bei absoluter Schneefreiheit

Einkehr/ Unterkunft
Mehrere Gasthöfe in Bergen

Karte
AV-Karte BY18 Chiemgauer Alpen Mitte, sowie Landesamt für Vermessung und Geoinformation Chiemsee UK50-54

Ein imposanter Felsenzapfen thront hoch über dem Chiemsee in den Vorbergen der Chiemgauer Alpen zwischen Hochfelln und Hochgern. Diese unbekannte Tour wird nur ganz selten begangen. Nur selten begegnet man hier anderen Wanderern.

Der Engelstein Eine mystische Durchgangshöhle, umrahmt vom magischen Felsen des Engelsteins, und verträumte Ausblicke zum Chiemsee durch gewölbeartige Buchenwälder – das alles hat diese Wanderung auf dem Weg von Bergen über Pattenberg zum Gipfel zu bieten. Für den Schlussanstieg in der felsdurchsetzten Ostflanke ist absolute Trittsicherheit und Schwindelfreiheit erforderlich. Ansonsten können Sie vor diesem Steig auf einer schönen Bank rasten und wieder auf dem Hinweg umkehren; dann wäre es Kategorie »blau«.

Von Bergen zum Engelstein Vom A1 **Bahnhof Bergen**, Bahnsteig Richtung Salzburg, geht es in südlicher Richtung die Straße »Am Bahnhof«

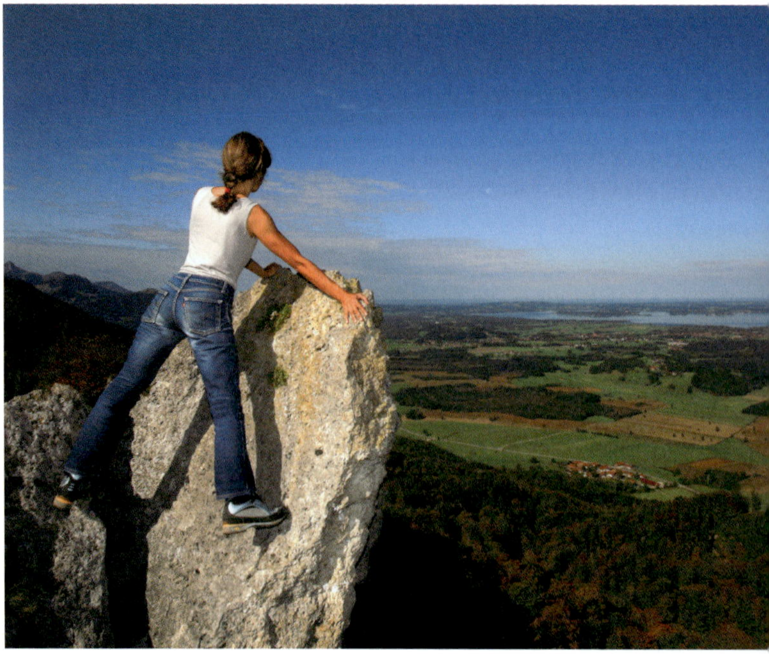

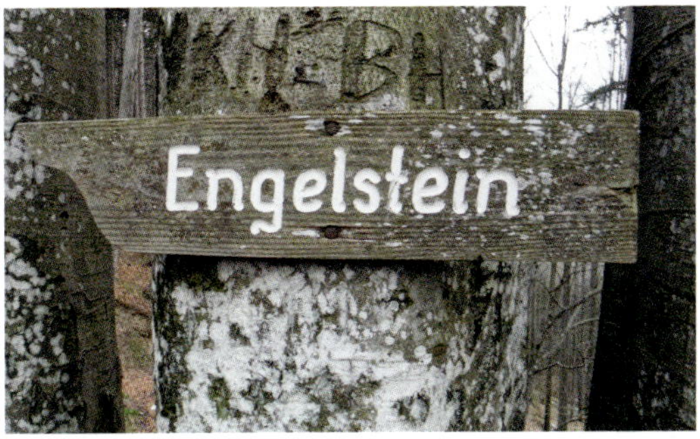

Die Maxhütte

Besuchen Sie die Maxhütte am Ortsausgang von Bergen. Die Stationen gehen hier von der Eisenproduktion bis zum Gießerei- und Maschinenbaubetrieb.1932 wurde der Betrieb geschlossen. Heute ist die Maxhütte als Museum zwischen Mai und Oktober geöffnet. Informationen zur Maxhütte Bergen finden Sie unter www.maxhuette-bergen.de.

Aus dem gleichen Holz geschnitzt: Wegweiser zum Engelstein

Linke Seite: Schwindelfrei, vogelfrei – Blick vom Engelstein auf den Chiemsee

bergab durch Bernhaupten. Dann folgt man der Hauptstraße rechter Hand mit dem Wegweiser »Rad- und Fußweg Bergen« nach Bergen. Dort folgt man der Hauptstraße in die ❶ **Ortsmitte Bergen**. So geht es am Gasthof Zur Post rechts in die Weißachenerstraße. Nach wenigen Metern wandert man, dem Wegweiser »Engelstein« folgend, der nicht mehr erwähnt wird, links in den Mitterweg. Gleich anschließend geht es an der nächsten Weggabelung rechter Hand in die Grieserstraße durch eine Siedlung. Ein Fußweg führt in der Folge über weite Wiesen. Bei Anger überquert man die Hauptstraße. An einer Ansiedlung mit mehreren Bauernhöfen geht es dann scharf links. Ein schmaler Weg führt über eine Bergwiese bergauf in den Wald. Der steigähnliche Weg führt nach A2 **Pattenberg**, dem Ausgangspunkt für Autofahrer. Hier geht man rechts zur Pattenberger Kapelle. Dort leitet das Schild »Engelstein« über ein Damwildgehege in einen Sattel. Links geht es nun durch den Buchenwald leicht bergauf, bis abermals links der Wegweiser in Serpentinen unter den Gipfel des Engelsteins führt. Ein roter Pfeil leitet hier links zur ❷ **Durchgangshöhle**. Zum Gipfel geht es für alle trittsicheren und schwindelfreien Bergsteiger rechts hinauf zum Gipfel des Engelsteins. Dabei ist der Fels des Ostgrats von Wurzeln durchzogen, die man als Griffe verwenden kann. Unter der senkrechten Wandstufe geht es über abgespeckten, aber festen Fels weiter hinauf (Schlüsselstelle UIAA II). Schrofengelände führt final dann wieder einfacher zum Gipfelkreuz des ❸ **Engelsteins**. Der Rückweg erfolgt auf der Anstiegsroute zurück nach E2 **Pattenberg** und zum E1 **Bahnhof Bergen**.

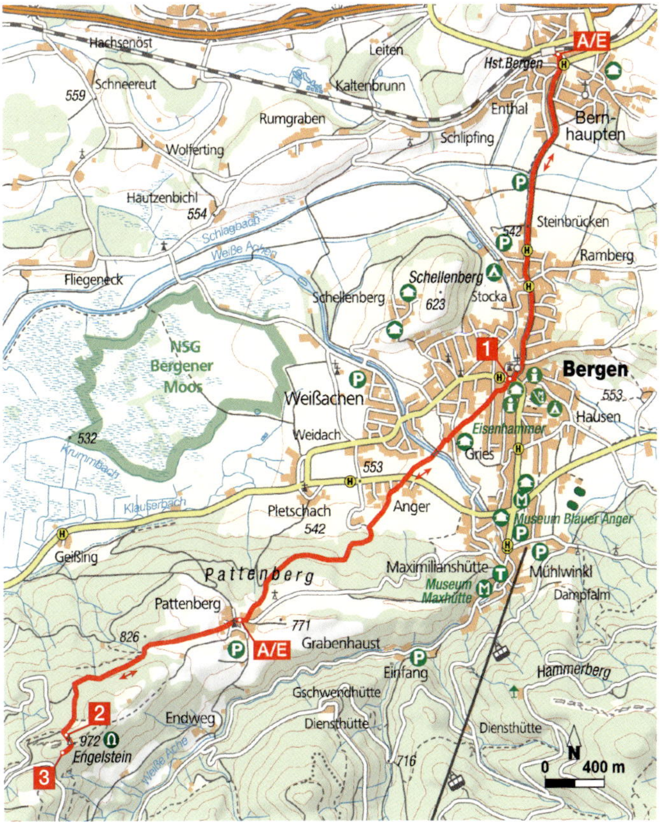

13

Hochgern (1744 m)

Rundtour über die einsame Nordseite

mittel 1300/1300 Hm 7.15 Std. 18,8 km (+1.00 ÖVPN)

Tourencharakter
Wanderung auf breiten Schotterwegen, Wanderwegen, zwischen Staudacher Alm und Hochgern steigähnliche Wege

Ausgangspunkt
ÖPNV: Bushaltestelle Marquartstein (540 m)
Pkw: Marquartstein Hochgern-Parkplatz (620 m)

Endpunkt
Wie Ausgangspunkt

Gipfel
Hochgern (1744 m)

Anfahrt Pkw
A 8 München–Salzburg Ausfahrt Bernau, über Grassau nach Marquartstein, links in die Schlechinger Str. über die Tiroler Ache, rechts in die Alte Dorfstraße, geradeaus über die Burgstraße bis Hochgern-Parkplatz

Verkehrsanbindung ÖPNV
Bahn München–Salzburg bis Prien, Bus 9505 nach Reit im Winkl bis Marquartstein-Rathaus

Gehzeiten
Bushaltestelle Marquartstein – Marquartstein – Hochgern-Parkplatz ½ Std. (nur ÖPNV) – Schnappenkirche 1½ Std. – Staudacheralm ½ Std. – Hochgern 2 Std. – Hochgernhaus ½ Std. – Agergschwendtalm 1¼ Std. – Hochgern-Parkplatz 1½ Std. – Bushaltestelle Marquartstein ½ Std. (nur ÖPNV)

Beste Jahreszeit
Mitte Mai bis Ende Oktober bei absoluter Schneefreiheit

Einkehr/ Unterkunft
Staudacheralm (1142 m), Hochgernhaus (1633 m), Enzianhütte (1400 m), Moaralm (1400 m), Agergschwendalm (1034 m)

Karte
AV-Karte BY18 Chiemgauer Alpen Mitte

Der Hochgern zählt zu den perfekten Aussichtsbergen im Chiemgau. Die respektablen über 1000 Höhenmeter machen ihn allerdings nur für ausdauernde Wanderer interessant. Besonders der Teil zwischen der Staudacher Alm und dem Gipfel wird wenig begangen.

Der Hochgern Als Entschädigung für die über 1000 Höhenmeter Anstieg liegen uns am Gipfel die Berchtesgadener Alpen, die Loferer und Leoganger Steinberge, das Kaisergebirge und die Hohen Tauern quasi zu Füßen. Im näheren Umfeld grüßen die Chiemgauer Alpen mit dem Hochfelln im Osten sowie der Hochplatte und der Kampenwand im Westen. Der traumhafte Tiefblick zum Chiemsee ist natürlich auch noch zu erwähnen.

Der Aufstieg zum Hochgern Von der Bushaltestelle in A1 **Marquartstein** Rathaus gehen wir auf der Hauptstraße ein kurzes Stück in südlicher Richtung. Dann geht es auch schon linker Hand in die Schlechinger Straße und über die Brücke der Tiroler Ache. Jetzt wenden wir uns rech-

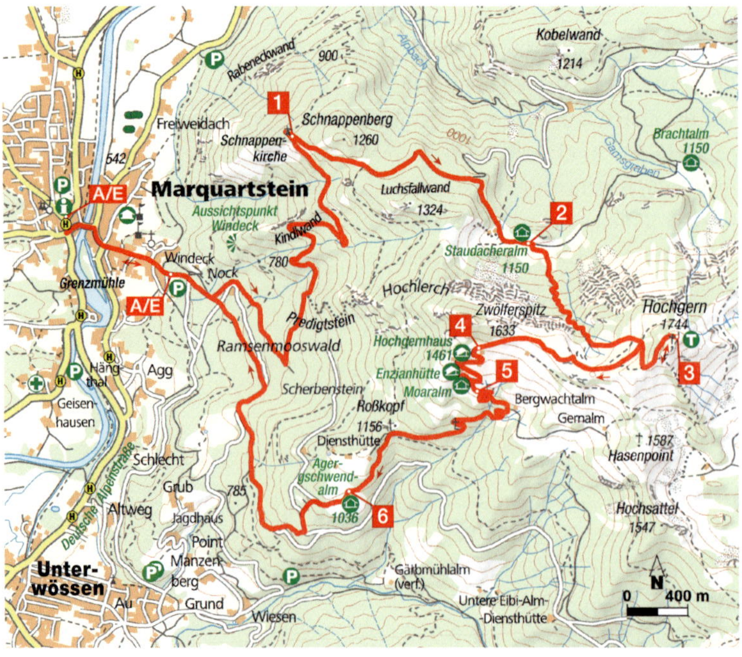

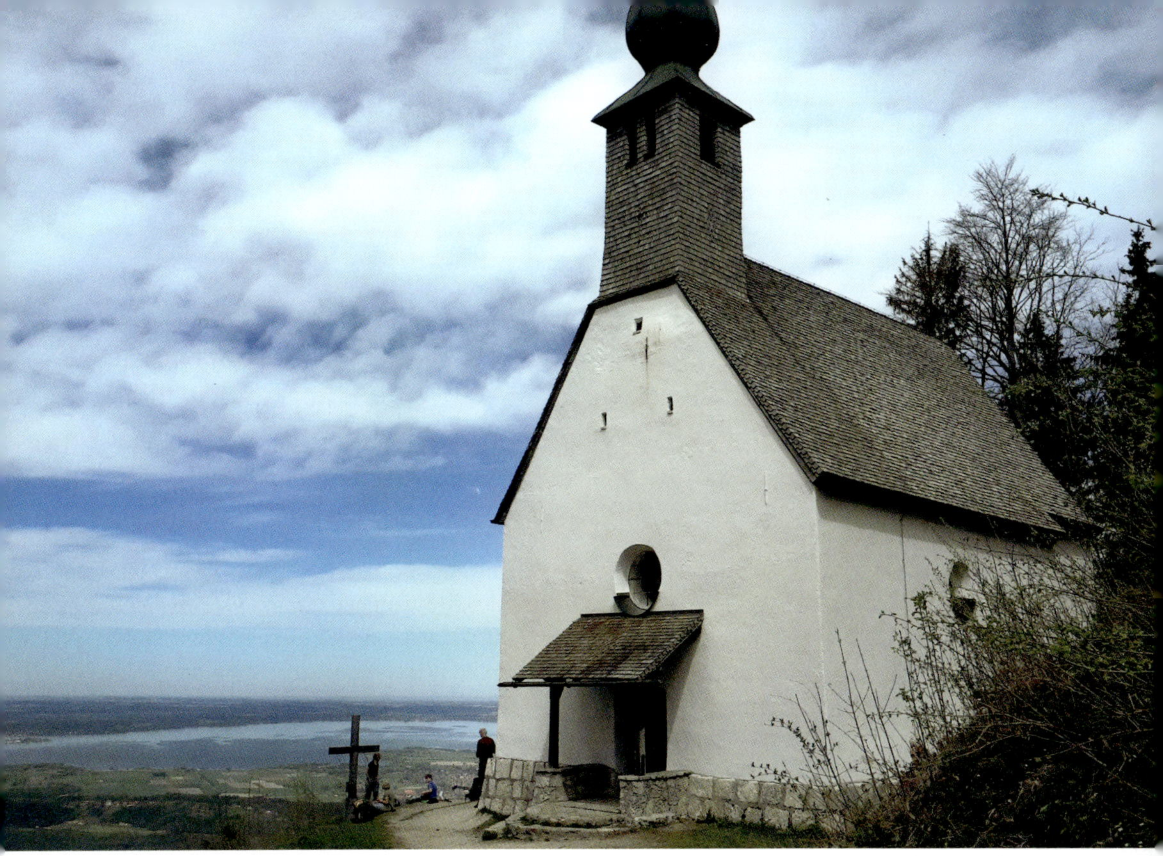

ter Hand der Alten Dorfstraße zu. Dann nehmen wir linker Hand die Burgstraße mit dem Schild »Hochgern-Parkplatz«, später auch »Hochgernhaus« hinauf zum **A2 Hochgern-Parkplatz**. Ab hier sind nun auch die Autofahrer dabei. So gehen wir geradeaus bergauf und folgen den Wegweisern »Wanderwege« rechter Hand. In der Folge geleiten uns die Schilder »Staudacher Alm, Schnappenberg« weiter bergan durch den Wald, die im Folgenden nicht mehr erwähnt werden. So führt der Weg in Kehren durch den Bergwald hinauf bis zur **1 Schnappenkirche**. Kurz vor der Kirche geht es auf einem nun fast eben verlaufenden Wanderweg zur **2 Staudacher Alm**. Von hier aus gehen wir ein kurzes Stück weiter in östlicher Richtung zum Hochgern. Der Weg zweigt nun in Serpentinen ab mit dem letzten Wegweiser, steil bergauf durch die Nordseite des Berges. Auf der Kammhöhe angelangt, wendet man sich dem Weg zum Gipfel des **3 Hochgern** zu.

Ein besonderer Moment: Der Aussichtsplatz an der Schnappenkirche mit dem Chiemsee

Bergab über den Rundweg Zurück respektive bergab geht es nun zunächst ein Stück auf der bekannten Aufstiegsroute. Dann folgt man dem Wegweiser zum **4 Hochgernhaus** dorthin. Hier mündet der Wanderweg nun in einen breiten Schotterweg. Vorbei geht es an der Enzianhütte und der **5 Moaralm** in Kehren steil bergab, nun mit dem Schild »Agergschwendtalm, Marquartstein«. Nahe einer Bergwachthütte geht es dann mit diesem Schild rechter Hand weiter bergab, und man taucht so in den Bergwald ein bis zur **6 Agergschwendalm**. Dort geht es, dem Wegweiser »Marquartstein«folgend, weiter bergab bis zu den bekannten Endpunkten **E2 Hochgern-Parkplatz** und **E1 Bushaltestelle Marquartstein**.

14

Rachlalm (720 m)

Traumblick auf Hochgern und Hochfelln

mittel 410/410 Hm 3.00 Std. 9,5 km

Tourencharakter
Schmale Waldwege, kurzzeitig breite Schotterwege

Ausgangspunkt
ÖPNV: Haltestelle Soleleitungsmuseum zwischen Rottau und Grassau (535 m)
Pkw: Parkplatz Museum »Salz und Moor« (535m)

Endpunkt
Wie Ausgangspunkt, ÖPNV: An der Haltestelle gut erkennbar mit Blick auf die Hauptstraße hinstellen, sonst hält der Busfahrer nicht!

Gipfel
Zeppelinhöhe (720 m)

Anfahrt Pkw
A 8 München–Salzburg bis Bernau, weiter nach Grassau, zwischen Rottau und Grassau Wanderparkplatz am Museum »Salz und Moor«

Verkehrsanbindung ÖPNV
Mit der Bahn München–Salzburg bis Prien, in Prien mit Bus 9505 nach Reit im Winkl bis Haltestelle Museum »Salz und Moor«

Gehzeiten
Museum »Salz und Moor – Strehtrumpf ½ Std. – Hefteralm ¾ Std. – Rachlalm ¼ Std. – Zeppelinhöhe ¾ Std. – Museum »Salz und Moor« ¾ Std.

Beste Jahreszeit
Anfang Mai bis Anfang November bei absoluter Schneefreiheit

Einkehr/Unterkunft
Hefteralm (920 m), Rachlalm (880 m)

Karte
AV-Karte BY17 Chiemgauer Alpen West

Vom Museum »Salz und Moor« führen rund um den Einöder Berg stille Wege zur Hefter- und zur Rachlalm und weiter über die Zeppelinhöhe. Mittlerweile gut beschildert, sind sie für jeden leicht zu finden. Belohnt wird man mit einer zünftigen Einkehr auf der Alm.

Der Einöder Berg Vielleicht verrät es ja schon der Name – viel ist hier oben nicht los. Die meisten Wanderer ziehen mit einer kurzen Tour vom Parkplatz Strehtrumpf hinauf zur Hefteralm. Drum herum auf den Waldpfaden bleibt es ruhig. Viele Wanderer zieht es auch eine Etage höher. Sie fahren mit der Hochplattenbahn hinauf zur Staffenalm. Staffen, Friedenrath oder Hochplatte lauten von dort aus die Ziele. So finden wir eine entspannte, genussvolle Waldrunde zu zwei schönen Almen vor, verbunden mit romantischen, stimmungsvollen Weitblicken über die Almwiesen und das Tal der Tiroler Ache hinüber zu den beiden markanten Gipfeln der Chiemgauer Alpen – Hochfelln und Hochgern. Besonders schön ist es, wenn man die Haflinger auf den Bergwiesen

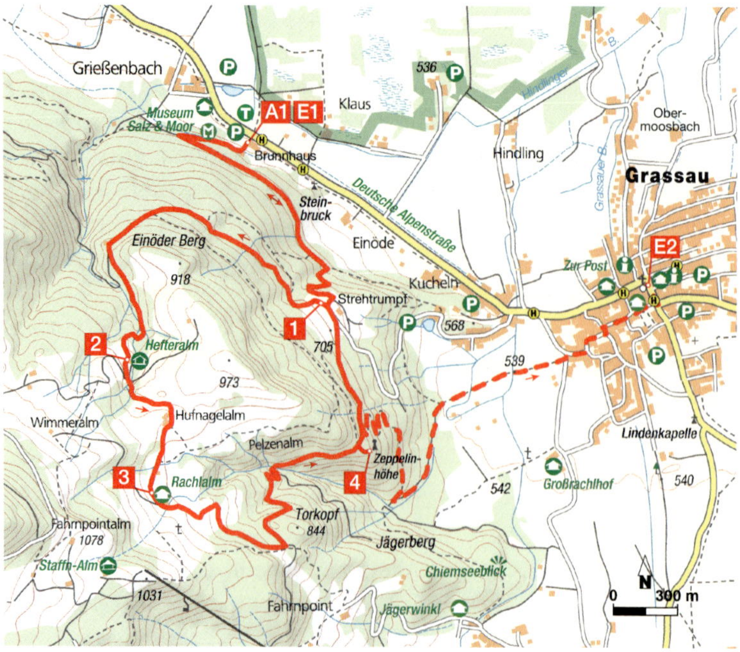

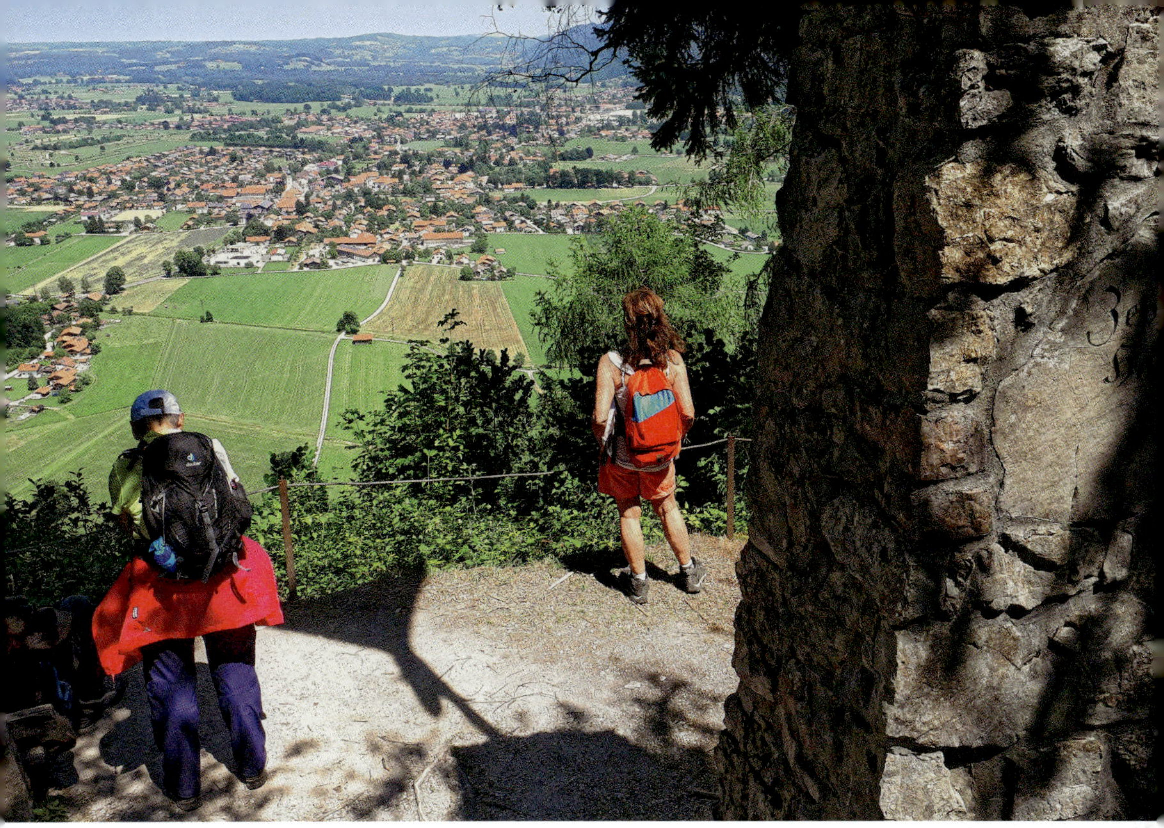

über der Hefteralm weiden sieht. Gerade an heißen Sommertagen ist die schöne schattige Waldrunde zu empfehlen.

Blick von der Zeppelinhöhe auf Grassau

Die Zeppelinhöhe Der Name der Anhöhe kam zu Ehren des Luftschiffpioniers Graf Zeppelin durch die Mitglieder des Ortsverschönerungsvereins Grassau, nachdem sie die Nachricht vom tragischen Unfall des Luftschiffs 4 im Jahr 1908 erhalten hatten. Es sollte für die Armee einen Demonstrationsflug machen, um zu beweisen, dass es für eine Fahrt von 24 Stunden geeignet ist. Es musste aber wegen eines Motorschadens notlanden. Nach der Reparatur startete das Luftschiff erneut. Doch auf dem Rückflug kämpfte der Zeppelin zwei Stunden später neuerlich mit Motorproblemen und musste in der Nähe von Stuttgart zwischenlanden. Dort riss ein Sturm das Schiff aus der Verankerung, das dann wenig später Feuer fing. Eine Volksspende erzielte die Summe von 6 096 555 Mark, die es dem Grafen ermöglichte, die Luftschiffbau Zeppelin GmbH und eine Stiftung zu gründen; auch in Grassau wurde hierzu viel Geld gesammelt.

Zur Rachlalm Am Maschinenhaus, beim Ⓐ **Museum »Salz und Moor«** (Klaushäusl), geht es steil hinauf über eine Eisentreppe, bis an deren Ende der Weg rechter

Das Museum »Salz und Moor«

Vor oder nach der Tour ist eine Besichtigung des Museums »Salz und Moor« zu empfehlen. Hier lässt sich die Technikgeschichte der Soleleitung von Reichenhall nach Rosenheim im Salzmuseum verfolgen. Das Moormuseum bietet zudem Einblicke in das Leben im Hochmoor. Zudem werden jährlich wechselnde Sonderausstellungen angeboten. Nach der Besichtigung kann man noch in das Museumscafé gehen. Informationen unter www.grassau.de/klaushaeusl

Hand weitgehend eben durch den Bergwald weiterführt. Wir orientieren uns an den Wegweisern »Rachlalm« bis dorthin. An der nächsten Weggabelung nimmt man so den linken Weg, der nur leicht ansteigend in der Gegenrichtung den Hang quert, bis rechts ein Weg, jetzt steiler, in Kehren bergauf führt über einige Stufen, bis man aus dem Wald heraus tritt. Dem Schild »Wanderwege« folgend geht man am alten Hof ❶ **Strehtrumpf** über eine Bergwiese, dabei wird ein Weidezaun zweimal mittels eines Gatters überquert. Mit dem gewohnten Wegweiser »Rachlalm« geht es nun auf einem breiten Schotterweg rechts in den Wald. An der nächsten Weggabelung geht es so links in einen Wanderweg bis zur ❷ **Hefteralm**. Dort folgen wir weiter dem Wegweiser »Rachlalm«. Über einen Wanderweg geht es kurzzeitig durch den Wald, hier mit dem Wegweiser »Wanderwege« weiter über die Bergwiesen in südöstliche Richtung, bis ein breiterer Weg über mehrere Gatter in südlicher Richtung zur Rachlalm zieht.

Über die Zeppelinhöhe zum Klaushäusl An der ❸ **Rachlalm** orientieren wir uns nun an den Wegweisern »Zeppelinhöhe« bis dorthin. So geht es links auf einem breiten Schotterweg bergab über die Bergwiesen, mit Blick auf den Hochgern. Nach einem Wendekreis zweigt linker Hand ein Wanderweg ab. Der nur leicht abfallende Weg führt angenehm in vielen Serpentinen weiter bergab durch den Bergwald. Im Torgra-

Viele Wege führen nach Rom – oder auf die Hefteralm (unten li.). Schauen, wandern, genießen: Wandergruppe auf dem Weg zur Rachlalm (unten re.)

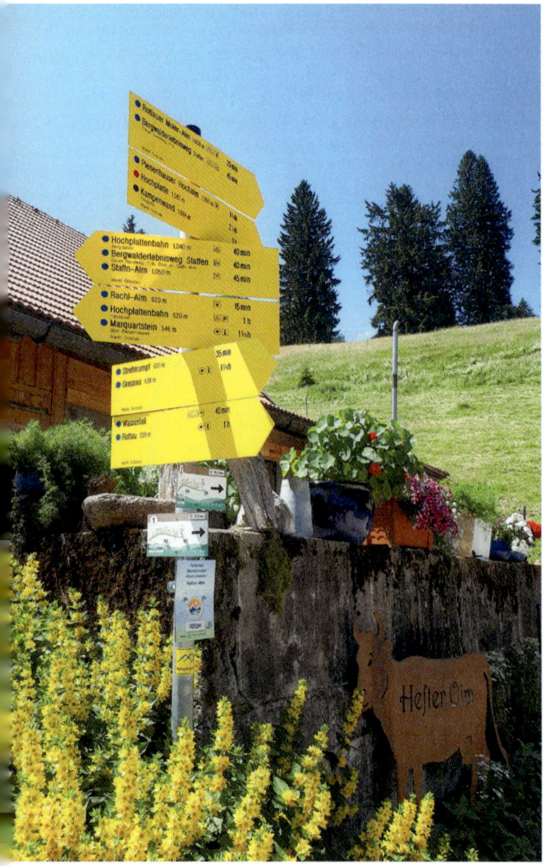

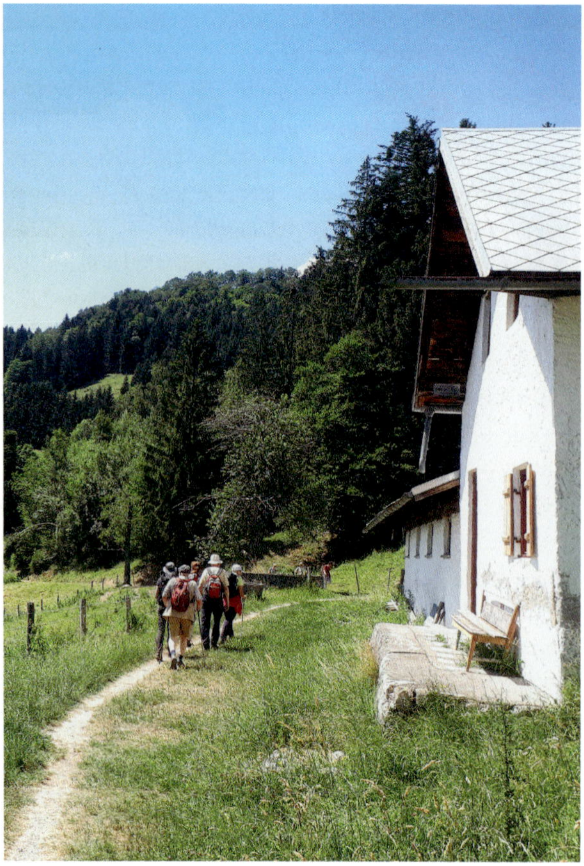

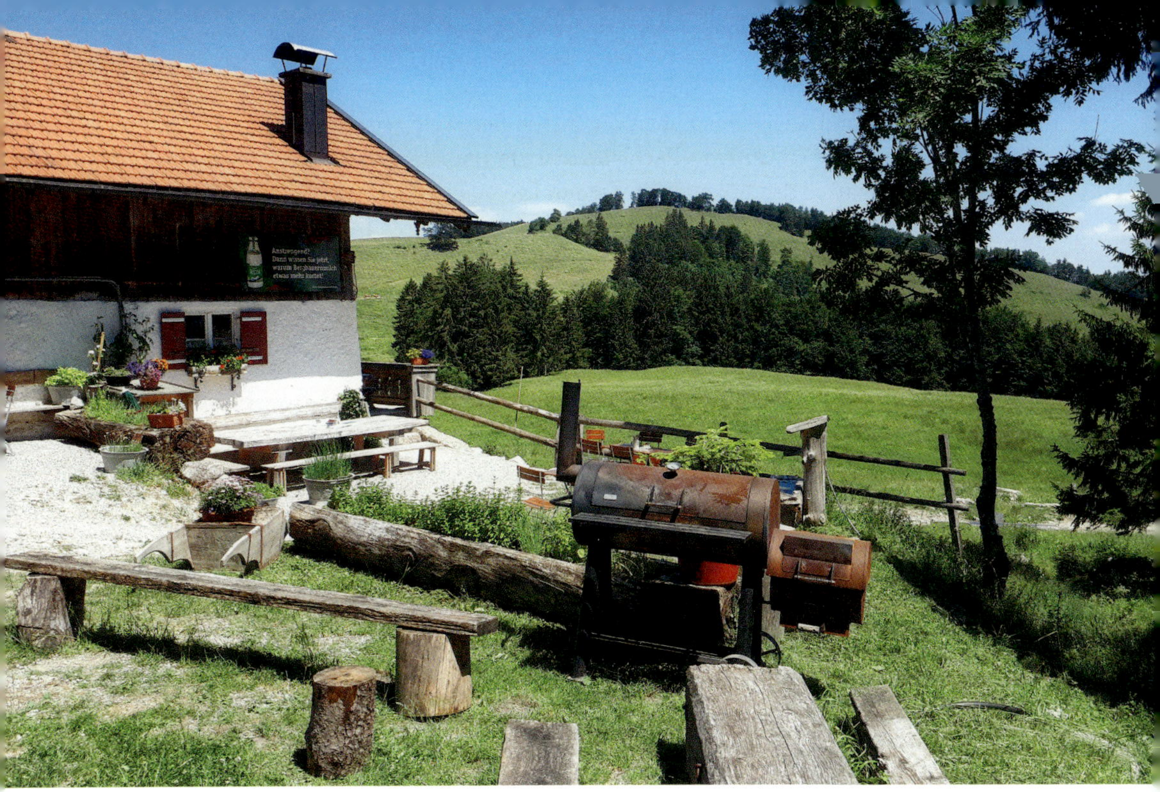

ben orientieren wir uns an einer Weggabelung linker Hand über den Bach. Weitgehend eben wird nun die Zeppelinhöhe erreicht; zuletzt folgen wir einem Abzweig dorthin. Von der 4 **Zeppelinhöhe** geht es dann das kurze Stück wieder zurück. Weiter folgen wir dem bekannten Wanderweg rechter Hand ohne Beschilderung. Bei der nächsten Weggabelung geht es dann geradeaus, jetzt mit dem Wegweiser »Strehtrumpf« in angenehmem Gefälle durch den Buchenwald, bis der Hof 1 **Strehtrumpf** erreicht ist. Der restliche Rückweg entspricht dem Hinweg zurück zum Parkplatz und zur Bushaltestelle am E **Museum »Salz und Moor«** (Klaushäusl).

Einer der schönsten Rastplätze im Chiemgau – die Rachlalm

Wegalternative nach Grassau Wer nach Grassau zum Ortsrundgang und zu einem Kaffee absteigen möchte, nimmt die folgende Wegführung: Nach der Zeppelinhöhe das kurze Stück wieder zurück und nun auf dem den Wanderweg rechts ohne Beschilderung, wie auf der Normalroute. An der nächsten Weggabelung geht es dann aber wieder rechts nach Grassau. Über Serpentinen wandert man durch dichten Buchenwald bergab, bis man weiter unten neuerlich den Bach des Torgrabens erreicht. Kurz davor geht es links nach Grassau, nun auf einem breiten Schotterweg weiter durch schönen Auwald. Dieser Beschilderung folgend wandert man an der nächsten Verzweigung rechter Hand. So erreicht man über offene Wiesen Grassau. Mit den Wegweisern »Grassau« und »Touristinfo« geht es dann in die E1 **Ortsmitte Grassau**. Dort können ÖPNV-Anreisende direkt mit dem Bus 9505 die Heimfahrt antreten, Autofahrer fahren nur zwei Stationen zum E2 **Museum »Salz und Moor«** (Klaushäusl) zurück, ebenso in Richtung Prien am Chiemsee. Die Busverbindungen gibt es werktags stündlich und am Wochenende zweistündlich. An der Gehzeit und den Höhenmetern ändert sich dadurch nichts.

15

Reifenberg (981 m)

Ein stiller Vorberg der Kampenwand

leicht | 380/380 Hm | 2.15 Std. (+1.45 ÖVPN) | 5,9 km

Tourencharakter
Wanderung nur kurzzeitig auf Forststraßen, zumeist auf typischen Wanderwegen. Die angebotene Wegvariante führt auf einem schmalen Pfad durch den Wald, teilweise steil bergauf.

Ausgangspunkt
ÖPNV: Haltestelle Rottau (540 m)
Pkw: Berggasthof Adersberg (815 m)

Endpunkt
Wie Ausgangspunkt

Gipfel
Reifenberg (981m)

Anfahrt Pkw
A 8 München–Salzburg bis Bernau, weiter Richtung Grassau nach Rottau, am Ortseingang dem Wegweiser zum Berggasthof Adersberg folgen

Verkehrsanbindung ÖPNV
Bahn München–Salzburg bis Prien, Bus 9505 nach Reit im Winkl und weiter nach Rottau

Gehzeiten
Rottau – Berggasthof Adersberg 1 Std. (nur ÖPNV) – Herrenalm ¾ Std. – Lindlalm 1 Std. – Berggasthof Adersberg ½ Std. – Rottau ¾ Std. (nur ÖPNV)

Beste Jahreszeit
Ende April bis Ende Oktober, bei Schneefreiheit auch im Winter

Einkehr/Unterkunft
Berggasthof Adersberg (815 m)

Karte
AV-Karte BY17 Chiemgauer Alpen West

Der Reifenberg ist ein wenig beachteter Berg vor der Kampenwand. In vorderster Front direkt am Alpenrand, gewährt dieser Berg mit seinen weiten Wiesen traumhafte Ausblicke auf den Chiemsee mit seinen Inseln und hinüber zur Kampenwand.

Der Reifenberg Mit seinen knapp 1000 Metern steht der Reifenberg zwischen der Wolfsschlucht bei Bernau und dem Rottauer Tal. Die Einheimischen wissen diesen Berg wegen der stimmungsvollen Landschaftsbilder mit ungewöhnlichen Weitblicken über den Chiemsee zu schätzen.

Der Aufstieg zum Berggasthof Adersberg Bahn- und Busfahrer folgen zunächst von A1 **Bushaltestelle Rottau** aus der Hauptstraße entgegen der Fahrtrichtung bis zum Ortsende. Dort orientieren wir uns am Wegweiser »Berggasthof Adersberg« auf einer Fahrstraße linker Hand. Den Abzweig nach Rudersberg lässt man rechts liegen. So geht es noch ein Stück bergan. Dann zweigt neuerlich rechts ein Wanderweg ab mit dem Wegweiser »Adersberg«. An der nächsten Weggabelung, an einem Kruzifix, gehen wir linker Hand über die Bergwiesen in den Wald und folgen dem Wanderweg bergauf. An einer weiteren Weggabelung – hier zeigt der Wegweiser »Rottau« in die Gegenrichtung – gehen wir ein kurzes Stück nach links. Dann zweigt rechts ein Weg ab mit dem Wegweiser »Aders-

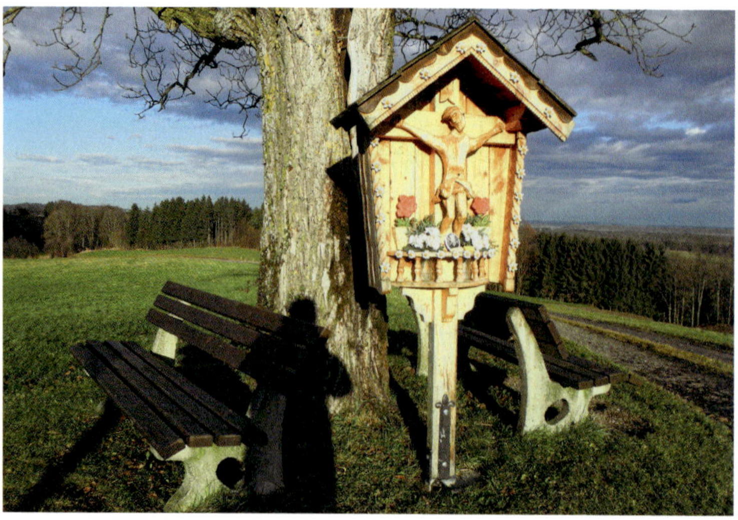

Marterl am Weg zum Adersberg

berg-Wanderweg« zum **A2** **Berggasthof Adersberg**. Autofahrer gehen vom Wanderparkplatz ein kurzes Stück bergauf zum Berggasthof Adersberg.

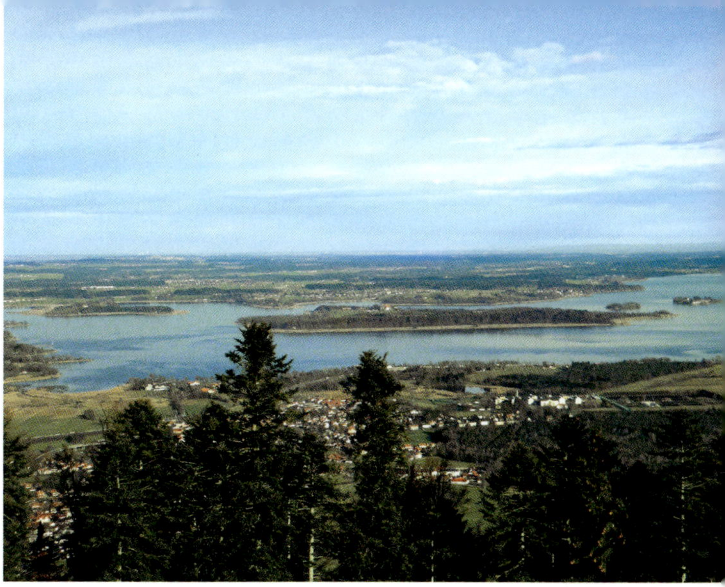

Zum Reifenberg Vom Berggasthof Adersberg folgen Bahn- und Busfahrer mit den Autofahrern dem Wegweiser »Herrenalm, Adersberg Höhenrundweg« linker Hand. An einer Abzweigung, an einer Bergwiese nach dem Fischteich, gehen wir dann rechts und folgen erneut dem genannten Wegweiser. Nun geht es in Kehren bergauf durch den Wald. Wir gelangen auf eine Bergwiese. Hier an einer Wegkreuzung folgen wir dem Wegweiser »Herrenalm« wieder kurz bergab. Wenig später sehen wir auch die **1** **Herrenalm**. Hier gehen wir rechter Hand, dem Wegweiser »Bernau, Stachl, Abling« folgend, auf einem Weg hoch über der Wolfsschlucht. An einer Rechtskurve des Weges befindet sich ein schöner Aussichtspunkt mit Bank. Wir wandern weiter geradeaus bis zur nächsten Weggabelung bei **2** **Stachl**. Hier folgen wir rechter Hand dem Wegweiser »Adersberg, Lindlalm«. Der Weg führt nun in angenehmer Steigung durch den Wald zum Reifenberg, einem Aussichtspunkt an der **3** **Lindlalm**.

So weit das Auge reicht: Ausblick vom Reifenberg über den Chiemsee

Der Abstieg nach Adersberg Von der Lindlalm aus gehen nun wieder alle Wanderer auf dem Normalweg weiter. Wir folgen dem Wegweiser »Adersberg Höhenrundweg« zurück zum **E2** **Berggasthof Adersberg,** dem Ausgangspunkt für Autofahrer. Busfahrer wandern von hier auf dem Anstiegsweg zurück zur **E1** **Bushaltestelle Rottau**.

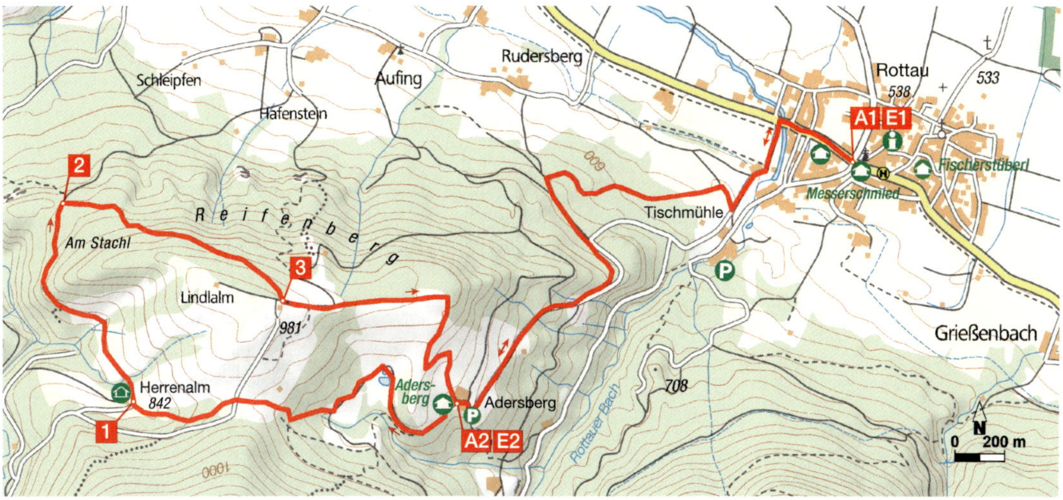

16

Gedererwand (1398 m)

Chiemseeblick für Romantiker

schwer 660/660 Hm 5.45 Std. 8,4 km

Tourencharakter
Wanderung auf Wegen, im weiteren Anstieg anspruchsvolle Steige, teilweise durch Schuttreisen. Im Kammbereich Steig in ständigem Auf und Ab, auch über Felsstufen. Trittsicherheit und Schwindelfreiheit sind erforderlich.

Ausgangspunkt
ÖPNV: —
Pkw: Wanderparkplatz Aigen, nach Hintergschwendt (826 m)

Endpunkt
Wie Ausgangspunkt

Gipfel
Gedererwand (1398 m)

Anfahrt Pkw
A 8 München–Salzburg bis Ausfahrt Frasdorf, weiter nach Aschau, in Aschau nach Bernau, nach 1,5 km zur Seiseralm, weiter über Hinter-gschwendt zum Wanderparkplatz Aigen

Verkehrsanbindung ÖPNV
Keine

Gehzeiten
Wanderparkplatz Aigen – Roßboden über Steig 2½ Std. – Gedererwand 1 Std. – Roßboden 1 Std. – Wanderparkplatz Aigen auf Normalweg 1¼ Std.

Beste Jahreszeit
Mitte Mai bis Ende Oktober bei absoluter Schneefreiheit

Einkehr/Unterkunft
Gschwendtner Stub'n (am Ende der Tour in Hintergschwendt, 826 m)

Karte
AV-Karte BY17 Chiemgauer Alpen West

Die Gedererwand ist der kaum beachtete kleine Bruder der Kampenwand mit dem wohl schönsten Chiemseeblick. Normalerweise erreicht man vom Wanderparkplatz Aigen auf markierten Wegen den Gipfel. Spannender ist der Aufstieg durch die wilden Schuttreisen am Zwölferturm.

Kleiner Berg ganz groß Mit nur 1398 Metern Höhe ist die Gedererwand ein Zwerg unter den Bergen in den Chiemgauer Alpen, aber einer der schönsten. Und der will erst einmal bestiegen werden. Denn wenn man oben auf dem Felskamm angekommen ist, werden im ruppigen Auf und Ab des Steigs zum Gipfel weiterhin fleißig Höhenmeter gesammelt. Durch die anderen Vorberge der Kampenwand ist die Gedererwand meist verdeckt und daher auch ein Geheimtipp. Schroff und abweisend sehen ihre Felsflanken aus. Kaum zu glauben, dass dieser Berg ohne Kletterei zu besteigen ist. Steile Schuttreisen führen ganz nah zu den nordseitig abbrechenden Felsflanken am Zwölferturm, einem Überhang, der unter einheimischen Kletterern bekannt ist. Oben auf dem Felsenkamm angekommen, gibt es immer wieder traumhafte Aussichten zu erhaschen. Da geht der Blick über den Chiemsee. Er ist so nah, dass man

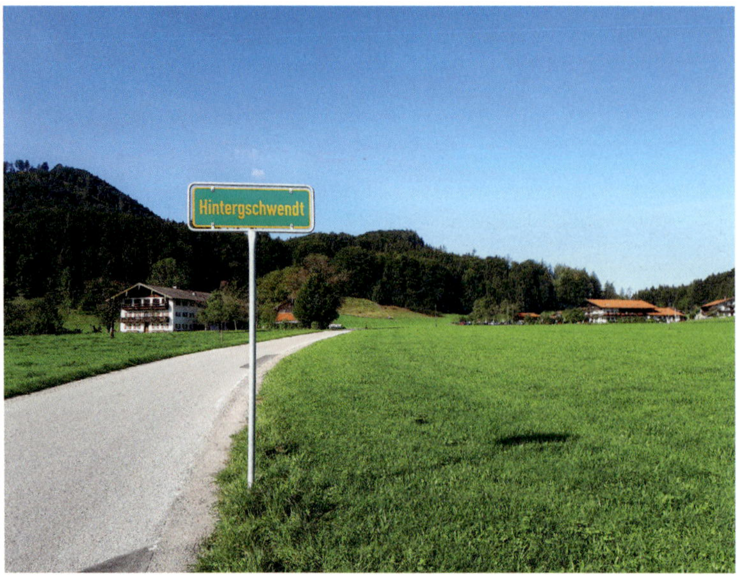

Klein aber fein: Hintergschwendt nahe dem Ausgangspunkt zur Gedererwand

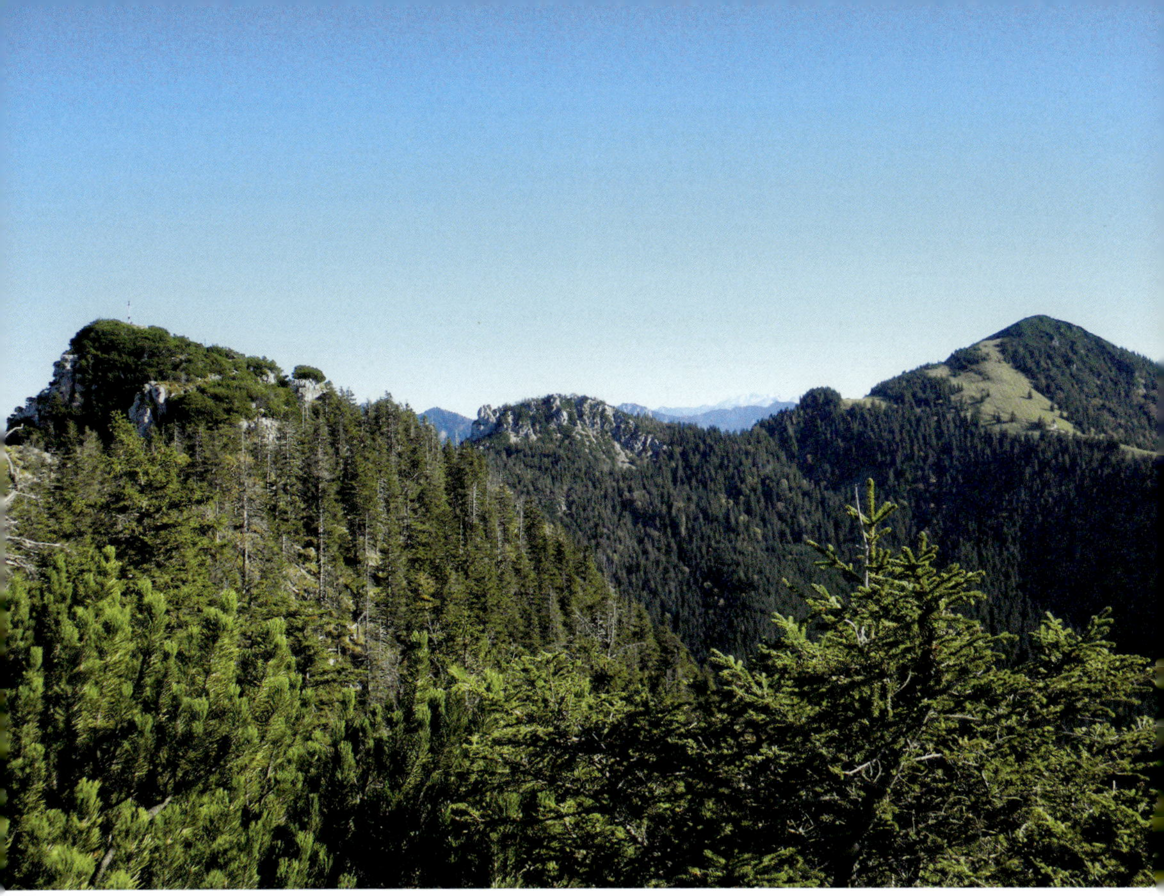

die Segelboote wie kleine Papierschiffe auf dem Wasser des Sees dahingleiten sieht. Auf der Insel Herrenchiemsee sieht man das Dach des gleichnamigen Schlosses zwischen den Bäumen des Schlossparkes herausspitzen. Rechts daneben ist die kleinere Fraueninsel mit dem markanten Zwiebelturm der Klosterkirche zu sehen. Dazwischen, fast unscheinbar, liegt miniaturhaft die Krautinsel. Auch die Ortschaften am Ufer des Chiemsees sind gut zu erkennen. Da sind einmal rund um den See Prien, Bernau, Chieming und Seebruck zu nennen. Auch die Schafwaschener Bucht und die Halbinsel Sassau im Nordwesten des Sees sind gut zu erkennen.

Nur da und dort ein Wanderer: Gedererwand (links) und Hochplatte (rechts)

Auf dem Felsenkamm der Gedererwand Hier geht es auf dem Felskamm in stetigem Auf und Ab bis zum östlichsten Gipfel der Gedererwand. Vorsicht ist im gesamten Kammbereich angesagt, was die Wegführung angeht. Daher ist es wichtig, immer auf die Markierungen zu achten, besonders an den vielen kleinen, vermeintlichen Weggabelungen. Typisch für die Gedererwand sind auch die tiefen Felseinschnitte, die hin und wieder überstiegen werden müssen. Also bitte immer gut auf den Weg achten, denn manche Felsspalte reicht auch unmerklich tiefer in den Boden. Auf dem Rückweg lohnt der Abstieg in eine Felsspalte. Dort können Sie zu beiden Seiten die steil aufragen-

Herbsttipp

Ein besonderes Schauspiel ist es, im Herbst an nebelverhangenen Tagen die Tour zu machen. Denn der Felsenkamm der Gedererwand steht quasi in erster Reihe und somit über dem Nebelmeer. Dann sitzt man auf dem Gipfel wie in einem Flugzeug – ein ganz besonderes Wetterschauspiel, das Sie hier oben im Herbst genießen können.

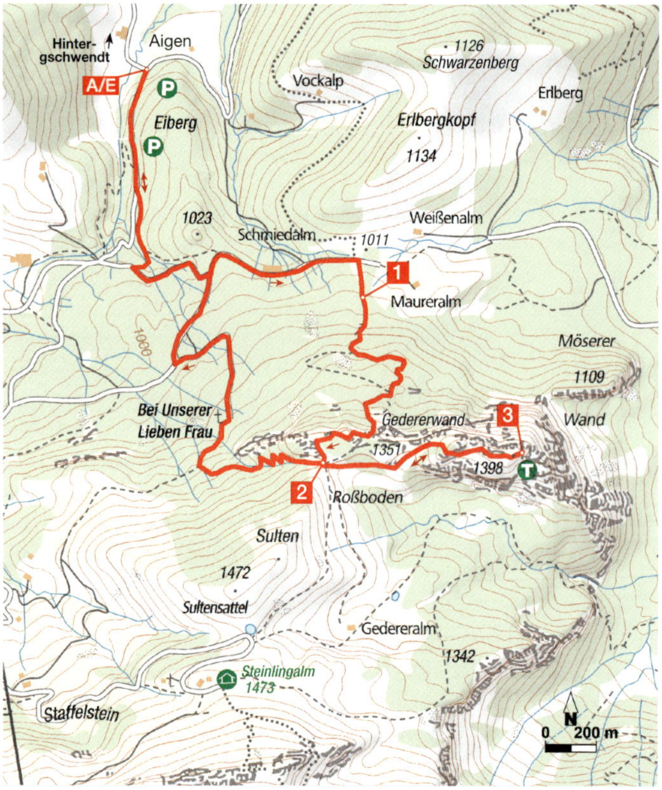

den Felswände bewundern. Die kalte Luft kann hier nur schwer entweichen, weshalb dort oft bis tief in den Juni noch Schnee liegt. Wie wäre es mit einer Schneeballschlacht im Sommer?

Der Aufstieg zur Gedererwand Vom A **Wanderparkplatz Aigen** folgen wir dem breiten Schotterweg mit dem Schild »Kampenwand« bergwärts, bis links ein Wanderweg abzweigt mit dem Wegweiser »Gorialm, Kampenwand, Gederer«. Der Wanderweg führt wieder auf den breiten Schotterweg, dem wir nun nach links weiter bergauf folgen. An der nächsten Gabelung geht es neuerlich links mit dem Schild »Rottauer Tal, Adersberg« weiter auf einem breiten Schotterweg. Nach dem nicht beschilderten Abzweig zur Schmidalm linker Hand

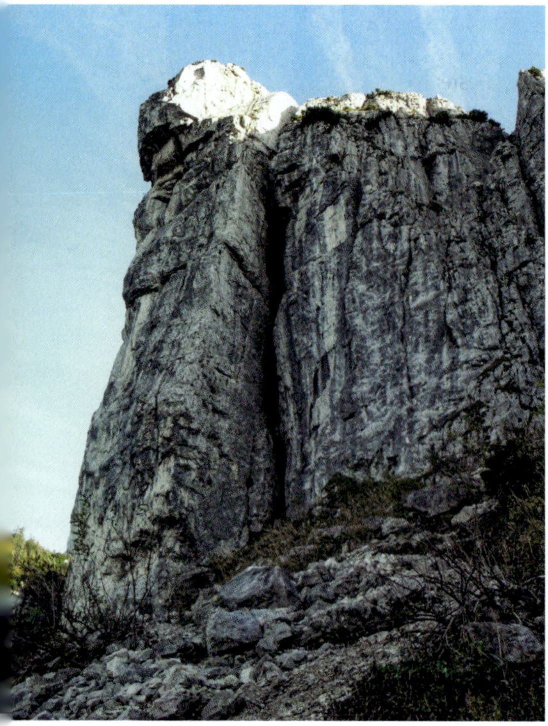

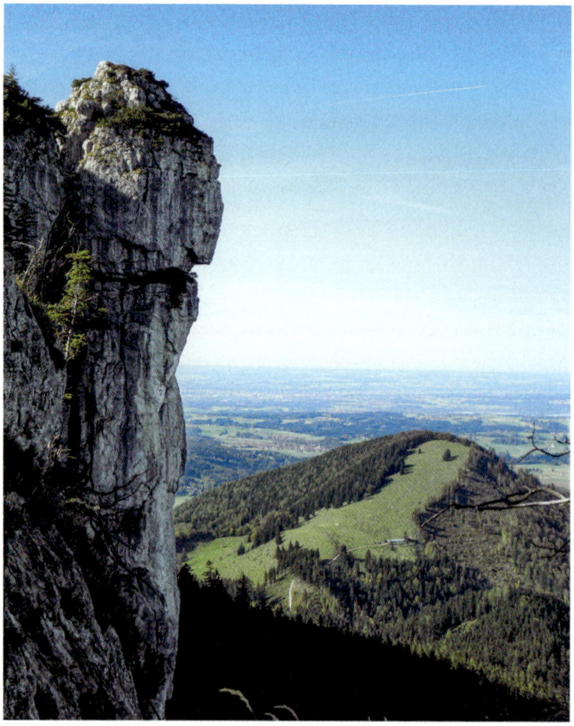

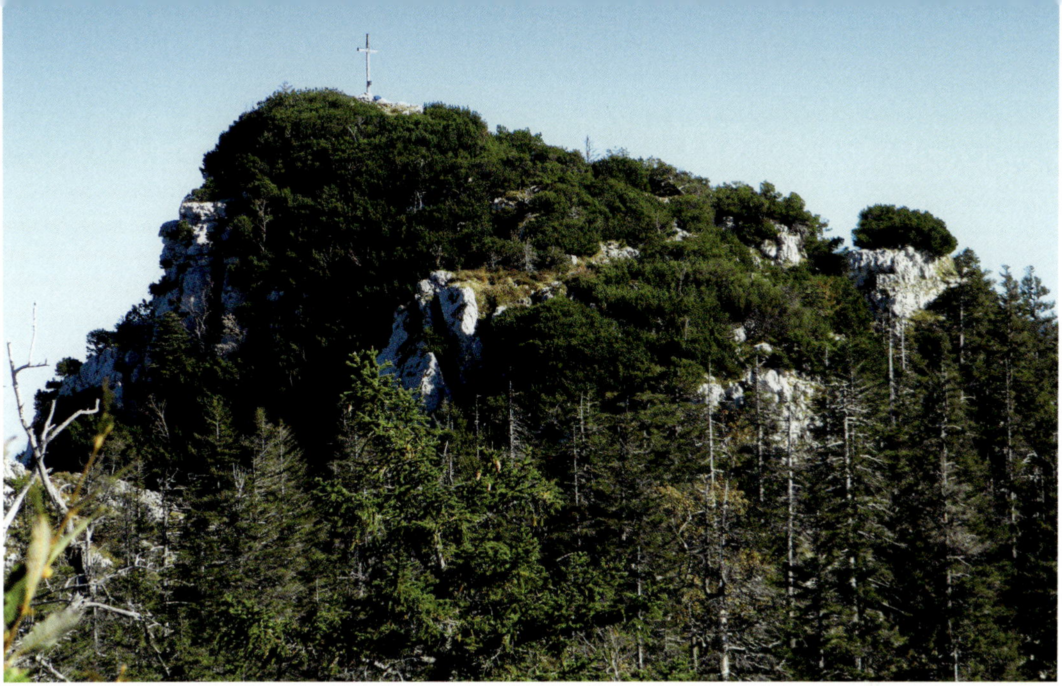

Felsbalkon über dem Chiemsee – der Gipfel der Gedererwand

gehen wir noch ein kurzes Stück und erreichen so den höchsten Punkt am Sattel. Im Wald, noch vor der ❶ **Maureralm**, geht es hier rechts in einen unbeschilderten Pfad. In Serpentinen führt dieser nun durch einen ehemaligen Windbruch bergan. Im Wald auf 1220 Metern Höhe halten wir uns an einer Weggabelung links; dabei verläuft der Weg nur noch leicht ansteigend. Immer wieder werden dabei kleine Felsen umgangen, etwas Gespür ist auf diesem Wegabschnitt wichtig. Dann treten wir aus dem Wald und blicken auf den imposanten, überhängenden Zwölferturm. Durch die Schuttreisen geht es in Serpentinen hinauf. Auch hier ist Gespür für den Weg vonnöten. Wichtig ist es, der Trittspur zu folgen, die den leichtesten Anstieg hat. Halten Sie dabei zu den Wanderern im Rücken Abstand, falls Sie Geröll lostreten. Nahe des Einstiegs zum Zwölferturm zieht der Pfad nach rechts hinauf in den Wald. Dann ist auch bald ein kleiner, kaminartiger Felsdurchstieg erreicht, der in leichter Kletterei passiert wird. In einer Linkskurve führt der Pfad nun aus dem Wald über die Bergwiesen hinab auf den ❷ **Roßboden**. Geradeaus geht es zur Kampenwand. Wir aber halten uns links auf einem markierten Steig in ständigem Auf und Ab nahe dem Felsenkamm bis zur ❸ **Gedererwand**. In diesem Bereich sind nun rot-weiße Markierungen zu finden.

Der Abstieg nach Aigen Zunächst folgen wir der Aufstiegsroute bis zum ❷ **Roßboden**. Dort geht es auf dem Wanderweg in Kehren bergab mit dem Wegweiser »Wanderparkplatz Aigen, Hintergschwendt«. Bitte benützen Sie in diesem Bereich nicht das zumeist ausgetrocknete Bachbett, sondern den in Serpentinen angelegten Wanderweg, der durch den Bergwald talwärts führt. Wir passieren den Abzweig zur Gorialm und zur Schlechtenbergalm linker Hand und folgen dem letzten Wegweiser rechter Hand bergab. Der Weg mündet nun in einen breiten Schotterweg, der immer wieder über einen nicht immer beschilderten Wanderweg stellenweise abgekürzt werden kann bis zum Ⓔ **Wanderparkplatz Aigen**.

Linke Seite: Kletterparadies für alle Rosenheimer – der Zwölferturm

17

Kampenwand (1669 m)

Traumpfade über dem Klausgraben

schwer 180/1050 Hm 6.15 Std. (+1.00 ÖVPN) 14 km

Tourencharakter
Markierte Wege und Steige zur Kampenwand. Nach Hainbach auf unmarkierten Steigen, die absolute Trittsicherheit verlangen

Ausgangspunkt
Bahn: Bhf. Aschau (615 m)
Bahn/Bus: Bushaltestelle Aschau Schlosseinkehr oder Kampenwandbahn (635 m)
Pkw: Wanderparkplatz Kampenwandbahn (635 m)

Endpunkt
Wie Ausgangspunkt

Gipfel
Kampenwand (1669 m)

Bergbahn
Kampenwandbahn, www.kampenwand.de

Anfahrt Pkw
A 8 München–Salzburg bis Frasdorf, links nach Aschau, dann Richtung Sachrang bis Kampenwandbahn

Verkehrsanbindung ÖPNV
Bahn München – Salzburg bis Prien, dann Bahn nach Aschau
Bus 9502 Richtung Sachrang bis Aschau-Schlosseinkehr oder Kampenwandbahn

Gehzeiten
Bhf. Aschau – KW Talstation ½ Std. (ÖPNV, wenn kein Bus) – KW Bergstation – Kampenwand 1½ Std. – KW Bergstation 1 Std. – Hofbauernalm 1 Std. – Hainbach 1½ Std. – KW Talstation 1¼ Std. – KW Talstation – Bhf. Aschau ½ Std. (ÖPNV, wenn kein Bus)

Beste Jahrszeit
Ende Mai bis Ende Oktober bei absoluter Schneefreiheit

Einkehr/Unterkunft
Hofbauernalm (1379 m)

Karte
AV-Karte BY17 Chiemgauer Alpen West

Diese Tour lebt von ihren Kontrasten. Ein munteres Treiben mit vielen Touristen erwartet uns auf dem Weg über die Steinlingalm zur Kampenwand. Ruhig wird es dagegen auf den stillen Pfaden über die Hofbaueralm hinunter in den Klausgraben und nach Hainbach.

Von der Kampenwand nach Aschau Die Kampenwand ist ein Traumgipfel mit perfekter Aussicht an klaren Tagen. Da liegt der Chiemsee zu Füßen und die drei Inseln Herrenchiemsee, die Krautinsel und Frauenchiemsee sind gut zu erkennen. Auf Letzterer sieht man sogar den Zwiebelturm der Klosterkirche. Wie kleine Papierfächer treiben die vielen Segelschiffe auf dem See. Rundherum grüßt eine eindrucksvolle Gipfelparade: Im Osten geht der Blick bis in die Berchtesgadener Alpen, in die Leoganger und in die Loferer Steinberge. Im Süden erheben sich die Hohen Tauern mit dem Großglockner. Auf dem Weg zur Hofbauernalm sieht man im Südwesten über dem Inntal bis in die Stubaier und die Ötztaler Alpen. Auch der Pendling über Kufstein erhebt sich markant, sieht von hier oben allerdings wie ein kleiner Zwerg aus, obwohl er nur etwa

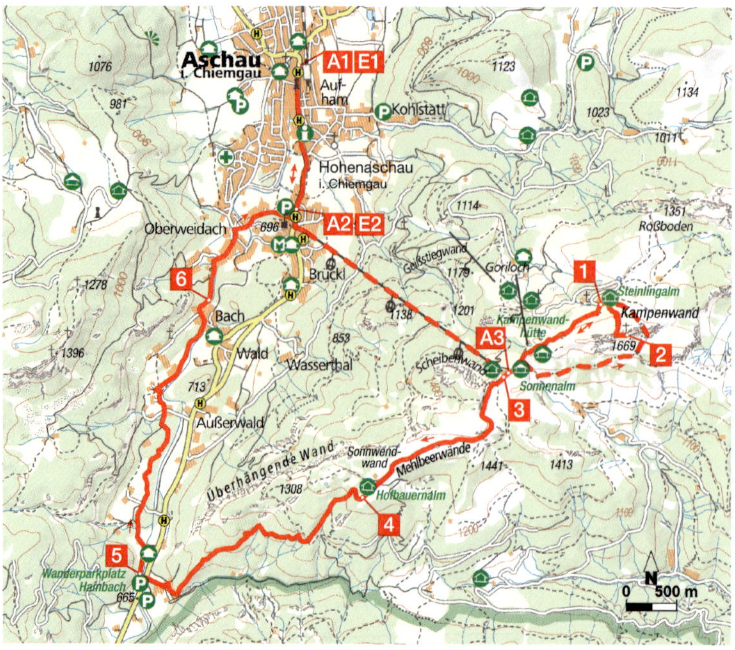

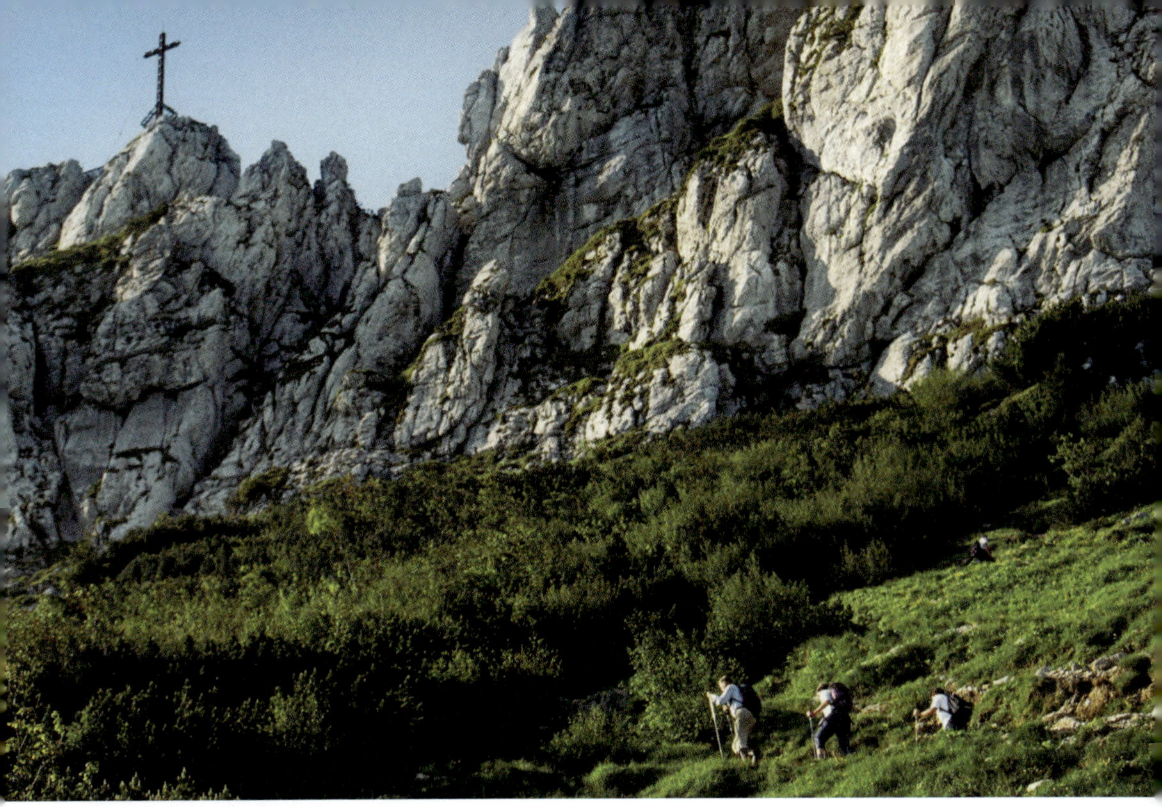

So nah und doch so weit: der Gipfel der Kampenwand

hundert Meter niedriger ist als die Kampenwand. Auf der Hofbauernalm sitzt man direkt dem Weitlahnerkopf, dem Tauron und den Aschentaler Wänden gegenüber – auf der anderen Seite des Dalsentales und des Klausgrabens. Bei einer zünftigen Brotzeit kann man dieses Panorama besonders gut genießen. Dann geht es auf einem Steig hinunter in den Chiemgau-Dschungel bis nach Hainbach, je tiefer man steigt, umso höher werden die Bäume. Alte Buchen und Ahornbäume bilden ein romantisches Blätterdach. Ab Hainbach geht es dann auf dem Prientalweg nach Aschau, mit idyllischen Wegpassagen neben der Prien.

Vom Bahnhof zur Kampenwandbahn Wenn Sie mit der Bahn anreisen, gibt es vereinzelt Busanschlüsse der Linie 9502 nach Sachrang zur A2 **Talstation der Kampenwandbahn**. Falls Sie hier keinen Anschluss haben, können Sie mit dem Taxi ebenso dorthin fahren. Sollten Sie zu Fuß gehen wollen, dann spazieren Sie von A1 **Aschau-Bahnhof** am Bahnhofsvorplatz (Hans-Clarin-Platz) in die Bahnhofstraße linker Hand und in der Verlängerung in die Kampenwandstraße bis zur A2 **Talstation der Kampenwandbahn**, etwa eine halbe Stunde Gehzeit.

Kampenwandumrundung

Wer die Kampenwand auf »vergessenen Pfaden« vor deren Besteigung umrunden möchte, folgt kurz nach der Sonnenalm dem Wegweiser »Schleching, Mühlau« über einen Steig etwa 80 Höhenmeter bergab. Dann nimmt man an einer Gabelung den Steig linker Hand, der in einem Auf und Ab um die Kampenwand herumführt zur Steinlingalm. Dort geht es dann auf dem Normalweg zur Kampenwand und weiter zur Bergstation der Kampenwandbahn. Für diese Wegvariante ist zusätzlich eine Dreiviertelstunde zu veranschlagen.

Von der Bergstation zur Kampenwand Von der A3 **Bergstation der Kampenwand-**

bahn geht es mit dem Wegweiser »Kampenwand« zur ❶ **Steinlingalm**. Davor führt rechts der Weg durch die Schuttreisen hinauf zum Felsaufbau der Kampenwand. Weiter steigt man zwischen den Felswänden wie in einer Schlucht auf, bevor es dann über Stufen auf dem Kamm die letzten Meter zum Gipfel der ❷ **Kampenwand** geht. Zurück nimmt man den gleichen Weg bis zur ❸ **Bergstation der Kampenwandbahn**.

Über die Hofbauernalm ins Priental Kurz vor der Bergstation der Kampenwandbahn folgt man dem Steig zur Hofbauernalm. Bald gabelt sich der Weg. Wir nehmen den rechten Steig mit dem letzten Wegweiser, der in südwestlicher Richtung über den Hängen der Mehlbeerwände führt, bis es dann über weite Wiesen hinunter zur ❹ **Hofbauernalm** geht. Nach einer zünftigen Einkehr wendet man sich von dort in südwestlicher Richtung, vorbei an einer kleinen Kapelle. Dann steigt man weglos über die schönen Almwiesen ab, dabei hält man sich neuerlich in südwestlicher Richtung. Am Zaun, schon am Waldrand, führt dann gut erkennbar eine Pfadspur rechts über ein Gatter in eine Steilrinne bzw. in einen Graben. Diesem folgt der Pfad, zumeist etwas rechts davon, immer bergab durch den Bergwald, bis das Ende eines Forstweges erreicht ist. Diesen überquert man, und sogleich geht es weiter auf dem

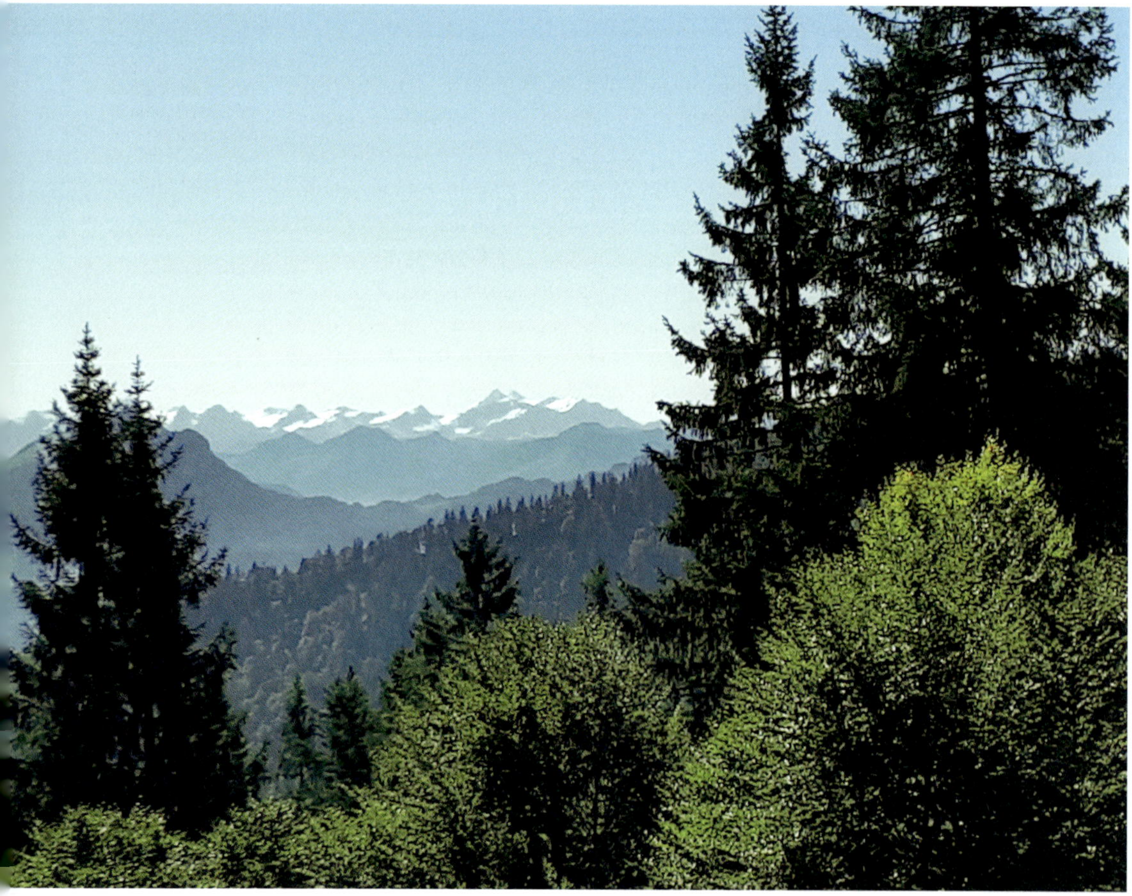

Traumaussicht in die Hohen Tauern: auf dem Weg von der Kampenwand zur Hofbauernalm

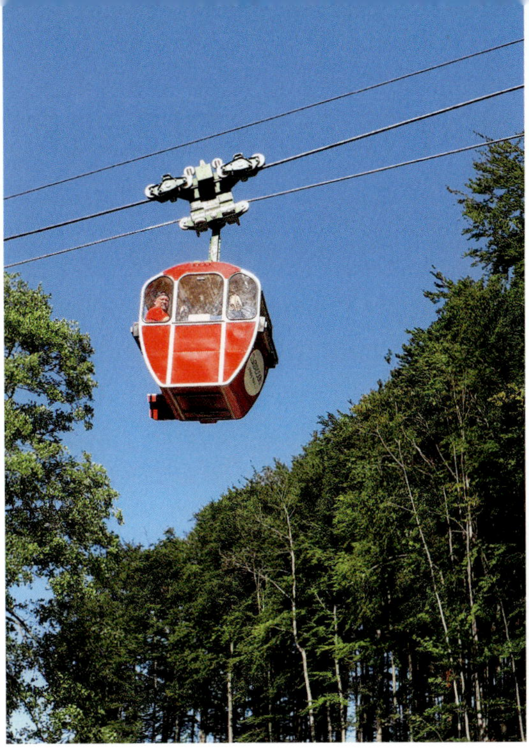

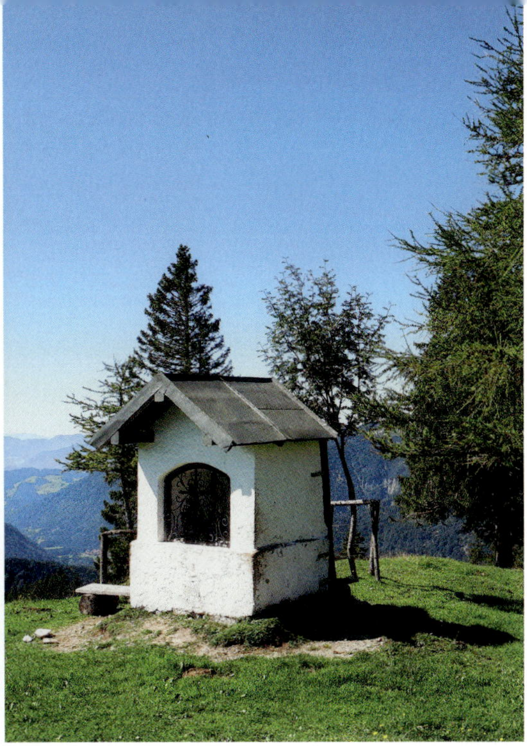

Farbklecks über dem Bergwald: die alten Gondeln der Kampenwandbahn (oben li.). Schöner Platz: Marterl nahe der Hofbauernalm (oben re.)

Pfad nahe der Steilrinne bergab, bis nun eine Privathütte in Sichtweite kommt. Hier steigt man über einen breiten Schotterweg ab zu dieser. Wenige Meter davor zweigt der Pfad rechter Hand ab und führt so durch die Berghänge des Klausgrabens westwärts. Einige Wegstücke sind manchmal nach starken Regenfällen abgebrochen, mit guter Trittsicherheit ist dieser Steig aber gehbar, ist aber deshalb auch in der Kategorie »schwarz« eingestuft. Der Weg macht eine Kehre und führt so nach Osten. Nach wenigen Metern, an einer Gabelung, gehen wir wieder nach Westen, also rechts, weiter. Der Weg führt weiter durch die Steilhänge des Klausgrabens mit einer kurzen Schrofenstelle. An einer schwer einsehbaren Gabelung des Pfades führt der rechte Pfad durch Steilabbrüche in das Priental. Wir folgen dem linken Weg weiter bergab, bis der Klausgrabenbach erreicht ist. Dieser wird überquert, und man folgt talauswärts, also rechts, weiter der Pfadspur. Nach nur wenigen Metern ist ein Fahrweg erreicht, dem man rechts bergab folgt, bis der 5 **Wanderparkplatz Hainbach** an der Straße nach Sachrang erreicht ist.

Durch das Priental nach Aschau Am 5 **Wanderparkplatz Hainbach** geht es auf der gegenüberliegenden Straßenseite in den Prientalweg. Die Wegweiser »Aschau, Hohenaschau, Grenzenlos wandern« führen uns nun in unterschiedlicher Zusammensetzung über die Ortschaft 6 **Bach** und die Kettenkapelle entlang der Prien nach Aschau. Hier folgen wir ein Stück der Zellerhornstraße. Dann geht es rechter Hand in die Schloßbergstraße. An deren Ende überqueren wir die Hauptstraße. Bahnfahrer können hier mit dem Bus zurück nach Aschau fahren oder zu Fuß entlang der Hauptstraße zurück nach E1 **Aschau-Bahnhof** gehen. Autofahrer folgen der Straße »Am Hofbichl« weiter. Dann geht es rechter Hand mit dem Wegweiser »Kampenwandbahn« zurück zu den Parkplätzen an der E2 **Talstation der Kampenwandbahn**.

18

Haindorfer Berg (1123 m)

Einsamer Kampenwandblick

mittel | 580/580 Hm | 4.30 Std. | 10,6 km

Tourencharakter
Wanderung auf Forstwegen, unbeschilderten Steigen und Wiesengelände sowie auf Wanderwegen

Ausgangspunkt
ÖPNV: Bhf. Aschau im Chiemgau (615 m)
Pkw: Hans-Clarin-Platz am Bahnhof Aschau im Chiemgau (615 m)

Endpunkt
Wie Ausgangspunkt

Gipfel
Haindorfer Berg (1123 m)

Anfahrt Pkw
A 8 München–Salzburg bis Ausfahrt Frasdorf, weiter nach Aschau, in Aschau Richtung Sachrang, nach 200 m linker Hand zum Bhf. am Hans-Clarin-Platz

Verkehrsanbindung ÖPNV
Bahn München–Salzburg bis Prien, Bahn Prien–Aschau

Gehzeiten
Aschau Bahnhof – Kohlstatt ½ Std. – Haindorfer Berg 1½ Std. – Hintergschwendt 1 Std. – Aschau Bahnhof 1½ Std.

Beste Jahreszeit
Mitte Mai bis Ende Oktober bei absoluter Schneefreiheit

Einkehr/Unterkunft
Gschwendtner Stub'n (823 m)

Karte
AV-Karte BY17 Chiemgauer Alpen West

Eine interessante Wanderrunde führt von Aschau über Kohlstatt auf den Haindorfer Berg. Über die Sameralm, Hintergschwendt und die Abendmahlkapelle geht es zurück nach Aschau. Ein schöner »vergessener Pfad« führt auf den Gipfel, und meistens ist man hier alleine.

Der Haindorfer Berg Als Vorberg der Kampenwand wird er kaum beachtet. Zu erreichen ist der Haindorfer Berg über einen schönen Waldsteig. Kaum einem Wanderer werden wir hier begegnen. Über die Buckelwiesen geht es dann auf einem Wiesenpfad wieder hinunter zur Sameralm; hier sollte man zur Weidezeit seinen Hund unbedingt anleinen. Das sind auch schon die beiden Zugangsmöglichkeiten zum Gipfel, denn der in den AV-Karten verzeichnete Nordanstieg ist durch Wind- und Schneebruch an vielen Stellen durch umgestürzte Bäume verstellt. Das wird wohl auch so bleiben, denn kaum ein Waldarbeiter wird mit der Motorsäge in diesen Steilhang gehen. Das Panorama vom Gipfel kann sich wirklich sehen lassen. Da reiht sich an klaren Tagen die ganze Prominenz der Chiemgauer Alpen aneinander; das Sonntagshorn ist dabei der höchste Berg dieser Gebirgsgruppe. Der Hochfelln ist auch mit der Bergbahn erreichbar. Daneben der Hochgern, wohl einer der schönsten Aussichts- und Wanderberge der Chiemgauer Alpen. Die Gedererwand steht markant als langes Felsenband. Besonders der überhängende Zwölferturm

Rechte Seite: Traumblick vom Haindorfer Berg (von li. nach re.) auf Hochgern, Staffen, Friedenrath, Gedererwand, Sulten und Kampenwand

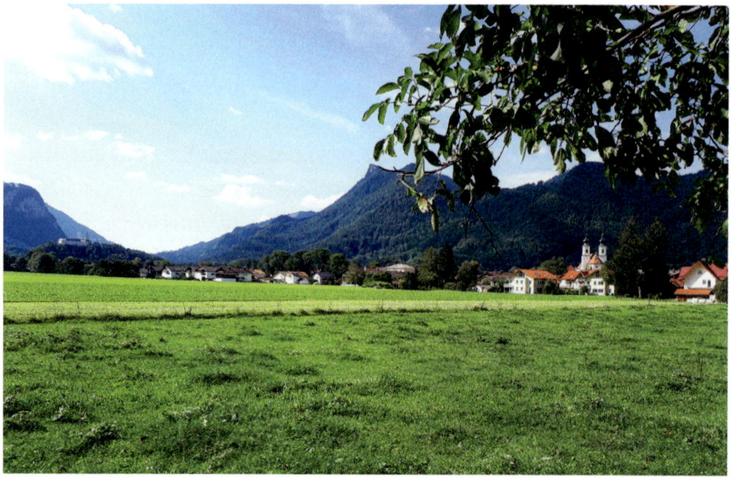

Weite Wiesen und hohe Berge: Blick auf Aschau mit Priental und Zellerhorn

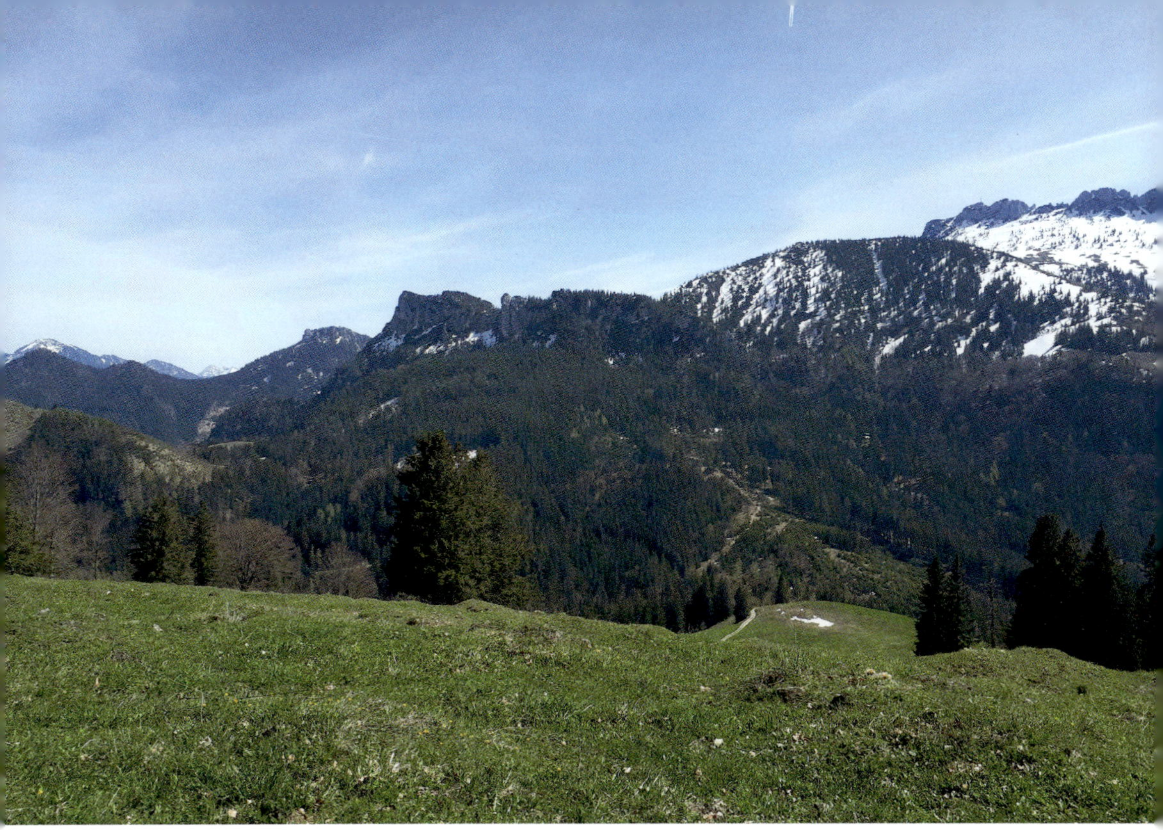

sticht hier heraus, der bei einheimischen Kletterern sehr beliebt ist. Darüber thront die Kampenwand, und an klaren Tagen kann man sogar das Gipfelkreuz des Hauptgipfels erkennen, der über einen gesicherten Steig erreichbar ist. Alle anderen Gipfel der Kampenwand bleiben allerdings den Kletterern vorbehalten. Und das sind nur die bekanntesten Namen in dieser Gipfelparade.

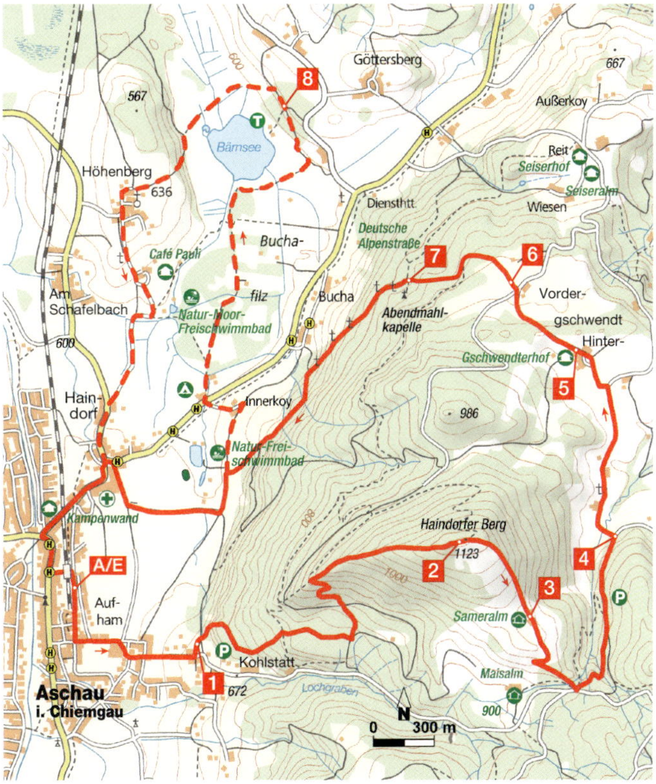

Der Aufstieg zum Haindorfer Berg

Vom Ⓐ **Bahnhof Aschau** und den Parkplätzen Hans-Clarin-Platz davor folgt man hinter den Bahngleisen am Prellbock dem Naturlehrpfad und weiter dem Schild »Rund um den Bärnsee« bis zur Aufhamer Straße. Dieser folgt man linker Hand und weiter über eine S-Kurve in den ❶ **Kohlstattweg** am unteren Wanderparkplatz. Neben dem

Zum Bärnsee

Wer noch Zeit für einen Abstecher zum ❽ **Bärnsee** hat, folgt an den weiten Wiesen vor Aschau den Wegweisern »Innerkoy, Bärnsee« und dann dem Schild »Rund um den Bärnsee« über Spöck und Höhenberg zum Cafe Pauli (Einkehrmöglichkeit) und weiter auf einer Nebenstraße nach Aschau. Für diese Wegvariante ist etwa 1 Stunde zusätzlich einzuplanen.

Zaun und dem Tor des Wasserschutzgebietes am Wanderparkplatz führt ein schmaler Pfad in einer weiten Rechtskurve durch den Buchenwald bergan. An einer Gabelung wendet man sich nach links weiter bergwärts. Dann wird eine kleine Lichtung erreicht, in der im Spätsommer das Springkraut blüht. Danach gabelt sich der Weg erneut. Wir nehmen den linken Pfad, der teilweise steil bergan nun durch schönen Buchenwald führt. An einer Kreuzung der Pfade nimmt man wieder den linken Weg steil bergan und gelangt so auf einen Forstweg. Dieser wird überquert, und so geht es weiter auf einem schönen Bergpfad.

Alle, die sich weniger Anforderung an den Orientierungssinn wünschen, folgen dem Wegweiser »Maisalm« durch den Lochgraben bergan. An einem Abzweig auf etwa 770 Meter Meereshöhe geht es auf einem breiten Schotterweg links mit der Beschilderung »Vordergschwendt, Maisalm«. Diesem folgt man weiter bergan. Nach einem leichten Abschwung des Weges, etwa 200 Meter vor einem Jägerstand auf der linken Seite, zweigt unvermittelt der Steig rechter Hand bergauf ab.

In Serpentinen geht es nun für alle den Steig durch Bergwald hinauf. Am Kammweg zum Gipfel kann man linker Hand noch einen markanten Aussichtspunkt mit Bank und Blick auf Aschau genießen. Dann geht man zurück zur Kammlinie des Berges und folgt dieser bergan durch den Bergwald auf gut erkennbarem Steig bis zum Gipfel des ❷ **Haindorfer Bergs**.

Blick beim Aufstieg zum Haindorfer Berg auf den Bärnsee und die Ratzinger Höhe

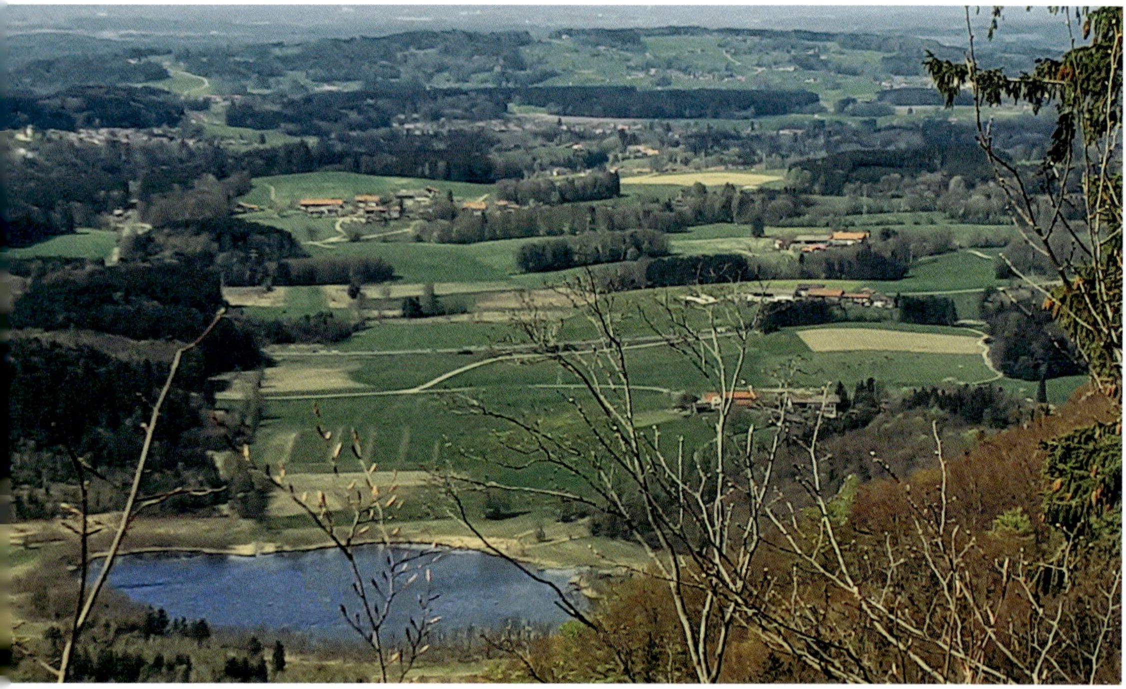

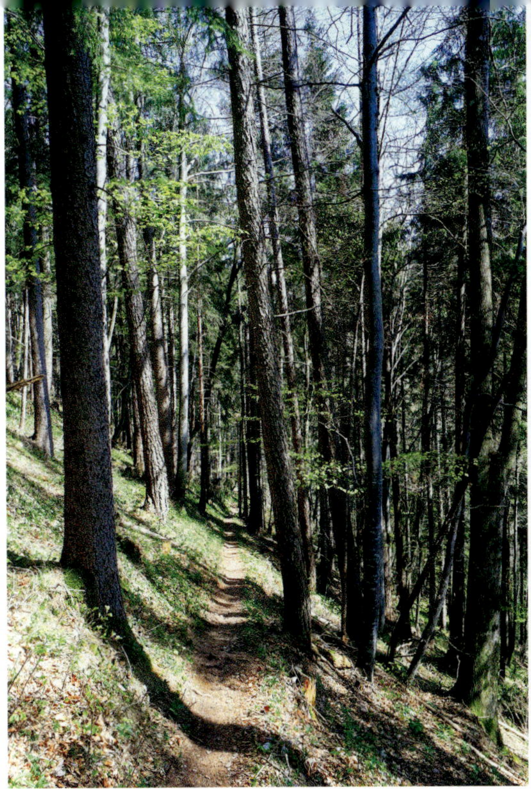

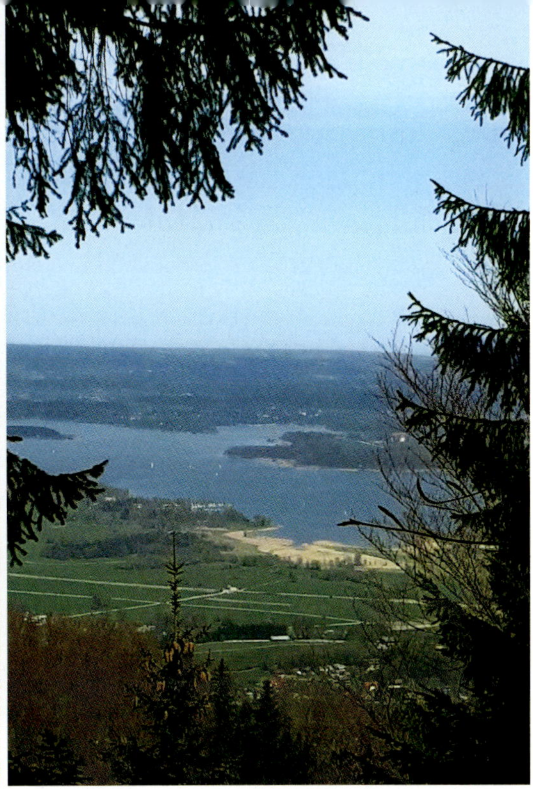

Idyllische Waldpfade führen zum Haindorfer Berg (oben li.). Chiemseeblick durch die Fichtenwipfel (oben re.)

Über Gschwendt nach Aschau Vom höchsten Punkt auf der Bergwiese des Haindorfer Bergs geht man über die Buckelwiesen bergab. Man folgt dann einem Wiesenpfad auf der rechten Seite der Bergwiese weiter, vorbei an der ❸ **Sameralm**. Hier kann man nochmals schöne Tiefblicke nach Aschau erhaschen. Dann wählt man den breiten Schotterweg in südlicher Richtung bergab bis zu einer Wegkreuzung. Dort hält man sich links mit dem Schild »Hinter- Vordergschwendt, Abendmahlkapelle« bis zum ❹ **Wanderparkplatz Aigen**. Dann geht es mit dem letzten Wegweiser auf einer Nebenstraße in nördliche Richtung, bis man links nach ❺ **Hintergschwendt** abzweigt. Man durchquert den Weiler auf einer Nebenstraße. Über einen kurzen Gegenanstieg gelangt man dann hinunter nach ❻ **Vordergschwendt**. Dort geht es geradeaus in einem Wanderweg, zunächst über Bergwiesen, dann durch den Bergwald hinunter zur ❼ **Abendmahlkapelle**. Hier geht es weiter auf dem Kreuzweg nach Bucha, Aschau. Dann ignoriert man den Abzweig nach »Bucha« rechts und geht weiter geradeaus über einen kurzen Gegenanstieg auf einem Wanderweg in Richtung Aschau am Waldrand entlang bergab. An der nächsten Weggabelung geht es so mit dem letzten Wegweiser rechter Hand und dann wieder links mit dem Schild »Aschau, Aufham« über eine Wiese und auf einem nun wieder breiteren Schotterweg. An der nächsten Weggabelung wenden wir uns nach rechts mit dem Wegweiser »Haindorf, Aschau«, ebenso an der nächsten wieder rechts, hier ohne Beschilderung, und gelangen so an den Gebäuden der Orthopädischen Kinderklinik und dem Dauerhof vorbei zur Bernauer Straße. Dieser folgen wir linker Hand in einer scharfen Links- und Rechtskurve, vorbei an der Orthopädischen Kinderklinik, über die Bahngleise bis zum Kreisverkehr. Hier geht es links auf der Kampenwandstraße bis zum Ⓔ **Bahnhof Aschau** und zu den Parkplätzen am Hans-Clarin-Platz.

19

Auf Herrenchiemsee

Stille Orte – Ottos und Pauls Ruh'

leicht — 1.30 Std. (+1.00 ÖPNV) 13,2 km

Tourencharakter
Wanderung auf geteerten Wegen, auf Spazier- und Wanderwegen, im Ortsbereich von Prien auf Nebenstraßen

Ausgangspunkt
ÖPNV: Prien-Stock Hafen/oder Bhf. Prien am Chiemsee
Pkw: Parkplatz Prien-Stock Hafen

Endpunkt
Wie Ausgangspunkt

Gipfel
Keiner

Schiff
www.chiemsee-schiffahrt.de

Anfahrt Pkw
A 8 München–Salzburg Ausfahrt Prien, in Prien den Wegweisern Hafen, Schiffsanleger folgen

Verkehrsanbindung ÖPNV
Bahn München–Salzburg bis Prien, in Prien ggf. Weiterfahrt mit der Bockerlbahn bis Prien-Stock Hafen oder mit Bus 9424 vom Bahnhofsvorplatz

Gehzeiten
Prien Bhf. – Prien-Stock Hafen ½ Std. (nur ÖPNV) – Schiffsanlegestelle Herrenchiemsee, Inselrundweg, 1½ Std. – Prien-Stock Hafen – Prien Bhf. ½ Std. (nur ÖPNV)

Beste Jahreszeit
Ganzjährig, im Winter Schnee- oder Eisglätte möglich

Einkehr/Unterkunft
Schlosswirtschaft Herrenchiemsee

Karte
Karte UK 50 – 54 Chiemsee, Chiemgauer Alpen, Landesamt für Vermessung und Geoinformation Bayern

Das Schloss Herrenchiemsee gilt als Touristenmagnet. Die meisten Besucher haben dort ein straffes Ausflugsprogramm. Da bleibt keine Zeit für den Inselrundweg über Ottos und Pauls Ruh; diese beiden fanden dort ihre Ruhe beim Blick über den See zu den Bergen.

Der Inselrundweg Viele Besucher fahren mit dem Schiff nach Herrenchiemsee. Ziel ist das gleichnamige Königsschloss. Wer ahnt schon, dass dahinter ein wunderbarer Inselrundweg um das Schloss führt? Dabei werden die Aussichtspunkte Ottos Ruh' und Pauls Ruh' passiert. Erst am Ende des Weges taucht man wieder ein in die Massen, die vom Schloss her kommen, um mit dem Schiff zurückzufahren. Eine Tour der Kontraste zwischen Stille und Trubel!

Die Wanderung Vom A1 **Bahnhof Prien** gehen wir durch die Unterführung in östlicher Richtung hinüber zur Bockerlbahn, die uns zum A2 **Ha-**

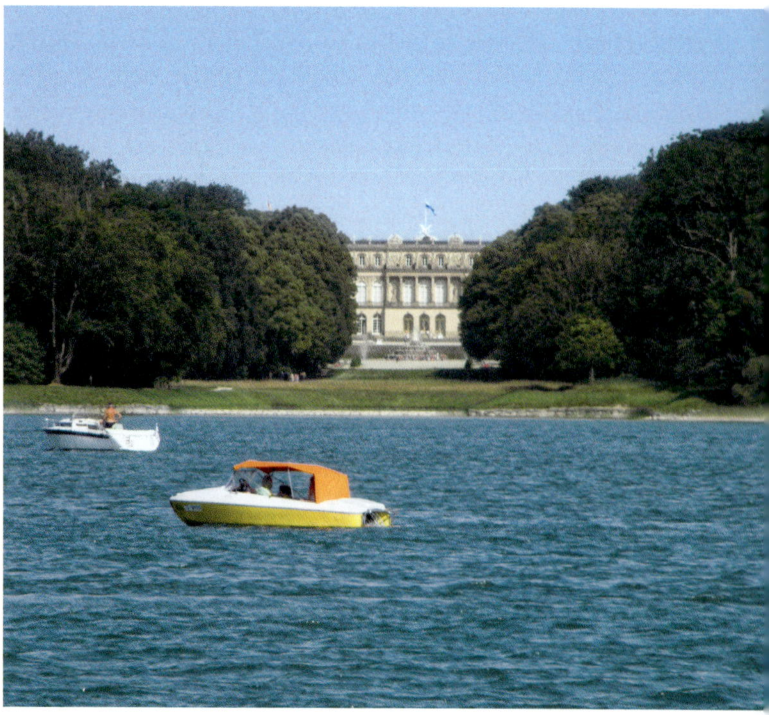

Zauber eines Sommertages: Blick von Prien über den Chiemsee auf Schloss Herrenchiemsee

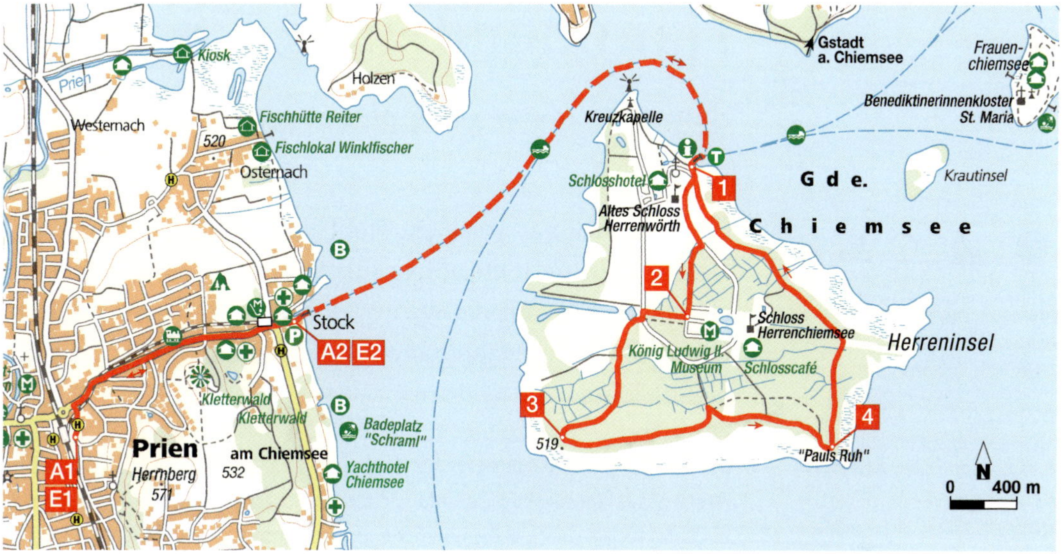

fen Prien-Stock bringt. Falls die Anschlüsse hier nicht passen, ebenso nicht beim Bus vom Bahnhofsvorplatz, ist im Folgenden der Weg zum Hafen beschrieben. So gehen wir am Bahnsteig der Bockerlbahn links zur Seestraße, der wir rechter Hand folgen. Nachdem die Bockerlbahn die Seestraße überquert hat, geht es linker Hand, dem Wegweiser »Fußweg zum See« folgend, entlang der Bahnlinie bis zu deren Ende am A2 **Hafen Prien-Stock**. Hier ist auch der Ausgangspunkt für die Autofahrer.

In Prien-Stock fahren wir vom Hafen mit dem Schiff hinüber zum 1 **Schiffsanleger Herreninsel**. Dort gehen wir vom Schiffsanleger, den Wegweisern »Königsschloss« folgend, auf einem geteerten Weg vorbei an der Schlosswirtschaft. An der nächsten Gabelung nehmen wir rechter Hand den Weg mit dem Schild »Königsschloss Sommerweg«. Dann ist es auch nicht mehr weit bis zum 2 **Schloss Herrenchiemsee**. Von dort gehen wir durch den Schlossgarten in westlicher Richtung, mit Blick über den See auf das Freizeitbad Prienavera. Am Apollo-Basin orientieren wir uns links. Gleich darauf, an der nächsten Wegkreuzung, nehmen wir den rechten Weg mit dem Wegweiser »Rundweg«. Diesen Wegweisern folgend, gelangen wir über 3 **Ottos Ruh**, einem Aussichtspunkt, durch den Wald an das Südufer der Insel. Wir folgen dem Weg hin-über zur 4 **Pauls Ruh** und gehen dann weiter, dem bekannten Wegweiser folgend, zurück zur Schlosswirtschaft. Ab hier entspricht der Rückweg dem Hinweg zurück zum 1 **Schiffsanleger Herreninsel**. Dort bringt uns dann das Schiff zurück nach E2 **Hafen Prien-Stock**. Autofahrer sind hier wieder an ihrem Parkplatz angelangt. Bahnfahrer fahren, wie schon auf dem Hinweg mit der Bockerlbahn, mit dem Bus, oder gehen zu Fuß über die Seestraße zurück zum E1 **Bahnhof Prien**.

Allein auf der Insel

Im Winter kann Ihnen die Insel Herrenchiemsee fast ganz alleine gehören. Nichts merkt man vom Trubel der Sommermonate. Suchen Sie sich doch einen dieser mystisch-romantischen schönen Föhntage aus und fahren Sie in der Nachmittagsdämmerung mit dem Schiff wieder zurück nach Prien – ein sicher unvergessliches Erlebnis. Nehmen Sie auch Ihre Kamera mit, es gibt sicher einige schöne Motive!

20

Hammerstein (1278 m)

Hammerschöner Felsgipfel über dem Priental

schwer 670/670 Hm 4.30 Std. (+0.30 ÖPNV) 13 km

Tourencharakter
Wanderung auf Wegen, zum Gipfel steigähnliche Pfade, direkt unter dem Hammerstein seilversicherte Felspassage. Nach Starkregen direkter Aufstieg zur Hofalm über Heurafflerweg, ebenso Abstieg.

Ausgangspunkt
ÖPNV: Bhf. Aschau im Chiemgau (615 m)
Pkw: Parkplatz Festhalle Aschau (620 m)

Endpunkt
Wie Ausgangspunkt

Gipfel
Hammerstein (1278 m)

Anfahrt Pkw
A 8 München–Salzburg bis Frasdorf, an der Ausfahrt linker Hand Richtung Sachrang nach Aschau, in Aschau weiter Richtung Sachrang bis nach Hohenaschau und zum Parkplatz Festhalle Aschau

Verkehrsanbindung ÖPNV
Bahn München–Salzburg bis Prien, Bahn Prien–Aschau

Gehzeiten
Bhf. Aschau – Aschau Parkplatz Festhalle (+ 0.15 Std. ÖPNV) – Hofalm 1¼ Std. – Hammerstein 1 Std. – Hofalm 1 Std. – Aschau Parkplatz Festhalle Aschau 1 Std. – Bhf. Aschau (+ 0.15 Std. ÖPNV)

Beste Jahreszeit
Mitte Mai bis Anfang November bei absoluter Schneefreiheit

Einkehr/ Unterkunft
Hofalm (970 m), Frasdorfer Stub'n, Abstecher (945 m)

Karte
AV-Karte BY17 Chiemgauer Alpen West

Ein eigenwilliger Felsklotz steht über der Hochfläche der Hofalm. Ein perfekter Steig führt von dort zum Gipfel, im Schlussanstieg mit ein wenig leichter Kletterei verbunden. Oben gibt es eine fabelhafte Aussicht, die man oft allein genießen kann.

Der Aufstieg zum Hammerstein Bahnfahrer folgen vom A1 **Bahnhof Aschau** der Bahnhofstraße linker Hand, bis man an der Ampel, nahe der Eisdiele, rechts die Schulstraße über die Prien nimmt. Der Zellerhornstraße folgt man nun links. Autofahrer nehmen derweil vom A2 **Parkplatz Festhalle Aschau** die Schloßbergstraße rechter Hand. Dann geht es links in die Zellerhornstraße. Alle folgen nun weiter der Zellerhornstraße bis rechts der Steinbachweg in Richtung »Hofalm, Klausen« abzweigt. Zuvor lohnt noch ein kurzer Abstecher zur Kettenkapelle über der Prien.
Nun geht es auf dem besagten Weg in Serpentinen nahe dem Steinbach bergan. An einer Gabelung hält man sich rechts zur 1 **Hofalm** auf einem schmalen Pfad mit Blick zum Chiemsee. Nach einer zünftigen Einkehr geht man von der Alm nur wenige Meter zurück, durchquert ein Gatter und steigt dann am Zaun rechter Hand bergan. Manchmal ist die Aufstiegsspur

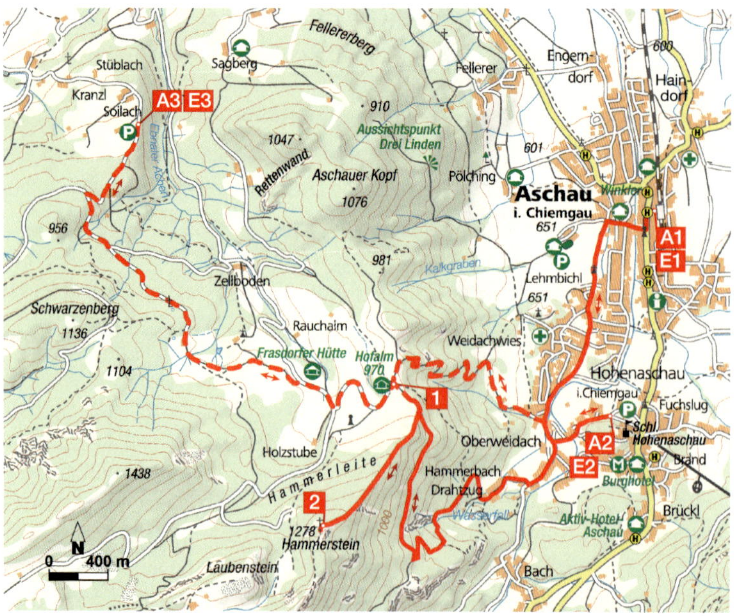

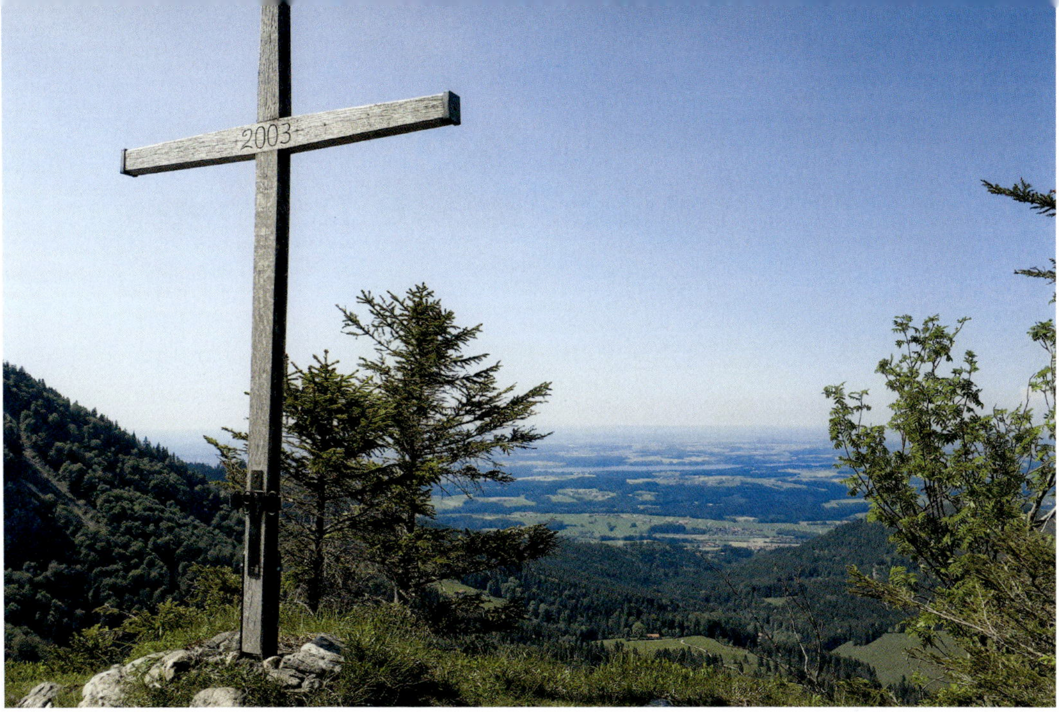

Romantischer, einsamer Rastplatz: auf dem Gipfel des Hammersteins

gut zu sehen, manchmal ist sie verwachsen. So hält man sich immer im Kammbereich auf in der Nähe des Zaunes. Links brechen die Hänge steil ab ins Priental, rechts haben wir es mit Fichtenwald zu tun. Einige Fichten liegen nach Schneebruch quer über dem Pfad, können aber problemlos umgangen werden. Der Wald lichtet sich nun zusehends. Zurückblickend kann man sogar den ganzen Chiemsee überblicken, bis man an den Fuß des Hammersteins kommt. Zwei kurze Kehren geht es noch hinauf. Dann steigt man durch die Felskluft drahtseilgesichert steil bergan. Anschließend hält man sich rechts und ist auch gleich am Gipfel des ❷ **Hammersteins** angelangt. Der Rückweg entspricht dem Hinweg zu den bekannten Ausgangspunkten für Autofahrer am E2 **Parkplatz Festhalle Aschau** und für Bahnfahrer am E1 **Bahnhof Aschau**.

Weiter geht es nicht Zwar führt ein Pfad auf der Südseite des Gipfels weiter. Doch eine Rundwanderung gibt es nicht. Der weitere Weg führt in zunehmend exponiertes Gelände seilversichert auf das Zellerhorn, Klettersteigausrüstung wäre angebracht. Doch der Weg bis dorthin ist von vielen umgefallenen Fichten nach Schneebruch verdeckt. So ist allein schon der Weg zum Anstieg auf das Zellerhorn schwer zu finden.

Hammerblick vom Hammerstein Vom Gipfel des Hammerstein sieht man gegenüber den Riesenberg. Tief unter uns liegt nun die Hofalm. Beim Anstieg gibt es immer wieder schöne Ausblicke über das Priental hinüber zur Kampenwand durch die Buchen zu erhaschen.

Verkürzte Variante

Wenn Sie die Wanderung verkürzen wollen, dann können Autofahrer auch ab dem **Parkplatz in Soilach** A3, E3 gehen. Hierzu fahren Sie ab Frasdorf über Pfannstiel zum Wanderparkplatz Soilach. Die Höhenmeter belaufen sich dann auf 520 Meter, die Gehzeit beträgt 3½ Stunden. Ab Soilach folgen Sie den Wegweisern zur Frasdorfer Hütte und weiter zur Hofalm. Die restliche Wegstrecke zum Gipfel entspricht der Normalroute.

21

Predigtstuhl (1494 m) und Spitzstein (1596 m)

Stille Höhenwanderung über dem Priental

mittel/schwer 1100/970 Hm 7.30 Std. 17,5 km

Tourencharakter
Forststraßen und Wege, die im Kammbereich teils steigähnlich verlaufen. Auf den Spitzstein seilversicherter Steig

Ausgangspunkt
Aschau im Chiemgau, Bhf. (615 m)

Endpunkt
Sachrang Ortsmitte (738 m)

Gipfel
Predigtstuhl (1494 m), Klausenberg (1554 m), Zinnenberg (1565 m), Spitzstein (1596 m)

Anfahrt Pkw
A 8 München–Salzburg bis Frasdorf, an der Ausfahrt links Richtung Sachrang, Aschau. in Aschau geradeaus zum Bhf. am Hans-Clarin-Platz

Verkehrsanbindung ÖPNV hin
Bahn München–Salzburg bis Prien, Bahn Prien–Aschau

Verkehrsanbindung ÖPNV zurück
Bus Sachrang–Aschau mit Bus 9502 im Sommer auch nach Oberaudorf, dort dann mit Bahn nach München, sonst Taxidienst Aushang Pavillon Ortsmitte und Bahn Aschau–Prien, Bahn Prien–München

Gehzeiten
Aschau Bahnhof – Hofalm 1½ Std. – Klausenhütte 2 Std. – Spitzstein 1½ Std. – Sachrang 2½ Std.

Beste Jahreszeit:
Mitte Mai bis Mitte November bei Schneefreiheit

Einkehr/Unterkunft
Hofalm, Altkaseralm, Spitzsteinhaus, Frasdorfer Stub'n, Abstecher

Karte
AV-Karte BY17 Chiemgauer Alpen West

Die Klausenhütte zwischen Spitzstein und Klausenberg ist schon lange nicht mehr bewirtschaftet. So ist es dort oben ruhig, da erst unter dem Spitzstein Einkehrmöglichkeiten zur Verfügung stehen auf einer aussichtsreichen, stillen Höhenwanderung.

Zwischen Zellerhorn und Spitzstein Eine ganze Kette schöner Aussichtsberge erstreckt sich hoch über dem Priental. Auf dem Kammweg nach Süden erwandern wir den Predigtstuhl sowie den Klausenberg, und weiter nach Süden passiert man noch den Zinnenberg. Hier haben wir ein ganz neues Panorama. So sehen wir an klaren Tagen im Südosten die Hohen Tauern mit ihrem höchsten Eisriesen, dem Großglockner. Daneben grüßen die Leoganger und Loferer Steinberge. Vom Klausenberg dagegen haben wir einen herrlichen Rundblick über das gesamte Mangfallgebirge mit Traithen und Wendelstein bis hinein ins Rofan und ins Karwendel. Das Kaisergebirge begleitet uns auf allen Gipfeln dieser Kammwanderung bis hinüber zum Spitzstein. Dabei erstreckt sich im Vordergrund der Zahme Kaiser, dahinter sehen wir den Kamm des Wilden Kaisers. Der markanteste Felspfeiler ist hier auch gleichzeitig die höchste Erhebung, die Ellmauer Halt mit 2344 Metern Höhe. Im Westen

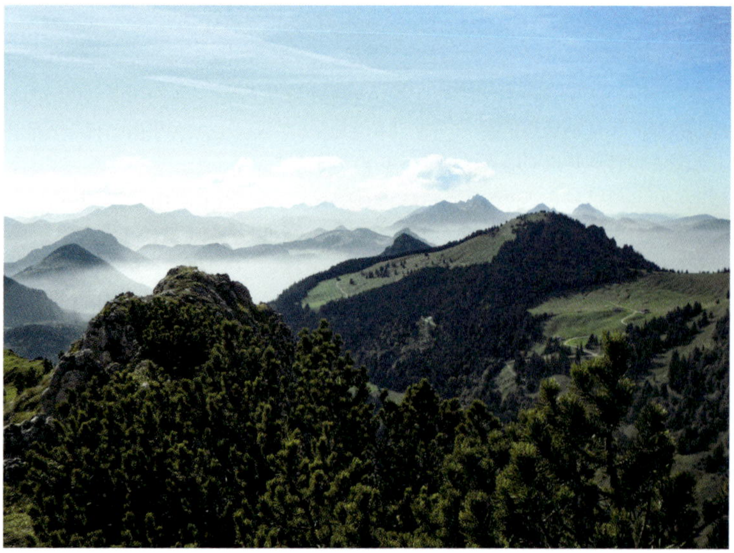

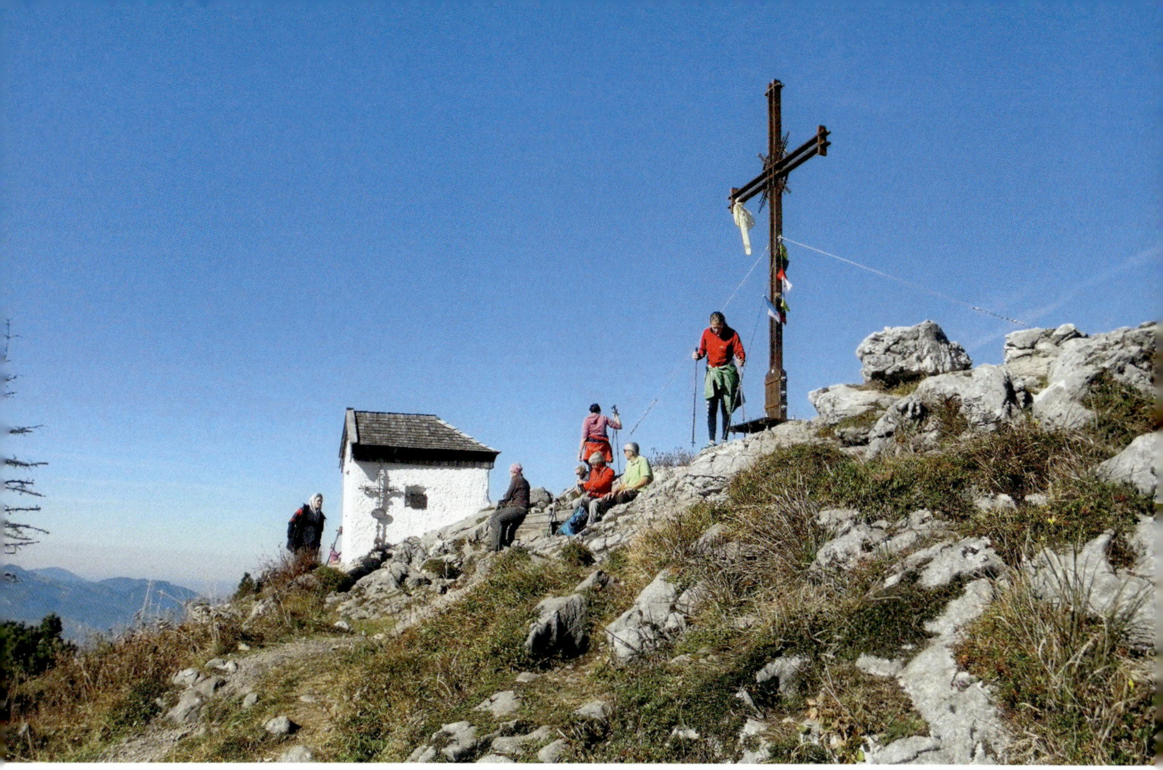

Sonniger Rastplatz am Gipfel des Spitzstein

des Felskamms grüßt der Scheffauer herüber. Am Spitzstein sollte man deshalb eine längere Pause einlegen, um dieses Panorama zu genießen. Dann geht man auf einen Einkehrschwung beim Abstieg zur urigen Altkaseralm und in das Spitzsteinhaus, bevor der Abstieg nach Sachrang wartet.

Der Aufstieg über die Hofalm Wir folgen zunächst vom Ⓐ **Bahnhof Aschau** der Hauptstraße in südlicher Richtung. An der nächsten Ampelanlage gehen wir rechter Hand in die Schulstraße und überqueren die Prien. Dann geht es linker Hand in die Zellerhornstraße bis zum Abzweig zur Hofalm am Heurafflerweg rechter Hand. Dann geht es an der nächsten Straßengabelung rechter Hand in die Zellerhornstraße bis zum Heurafflerweg linker Hand. Hier geht es weiter mit den Wegweisern zur Hofalm in vielen Kehren bergauf durch den Wald. An der ❶ **Hofalm** angelangt, wandern wir dann nicht auf dem breiten Schotterweg, sondern gehen mit den Wegweisern »Klausen, Riesenhütte« über weite Bergwiesen. Ein schmaler Wanderweg führt hier wieder auf einen breiten Schotterweg, dem wir weiter bergauf folgen. An einer Rechtskurve des Schotterwegs gehen wir wieder geradeaus auf einem Wanderweg weiter. An einer weiteren Weggabelung folgen wir dann den Wegweisern »Klausen« linker Hand bergauf. Am Abzweig zum Laubenstein gehen wir geradeaus und folgen weiter dem Wegweiser »Klausen«. An einer weiteren Weggabelung gehen wir dann links zur Bergwachthütte. Dort führt ein Wiesenpfad bergauf zum ❷ **Predigtstuhl**. Hier geht es auf einem schmalen Kammweg in südlicher Richtung über den ❸ **Klausenberg** zur ❹ **Klausenhütte**. Weiter in südlicher Richtung geht es nun auf dem Bergkamm weiter. Jetzt orientieren wir uns immer am Wegweiser »Spitzstein«. So geht es unterhalb des Zinnenbergs vorbei, über den Brandelberg erreicht man den seilversicherten, steilen und schrofigen Aufschwung zum Spitzstein.

Linke Seite: Stiller Ausblick – der Blick vom Klausenberg über das Inntal zum Wendelstein

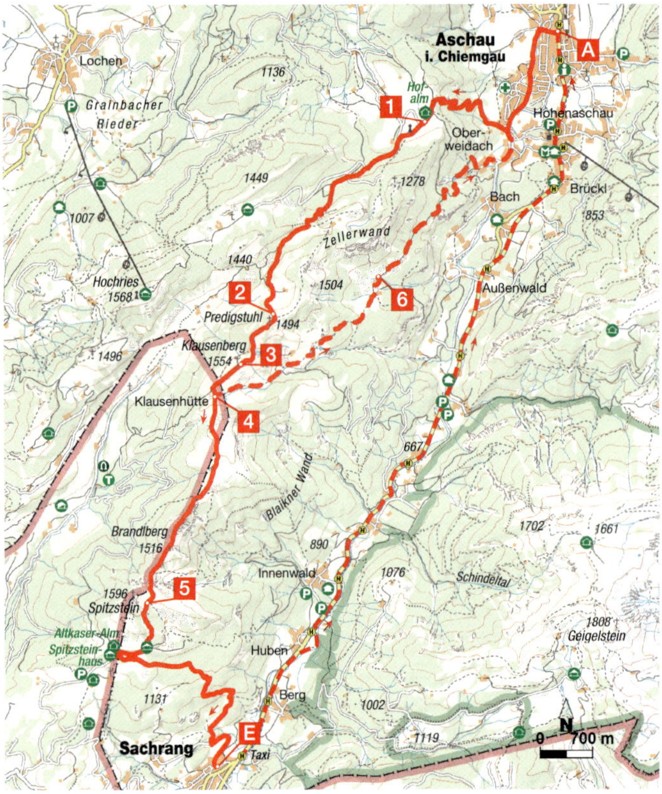

Dieser ist nur mit absoluter Trittsicherheit und Schwindelfreiheit zu bewältigen, Kategorie schwarz (schwer). Andernfalls sollte man im Folgenden die Umgehung des Spitzsteins auf seiner Ostflanke über die Aueralm angehen – auch dann, wenn die Wege nass und rutschig sind. Die Umgehung wird in der Kategorie Rot (mittel) eingestuft.

Der Abstieg vom Spitzstein Vom ❺ **Spitzstein** geht es nun in Kehren durch den Bergwald bergab. Dabei sind auch immer wieder schrofige, aber unschwierige Passagen zu bewältigen. Dann wird freies Almgelände erreicht. Nun ist es auch nicht mehr weit zur »Altkaseralm« oder zum »Spitzsteinhaus«, das man in der Folge erreicht. Dort folgen wir nun den Wegweisern nach

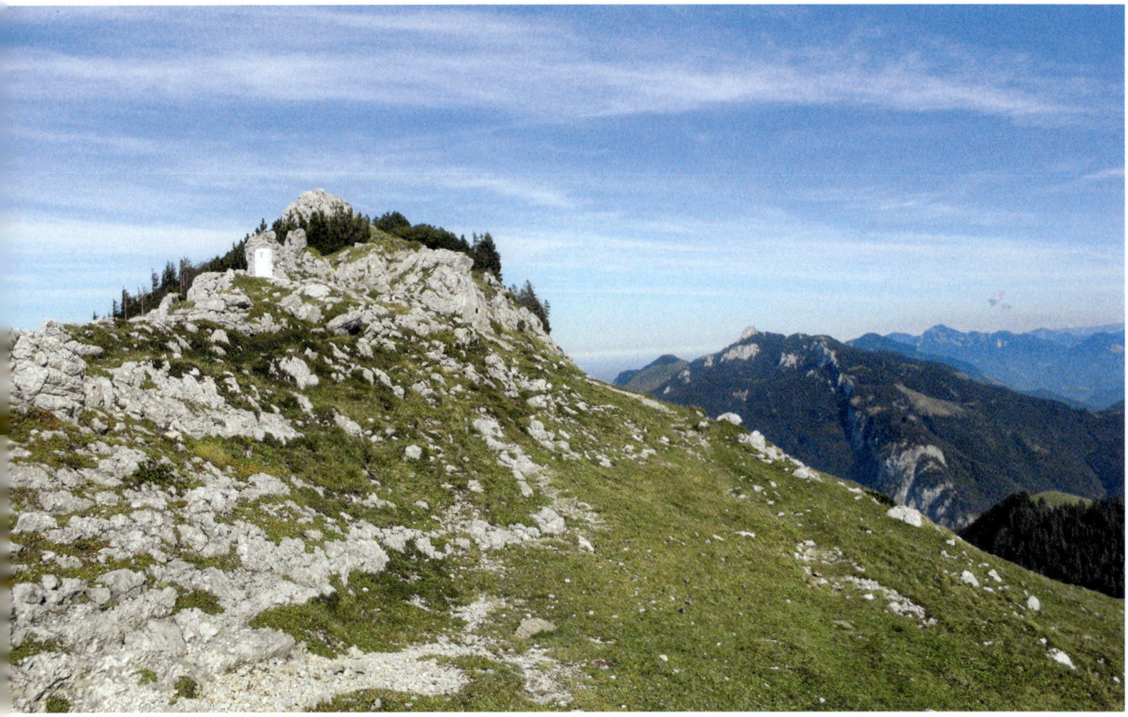

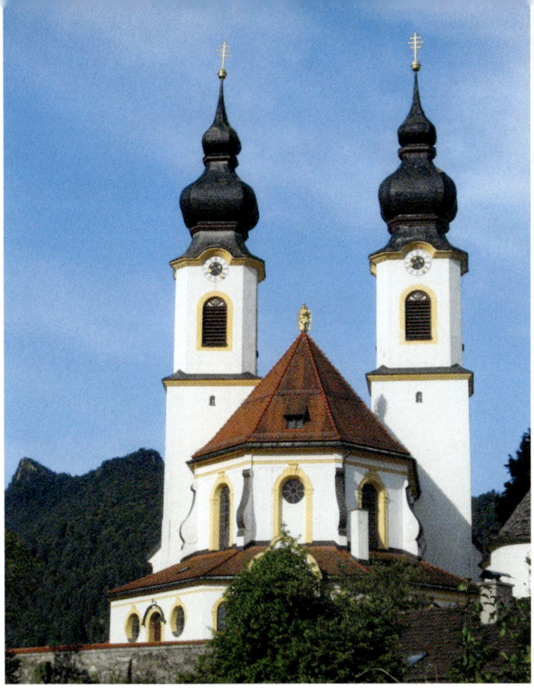

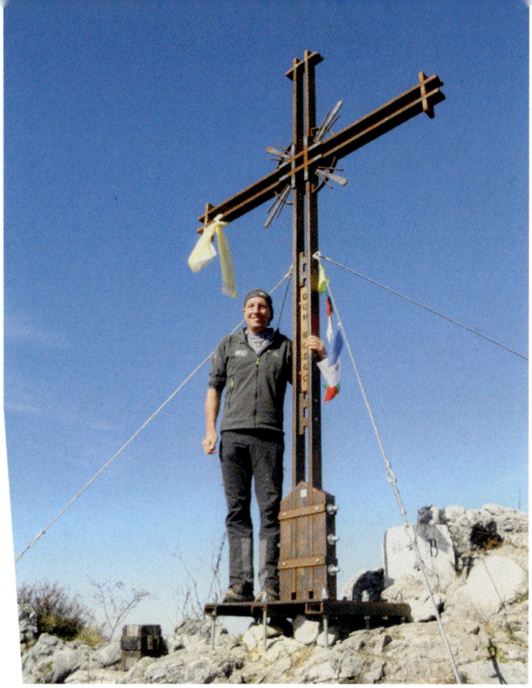

Die katholische Pfarrkirche »Zur Darstellung des Herrn« mit dem Zellerhorn (oben links)

Der Autor des Buches am Gipfel des Spitzsteins (oben rechts)

Sachrang in östlicher Richtung, weshalb diese in der Folge auch nicht mehr erwähnt sind. So geht es bald an einer Weggabelung rechts. So taucht man auf dem in vielen Kehren verlaufenden Wanderweg in den Bergwald ein, vorbei an der Mesneralm. Der Weg verbreitert sich nun im freien Gelände, bis man der von Mitterleiten bergab ziehenden Fahrstraße hin-unter nach E **Sachrang** zur Kirche folgt. Hier ist es auch nicht mehr weit zur Bushaltestelle, dort geht es wieder mit dem Bus zurück nach Aschau zum Bahnhof, oder man nimmt sich ein Taxi.

Variante: Über die Ellandalm zurück nach Aschau Als Variante kann man auch den direkten Abstieg nach Aschau nehmen. Von der 4 **Klausenhütte** aus folgen wir dem Wegweiser »Hainbach« hinunter bis zur Oberen Baumgartenalm auf einem Wanderweg. Dann geht es linker Hand ein kurzes Stück auf einem breiten Schotterweg. Jetzt folgen wir dem Wegweiser nach Aschau zu den 6 **Ellandalmen**. Dort gehen wir weiter nach Aschau, weitgehend eben über weite Almwiesen, dann in den Wald. An einer Weggabelung, am Abzweig zur Hofalm, gehen wir rechts bergab. Dieses Wegstück ist zeitweise von Hangrutschen oder Windbruch betroffen, weshalb man sich vor Antritt der Wanderung bei der Touristinfo Aschau über den aktuellen Zustand erkundigen sollte. Am Ortseingang in Aschau-Hammerbach folgen wir an einer Straßengabelung links der Zellerhornstraße, vorbei am Heurafflerweg und zurück zum Bahnhof Aschau, dem Ausgangspunkt, auf dem bekannten Hinweg. Diese Variante wird in der Kategorie Rot (mittel) eingestuft.

Linke Seite: Dem Himmel so nah – auf dem Kammweg am Klausenberg mit Blick auf Kampenwand (links) und Hochgern (rechts)

Schlüssellochhöhle und Spielberghöhle

Im Karstgebiet zwischen Laubenstein und Riesenhütte findet man gleich zwei Höhlen – die Schlüssellochhöhle und die Spielberghöhle. Beide sind keine Schauhöhlen. Die Höhlenbegehungen erfordern große Erfahrung, Kondition und Kletterkönnen mit entsprechender Ausrüstung, am besten auch mit einem Führer. Informationen hierzu in der Touristinfo Aschau unter 080 52/904 90.

22

Riesenbergrunde (1449 m)

Unterwegs auf dem 77-Steigerl

mittel 1000/1000 Hm 6.00 Std. (+ 0.30 ÖPNV) 22,8 km

Tourencharakter
Wanderung auf Wegen, Steigen und Forstwegen, im Gipfelbereich weglos über Bergwiesen. Nach Starkregen direkter Aufstieg zur Hofalm über Heurafflerweg, ebenso Abstieg.

Ausgangspunkt
ÖPNV: Bhf. Aschau im Chiemgau (615 m)
Pkw: Parkplatz Festhalle Aschau (620 m)

Endpunkt
Wie Ausgangspunkt

Gipfel
Riesenberg (1449 m)

Anfahrt Pkw
A 8 München–Salzburg bis Frasdorf, an der Ausfahrt links Richtung Sachrang nach Aschau, in Aschau weiter nach Sachrang bis nach Hohenaschau und zum Parkplatz Festhalle Aschau

Verkehrsanbindung ÖPNV
Bahn München–Salzburg bis Prien, Bahn Prien–Aschau

Gehzeiten
Aschau Bahnhof – Aschau Parkplatz Festhalle (+ 0.15 Std. ÖPNV) – Hofalm 1¼ Std. – Riesenberg 2½ Std. – Hofalm 1¼ Std. – Aschau Parkplatz Festhalle Aschau 1 Std. – Aschau Bahnhof (+ 0.15 Std. ÖPNV)

Beste Jahreszeit
Mitte Mai bis Ende Oktober bei absoluter Schneefreiheit

Einkehr/Unterkunft
Hofalm (970 m), Frasdorfer Stub'n, Abstecher (945 m)

Karte
AV-Karte BY17 Chiemgauer Alpen West

Der Riesenberg ist ein stiller, einsamer Aussichtsgipfel. Kein Weg führt dorthin. Die weiter unten liegende Riesenhütte ist geschlossen, zudem liegt der Berg im Schatten seines großen Nachbarn, der Hochries, die bequem mit der Bergbahn erreichbar ist.

Der Riesenberg Das liebenswerte Mauerblümchen bildet den Ostpfeiler der Hochriesgruppe in den Chiemgauer Alpen. Damit ist nach Nordosten auch der Blick nicht verbaut, der weit über den Chiemsee und das Priental hinüber zur Kampenwand geht. Einheimische wissen den Berg mit seinen »vergessenen Steigen« durchaus als Schmankerl zu schätzen. Die weiten Wiesen um den Berg lassen den Blick auch weit nach Norden in das Rosenheimer Becken schweifen. Fantastisch sind hier oben auch die Sonnenuntergänge, vor allem zur Zeit um die Sonnenwende; dann geht der rote Ball im Nordwesten über dem Alpenvorland unter. Hierzu sollte man aber eine Stirnlampe dabeihaben und in jedem Fall die sichere, unten beschriebene Abstiegsroute wählen.

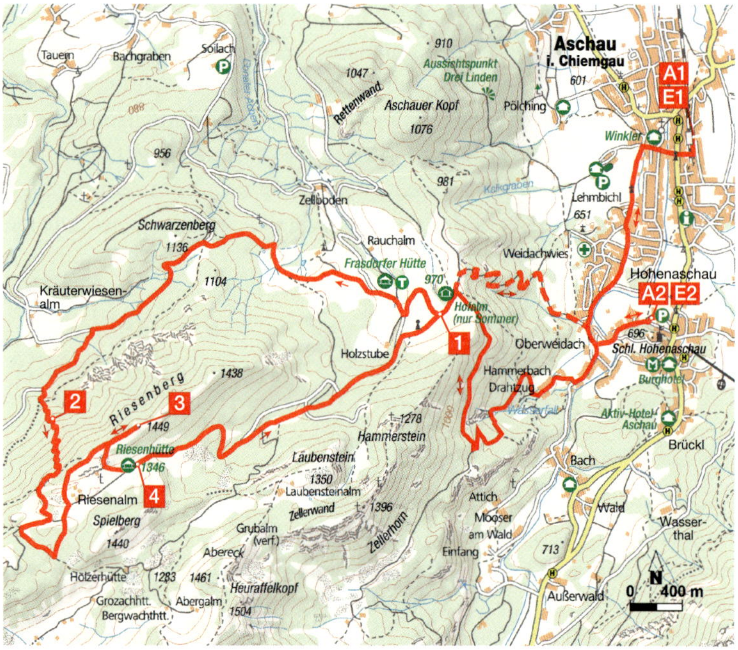

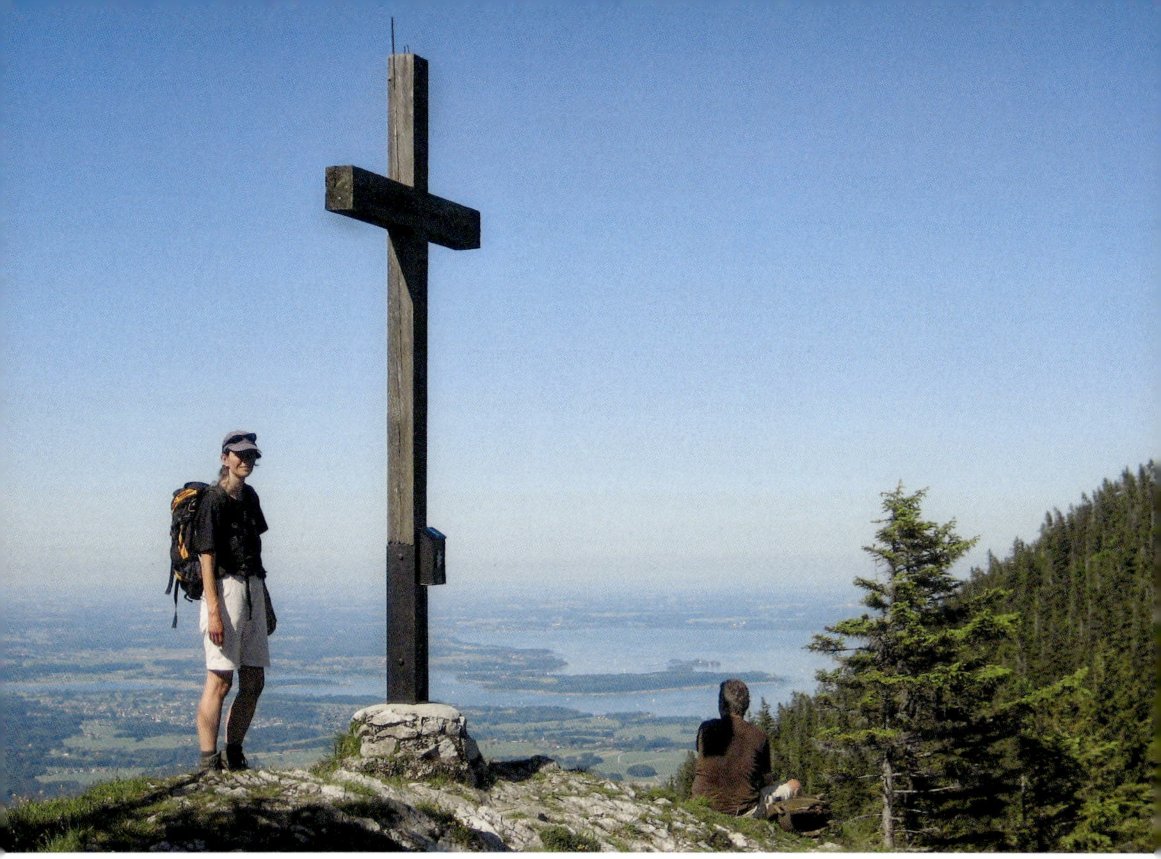

Die Autorenfrau Margit Kleemann am einsamen Gipfelkreuz des Riesenbergs

Die Riesenbergrunde Bahnfahrer folgen vom A1 **Bahnhof Aschau** der Bahnhofstraße linker Hand, bis man an der Ampel, nahe der Eisdiele, rechts die Schulstraße über die Prien nimmt. Der Zellerhornstraße folgt man nun links. Autofahrer nehmen derweil vom A2 **Parkplatz Festhalle Aschau** die Schloßbergstraße rechter Hand. Dann geht es links in die Zellerhornstraße. Alle folgen nun weiter der Zellerhornstraße bis rechts der Steinbachweg in Richtung »Hofalm, Klausen« abzweigt. Zuvor lohnt noch ein kurzer Abstecher zur Kettenkapelle über der Prien.

Der Aufstieg zum Riesenberg Nun geht es auf dem besagten Weg in Serpentinen nahe dem Steinbach bergan. An einer Gabelung hält man sich rechts zur 1 **Hofalm** auf einem schmalen Pfad mit Blick zum Chiemsee. Nach einer zünftigen Einkehr verlässt man die Alm, dem Wegweiser »Frasdorfer Hütte« folgend, auf einem breiten Schotterweg. An der folgenden Gabelung geht man rechts in Richtung Frasdorfer Hütte. An der folgenden Gabelung geht man geradeaus Richtung Soilach, Winterstube. Mit diesem Wegweiser orientiert man sich am nächsten Abzweig links. Neuerlich links geht es auch an der nächsten Gabelung nach »Grainbach, Kräuterwiese«. An einer Wegkreuzung geht

Hütten

Proviant für die Tour ist wichtig. Denn die Riesenhütte in Gipfelnähe bleibt dauerhaft geschlossen. Zudem war die Frasdorfer Hütte zum Zeitpunkt der Begehung im Juni 2019 länger wegen Pächterwechsels geschlossen. Da bleibt noch die Hofalm – erkundigen Sie sich dort nach dem Ruhetag oder einem etwaigen Betriebsurlaub, bevor Sie die Wanderung antreten. Vor allem sollten Sie für diese recht lange Tour genug zu trinken mitnehmen.

man anschließend geradeaus, mit dem Hinweis »Mittelsation, Winterstube«. Dieser Beschilderung folgt man auch am nächsten Abzweig. Mit dem Hinweis »Wanderparkplatz Soilach« mündet der Wanderweg auf einen breiten Schotterweg nur kurz, bis man links dem Schild »Käseralm, Mittelstation« folgend, wieder einen Wanderweg vor sich hat. Durch den Bergwald geht es nun bergan. An einem breiten Schotterweg angelangt, nimmt man diesen linker Hand, mit der Beschilderung »Kräuterwiese, Grainbach«. Es geht etwa 20 Minuten bergab. Am nächsten Abzweig orientiert man sich links ohne Wegweiser und ignoriert das Schild »Kräuterwiese, Mittelstation, Grainbach«, das geradeaus führen würde. Dem breiten Schotterweg folgt man bis an sein Ende bergan. Hier steht ein Jägerstand. In Kehren führt von hier ein Steig durch Jungwald bergan. In der Folge taucht man in lichten Fichtenwald ein. Am ❷ **Schild »77«** geht es dann links weiter bergan, bis der Abzweig links zur »Riesenhütte« führen würde. Dieser Weg ist aber schon etwas verfallen und sei nur sehr trittsicheren Abenteurern zuzumuten. Wir gehen deshalb ein Stück rechts weiter bergan mit der Beschilderung »Hochries«. Am Schild »Glenggraben« gehen wir weiter bergauf, bis uns das Schild »Hochries« neuerlich weiter bergan leitet. Jetzt befinden wir uns wieder auf einem markierten Steig. Über Stufen gelangen wir so auf die Hochfläche der Riesenalmen und halten hier uns ein kurzes Stück zur Riesenhütte. Dann folgen wir in Kammnähe einer Waldschneise linker Hand bergan in

Am »77-Steigerl« (unten links)

Bald auch »vergessen«? Die seit vielen Jahren geschlossene Riesenhütte unter dem Riesenberg (unten rechts)

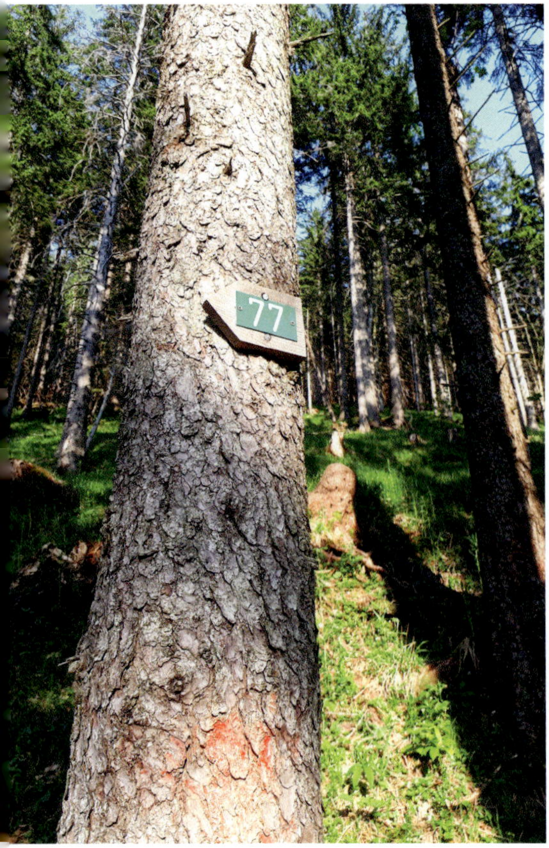

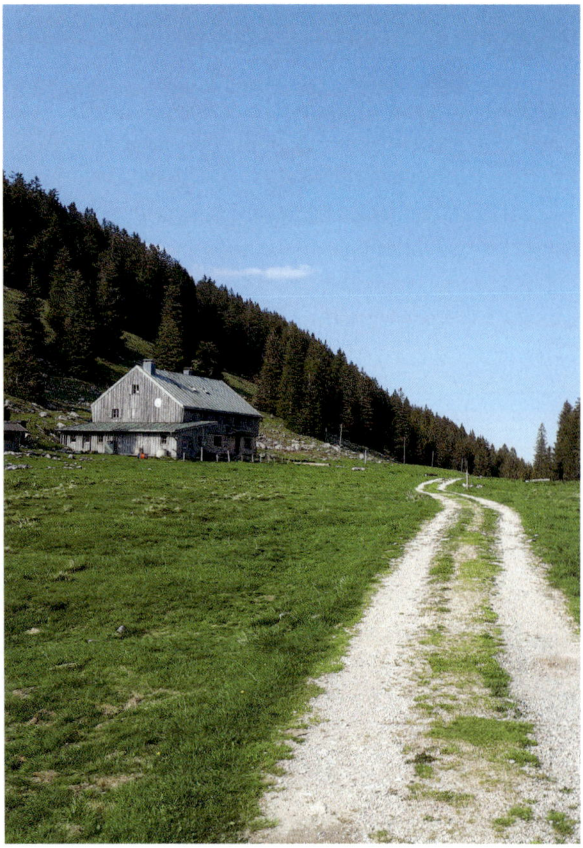

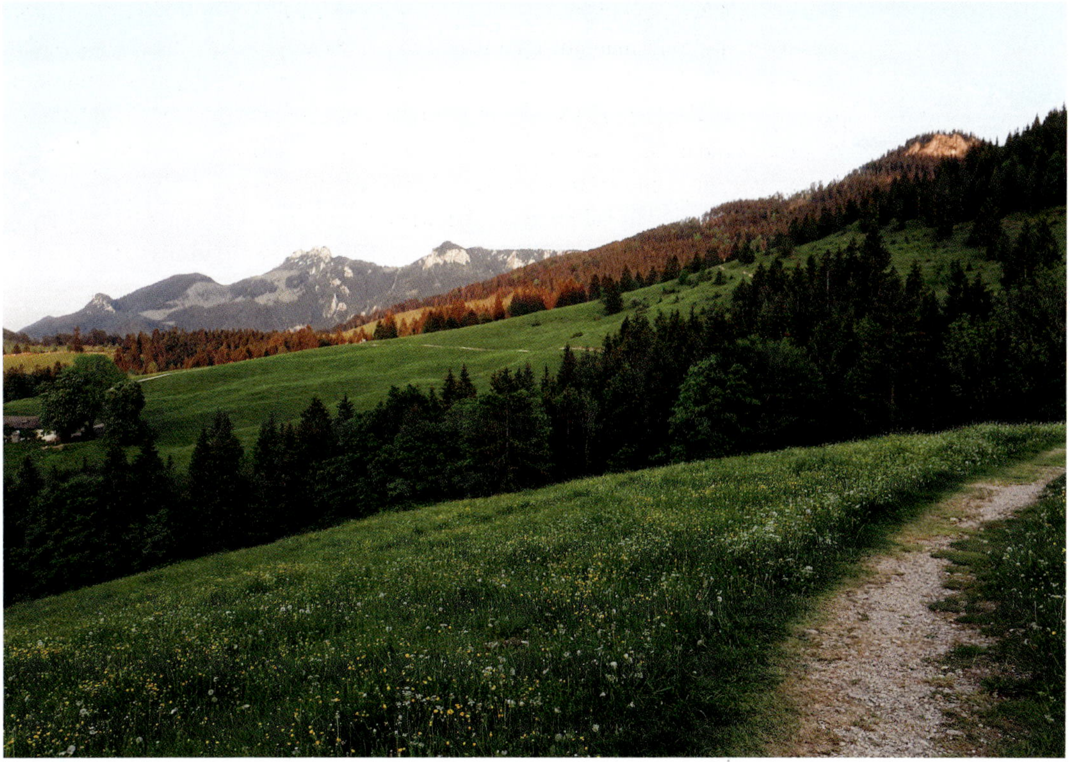

östlicher Richtung. In der Folge wird der Kamm freier. Fast ohne Baumbewuchs geht es so über den Bergrücken zum Gipfel des ❸ **Riesenbergs** weiter.

Abendlicht nahe der Hofalm mit Blick auf die glühende Kampenwand

Der Abstieg vom Riesenberg Zunächst geht es auf der bekannten Aufstiegsroute ein Stück zurück über die Bergwiesen bergab. Dann geht man weglos hinunter über die Wiesen zu den Riesenalmen. Hier geht es links auf einem breiten Schotterweg mit der Beschilderung »Frasdorf, Aschau« vorbei an der ❹ **Riesenhütte**. An diesem Wegweiser orientieren wir uns auch in der Folge. So führt der breite Schotterweg weiter durch den Bergwald bergab. Zwischenzeitlich geht es auf einem steinigen Wanderweg weiter, bis wir neuerlich auf einen breiten Schotterweg treffen. Diesem folgen wir mit dem gewohnten Wegweiser, dabei wird der links abzweigende Weg »Frasdorf, Lederstube« ignoriert. Wir erreichen bald freies Almgelände und biegen hier nach rechts ab, dem Schild »Hofalm, Aschau« folgend, bis die ❶ **Hofalm** erreicht ist. Die restliche Wegstrecke bergab entspricht der Aufstiegsroute zu den bekannten Ausgangspunkten für Autofahrer am E2 **Parkplatz Festhalle Aschau** und für Bahnfahrer am E1 **Bahnhof Aschau.**

Almromantik mit Kampenwand

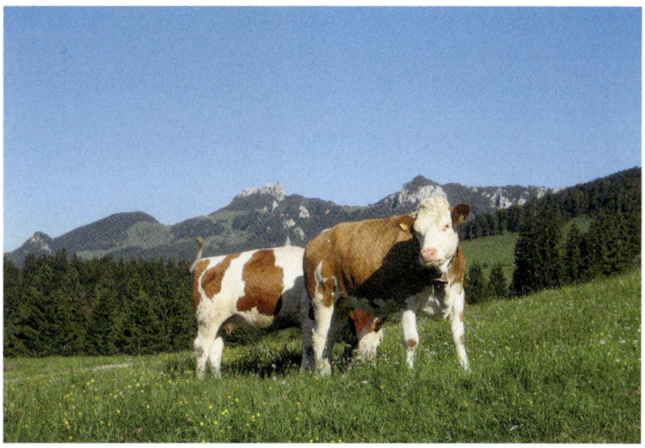

23

Dandlberg (910 m)

Mystische Waldpfade am Samerberg

mittel 160/160 Hm 2.45 Std. 5,8 km

Tourencharakter
Wanderung auf breiten Schotterwegen und Nebenstraßen. Über den Dandlberg schmaler Waldpfad

Ausgangspunkt
ÖPNV: —
Pkw: Wanderparkplatz Dorfen (660 m)

Endpunkt
Wie Ausgangspunkt

Gipfel
Dandlberg (910 m)

Anfahrt Pkw
A 93 Inntalautobahn bis Ausfahrt Brannenburg, rechts Richtung Nußdorf über die Innbrücke, in Nußdorf linker Hand Richtung Neubeuern, nach etwa 1 km an der nächsten Abzweigung rechter Hand Richtung Grainbach, Samerberg, nach der Ortschaft Roßholzen linker Hand Richtung Hundham, Steinkirchen bergauf, vor dem Ortsschild von Dorfen steht rechter Hand ein Wanderparkplatz zur Verfügung.

Verkehrsanbindung ÖPNV
Keine

Gehzeiten
Wanderparkplatz Dorfen – Dandlberg 1 Std. – Dandlbergalm ¾ Std. – Wanderparkplatz Dorfen 1 Std.

Beste Jahreszeit
Generell bei Schneefreiheit, damit auch in den Wintermonaten möglich

Einkehr/Unterkunft
Dandlbergalm (770 m)

Karte
AV-Karte BY17 Chiemgauer Alpen West

Ein eigenwilliger Waldbuckel bildet den höchsten Punkt des Samerbergs, einer Hochfläche zwischen Frasdorf und Nußdorf. Sie ist dem westlichen Ausläufer der Chiemgauer Alpen – mit Hochries und Heuberg – vorgelagert. Der alte Waldpfad ist gut markiert.

Der Dandlberg Tief in mystische, dunkle Tannen-, Fichten- und Buchenwälder getaucht, ist er auf einer Kammwanderung von Dorfen her hinüber zur Dandlbergalm zu überschreiten. Mittlerweile ist der Waldpfad gut beschildert, sodass er jetzt gut zu finden ist. Doch damit hat er von seiner Einsamkeit nichts verloren. Denn hier wird man nur ganz vereinzelt einem Wanderer begegnen. Eine kurze Steilstufe führt zum höchsten Punkt, ein Holzkreuz taucht so überraschend im dunklen Wald auf.

Der Weg über den Dandlberg Vom Ⓐ **Wanderparkplatz Dorfen** gehen wir rechter Hand auf der geteerten Fahrstraße und passieren das Ortsschild »Dorfen« nach ❶ **Dorfen**. An der nächsten Straßengabelung gehen wir dann linker Hand in den Dandlbergweg und folgen hier dem Wegweiser »Dandlberg 54, 55«. Nun geht es auf einem breiten Schotterweg über weite Wiesen, vorbei an einer großen Linde. An einer Weggabelung am Waldrand folgen wir hier weiter geradeaus dem nun geteerten Weg mit dem Wegweiser »54, 55«. Dann orientieren wir uns an einer weiteren

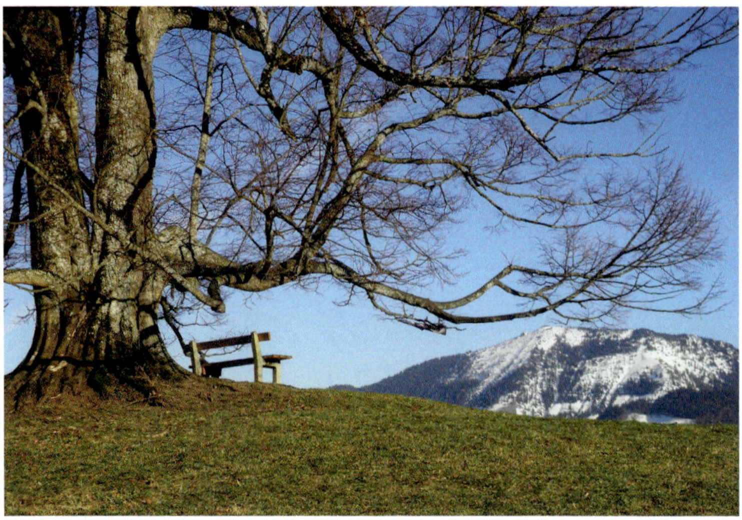

Nachdenken über das Leben: Bank unter einer alten Linde mit Blick auf die Hochries

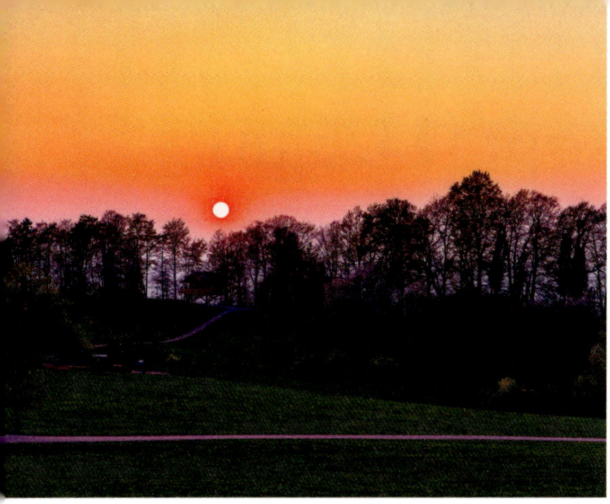

Sonnenuntergang über dem Samerberg bei Steinkrichen (oben links)

Pfarrkirche St. Peter

Ein Abstecher zur Pfarrkirche St. Peter in Steinkirchen lohnt sich. Die auf einem Höhenzug in 800 Metern Höhe gelegene Kirche liegt wohl auf einem der schönsten Orte in Oberbayern. Der Innenraum zeigt sich in einem ansprechenden gotischen Stichkappengewölbe, das im Jahre 1750 mit einer schlichten Barockisierung dem Zeitgeschmack angepasst wurde. Der alte Friedhof liegt an der Südseite der Kirche.

Weggabelung dem geteerten Fahrweg und dem Wegweiser »55« rechter Hand und ignorieren das Schild »Dandlbergalm«, das geradeaus weist. Nachdem wir nun ein Stück auf dem breiten Schotterweg durch den Wald zurückgelegt haben, geht es dann an einer Weggabelung rechts, dem Wegweiser »Dandlberg, 55« folgend, weiter. Dieser Wegweiser führt uns kurz darauf an einer weiteren Weggabelung linker Hand auf einen schmalen Waldpfad. Nun geht es über den Kamm des Dandlbergs steil bergauf zum höchsten Punkt, dem ❷ **Dandlberg**, der an zwei Holzkreuzen zu erkennen ist. Dann führt der Pfad erst eben direkt an der Hangkante, dann zunehmend bergab aus dem Wald heraus. Am Ende des Kammweges, an einem großen Sendemast, befindet sich eine Weggabelung. Hier gehen wir linker Hand noch wenige Meter ohne Beschilderung zur ❸ **Dandlbergalm**.

Zurück nach Dorfen Von der Dandlbergalm wendet man sich nun auf einem breiten Schotterweg in östlicher Richtung, mit dem Wegweiser »Steinkirchen, Dorfen« steil bergan. Danach geht es nur noch in leichtem Auf und Ab durch den Bergwald. Der vorherige Abzweig zum Dandlberg linker Hand wird erreicht. Wir wandern hier geradeaus, auf dem bekannten Hinweg weiter zum Ausgangspunkt am Ⓔ **Wanderparkplatz Dorfen**. Natürlich kann man auch auf dem schönen Kammweg über den Dandlberg wieder den Rückweg antreten. Die gesamte Gehzeit würde sich dadurch um eine halbe Stunde verlängern.

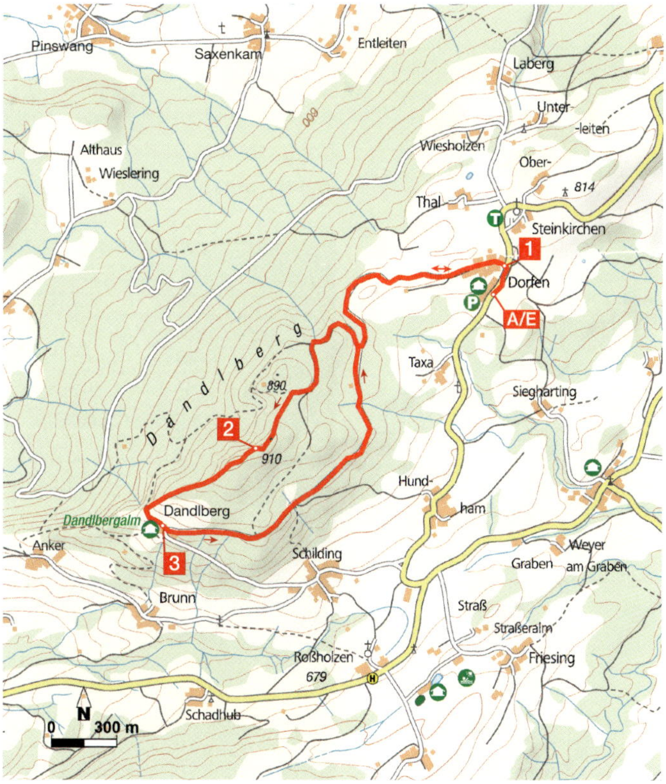

24

Pastaukopf (1326 m)

Unscheinbarer Waldbuckel mit schöner Aussicht

mittel 620/620 Hm 4.15 Std. 10,4 km

Tourencharakter
Wanderung zunächst auf Forststraßen, dann auf Wald- und Wiesenpfaden. Im Schlussstück windet sich ein schmaler Pfad auf den Gipfel, der Trittsicherheit verlangt.

Ausgangspunkt
Waldparkplatz Gammern (880 m)

Endpunkt
Wie Ausgangspunkt

Gipfel
Pastaukopf (1326 m)

Anfahrt Pkw
A 8 München–Salzburg bis Achenmühle, links Richtung Samerberg, Törwang, in Achenmühle rechts Richtung Samerberg, Törwang, nach der Auffahrt links nach Grainbach, in Grainbach am Ortsende rechter Hand nach Spatenau, Duftbräu, etwa 1 km nach dem Wanderparkplatz Spatenau, an einer Straßengabelung linker Hand dem Wegweiser »Waldparkplatz« auf einer Schotterstraße vorbei am Bruchfeldhaus bis zum Waldparkplatz folgen (der letzte Anstieg ist steil); der Wanderparkplatz ist gebührenpflichtig.

Verkehrsanbindung ÖPNV
Keine

Gehzeiten
Waldparkplatz – Pastaukopf 2¼ Std. – Euzenau 1½ Std. – Waldparkplatz ½ Std.

Beste Jahreszeit
Anfang April bis Mitte November bei Schneefreiheit

Einkehr/ Unterkunft
Keine

Karte
AV-Karte BY17 Chiemgauer Alpen West

Der Pastaukopf ist eine unscheinbare Erhebung, die, umrahmt von Spitzstein, Heuberg und Kranzhorn, ihr Schattendasein führt. Das macht diesen Gipfel interessant, denn nur wenige Wanderer verirren sich auf teils unbeschilderten Wegen zu diesem Berg mit einer grandiosen Aussicht.

Zwischen Kranzhorn und Spitzstein Ein wahres Labyrinth an Forststraßen erstreckt sich hinter dem Waldparkplatz Gammern, dem Ausgangspunkt für Wanderungen zwischen der Hochries und dem Heuberg. Daneben gibt es aber auch kleine, kaum beschilderte Wege über die Grenze nach Tirol – so, als ob die beiden Nachbarn nicht viel voneinander wissen wollten. Tatsächlich finden wir im Grenzgebiet einige unbeschilderte Pfade durch Wälder und über Almwiesen, die etwas Gespür für die Wegführung verlangen. So gesehen ist diese Tour ein absoluter Klassiker unter den »vergessenen Pfaden«. Vom kleinen Gipfel selbst kann man eine unerwartete Rundum-Aussicht genießen. Im Norden sehen wir zwischen dem Heuberg und der Hochries den Simssee, im Osten grüßen der Brandelberg und der Spitzstein, im Süden sehen wir den Wilden Kaiser. Tief darunter thront die Festung Kufstein, die deutlich über der Altstadt

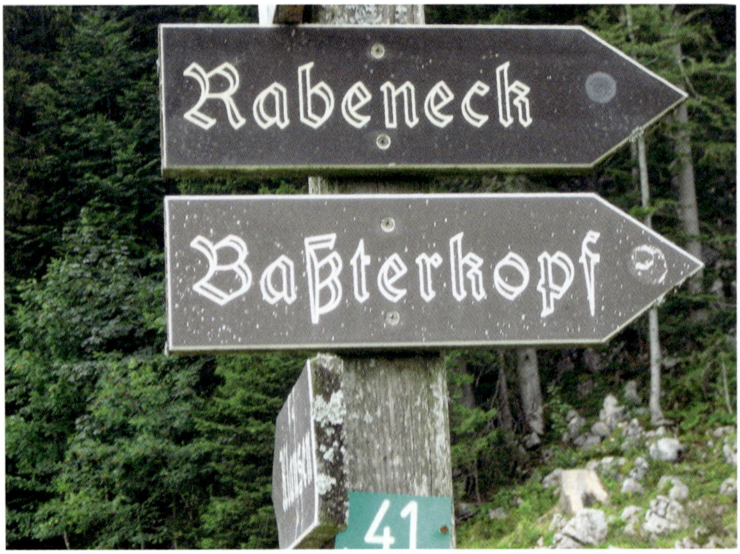

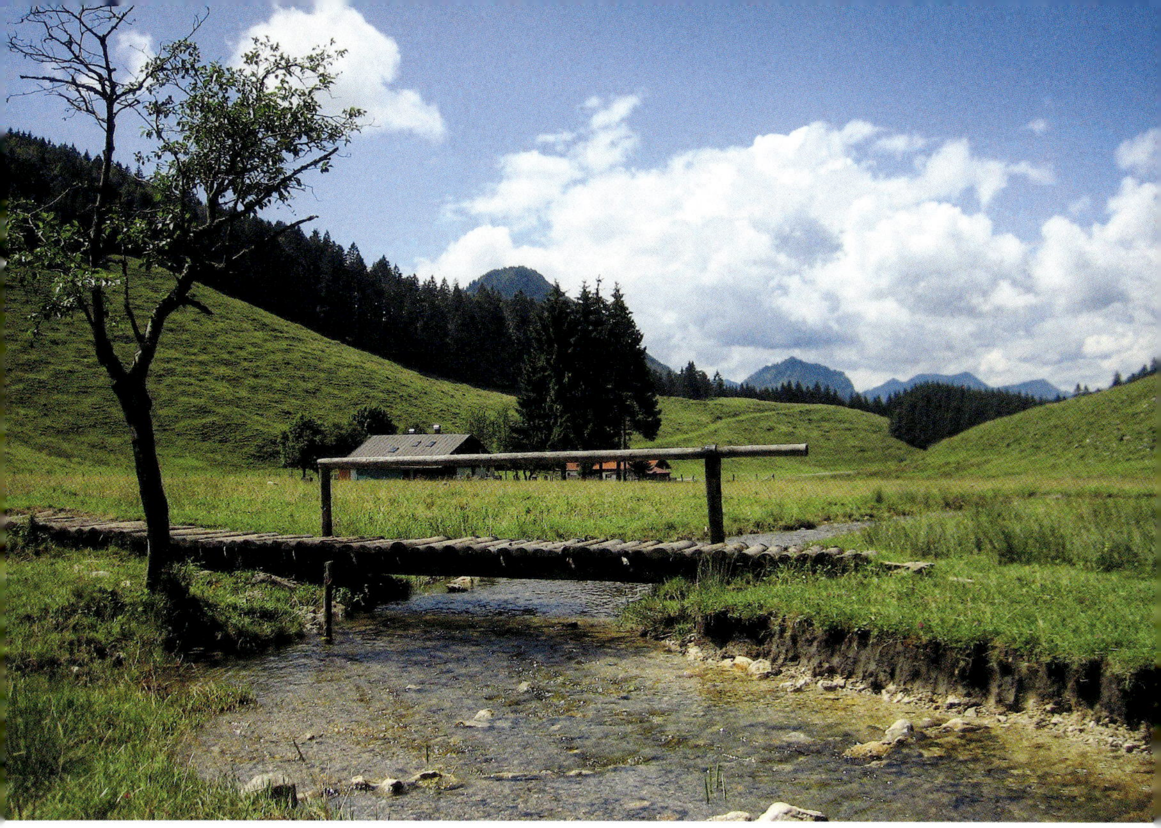

zu sehen ist. Nach Westen hin öffnet sich der Blick in das Mangfallgebirge. Markant stehen hier von links nach rechts der Brünnstein, der Große Traithen und der Wendelstein, der mit seinen Masten des Observatoriums gut zu erkennen ist. Immer wieder werden auch unterschiedliche Bezeichnungen des Berges unserer heutigen Tour verwendet. Pasterkopf nennen ihn die Einheimischen, und so steht es auch auf den neuen gelben Wanderschildern vermerkt. Daneben gibt es auch die Bezeichnung Basterkopf, die wir an der Käsalm finden. Pastaukopf finden wir dagegen auf den meisten Wanderkarten, so wie die gleichnamige Alm auf der Westseite des Berges. Alle meinen das gleiche Ziel – einen wunderschönen, unbekannten Berg mit interessanten Wegen, weshalb ich diesen nun auch als Pastaukopf, wie auf den meisten Karten vermerkt, beschrieben habe.

Romantik pur an der Euzenauer Alm mit Blick auf Kranzhorn, Wildbarren und Großen Traithen (von links nach rechts)

Linke Seite: Viele Namen, ein Ziel – egal ob Pastaukopf, Pasterkopf oder Baßterkopf

Über die Käsalm Vom Ⓐ **Wanderparkplatz Gammern** aus folgen wir dem Wegweiser »Pastaukopf, Schwarzrieshütte« auf einer Forststraße bergauf, ebenso kann für dieses kurze Wegstück auch der linksseitige Wanderweg genommen werden. An der nächsten Weggabelung nimmt man nun rechter Hand die Beschilderung »Euzenau«, dann an der nächsten Weggabelung geht es dann links, dem Wegweiser »Pastaukopf, Schwarzrieshütte« folgend, weiter. An der nächsten Weg-

Nebelspiele

Ein Wetterphänomen ist manchmal in den Morgenstunden nach Regenfällen zu beobachten. Dann zwängen sich Nebelschwaden auf die Hochfläche zwischen Kranzhorn, Heuberg und dem Feichteck. Keine Angst, der Nebel wird sich bald auflösen, bis dahin liefert er Ihnen wunderschöne Fotomotive. Idyllisch ist es auch in der Euzenau. Wenn Sie sich für den Rückweg etwas Zeit nehmen, dann können Sie die Stimmung am Euzenauerbach genießen.

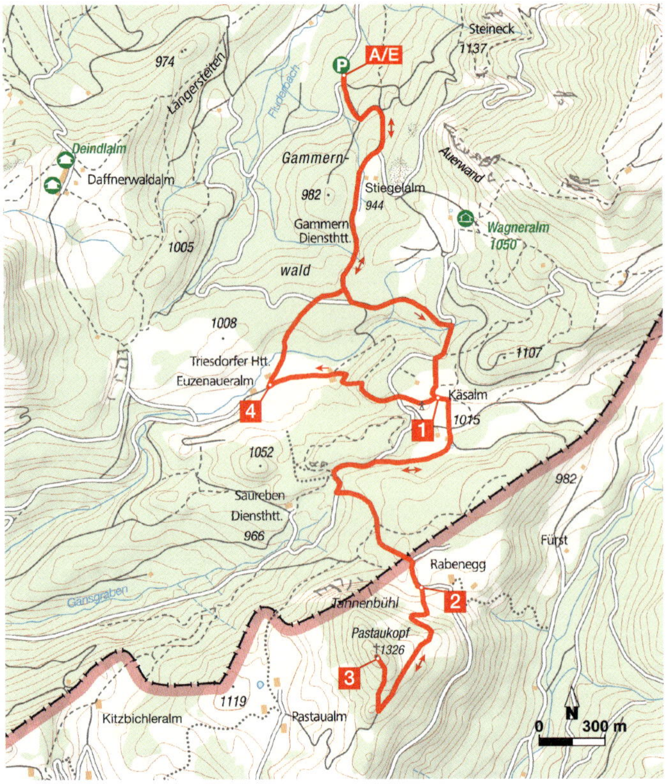

gabelung orientiert man sich an der gleichen Beschilderung nun rechter Hand. Wir wandern auf der Forststraße weiter. Wenn das Gebiet der ❶ **Käsalm** erreicht ist, biegt man links in das Almgebiet ein. Hinter der Käsalm erhebt sich in südwestlicher Richtung ein Karrenweg mit dem Schild »Rabenegg, Pastaukopf«. An der nächsten Weggabelung folgen wir dem Wegweiser »Pastaukopf« rechter Hand. An der folgenden Weggabelung wandern wir geradeaus, ein kurzes Stück bergab. In der Folge ist es nun wichtig, den roten Markierungen zu folgen, die entweder als Punkt oder bei Abzweigung als Ecken angebracht sind. So gehen wir dann links bergauf, der Weg verengt sich wieder zu einem Pfad. Am Waldrand gehen wir weiter über Bergwiesen zur ❷ **Rabeneggalm**. Hier

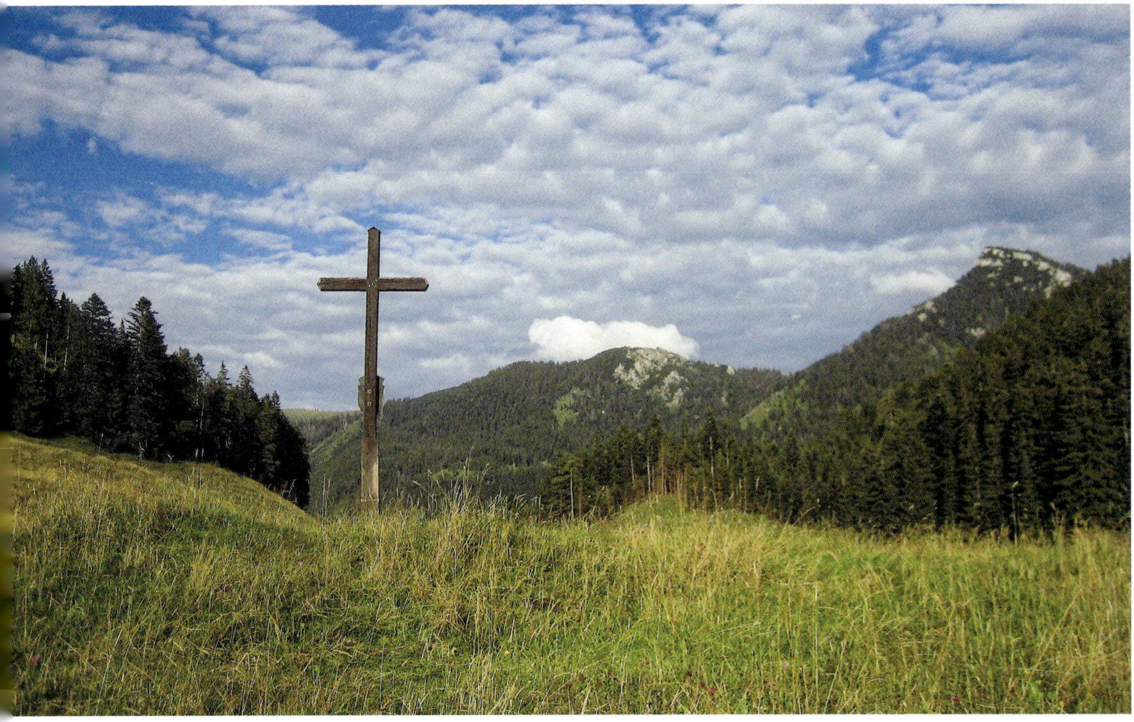

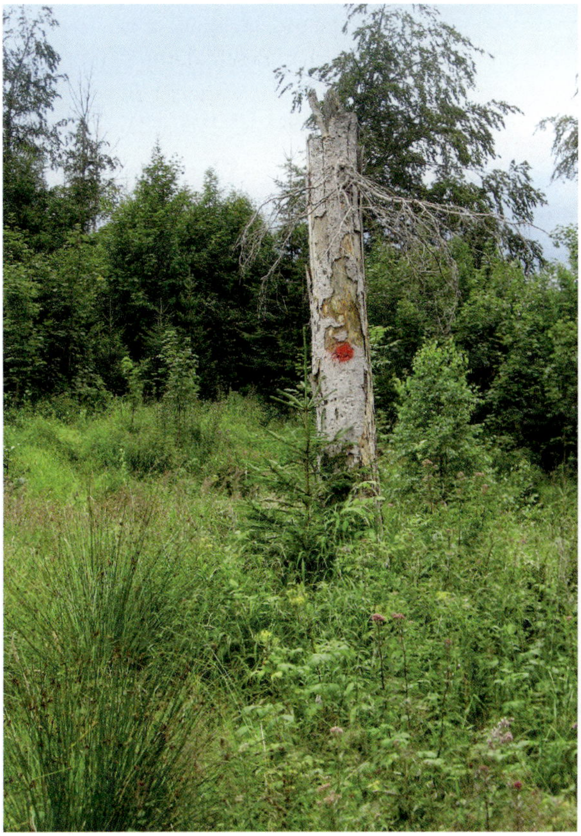 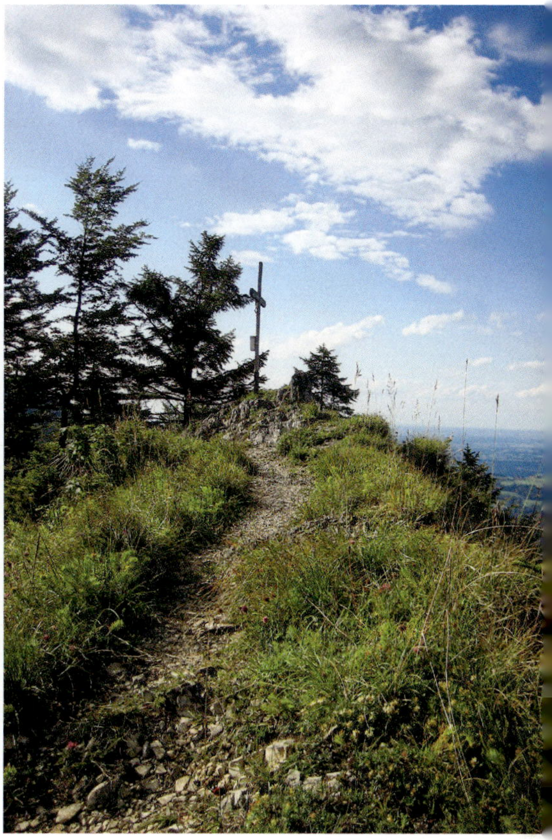

folgen wir rechts einem Weg bergauf, an der nächsten Weggabelung geht es neuerlich rechts weiter in Serpentinen bergauf. Später wandern wir auf einem Wiesenpfad, nun in westlicher Richtung bergan. Am Waldrand angelangt, geht es in den Wald. Hier folgt man einem gut erkennbaren Weg weitgehend eben. Dann zweigt rechter Hand ein Weg ab, der sich immer mehr zu einem schmalen Pfad verengt. Dieser führt durch den Wald bergauf bis über den Kammbereich zum Gipfel des ❸ **Pastaukopfes**.

»Immer Obacht!« Markierung im Unterholz (oben links)

Ganz gleich, wie man ihn nennt, ob Pastaukopf, Pasterkopf oder Baßterkopf: Das Ziel ist erreicht! (oben rechts)

Der Abstieg über die Euzenau Wir gehen zunächst auf der Aufstiegsroute bergab, vorbei an der ❷ **Rabeneggalm** zur Käsalm. Nach der ❶ **Käsalm** zweigt linker Hand ein schmaler Pfad in den Wald ab, mit dem Wegweiser »Waldparkplatz«, dem wir folgen. Wir gelangen dann auf einen breiteren Wanderweg, der in einer weiten Linkskurve zu einem Bachlauf bergab führt. So kommen wir auf die Almwiesen vor der ❹ **Triesdorfer Hütte** in der Euzenau. Dort orientieren wir uns dann rechts und folgen dem Wegweiser »Waldparkplatz« über den Bach in den Wald. Hier geht es wieder ein Stück bergauf. An der nächsten Weggabelung folgen wir nun einer Forststraße rechts, erneut mit dem Wegweiser »Waldparkplatz«, dem wir dann an der nächsten Weggabelung linker Hand folgen. An der nächsten Weggabelung gehen wir dann erneut links ohne Beschilderung bergab zum Ausgangspunkt, dem Ⓔ **Waldparkplatz Gammern**, auf der bereits bekannten Route des Hinweges.

Linke Seite: Der letzte Zipfel von Österreich – Ausblick nahe der Käsalm mit Blick auf Brandelberg und Spitzstein

25

Heuberg-Reib'n (1338 m)

Magic Four zwischen Trubel und Stille

mittel bzw. schwer 610/610 Hm 4.15 Std. 8,1 km

Tourencharakter Normalroute
Wanderung auf Wanderwegen und Steigen, auch mit kurzen felsigen Passagen im Abstieg, kurzzeitig auch Forststraßen

Ausgangspunkt
Pkw: Samerberg, Duftbräu (818 m)

Endpunkt
Wie Ausgangspunkt

Gipfel
Heuberg (1338 m), Kitzstein (1398 m), Wasserwand (1367 m), Kindlwand (1228 m)

Anfahrt Pkw
A 93 Inntalautobahn bis Ausfahrt Brannenburg, rechts Richtung Nußdorf über die Innbrücke, in Nußdorf links Richtung Neubeuern, nach etwa 1 km an der nächsten Abzweigung rechts Richtung »Grainbach, Samerberg«, nach der Ortschaft Eßbaum rechts Richtung »Holzmann« und weiter zum Duftbräu bergauf

Verkehrsanbindung ÖPNV
Keine

Gehzeiten
Duftbräu – Daffnerwaldalmen 1¼ Std. – Heuberg ¾ Std. – Kindlwand (Wandfuß) ¾ Std. – Mailach ¾ Std. – Duftbräu ¾ Std.

Beste Jahreszeit
Mitte Mai bis Ende Oktober bei absoluter Schneefreiheit

Einkehr/ Unterkunft
Laglerhütte (1050 m), Deindlalm (1050 m), Duftbräu (818 m)

Karte
AV-Karte BY17 Chiemgauer Alpen West

Auf der aussichtsreichen Wanderrunde stehen neben dem Heuberg – Kategorie »mittel« – drei zu erklimmende Felszacken an. Das sind die Wasserwand, der Kitzstein und die Kindlwand, alle in der Kategorie »schwer«. Und jeder dieser Berge bietet traumhafte Aussichten.

Der Heuberg Wie es sein Name schon sagt, ist er eigentlich ein Wiesenbuckel. Wenn hier oben der Föhn bläst, dann pfeift der Wind durch das Gras und formt das Heu zu kleinen Wirbeln, die über den Gipfel fegen. Mit seinen direkten Gipfelnachbarn, allesamt felsige Genossen – Kitzstein, Wasserwand und Kindlwand – ist die imposante Felsenburg über dem Inntal weithin sichtbar. Die Normalroute führt nur über den Heuberg, wer es aber dann etwas anspruchsvoller mag, darf an den Bergnachbarn Hand anlegen, um die Felsgipfel zu erklimmen.

Zwischen Trubel und Stille Von drei Seiten besteigen Wanderer den Berg – vom Duftbräu über den Fluderbach und vom Wanderparkplatz Schwei-

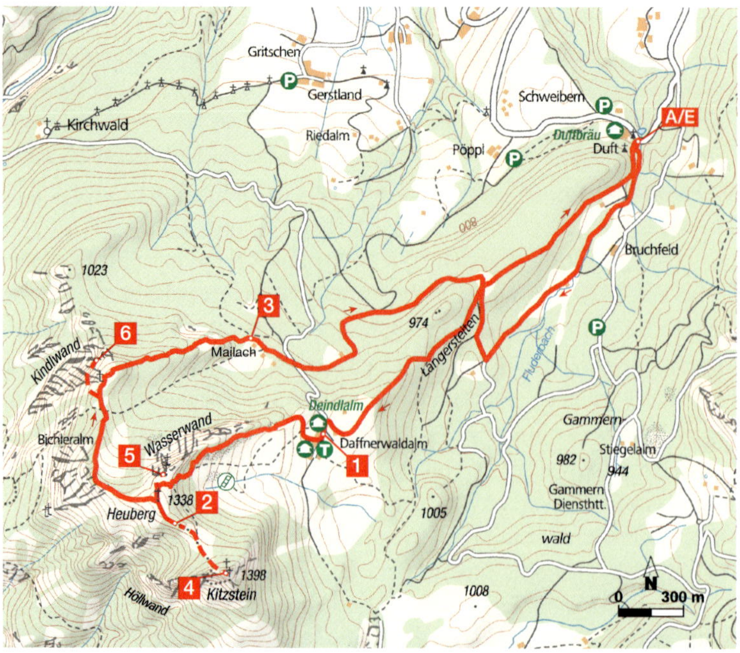

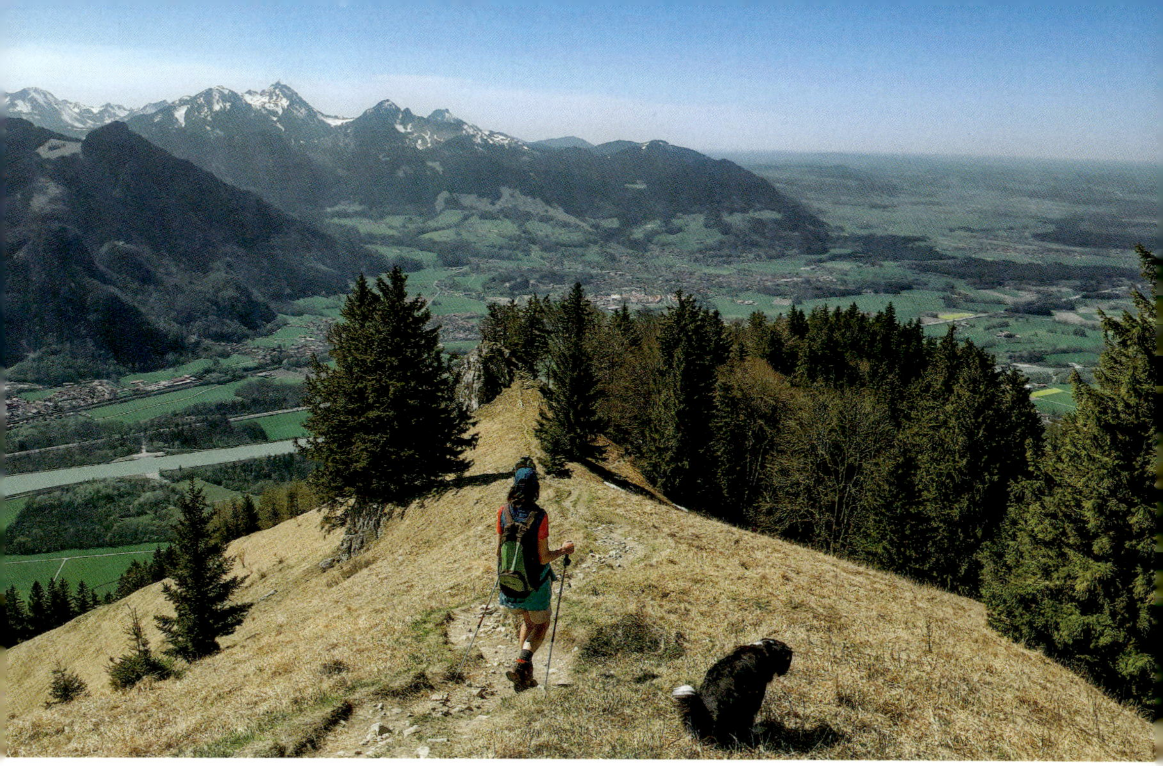

Die Autorenfrau Margit Kleemann beim Abstieg vom Gipfel des Heuberges

bern. Und von Nußdorf aus sind es vor allem die Bergradler, die sich dem Heuberg nähern. Oben an den Almen unter dem Heuberg vereinen sich die unterschiedlichen Destinationen und ziehen dann gemeinsam steil bergan zum höchsten Punkt. Auf den anderen Gipfeln herrscht wegen der erforderlichen alpinen Erfahrung im Felsgelände weit mehr Ruhe. Und auf dem größten Teil unserer Tour wird man nur wenige andere Wanderer antreffen.

Traumhafte Aussichten Wasserwand, Heuberg und Kitzstein haben eines gemeinsam – eine traumhafte Aussicht. Von den direkten Nachbarn der Chiemgauer Alpen im Osten, wie Hochries, Feichteck und Karkopf, geht der Blick nach Süden zum Kranzhorn, dahinter baut sich die Felskette des Kaisergebirges auf. Ganz im Süden steht dann der Alpenhauptkamm mit den Hohen Tauern, allen voran dem Großvenediger, und der Blick geht weiter nach Westen über die Zillertaler Alpen bis in die Stubaier Alpen. Auf der anderen Inntalseite kann man den Pendling bei Kufstein bewundern. Dahinter bauen sich das Rofangebirge und die Berge des Mangfallgebirges auf. Die markantesten Gipfel dort sind der Wildbarren, der Große Traithen und natürlich der Wendelstein. Von der Kindlwand hingegen geht der Blick nach Norden über das Rosenheimer Becken, weiter östlich sieht man den Simssee und den Chiemsee.

Der Aufstieg zum Heuberg Vom Ⓐ **Duftbräu** geht es am Fluderbach mit seinen Wasserfällen zunächst ganz gemächlich bergan. Hier leitet uns der Wegweiser »Daff-

Frühling am Heuberg

Einen ganz besonderen Zauber bietet die Krokusblüte im Frühjahr von Ende März bis Ende April – je nachdem, wenn der Schnee zu tauen beginnt und die wärmende Frühlingssonne die Blumen zum Erwachen bringt. Um die Daffnerwaldalmen, am Fuße des Heuberges und beim Abstieg nahe Mailach sind die schönsten Krokuswiesen anzutreffen.

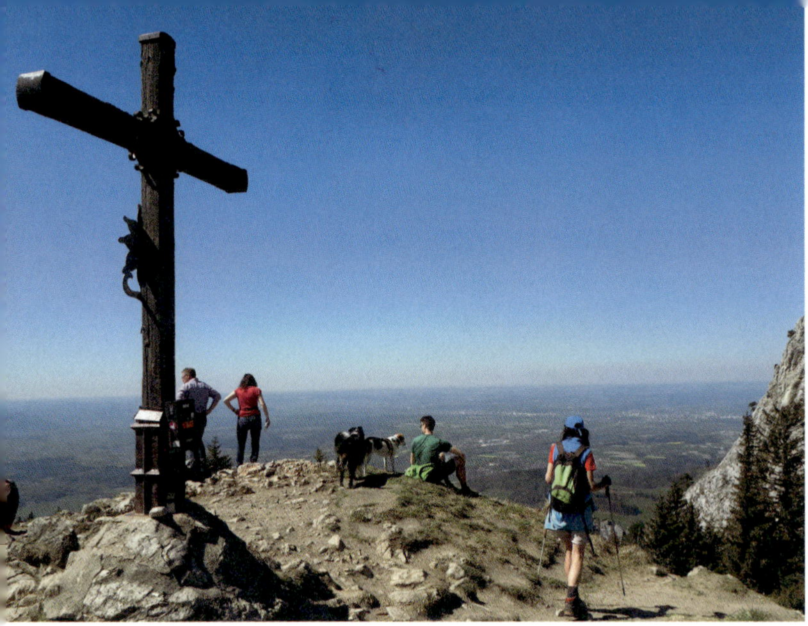

nerwaldalmen, Heuberg«. An der nächsten Weggabelung geht es mit diesem Hinweis weiter am Fluderbach geradeaus weiter. Über eine Bergwiese mit Blick auf den Heuberg geht es wieder in den Wald. An der folgenden Weggabelung geht es rechter Hand mit der Beschilderung »Schweibern, Gritschen« weiter. Wenig später an einer Wegkreuzung wandern wir linker Hand mit dem altgewohnten Wegweiser »Daffnerwaldalmen, Heuberg« auf einem kleinen Steig. An den ❶ **Daffnerwaldalmen** folgt man dem Wegweiser »Heuberg« steil bergan. In Serpentinen schlängelt sich der Bergpfad steil hinauf. Dabei ist es wichtig, sich immer etwas rechts zu halten, um so den rot-weißen Markierungen und dem gelb-grünen Zeichen »Salzalpensteig« zu folgen. An einer Weggabelung kurz unter dem ❷ **Heuberg** geht es mit dem Wegweiser »Heuberg, Nussdorf« über den Gipfel, dann über den Bergkamm wieder bergab. Dabei wird in leichter Kletterei eine kleine Felsbarriere überwunden; insgesamt hat

Weiter Blick in das Rosenheimer Becken vom Gipfel des Heuberges

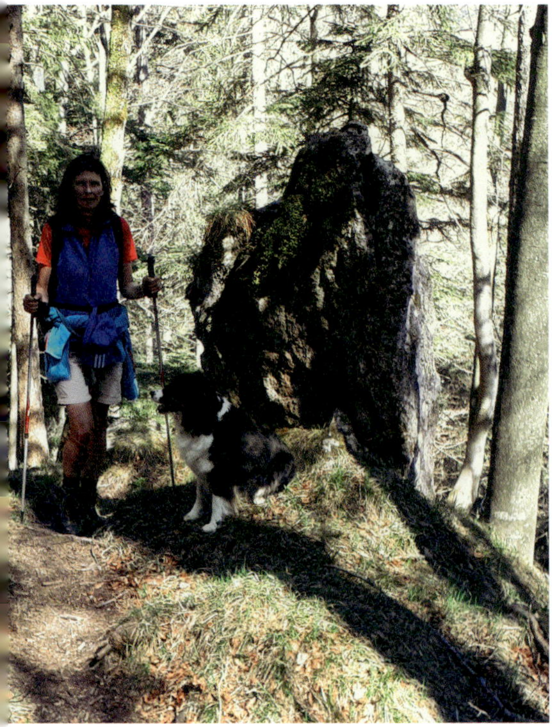

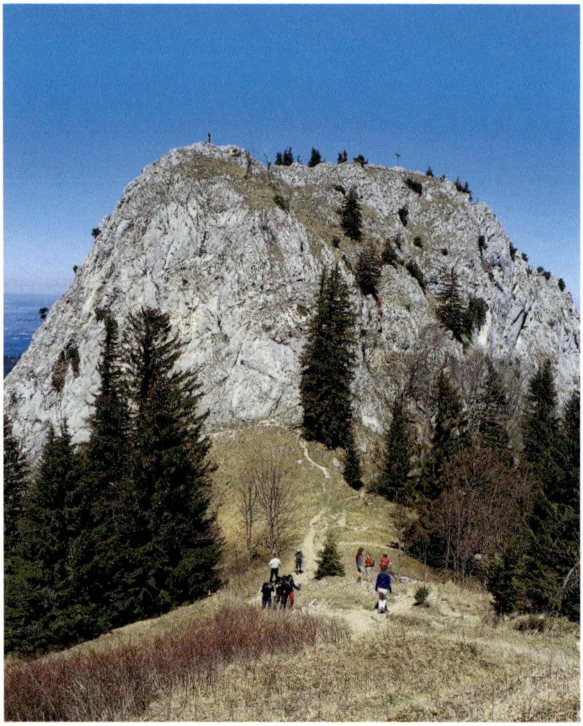

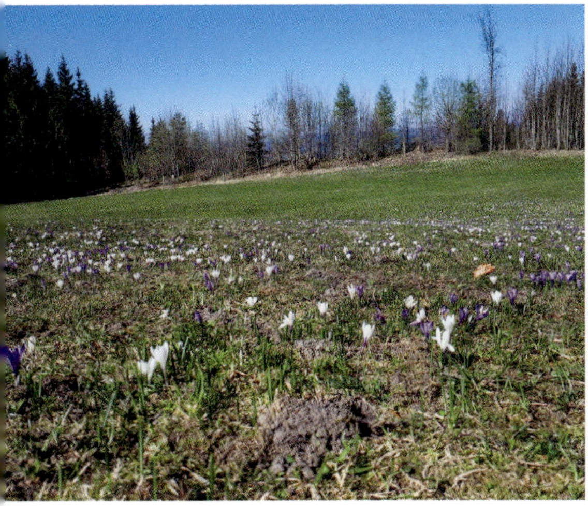
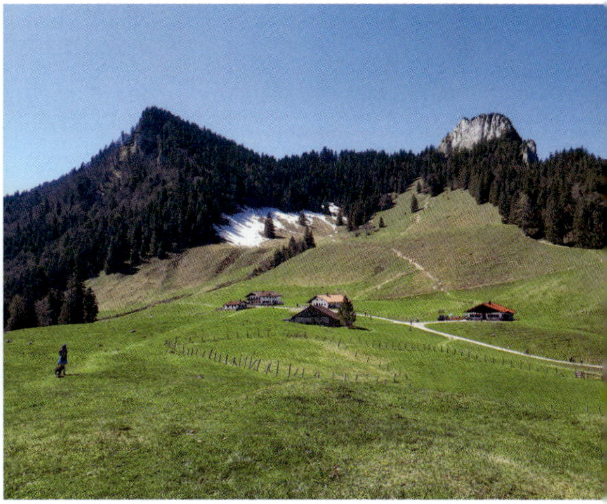

der Weg aber immer noch die Katgorie Rot verdient. So kommen wir nahe der Kindlwand zu einer Weggabelung. Natürlich kann man hier gleich rechts Richtung »Schweibern, Duft« absteigen, wir aber wandern ein Stück geradeaus zur Kindlwand. An deren Fuß geht es rechter Hand auf einem schmalen Pfad weiter. Dann zweigt links der felsige Anstieg zum Gipfel ab. Ansonsten geht es für alle anderen auf der Normalroute, nun immer in Nähe des Bergkammes, in östlicher Richtung bergab. Dabei wird ein markanter Aussichtsfelsen passiert. Danach schlängelt sich der Weg weiter rechts durch den Bergwald bergab. Kleine Wegabzweigungen links und rechts sind dabei zu ignorieren; etwas Gespür für die Wegführung ist von Vorteil. So geht es immer in östlicher Richtung bergab auf eine Bergwiese nach ❸ **Mailach**. Hier nicht scharf links, sondern an einem weißen Haus vorbei, halblinkslinks, nun auf einem breiten Schotterweg bergab. Somit haben sich die Wege des »vergessenen Pfades« und des markierten Weges vor der Kindlwand wieder vereint. Wenig später wird ein Betonplattenweg gekreuzt. Man folgt nun dem Schild »Schweibern« auf einem breiten Schotterweg bergab, Wegabzweigungen zu beiden Seiten werden hier neuerlich ignoriert, bis rechts der Weg nach »Schweibern, Duft« abzweigt. An der nächsten Wegkreuzung an einer Waldlichtung folgt man nun der Beschilderung »Duft« links und gelangt so wieder zum Ⓔ **Duftbräu**. Wer noch mal den Fluderbach mit seinen Wasserfällen genießen will, kann auch auf der bekannten Aufstiegsroute zurück zum Ⓔ **Duftbräu** gehen.

Wer Ende März, Anfang April auf den Heuberg geht, darf sich über die Krokuswiesen freuen (oben links)

Die Qual der Wahl der Einkehr – entweder auf der Laglerhütte (links) oder der Daffnerwaldalm (rechts), umrahmt von Kitzstein (links), Heuberg (Mitte), Wasserwand (rechts) (oben rechts)

Weitere Gipfel

❹ **Kitzstein** (1398 m): vor dem Heuberggipfel linker Hand auf einem schmalen Pfad mit seilversicherten Stellen zum Gipfel, zusätzliche Gehzeit 0.30 Std.

❺ **Wasserwand** (1367 m): vor dem Heuberggipfel rechter Hand auf einem seilversicherten Klettersteig zum Gipfel, zusätzliche Gehzeit 0.30 Std.

❻ **Kindlwand** (1228 m): steiler Anstieg durch felsdurchsetztes Gelände auf eine kühne Felsbastion, Abzweig beim Abstiegsweg, zusätzliche Gehzeit 0.30 Std.

Für alle diese Gipfel ist Trittsicherheit und absolute Schwindelfreiheit sowie alpine Erfahrung in felsigem Gelände erforderlich. Jeweils Kategorie »schwarz«.

Linke Seite: Auf »vergessenen Pfaden« beim Abstieg von der Kirchwand (ganz links)

Felsbastion mit Klettersteig: Blick vom Heuberg auf die Wasserwand (links)

26

Walmberg (1062 m)

Ein vergessener Berg über Reit im Winkl

mittel | 370/370 Hm | 3.00 Std. | 5,4 km

Tourencharakter
Tour auf Wander- und Forstwegen, im Schlussanstieg zum Gipfel Wege ohne Markierung, Gespür für die Wegführung ist hier notwendig.

Ausgangspunkt
ÖPNV: Haltestelle Reit im Winkl Ortsmitte (696 m)
Pkw: Parkplatz Reit im Winkl, Ortsmitte (696 m)

Endpunkt
Wie Ausgangspunkt

Gipfel
Walmberg (1062 m)

Anfahrt Pkw
A 93 Inntalautobahn, Ausfahrt Oberaudorf, über Niederndorf und Walchsee nach Kössen, in Kössen weiter nach Reit im Winkl und in die Ortsmitte

Verkehrsanbindung ÖPNV
Bahn München–Salzburg bis Prien, mit dem Bus 9505 nach Reit im Winkl

Gehzeiten
Reit im Winkl Ortsmitte – Walmberg 1½ Std. – Reit im Winkl Ortsmitte über Eckkapelle 1½ Std.

Beste Jahreszeit
Mitte Mai bis Ende Oktober bei absoluter Schneefreiheit

Einkehr/Unterkunft
Keine

Karte
AV-Karte BY18 Chiemgauer Alpen Mitte

Früher führte eine Bergbahn auf den Gipfel zur Chiemseeschau; heute ist diese stillgelegt, und der Berg erhält weniger Besuch. Ein Premium-Wanderweg bietet eine perfekte Wanderrunde über die Eckkapelle. Im Schlussanstieg geht es auf einem »vergessenen Pfad« zum Walmberg, der von Buchen gesäumt wird.

Reit im Winkl Im Winter wacht der Ort aus seinem Dornröschenschlaf auf. Zahlreiche Langläufer und Skifahrer geben sich hier ein Stelldichein. Doch zwischen April und November ist es recht ruhig. Auch im Sommer und im Herbst trifft man hier nur wenige Wanderer an. Zu groß ist die Konkurrenz der großen, bekannten und renommierten Bergorte wie Berchtesgaden und Garmisch-Partenkirchen, auch zum Walchsee mit seinem gleichnamigen Ort ist es nicht weit. Da bleibt nicht mehr viel übrig für diesen Ort, was den Sommertourismus angeht.

Von Reit im Winkl auf den Walmberg Über Bergwiesen geht es nach Pötschbichl, und der Blick reicht dabei über den Walchsee zum Kaisergebirge. Rechts ist der Zahme Kaiser als Felsblock erkennbar. Dazwischen liegt ein Hochtal, das Kaisertal, bevor sich weiter links der Kamm des Wilden Kaisers erhebt. Unser Weg führt dann steil, schon fast ruppig

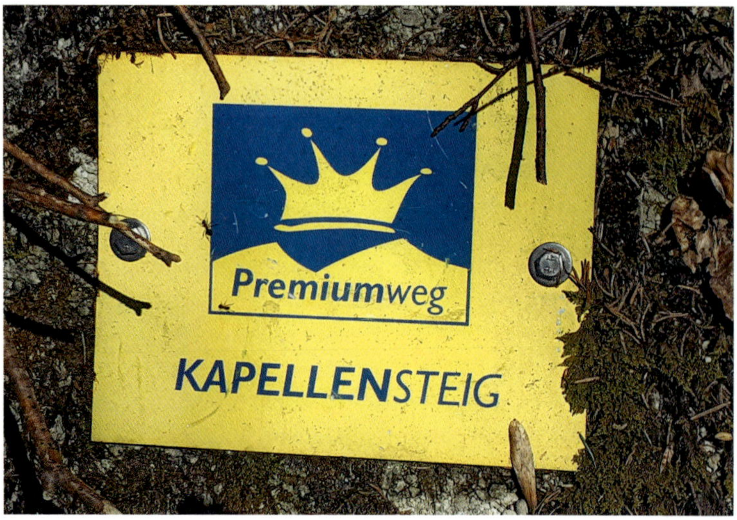

Der Wanderweg ist wirklich »premium«

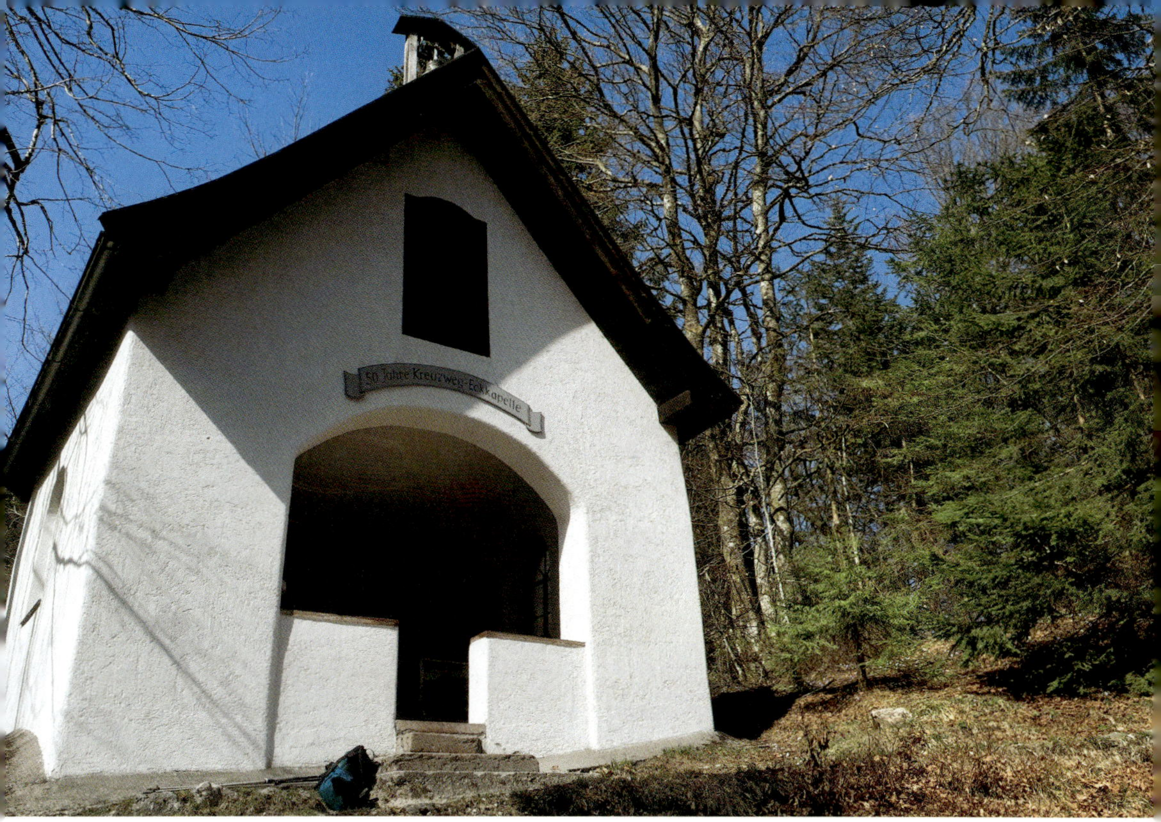

Die Eckkapelle

bergan. Wie alte Eierkartons sind die Betonplatten auf dem Weg geformt. Doch keine Angst – das bleibt nur kurz so. Dann ist man auch schon an der ehemaligen Bergstation angelangt. Mehrere schöne Aussichtspunkte nach Norden kann man bewundern. So geht der Blick durch das Tiroler Achental bis hinüber zum Chiemsee, deswegen auch der Name Chiemseeschau. Ach ja, wir sind schon eine Zeit auf einem »vergessenen Pfad« hinauf zum Walmberg. Wählen Sie am besten die Tage im Frühjahr oder Spätherbst für diese Tour – wenn keine Blätter an den Bäumen sind. So kann man zwischen den Buchen zum Dürrnbachhorn und zum Sonntagshorn blicken. Für den Abstieg wählen wir dann die idyllischen Waldwege über die Eckkapelle hinunter nach Reit im Winkl.

Der Aufstieg zum Walmberg Von der Ⓐ **Bushaltestelle in Reit im Winkl** und von den Parkplätzen in Reit im Winkl orientiert man sich zur Kirche. Hier geht es, dem Wegweiser »Walmberg, Chiemseeblick« folgend, über die Hausbergstraße. Wir folgen stets diesem Wegweiser, deshalb wird er in der Folge nicht mehr erwähnt. Auf einem schönen Panoramaweg gelangen wir so nach ❶ **Pötschbichl**. Oberhalb des Anwesens Nummer 4 geht es über eine Treppe am Waldrand bergan. Später steigt man direkt über die Bergwiese hinauf zum nächsten, gut sichtbaren gelben Wegweiser. Linker Hand geht es nun über einen steilen Schotterweg steil

Der Hausbachfall

Beim Abstieg kann man noch einen Abstecher über den ❺ **Hausbachfall** zur Kriegerkapelle machen. Dabei verläuft der Weg romantisch an den Südhängen über Reit im Winkl und liefert so viele schöne Aussichtspunkte, die sich für Fotofreunde anbieten. Für diese Variante ist etwa eine halbe Stunde zusätzlich zu veranschlagen.

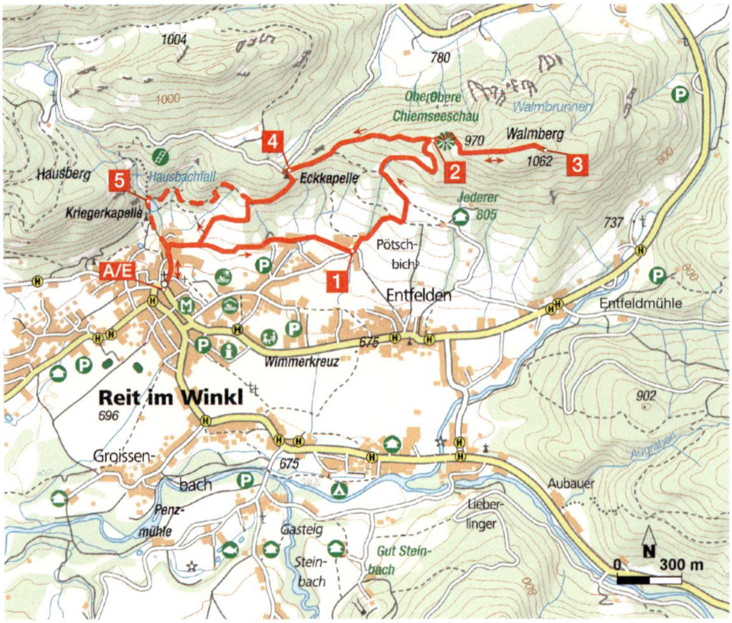

bergan. An der nächsten Weggabelung geht es rechts, und in der Folge wird der Wegweiser »Eckkapelle« ignoriert. So gelangen wir zur ehemaligen ❷ **Alten Bergstation** mit einem Sendemast. Und genau hier führt unser »vergessene« Pfad ohne Beschilderung linker Hand weiter. Durch den Buchenwald geht es bergan, vorbei an einem alten Drehkreuz, das auch schon bessere Tage erlebt hat. Ein Rastplatz wird passiert, bevor dann ein weiterer erreicht wird. Hier gehen wir in einer Linkskurve auf den Bergkamm, dem wir hinauf bis zum Gipfel des ❸ **Walmbergs** folgen; hier ist etwas Gespür für den Weg gefragt. Dabei orientiert man sich immer am Bergkamm. Für den Abstieg folgt man zunächst der Aufstiegsroute. Am Sendemast geht man so noch ein kurzes Stück auf dem gewohnten Weg bergab. Dann zweigt rechts ein Weg

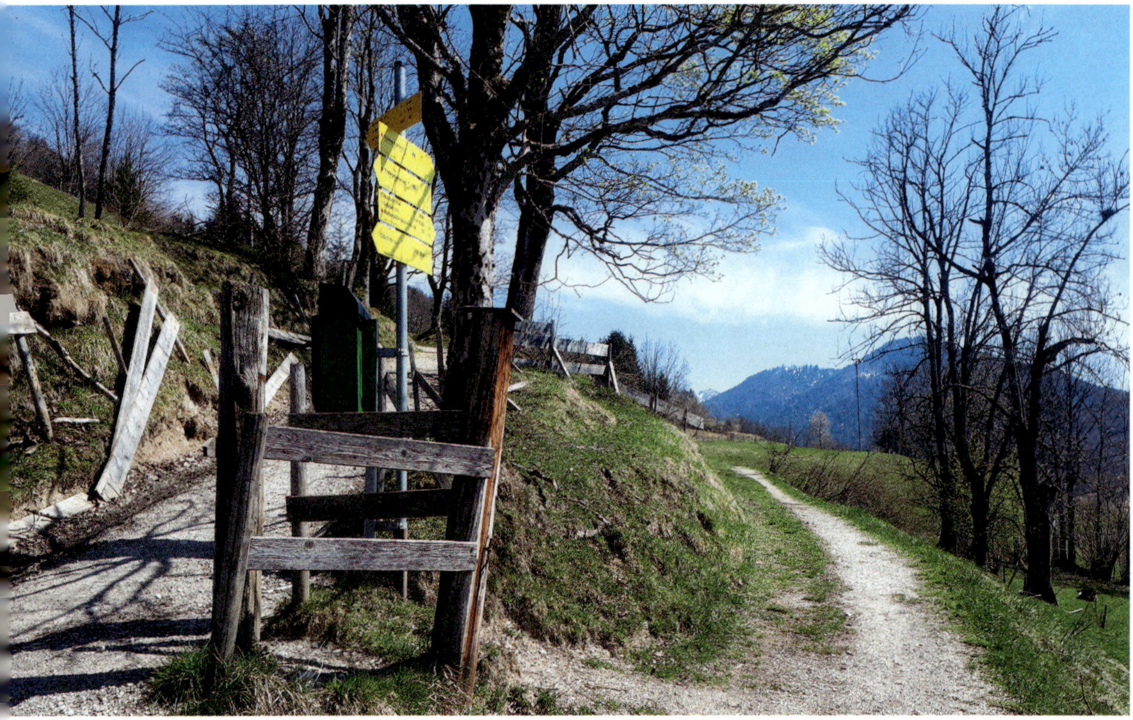

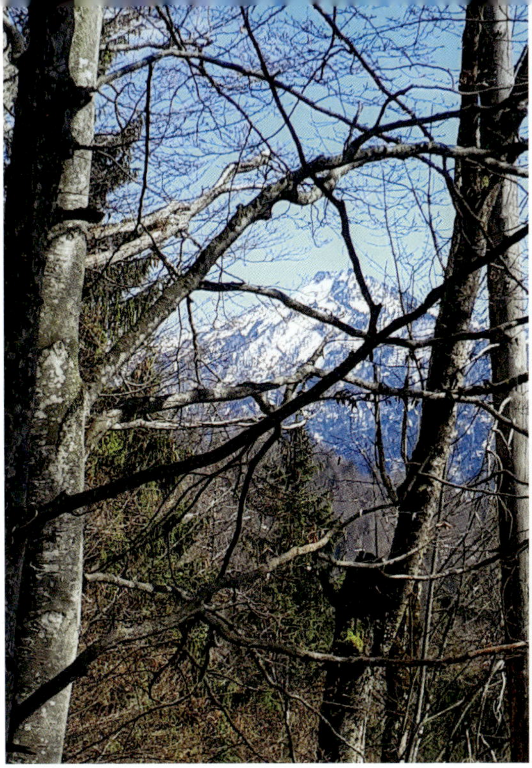

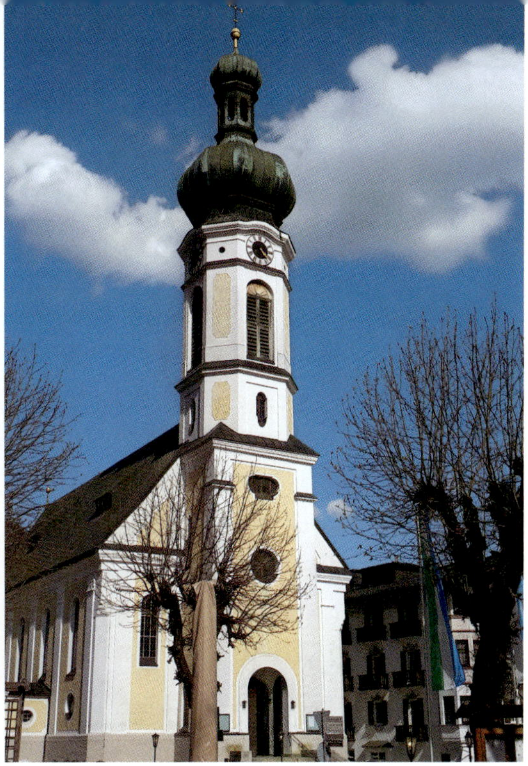

ab mit der Beschilderung »Eckkapelle, Rundweg-Kapellensteig«. So geht es an einem weiteren Aussichtspunkt mit Blick auf den Chiemsee vorbei. Ein Wanderweg von Pötschbichl zieht herauf, bis wenig später die ❹ **Eckkapelle** erreicht ist. Hier geht man nun links bergab, dem Wegweiser »Reit im Winkl Ortsmitte« folgend, so dann auch gleich wieder rechts mit dem letzten Schild. Rechts bietet sich dann die Wegvariante über den Hausbachfall zur Kriegerkapelle an (siehe Tipp). Andernfalls geht es geradeaus weiter. So ist bald über eine Allee auf den Bergwiesen wieder der Ortsrand von Reit im Winkl erreicht. Die restliche Wegstrecke entspricht der des Aufstiegs bis zur Ⓔ **Bushaltestelle in Reit im Winkl**.

Wenn die Buchen noch keine Blätter tragen, geht der Blick vom Walmberg auf das Dürrnbachhorn (oben links).

St. Pankratius zu Reit im Winkl (oben rechts)

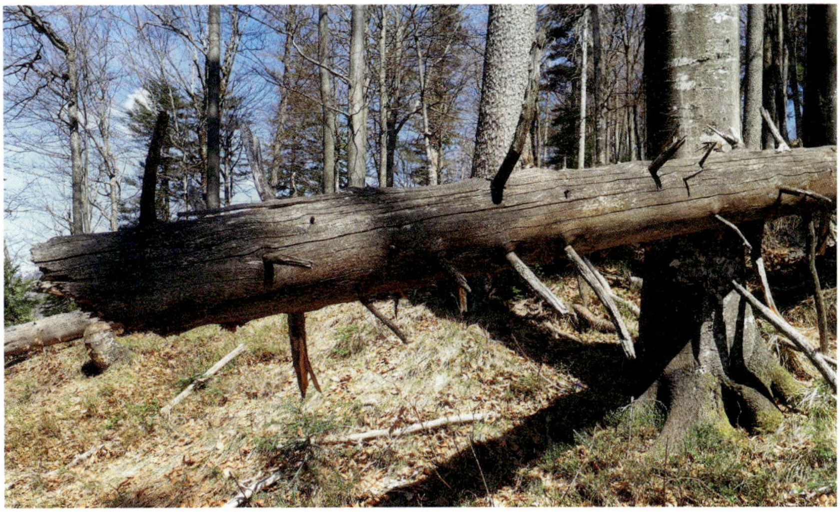

Waldwelten auf einem »vergessenen Pfad« zum Walmberg

Linke Seite: Beginn und Ende der Rundwanderung zum Walmberg über Reit im Winkl

27

Sonnwendköpfl (1278 m)

Einsamer Berg über dem Taubensee

mittel 610/610 Hm 5.00 Std. 10,3 km (+ 1.45 ÖPNV)

Tourencharakter
Wanderung auf breiten Schotterwegen und steigähnlichen Wegen

Ausgangspunkt
ÖPNV: Haltestelle Kössen, Verwaltungszentrum (Bus 4030, 590 m) oder Haltestelle Kössen-Schwimmbad (Bus 9509, 595 m)
Pkw: Kalkaustr. Ende, Beginn Forstweg, alternativ auch Parkplatz am Schwimmbad (640 m)

Endpunkt
Wie Ausgangspunkt

Gipfel
Sonnwendköpfl (1278 m)

Anfahrt Pkw
A 8 München–Salzburg bis Inntaldreieck, A 93 bis Oberaudorf, über Walchsee nach Kössen, hier Richtung Schleching bis Abzweig Kalkau

Verkehrsanbindung ÖPNV
Bahn München–Kufstein, Bus 4030 nach Kössen, Verwaltungszentrum oder
Bahn München–Übersee, Bus 9509 nach Reit im Winkl bis Kössen-Schwimmbad (wenige Kurse)

Gehzeiten
Wanderparkplatz Taubenseehütte – Taubenseehütte 2½ Std. (+ 0.15 Std., Bus 9509 / + 0.30 Std., Bus 4030 ÖPNV) – Taubenseerunde über Sonnwendköpfl 1 Std., Taubenseehütte – Wanderparkplatz Taubenseehütte 1½ Std. (+ 0.15 Std., Bus 9509 / + 0.30 Std., Bus 4030 ÖPNV)

Beste Jahreszeit
Mitte Mai bis Ende Oktober bei absoluter Schneefreiheit

Einkehr/ Unterkunft
Taubenseehütte (1165 m), Stoibenmöseralm (1273 m)

Karte
AV-Karte BY17 Chiemgauer Alpen West

Das Sonnwendköpfl ist ein einsamer Berg über dem Taubensee hoch über Kössen. Dieser idyllische Bergsee wird auf dieser Tour umrundet. Einkehren kann man in der Stoibenmöseralm oder in der Taubenseehütte mit Kaiserblick, bevor es wieder zurück nach Kössen geht.

Das Sonnwendköpfl Bei klarer Sicht kann man vom höchsten Punkt die Loferer Steinberge, einige Gipfel der Chiemgauer Alpen und das Kaisergebirge sehen. Fragt sich nur, wer hier herauf einen Biergartenstuhl heraufgeschleppt hat, gibt es hier doch auch noch andere Sitzgelegenheiten – so oder so, ein liebenswerter Gipfel auf einer ansprechenden Rundwanderung.

Der Aufstieg zur Taubenseehütte ÖPNV-Anreisende folgen von der A1 **Haltestelle Verwaltungszentrum Kössen** (Bushalt 4030) dem Postweg zum Kreisel in der Ortsmitte. Dort geht man auf der Kolbensteiner Straße Richtung Schleching. Nach dem A2 **Schwimmbad** (Bushalt 9509), folgt man rechts dem Abzweig nach Kalkau über eine Nebenstraße. Am Beginn des Forstwegs ist auch der Ausgangspunkt für Autofahrer am A3 **Wanderparkplatz Taubenseehütte**. Von hier geht es nun bergan in den Bergwald. Ein Weg wird gekreuzt, dieser ist allerdings eine Sack-

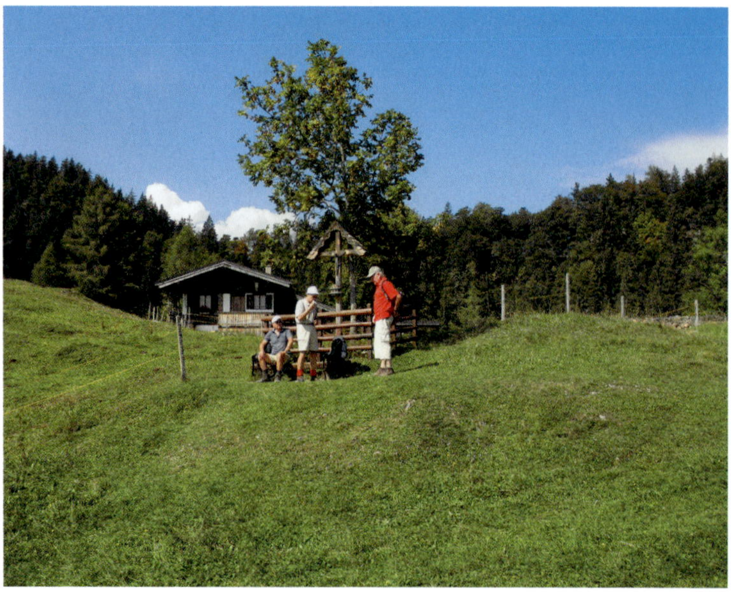

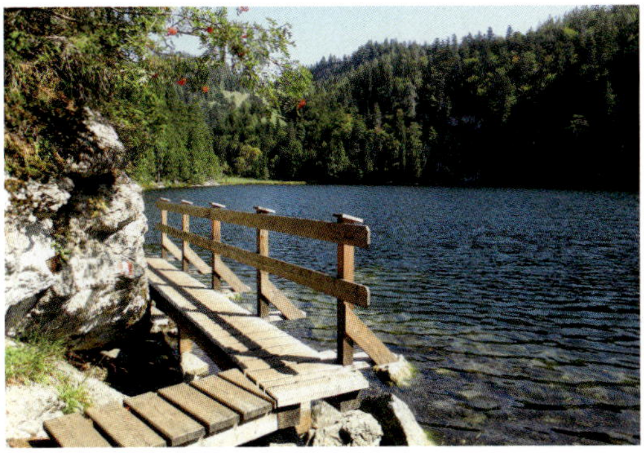

Baden, wandern, rasten – der Uferweg am Taubensee

Der Taubensee

Der Taubensee, als Perle des Chiemgaus bekannt, ist ein stilles, fischreiches und romantisches Gewässer. Der See verfügt weder über einen Zu- noch über einen Ablauf. Er wird lediglich vom Regenwasser der umliegenden Berghänge gespeist. An heißen Tagen lädt das Naturjuwel, in einer Bergsenke eingebettet, zu einem Badeaufenthalt ein. Das flache Wasser erwärmt sich im Sommer schnell.

gasse. Geradeaus geht es weiter, dem Wegweiser »Taubenseehütte« folgend. Der steigähnliche Weg gewinnt an Höhe und wird zwischenzeitlich steiler und schroffer. Ein Windbruch wird passiert, mit einem nochmals steilen Anstieg. An einer Almfläche steigt man über ein Gatter. Dann geht es links, neuerlich mit dem Wegweiser »Taubenseehütte«, auf einen steigähnlichen, schmalen Wanderpfad. Gut markiert führt dieser hinauf bis zur ❶ **Taubenseehütte**.

Rund um den Taubensee An der Taubenseehütte steigt man erneut über ein Gatter und wendet sich nach rechts in eine Senke mit dem Schild »Taubensee«. Dann ist der ❷ **Taubensee** erreicht. An seinem Nordufer geht es auf einem romantischen Uferpfad weiter. Dann gewinnt der Wanderweg in der Nähe des Waldrandes an Höhe. Nun folgen wir dem rechten Abzweig zur ❸ **Sauermöseralm**. Dort geht es dann zur ❹ **Stoibenmöseralm**. Nach einer zünftigen Einkehr wandert man ein Stück auf dem Hinweg zurück zur ❸ **Sauermöseralm**. Falls Sie nicht in der Stoibenmöseralm einkehren wollen, ist dieser Abstecher nicht notwendig. Für alle geht es auf jeden Fall dann zum ❺ **Sonnwendköpfl**. Hier wandern wir weiter in westlicher Richtung durch den Bergwald hinunter zum ❷ **Taubensee**. Anschließend geht es auf dem bekannten Hinweg zur ❶ **Taubenseehütte** und weiter bergab nach Kössen, zu den bekannten Endpunkten E3 **Wanderparkplatz Taubenseehütte**, E2 **Schwimmbad** (Bushalt 9509), E1 **Haltestelle Verwaltungszentrum Kössen** (Bushalt 4030).

Linke Seite: Rast nahe der Taubenseehütte

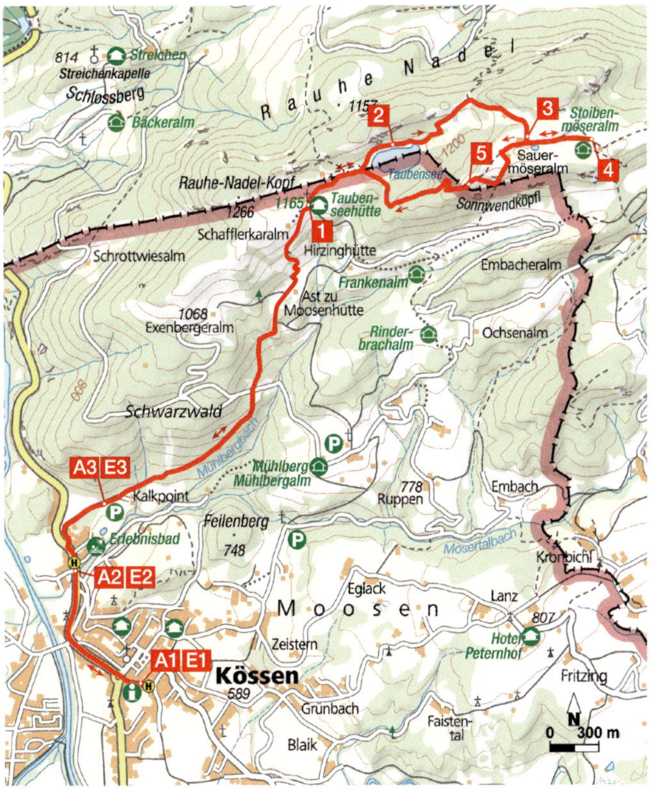

28

Rudersburg (1434 m)

Felsbastion mit Kaiserblick

mittel 1050/1050 Hm 5.30 Std. (+ 1.45 ÖPNV) 9,7 km

Tourencharakter
Wanderwege, Forststraßen, Gipfelsteige.

Ausgangspunkt
ÖPNV: Halt Kössen, Verwaltungszentrum (Bus 4030, 590 m) oder Halt Kössen-Schwimmbad (Bus 9509, 595 m)
Pkw: Kössen-Staffen, 2. Parkplatz Edernalm (620 m)

Endpunkt
Wie Ausgangspunkt

Gipfel
Wetterkreuz (1284 m), Rudersburg (1434 m)

Anfahrt Pkw
A 93 Ausfahrt Oberaudorf, weiter nach Kössen, am Kreisverkehr Richtung Schleching, am nächsten Kreisverkehr links, Klobensteinstraße Richtung Schleching, links auf der Erlaustraße über Brücke der Tiroler Ache, weiter geradeaus bis Ortsteil Staffen, 2. Parkplatz zur Edernalm

Verkehrsanbindung ÖPNV
Bahn München–Kufstein, Bus 4030 bis Kössen Verwaltungszentrum oder
Bahn München–Übersee, Bus 9509 nach Reit im Winkl bis Kössen-Schwimmbad (wenige Kurse)

Gehzeiten
2. Parkplatz Edernalm (+ 0.15 Std., Bus 9509 / + 0.30 Std, Bus 4030 ÖPNV) – Wetterkreuz 2 Std. – Rudersburg 1 Std. – Naringalm – Hinhageralm 1½ Std. – 2. Wanderparkplatz Edernalm 1 Std. (+ 0.15 Std., Bus 9509 / + 0.30 Std., Bus 4030 ÖPNV)

Beste Jahreszeit
Mitte Mai bis Ende Oktober bei Schneefreiheit

Einkehr/Unterkunft
Naringalm (1135 m)

Karte
AV-Karte BY17 Chiemgauer Alpen West

Ein eigentümlicher Felsenklotz steht zwischen dem Geigelstein und dem Kaisergebirge in aussichtsreicher Lage. Das Hauptinteresse dürfte dabei zwischen dem Wetterkreuz und dem Gipfel der Rudersburg auf einem interessanten, gut markierten Pfad liegen.

Die Rudersburg Die Rudersburg ist ein kleiner Gipfel in den Chiemgauer Alpen in der Nähe des Walchsees. Der Gipfel beeindruckt durch seinen auffälligen, burgähnlichen Gipfelaufbau – wie sein Name schon sagt. Er ist besonders markant von Schleching beim Blick nach Süden erkennbar. Da ja die Talorte in den Chiemgauer Bergen recht tief liegen, kommen wir auf etwa 1000 Höhenmeter – die Summe aller Auf- und Abstiege zusammengerechnet. Abseits der großen Gipfelnamen, wie dem Geigelstein oder den exponierten Felsgipfeln des Kaisergebirges, erhält dieser Berg nur wenig Besuch, besticht aber durch seinen Panoramablick, weshalb er seinen Platz in diesem Büchlein verdient hat.

Zwischen Wetterkreuz und Rudersburg Hinter dem Wetterkreuz breiten sich urige Lärchenbestände aus. Von hier geht es auf einem markierten

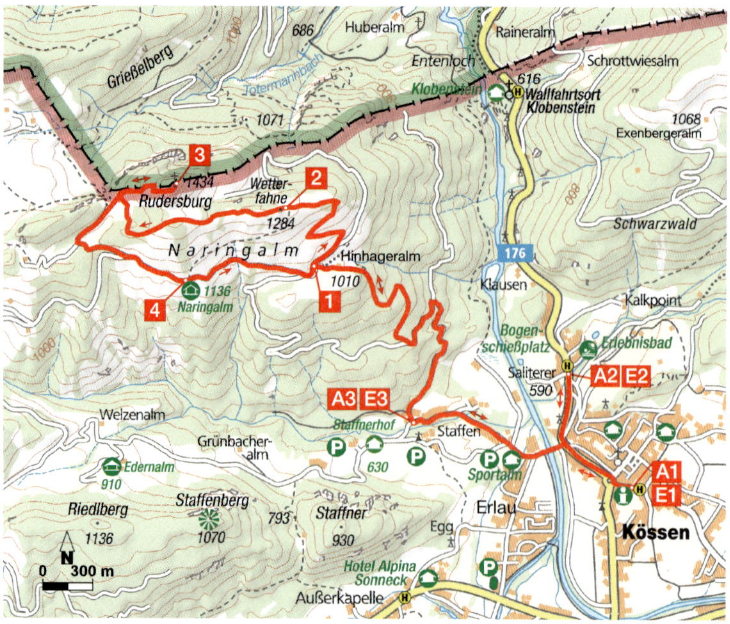

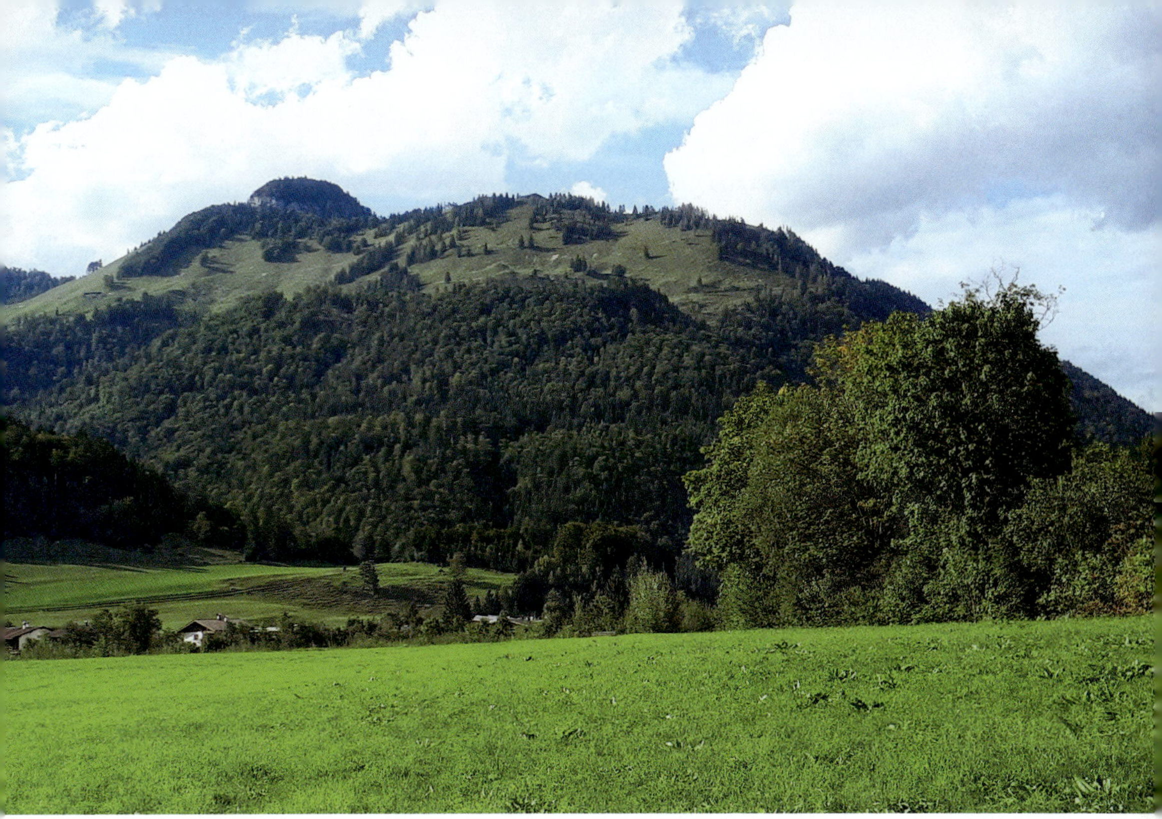

Der Gipfel der Rudersburg, von Kössen aus gesehen

Pfad weiter. Sonst ist man vielleicht verleitet, direkt weglos auf den Gipfel zu steigen. Doch das ist nicht möglich, denn ein kleines, aber tiefes Tal trennt uns von der Rudersburg. So steigen wir zunächst über Stock und Stein, verbunden mit schönen Ausblicken ins Inntal, hinunter zu einem Feuchtgebiet. Erst hier führt der Weg wieder bergauf, sozusagen auf der schwachen und leichten Seite der Rudersburg, gut angelegt über einige Stufen, in vielen Kehren hinauf zum Gipfel, als würde man eben einen Burgturm über viele Treppen besteigen.

Der Aufstieg zur Rudersburg Von der A1 **Haltestelle Grenzlandhalle Kössen** folgen Bahn- und Busfahrer dem Postweg zum nächsten Kreisverkehr. Hier gehen wir dann, dem Wegweiser »Schleching« folgend, in die Klobensteinerstraße; alternativ von der A2 **Haltestelle Schwimmbad Kössen** auf der Hauptstraße in Richtung Kössen. Für beide Startpunkte geht es an der Erlaustr. über die Brücke der Tiroler Ache mit dem Schild »Rudersburg«. An der nächsten Straßengabelung gehen wir geradeaus, der Straße »Staffen« folgend, bis zum gleichnamigen Ortsteil zum A3 **Wanderparkplatz zur Edernalm**. Ab hier gehen nun auch Autofahrer an der Weggabelung rechts und folgen der asphaltierten Straße bergauf mit dem Wegweiser »Wetterkreuz«, auch Wetterfahne genannt, den wir in der Folge nicht mehr erwähnen. An einer Rechtskurve, nach etwa 15 Gehminuten,

Der Walchsee

Wer noch Zeit für einen Abstecher zum Walchsee hat, sollte am gleichnamigen Ort eine Pause einlegen und hier die Abendstimmung über dem See, mit Blick zu den Felsgipfeln des Zahmen Kaisers, genießen. Egal, ob vom Strandbad am Ortseingang oder in einem der Gasthöfe, die am See liegen – Sie werden hier sicher Ihren Platz finden.

folgen wir einem Wanderweg rechts bergauf. Dann mündet der Wanderweg in einen Karrenweg, dem wir ohne Beschilderung erneut rechts bergauf folgen. An der ❶ **Hinhageralm** angekommen, führt der Wanderpfad wieder rechts bergauf und dann auf dem Bergkamm bis zum Gipfel des ❷ **Wetterkreuzes**. Nun geht es westwärts in teilweise wegloses Gelände, das allerdings markiert ist. Zunächst wandern wir weitgehend eben, dann geht es bergab immer der Markierung folgend, zuletzt über eine Sumpfwiese. Hier geht es nun an einer Weggabelung rechts, dem Schild »Rudersburg« folgend, auf einem steigähnlichen Wanderweg über einige Stufen bergauf bis zum Gipfel der ❸ **Rudersburg**.

Traumhafte Ausblicke Da die umliegenden Berge, bedingt durch den Kössener Talkessel, allesamt ein Stück weit weg liegen, haben wir auch von diesem relativ niedrigen Berg eine traumhafte Aussicht. Im Osten sehen wir die Berchtesgadener Alpen, die Leoganger und die Loferer Steinberge. Die markanten Berge der Chiemgauer Alpen sehen wir ebenfalls, etwa die Hörndlwand und das Sonntagshorn, der höchste Berg dieser Gebirgsgruppe. Nach Süden hin geht der Blick zunächst auf das Kitzbühler Horn. Dann grüßt der Wilde Kaiser herüber mit seinen dunklen Felsflan-

Liebenswerter Wegweiser: Stoamanderl am Wegesrand (unten links)

Waldwelten über der Naringalm (unten rechts)

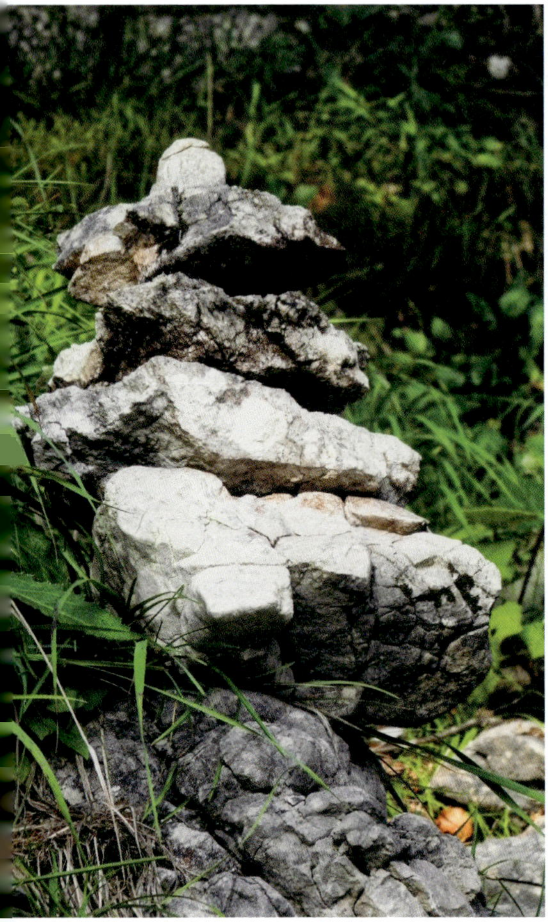

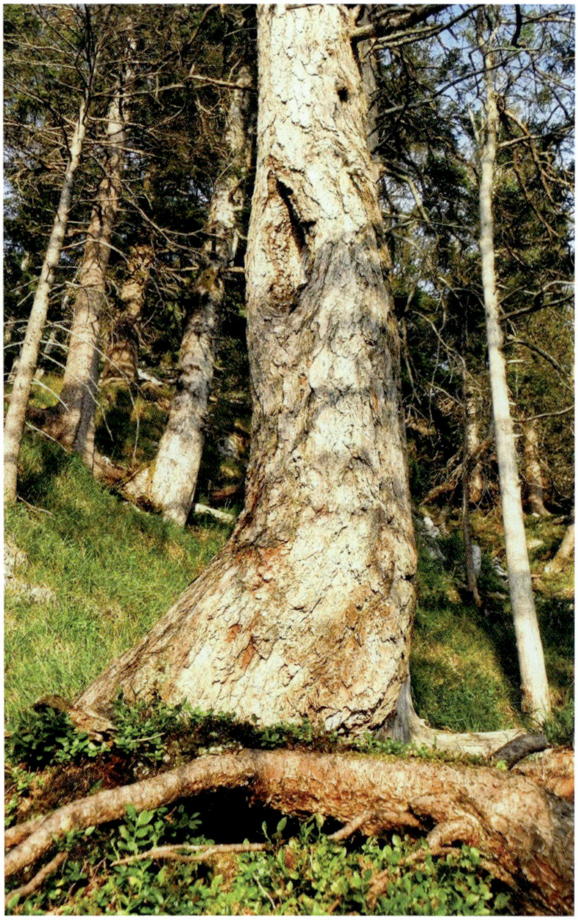

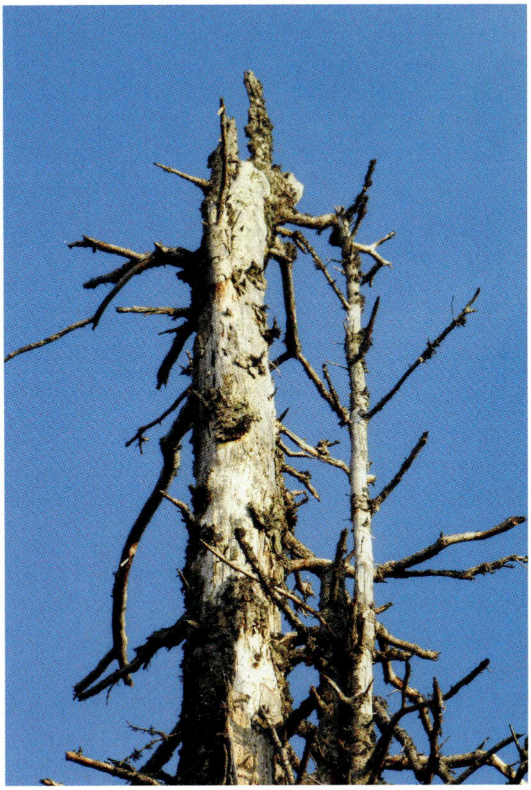

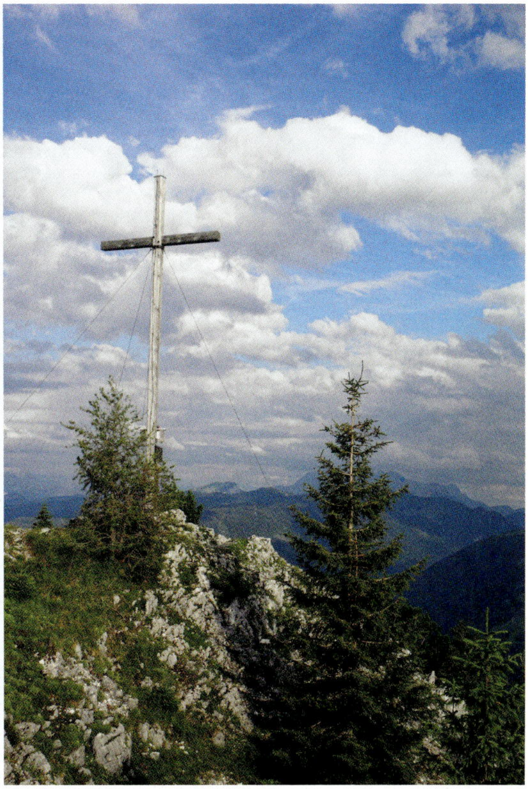

Totholz oder Kunstwerk? (oben links)

Aussichtsbalkon zum Chiemgau und Kaiser: das Gipfelkreuz der Rudersburg (oben rechts)

ken, danach schließt sich der Zahme Kaiser an. Weiter nach Westen, hinter dem Inntal, werden die Berge in den Brandenberger Alpen wieder sanfter mit Pendling, Hundsalmjoch und Veitsberg. Im Norden sehen wir die Kampenwand und daneben die Hochplatte, gefolgt vom Hochgern – ein wirklich prächtiges Panorama.

Der Kaiser glüht Genießen Sie den Blick im Abendlicht hinüber zum Wilden Kaiser. Ständig ändert sich das Licht, das auf seine Felsflanken fällt. Wenn schließlich die Sonne untergeht, beginnt das Bergmassiv zu glühen. Anschließend sollten Sie dann aber schnell hinab zur Forststraße steigen und, mit einer Stirnlampe bewaffnet, über die Edernalm bis hinunter nach Kössen gehen – immer auf der Forststraße, also in diesem Falle nicht den Abzweig über den nachfolgend beschriebenen Weg zur Naringalm wählen.

Der Abstieg Zunächst gehen wir wieder auf dem Aufstiegsweg zurück, folgen dann aber nicht dem Weg zurück über das Feuchtgebiet. Wir nehmen nun den Forstweg in Kehren leicht bergab, den Wegweisern »Edernalm, Kössen« folgend. An einer Weggabelung gehen wir dann hinüber zur ❹ **Naringalm**, wo es eine zünftige Brotzeit gibt, bevor es dann in Höhe ❶ **Hinhageralm** vom Forstweg zur bekannten Aufstiegsroute, nun auf einem Wanderweg, wieder hinunter nach Kössen geht, zu den bekannten Ausgangspunkten E3 **Zweiter Wanderparkplatz zur Edernalm** und E1 **Haltestelle Grenzlandhalle Kössen** sowie E2 **Haltestelle Schwimmbad Kössen.**

29

Harauer Spitze (1117 m)

Waldrunde über dem Walchsee

mittel 510/510 Hm 3.45 Std. 6,8 km

Tourencharakter
Wanderwege und Steige, an der Harauer Spitze kurz seilversichert, im Abstieg zumeist breite Schotterwege, Trittsicherheit und Schwindelfreiheit kurzzeitig erforderlich

Ausgangspunkt
ÖPNV: Halt Walchsee, Hotel Bellevue (Bus 4030, 660 m)
Pkw: Walchsee, Parkplatz am Ortsende am Café-Bistro See la Vie (600 m)

Endpunkt
Wie Ausgangspunkt

Gipfel
Harauer Spitze (1117 m)

Anfahrt Pkw
A 8 München–Salzburg bis Inntaldreieck, A 93 bis Oberaudorf, weiter nach Walchsee-Ort, weiter Richtung Kössen bis zum Parkplatz am Ortsende von Walchsee am Cafe-Bistro See la Vie

Verkehrsanbindung ÖPNV
Bahn München–Kufstein, Bus 4030 nach Kössen, bis Walchsee Hotel-Bellevue

Gehzeiten
Walchsee – Harauer Spitze 1½ Std. – Ottenalm ¾ Std. – Riederalm ½ Std. – Walchsee 1 Std.

Beste Jahreszeit
Anfang Mai bis Anfang Oktober bei absoluter Schneefreiheit

Einkehr/Unterkunft
Ottenalm (960 m), Riederalm (880 m)

Karte
AV-Karte BY17 Chiemgauer Alpen West

Über dem Walchsee gibt es eine stille Rundwanderung über die bewaldeten Rücken des Kranzinger Berges und der Harauer Spitze. Kleine Lücken im Wald ermöglichen Ausblicke auf das Kaisergebirge, bevor es zu einer zünftigen Einkehr auf die Ottenalm geht.

Der Walchsee Der See ist mit seinem gleichnamigen Ort ein beliebtes Feriendomizil für Touristen. Im Sommer kann man im See baden, eine Bootstour mit dem Ruderboot machen oder in einem Café am See sitzen. Im Winter lockt es viele Langläufer hierher, denn die Höhenlage des Ortes sorgt zumeist für gute Schneeverhältnisse mit sonnigen Tagen.

Harauer Spitze und Kranzinger Berg Kaum bemerkt man auf unserer Wanderung, dass man den bewaldeten Rücken des Kranzinger Berges überschreitet, die Harauer Spitze ist dann schon etwas felsiger mit einem kurzen, seilgesicherten Stück. Sie bildet auch den höchsten Punkt der Wanderung, bevor man über die Ottenalm wieder nach Walchsee absteigt.

Der Aufstieg zur Harauer Spitze Autofahrer gehen vom A1 **Parkplatz Walchsee** am Café-Bistro See la Vie nach Walchsee und erreichen so die

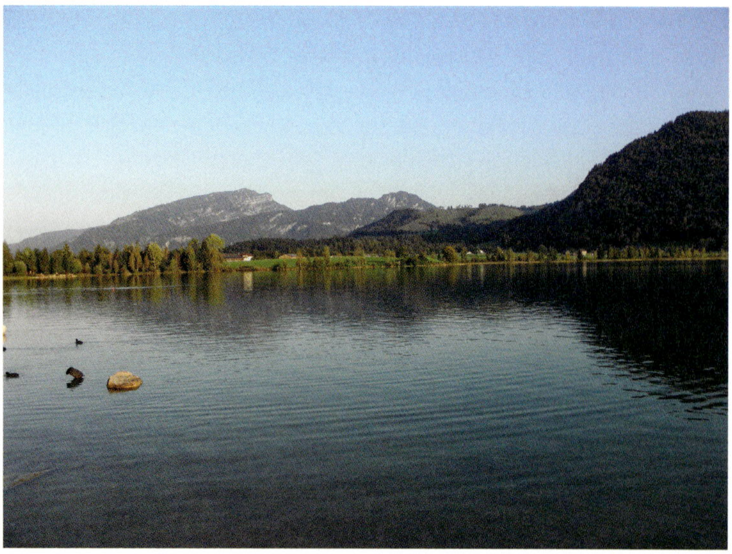

Nach der Tour geht es ab ins kühle Nass des Walchsees.

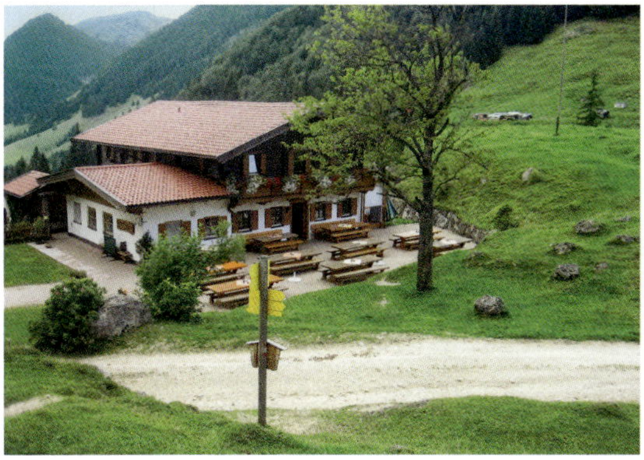

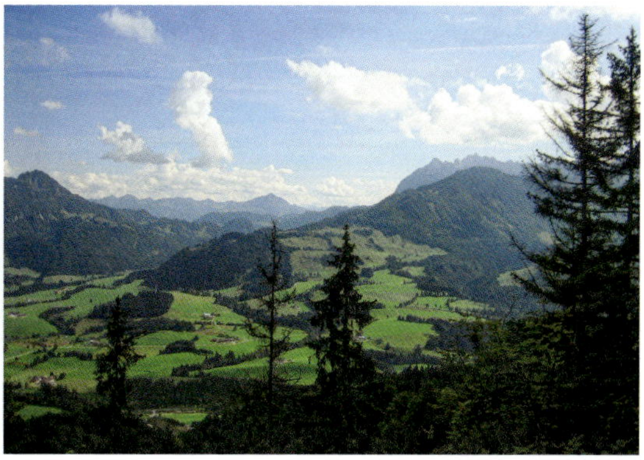

Kulinarischer Höhepunkt der Tour – die Ottenalm (oben links)

Blick nahe der Harauer Spitze auf das Kitzbühler Horn (links) und den Wilden Kaiser (rechts; oben rechts)

A2 **Haltestelle Hotel Bellevue** für ÖPNV-Anreisende. Anschließend geht man hier weiter in ein kurzes Stück in den Ort. Dann zweigt rechts der Weg zur »Harauer Spitze, Ottenalm« ab. Im folgenden Anstieg lässt man rechts den »Panoramaweg« liegen und orientiert sich an den letzten Wegweisern weiter bergauf. Auf einem kleinen Sattel leiten die Wegweiser »Harauer Spitze, Ottenalm« weiter bergan. Auf manchen Karten wird der Berg auch unter dem Namen »Horauer Spitze« geführt. Kaum bemerkbar wird der bewaldete ❶ **Kranzinger Berg** überschritten. Über einen mit Stufen versehenen Steig wird die ❷ **Harauer Spitze** erreicht. Bergab geht es nun durch eine Latschengasse – so wird ein kurzes, etwas luftiges, seilversichertes Stück am Grat erreicht. Am Harausattel hält man sich links zur Ottenalm. Über einige Stufen – auch drahtseilversichert, aber nicht ausgesetzt – wird die ❸ **Ottenalm** erreicht. Nach der Einkehr geht es hier auf einem breiten, geschotterten Weg bergab zum Wanderparkplatz Ottenalm. Man passiert so die ❹ **Riederalm** weiter in Richtung »Wanderparkplatz Ottenalm«. Kurz davor geht es links, der Beschilderung »Kalvarienberg, Walchsee« folgend, weiter. Das Schild »Kugelwand« linker Hand wird in der Folge ignoriert, man orientiert sich so weiter am Wegweiser »Kalvarienberg, Walchsee«. Schließlich wird der Anstiegsweg erreicht, dem man zurück zu den Ausgangspunkten an der E2 **Haltestelle Hotel Bellevue** und zum E1 **Parkplatz Walchsee** am Café-Bistro See la Vie folgt.

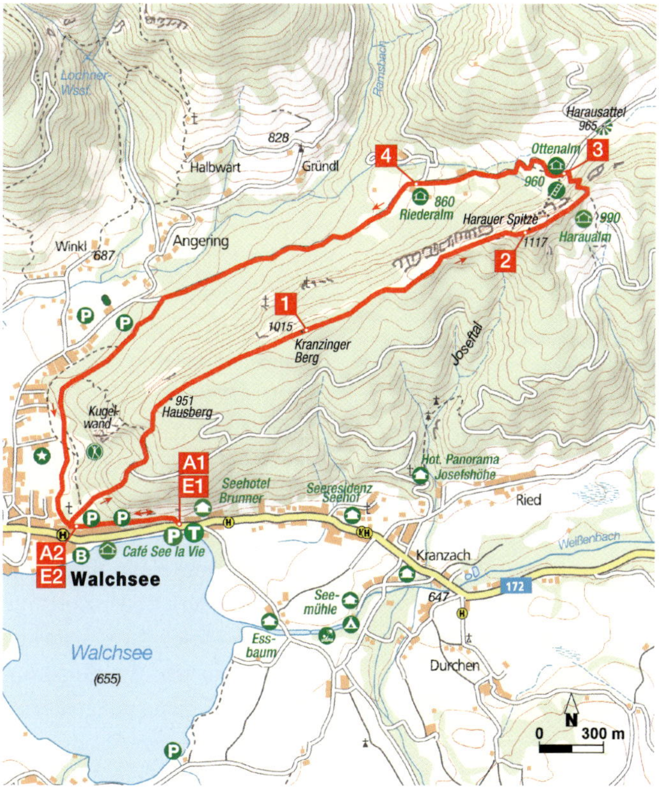

30

Geigelstein (1808 m)

Einsame Rundwanderung für Grenzgänger

mittel | 1350/1350 Hm | 8.45 Std. (+ 0.30 ÖPNV) | 20,4 km

Tourencharakter
Forst- und Wanderwege sowie Steige, seilversichertes Steilstück nach der Wildbichlalm

Ausgangspunkt
ÖPNV: Bushalt Sachrang (720 m)
Pkw: Parkplatz Sachrang/Priener Hütte (735 m)

Endpunkt
Wie Ausgangspunkt

Gipfel
Wandberg (1454 m), Geigelstein (1808 m)

Anfahrt Pkw
A 8 München–Salzburg bis Frasdorf, über Aschau nach Sachrang, vor dem Ort liegt linker Hand der Parkplatz

Verkehrsanbindung ÖPNV
Bahn München–Prien, Bahn Prien–Aschau, Bus 9502 nach Sachrang-Ort oder
Bahn München–Oberaudorf, Bus 9502 nach Sachrang-Ort

Gehzeiten
Sachrang-Ort – Wanderparkplatz Sachrang ¼ Std. (nur ÖPNV) – Wanderparkplatz Sachrang – Schreckalm 2¼ Std. – Priener Hütte ¾ Std. – Geigelstein 1½ Std. – Priener Hütte 1 Std. – Wandberg 1 Std. – Wildbichlalm 1½ Std. – Wanderparkplatz Sachrang ¾ Std. – Sachrang-Ort ¼ Std. (nur ÖPNV)

Beste Jahreszeit
Mitte Mai bis Ende Oktober bei Schneefreiheit

Einkehr/Unterkunft
Schreckalm (1403 m), Priener Hütte (1441 m), Wandberghaus (1350 m), Wildbichlalm (1050 m)

Karte
AV-Karte BY17 Chiemgauer Alpen West

Eine Rundwanderung abseits des Touristentrubels führt von Sachrang auf dem Jägersteig über die Schreckalm zum Geigelstein. Über den Wandberg zur Wildbichlalm öffnet sich nun eine nach Süden aussichtsreiche Rundwanderung.

Der Geigelstein Immer wieder in unserem Blickfeld liegt der Geigelstein. Mit dem Fernglas kann man vom Gipfelkreuz des Wandbergs aus die zahlreichen Wanderer beobachten, die diesen Berg erklimmen. Im Winter sind es die Skitourengeher, die den Berg für sich beanspruchen. Von der Wandbergseite grüßt der Geigelstein als formschöne Pyramide herüber, die schon vom Inntal weit hinter Kufstein zu sehen ist. Auch als Blumenberg ist der Geigelstein für Botaniker interessant. Bergflockenblume und Alpenküchenschelle sind hier neben vielen anderen Alpenblumen noch zu finden. Gott sei Dank blieb dieses Paradies erhalten, denn eine Bürgerinitiative aus Schleching verhinderte den Bau einer Skischaukel. So wurde das Geigelsteingebiet 1991 als Naturschutzgebiet ausgewiesen. Die Aussicht von hier oben geht an klaren Tagen von der Zugspitze bis hinüber zum Watzmann.

Der Wandberg An klaren Herbsttagen bietet dieser Berg ein fantastisches Panorama. Dann grüßt von den Hohen Tauern ganz im Südosten der Großglockner herüber. Vor uns baut sich die Felsburg des Kaisergebirges auf, bevor man dann der Sonne entgegen über das Inntal bis in die Stubaier Alpen sieht. Weiter rechts erscheinen der Pendling sowie die bekannten Berge des Mangfallgebirges wie Brünnstein, Großer Traithen und Wendelstein wie Randnotizen bei dieser Gipfelparade. Mit seinen gerade mal 1454 Metern Höhe liefert der Berg deshalb so grandiose Weitblicke, weil nach Süden hin der Walchsee und nach Südwesten das weite Inntal die Sicht auf die ganz großen Gipfel der Ostalpen freimachen. Da ist sogar das Zuckerhütl, mit 3507 Metern der höchste Berg in den Stubaier Alpen, zu sehen – welch ein Panorama!

Über die Priener Hütte zum Wandberg Busfahrer folgen von der A1 **Haltestelle Sachrang-Ort** der Dorfstraße in nördlicher Richtung aus dem Ort. An der Hauptstraße geht es dann linker Hand wenige Meter auf dem Rad- und Fußweg zum A2 **Wanderparkplatz Sachrang**. Von hier aus geht es nun auch für Autofahrer auf dem Forstweg mit dem Wegweiser »Priener Hütte« bergauf. Nach einem Flachstück nimmt der Weg nun eine Rechtskurve. Der von Huben heraufziehende Weg wird dabei passiert. Dann gehen wir bei

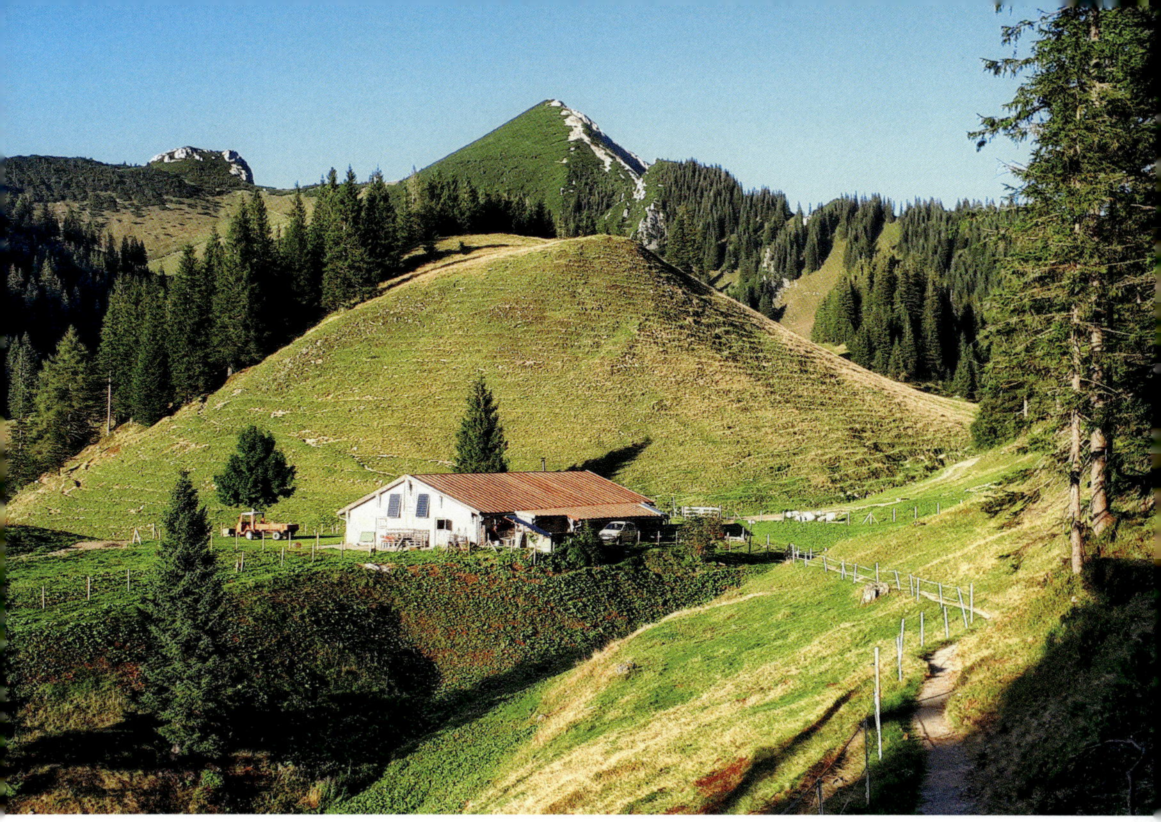

der nächsten Möglichkeit links bergauf in einen Waldpfad mit dem Wegweiser »Geigelstein über Schreckalm«. Nach etwa fünf Minuten erreichen wir neuerlich einen Forstweg. Diesem folgen wir linker Hand ein kurzes Stück. An einer weiteren Weggabelung biegen wir dann scharf rechts ab. Hier leitet uns der Wegweiser »Geigelstein/Priener Hütte«. Der zunächst breite Schotterweg verschmälert sich zu einem Waldpfad. Später wird ein Forstweg überquert. Weiter geht es auf einem steinigen Waldweg bergan. In der Folge wird länger ein dicht bewaldeter Hang gequert, bis neu-

Stille Wege nahe der Ackeralm, mit Blick auf den Geigelstein

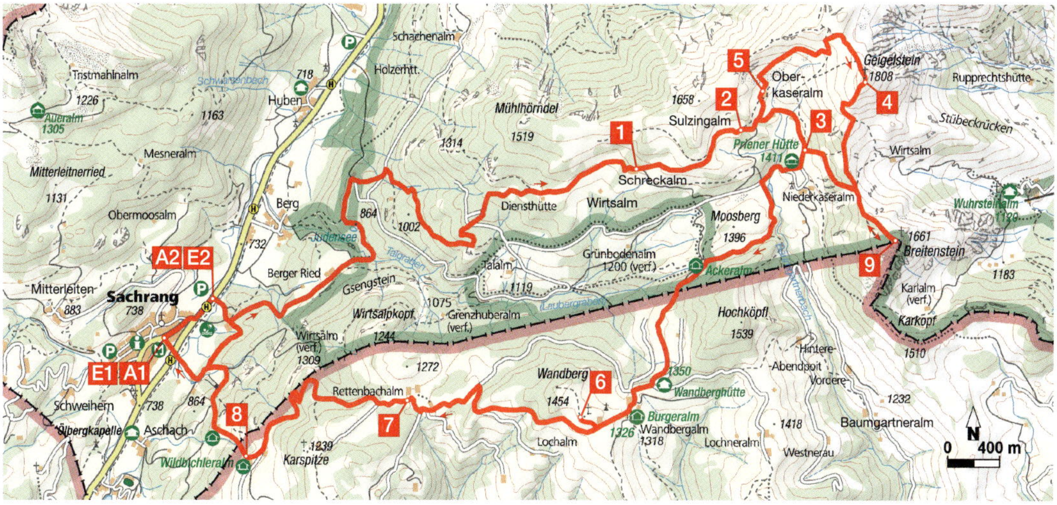

erlich eine Forststraße erreicht wird. Auch diese wird überquert, nun mit der Beschilderung »Jägersteig«, auf einem Pfad durch lichten Wald. Gut markiert wird im weiteren Anstieg zunehmend sonnig die ❶ **Schreckalm** erreicht. Links am Almgebäude vorbei wandert man weiter, dem Schild »Geigelstein über Sulzing, Oberkaser« folgend. Nach einer Linkskurve geht es leicht bergab in einer weiten Linkskurve zur ❷ **Sulzingalm**. Auf breitem Schotterweg wandert man nun weiter bergab zu einer Wegkreuzung. Hier gehen wir geradeaus zur Priener Hütte, die wir über die Bergwachthütte in einem weitem Rechtsbogen erreichen. Von der ❸ **Priener Hütte** geht es, dem Schild »Breitenstein, Ettenhausen« folgend, auf einem steilen Bergpfad durch den Wald bergan, bis der Sattel mit dem heraufziehenden Weg von der Wirtsalm erreicht ist. Hier wenden wir uns nach links, nun dem Schild »Geigelstein« folgend, über den Bergkamm hinauf, dabei geht es über eine kurze Steilstufe wieder bergab, dann folgt der Anstieg über zunehmend schrofiges Gelände, bis ein weiterer Weg von der Wirtsalm heraufzieht. Hier steigt man weiter bergan zum ❹ **Geigelstein**. Dabei ist es wichtig, sich immer an die Markierungen zu halten, die links in den Latschengassen bergan zum Gipfel führen. Von dort geht es dann nordwärts hinunter zur Priener Hütte, vorbei an der ❺ **Oberkaseralm** und neuerlich der Bergwachthütte. An der Westseite des Gastgartens der Priener Hütte gehen wir bergab über einen Pfad, queren den breiten Schotterweg und gehen über eine Bachbrücke, vorbei an einem kleinen See, zur Ackeralm – in diesem

»Aufe oder obe?« (unten links)

Der Autor am Gipfel des Geigelsteins (unten rechts)

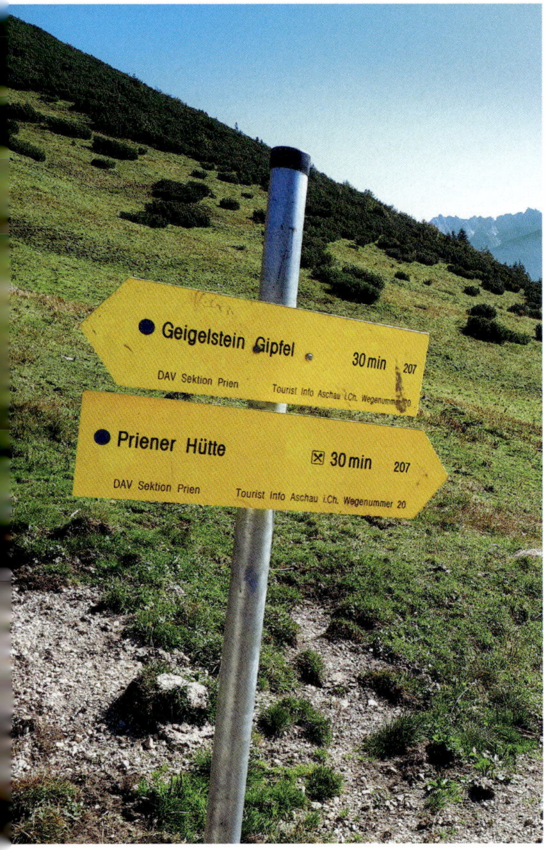

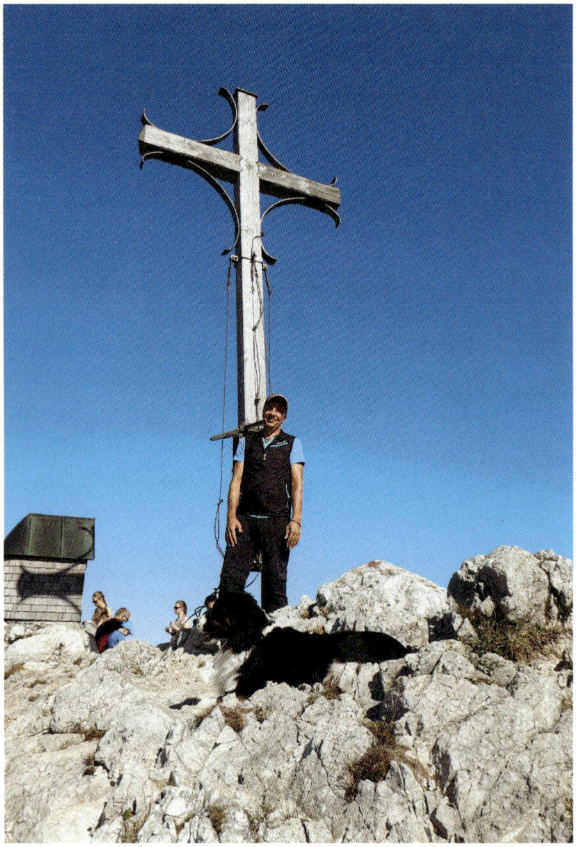

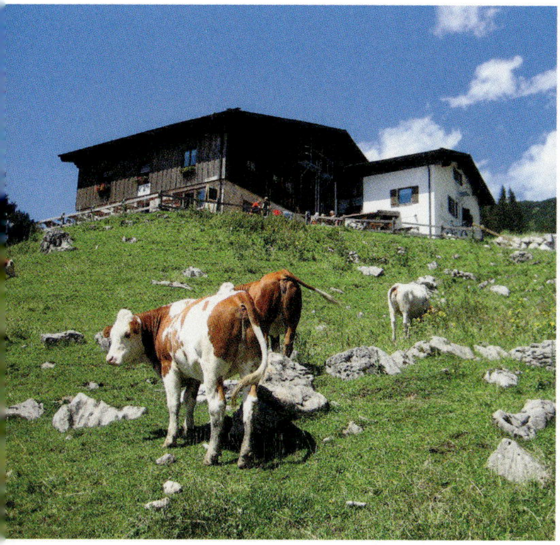

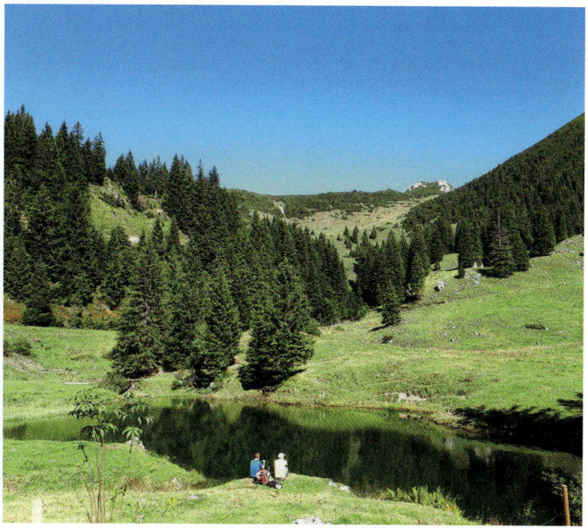

An der Priener Hütte (oben links)

Rast an einem idyllischen Bergsee unter der Priener Hütte (oben rechts)

Wegabschnitt ohne Beschilderung. Dort geht es auf einem Wanderweg in südwestlicher Richtung zum Wandberg; zwischenzeitlich liegt linker Hand die Wandberghütte. Wir gehen an diesem Abzweig zum 6 **Wandberg**.

Über die Wildbichlalm nach Sachrang Vom 6 **Wandberg** geht es in westlicher Richtung an den sonnigen Südhängen zunächst steil, dann nur noch in schwachem Gefälle auf einem Wanderweg bergab, mit schönen Ausblicken in das Inntal. An einem Forstweg angelangt, folgen wir diesem rechts, dem Schild »Sachrang, Wildbichl« folgend, an dem wir uns weiterhin orientieren. An der nächsten Weggabelung halten wir uns links in die Senke der 7 **Rettenbachalm**. Hier gehen wir über eine Bergwiese durch ein Drehkreuz, sogleich leitet uns der Forstweg rechter Hand hinunter durch den Bergwald in einigen Kehren zur Wildbichlalm. Noch vor der 8 **Wildbichlalm** geht es jetzt auf einem steigähnlichen Weg durch die steilen Bergwaldhänge weiter bergab; ein kurzes Wegstück ist hier drahtseilversichert. Am Forstweg angelangt, geht es für Autofahrer ohne Beschilderung linker Hand weiter bergab, bis wir uns nach wenigen Metern am Schild »Wasserfall Berg 2« rechts auf einem nun wieder schmäleren Weg orientieren. Vorbei an einer Einzäunung queren wir einen bewaldeten Berghang und gelangen so wieder auf den Forstweg der Anstiegsroute linker Hand. Die restliche Wegstrecke zum E2 **Wanderparkplatz Sachrang** folgt der Anstiegsroute. Busfahrer folgen dem Forstweg ebenso linker Hand, aber bleiben auf diesem, über die Staatsstraße zur E1 **Haltestelle Sachrang-Ort**.

Breitenstein und Burgeralm

Aussichtsreich ist ein Abstecher zum 9 **Breitenstein** während des Anstiegs zum Geigelstein. Vom Abzweig am Sattel und wieder zurück sind es zu diesem wenig begangenen Gipfel noch einmal 1.30 Stunden zusätzlich. Dann geht es auf der beschriebenen Route weiter.

Besichtigen Sie in den Sommermonaten doch die Bio-Almkäserei **Burgeralm**. Wie wäre es mit Almbutter, Kümmelkäse oder einem Tilsiter? Klein und rund verpackt passen sie in jeden Rucksack. Die Kühe verbringen hier den Sommer und werden gemolken. Die Milch wird dort direkt weiter verarbeitet. Auch Hasen und Katzen leben den Sommer über auf der Burgeralm (Informationen unter www.burgeralm.at).

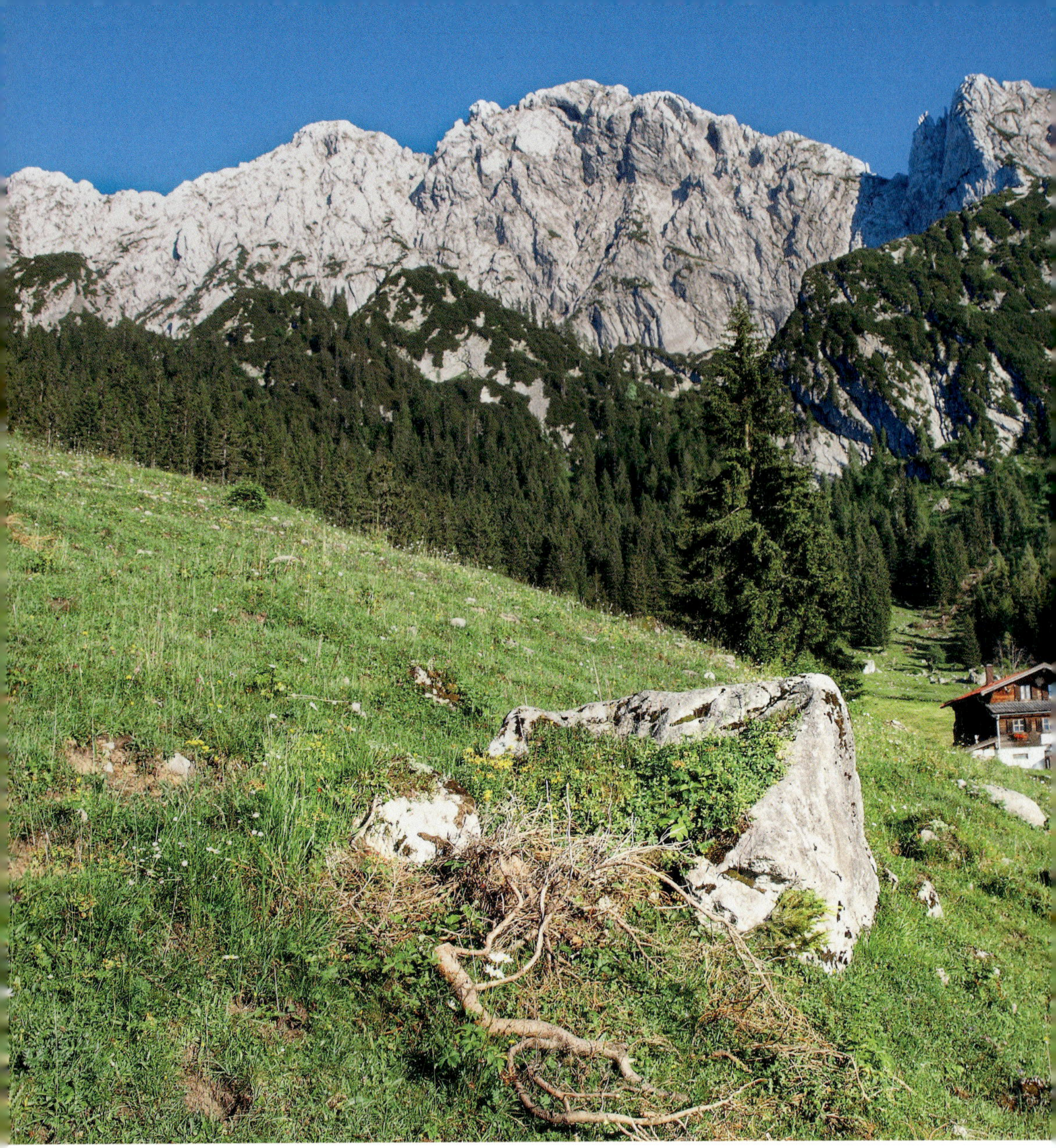

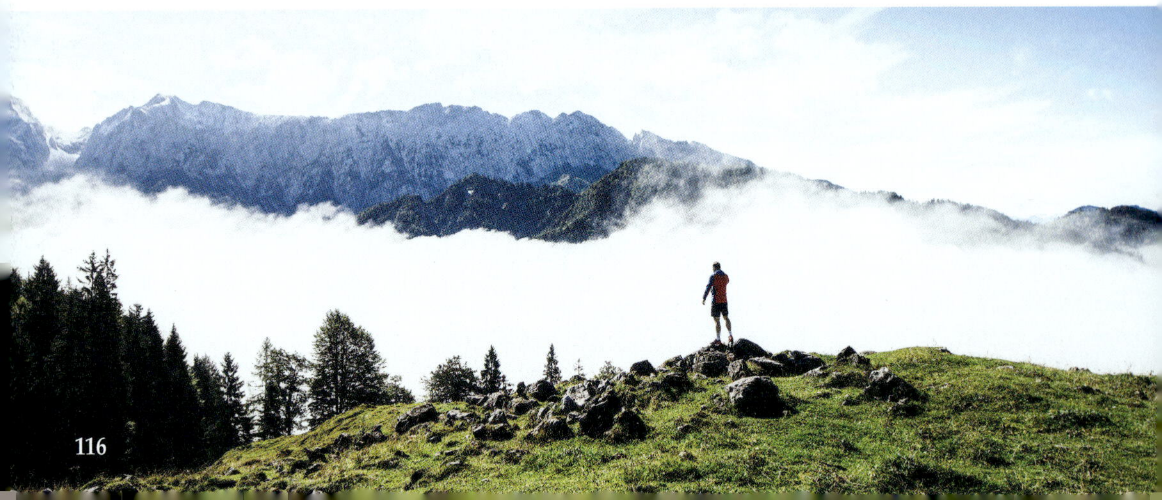

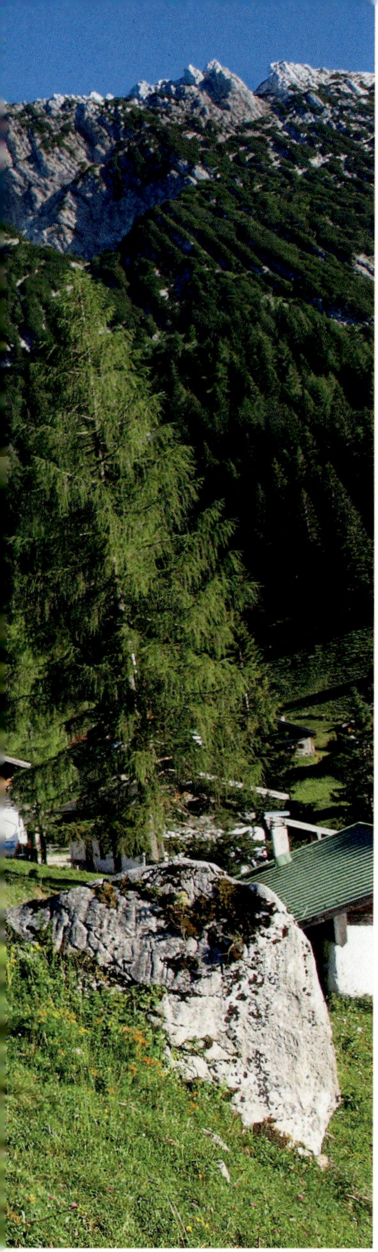

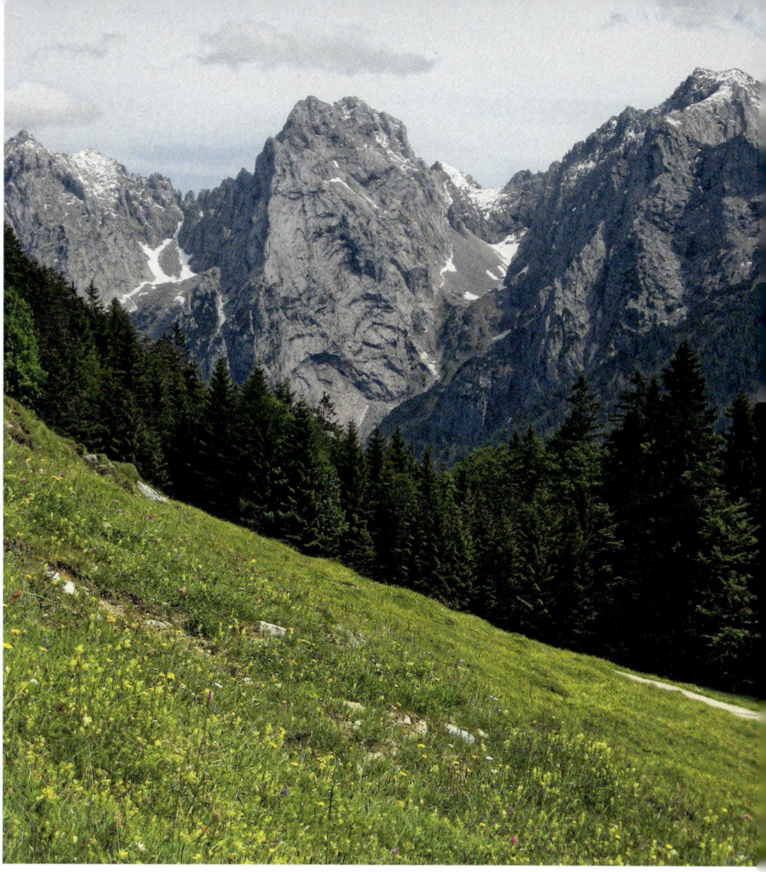

Kaisergebirge

Paradeblick für Romantiker: die Kaindlhütte mit dem Scheffauer (oben links). Der Höchste im Kaiser: Ausblick auf die Elmauer Halt, nahe der Vorderkaiserfeldenhütte (oben rechts). Am grünen, grünen Inn liegt die Festung zu Kufstein (unten rechts). Über dem Nebel: Ausblick auf den Wilden Kaiser nahe der Ritzaualm (unten links)

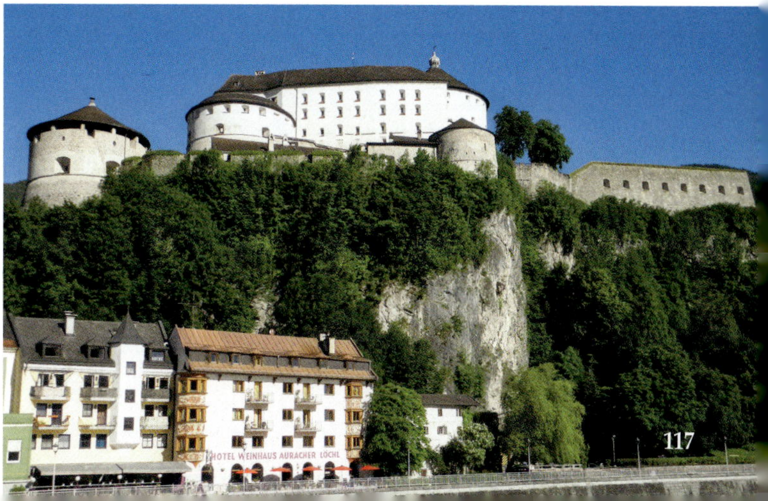

31

Feldberg (1813 m), Scheibenkogel (1614 m)

Trubel und Stille – kaiserliche Kontraste

mittel 1370/1370 Hm 8.00 Std. (+ 2.15 ÖPNV) 15 km

Tourencharakter
Wanderwege und steigähnliche Pfade

Ausgangspunkt
ÖPNV: Bushaltestelle Griesenau (750 m)
Pkw: Wanderparkplatz Fischbachalm (850 m)

Endpunkt
Wie Ausgangspunkt

Gipfel
Feldberg (1813 m)
Scheibenkogel (1614 m)

Anfahrt Pkw
A 8 München–Salzburg bis Inntaldreieck, A 93 Inntalautobahn bis Oberaudorf, weiter nach Kössen, in Kössen nach Schwendt und Griesenau, in Griesenau in das Kaiserbachtal abbiegen (mautpflichtig) bis zur Fischbachalm

Verkehrsanbindung ÖPNV
München–St. Johann in Tirol, Bus 4000 nach Reit im Winkl bis Kirchdorf-Griesenau; diese Verbindung ist nur für Übernachtungsgäste zu empfehlen.

Gehzeiten
Griesenau – Fischbachalm 1¼ Std. (nur ÖPNV) – Fischbachalm – Feldberg 3 Std. – Kohlalm 2 Std. – Fischbachalm 3 Std. – Griesenau 1 Std. (nur ÖPNV)

Beste Jahreszeit
Zwischen Ende Mai und Anfang November bei absoluter Schneefreiheit

Einkehr/Unterkunft
Kohlalm (1207 m)

Karte
AV-Karte 8 Kaisergebirge

Der Feldberg liegt über dem Kaiserbachtal gegenüber den Felswänden des Wilden Kaisers. Während auf dem Kammweg zahlreiche Wanderer die Runde über das Stripsenjoch gehen, wird es auf dem Weg zum Scheibenkogel, einem einsamen Aussichtsberg, schnell ruhig.

Der Wilde Kaiser Als beliebter Wander- und Kletterzirkus ist er für die Münchner schnell über Kufstein und die Inntalautobahn zu erreichen. Paradestücke für die Wanderer sind die Höhenwege im Zahmen Kaiser über die Pyramidenspitze. Der Wilde Kaiser glänzt mit klassischen Kletterrouten auf seine Felsnadeln sowie mit dem Übergang über das Ellmauer Tor hinüber zur Grutten- und Gaudeamushütte. Seine sonnige Südseite kann man von St. Johann bis hinüber nach Kufstein auf dem Wilden-Kaiser-Steig erwandern. Ruhigere, stimmungsvolle Passagen bietet der Niederkaiser mit seinem bekannten Schleierwasserfall. Auf unserer Tour nähern wir uns dem Kaiser von seiner Rückseite aus über Kössen und die Griesenau. Vielleicht ein etwas weiterer Anfahrtsweg, doch dafür sind wir dann auch gleich mitten im Gebirge ohne die langen Anmarschwege, die man von der Kufsteiner Seite durch das Kaisertal hat. Schroff mit ungewohnten Anblicken präsentieren sich die Felszacken vom Griesner Tal aus – so nah, das man manchmal schon fast erschrickt, so steil und hoch geht es dort hinauf.

Berg der Kontraste Wenn man von der Fischbachalm hinauf an der Ranggenalm vorbei geht und weiter über den traumhaften Kammweg zum Feldberg, dann wird man einigen Wanderern begegnen. Die Runde hinüber zum Stripsenjochhaus und dann wieder hinunter zur Griesner Alm ist beliebt. Kaum hat man diesen Weg über den Kohllahnersattel zum Scheibenkogel verlassen, wird es ruhig. Meist begegnet man dort keinem einzigen Wanderer. Ein idyllisches Tal ist das Kohlalmtal, in das man nach dem Scheibenkogel hinabsteigt. An der Kohlalm angekommen, geht es dann auf einem Steig wieder hinauf zur Scheibenbichlalm. In den Karten wird sie als Obere Scheibenbühelalm bezeichnet. Auch dieser Steig wird nur selten begangen. Oben angelangt, begleiten uns die beeindruckenden Felswände des Wilden Kaisers wieder hinunter ins Tal zur Fischbachalm, auf der bekannten Aufstiegsroute.

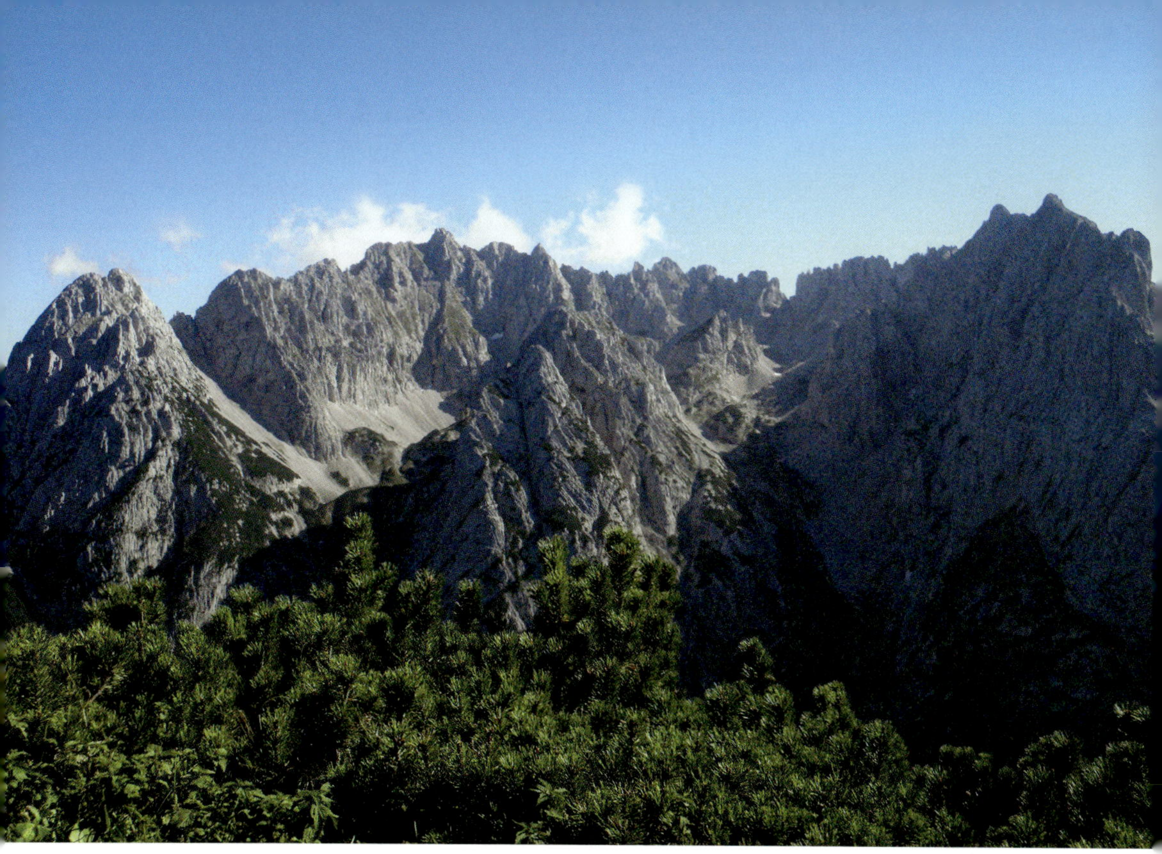

Kaiserliche Ausblicke vom Feldberg

Abendstimmung am Scheibenbichl Ich hatte die Länge des Weges etwas unterschätzt. So stieg ich im Licht der Stirnlampe bergab, was ich nun wirklich nicht empfehlen kann. Doch die Abendstimmung war einmalig. Der Himmel färbte sich stahlblau, die Wände des Kaisers schimmerten in einem eigentümlichen Grau. Über mir flog eine Eule zwischen den Tannen, und immer wieder zogen Gamsrudel vorbei, die sich an meiner Anwesenheit nicht groß zu stören schienen. Ich dachte mir: »Nein, ein Heimatfilm ist nicht kitschig, es ist wirklich so.« Denn genau diese Stimmung dürften wohl auch die Wilderer früher erlebt haben, wenn sie in den Abendstunden durch diese Steilhänge gezogen sind. Diese Eindrücke werde ich deshalb nie vergessen!

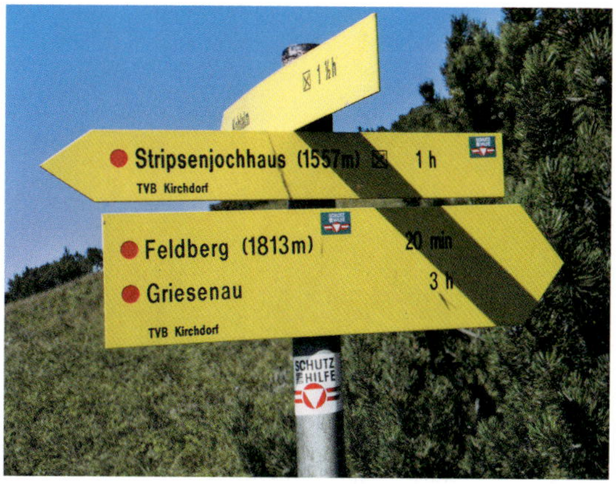

Bestens markiert zeigen sich die Wanderwege im Zahmen Kaiser.

Panoramablick vom Feldberg Was für eine Aussicht! Im Westen sehen wir den Guffert und den Großen Traithen neben vielen anderen Bergen. Im Norden steht das ganze Ambiente der Chiemgauer Alpen mit Spitzstein, Geigelstein, Hochgern, Hochfelln und Hörndlwand. Daneben bauen sich im Osten die Felsmassive der Berchtesgadener Alpen, der Leoganger und der Loferer Steinberge auf. Weiter rechts sehen wir noch einen Teil der Hohen Tauern, so das Wiesbachhorn; der Rest der Tauern versteckt sich dann

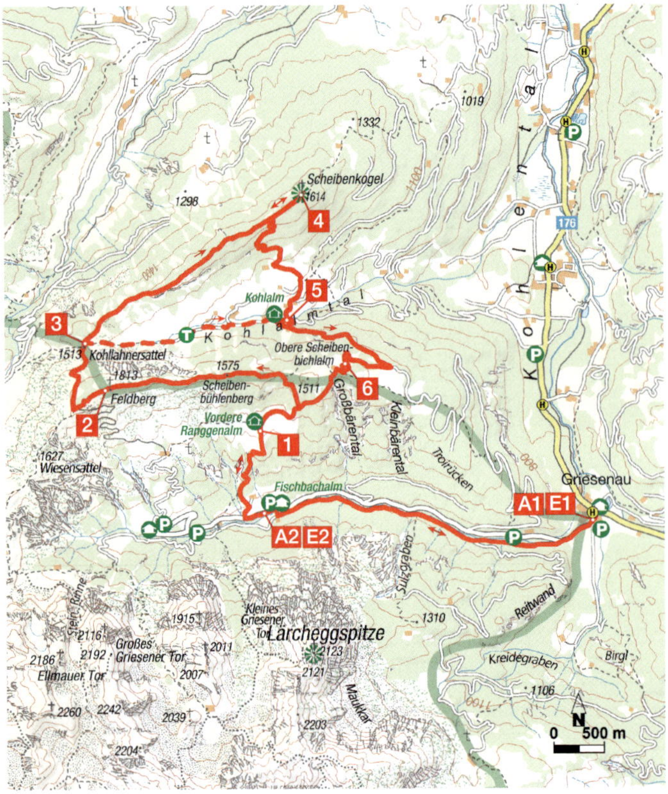

hinter der imposanten Felskette des Wilden Kaisers, allen voran mit Ackerl- und Maukspitze. Wer später noch einen Abstecher zum Scheibenkogel macht, darf dann auch den Großglockner bewundern, den höchsten Berg Österreichs.

Die Wanderung Bahn- und Busfahrer folgen von der **A1 Bushaltestelle Griesenau** der Fahrstraße in das Kaiserbachtal ein kurzes Stück. Dann zweigt ein breiter Schotterweg entlang des Kaisertalbaches ab, vorbei an der Mautstelle. In Höhe der Fischbachalm gehen wir rechter Hand über den Kaisertalbach mit den Wegweisern »Ranggenalm, Fischbachalm« zum dortigen **A2 Parkplatz Fischbachalm**. Von dort steigen nun auch die Autofahrer zunächst auf der Fahrstraße bergwärts, dem Wegweiser »Feldberg« folgend, den wir in der Folge nicht mehr erwähnen. Dann geht es auch gleich rechts ein kurzes Stück auf einem Teerweg, bevor es dann auf einem Wanderweg steil bergauf hinauf zur **1 Vorderen Ranggenalm** geht. Dort folgen wir dem Wanderweg bergauf. An einer Weggabelung geht es dann mit der Beschilderung »Stripsenjochhaus« weiter bergauf. Nun folgen wir wieder dem Wegweiser »Feld-

Am Gipfel des Feldbergs (unten links). Waldwelten am Scheibenkogel (unten Mitte). Kaiserliche Felsenwelten über dem Niederkaiser (unten rechts)

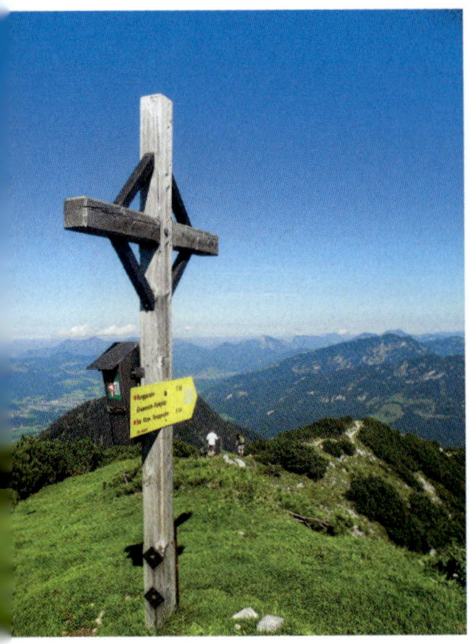

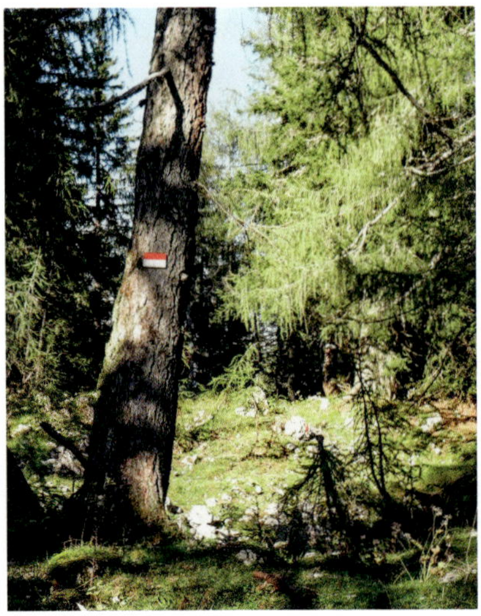

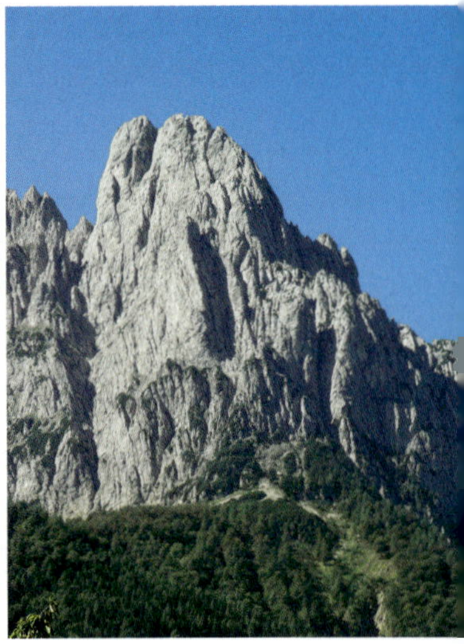

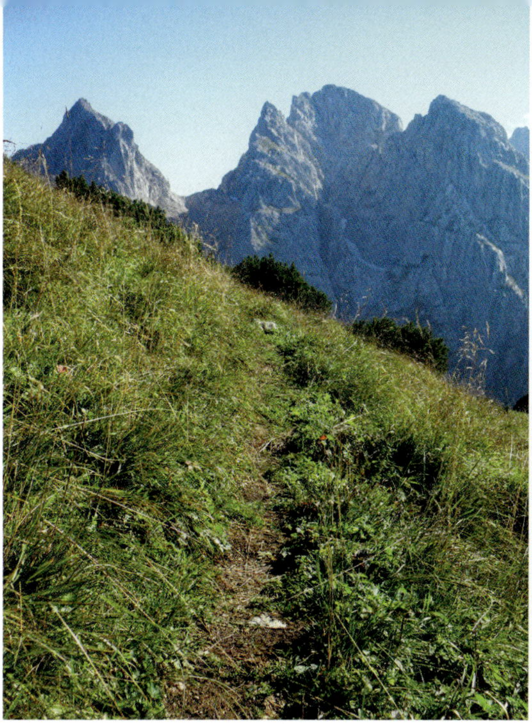
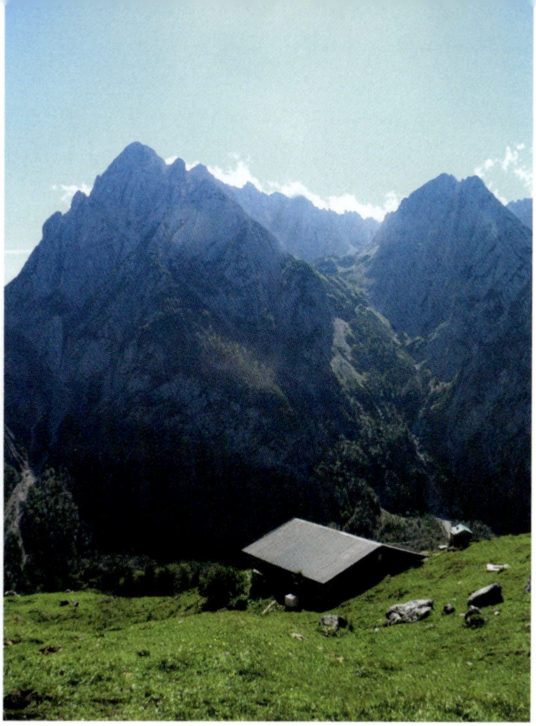

Auf dem Weg vom Feldberg zum Kohllahnersattel, hinten Predigtstuhl, Fleischbank und Totenkirchl (oben links)

Almwiesen über der Ranggenalm (oben rechts)

berg« bergauf. Der Weg führt nun über den mit Latschen bewachsenen Kamm bis zum Gipfel des ❷ **Feldbergs**. Dort halten wir uns nach einer Gipfelrast nach Westen mit dem Wegweiser »Stripsenjochhaus«. Dann zweigt rechter Hand ein Weg mit der Beschilderung »Kohlalm« ab, der wir folgen. Ein schmaler Pfad führt hier nun bergab. Am ❸ **Kohllahnersattel** geht es, dem Wegweiser »Scheibenkogel« folgend, über den bewaldeten Bergkamm zu dessen Gipfel; etwas Gespür für die Wegführung ist anfänglich notwendig. Im weiteren Verlauf zieht der Pfad direkt über den Bergkamm, immer am Grat, zum ❹ **Scheibenkogel**. Dort angelangt, geht es wieder ein Stück zurück, um dann den Wegweisern zur Kohlalm bergab zu folgen. Hierbei überqueren wir den Forstweg und wandern über die Bergwiesen zur ❺ **Kohlalm**. Ebenso kann man auch über den Forstweg dorthin gelangen. An der Kohlalm zweigt nun linker Hand ein schmaler Pfad ab, mit der Beschilderung »Scheibenbichl«. Der Weg führt zunächst eben, dann steil bergauf durch den Bergwald. An einem breiten Schotterweg angelangt, geht es jetzt rechts weiter mit der Beschilderung »Feldberg« bis zur ❻ **Oberen Scheibenbichlalm**. Dort wandern wir, dem Schild »Fischbachalm« folgend, an einer Weggabelung links weiter. Der Weg mündet nun in einen steigähnlichen Pfad, der durch den Bergwald abwärts führt. An einer Weggabelung folgen wir dann der Beschilderung links hinunter zur ❶ **Vorderen Ranggenalm**. Die restliche Wegstrecke entspricht dann der Aufstiegsroute zurück zu den Ausgangspunkten am E2 **Parkplatz Fischbachalm** für Autofahrer und an der E1 **Bushaltestelle Griesenau** für ÖPNV-Anreisende.

Verkürzte Variante

Wer diese stramme Tour etwas verkürzen möchte, kann über den Kohllahnersattel direkt zur Kohlalm absteigen, ohne den Scheibenkogel zu besteigen. Damit verkürzt sich die Gehzeit für ÖPNV-Anreisende und Pkw-Fahrer jeweils um 1½ Stunden. Besonders für die kürzeren Herbsttage kann diese Variante eine gute Alternative sein.

32

Heuberg (1603 m)

Walchseepanorama vor kaiserlichen Wänden

mittel | 800/800 Hm | 4.00 Std. (+ 1.00 ÖPNV) | 8,0 km

Tourencharakter
Schotterwege und Nebenstraßen, dann Steige

Ausgangspunkt
ÖPNV: Haltestelle Durchholzen (690 m)
Pkw: Wanderparkplatz Durchholzen-Pyramidenspitze (810 m)

Endpunkt
Wie Ausgangspunkt

Gipfel
Heuberg (1603 m)

Anfahrt Pkw
A 93 Inntalautobahn bis Ausfahrt Oberaudorf, Richtung Kössen bis Walchsee-Durchholzen, an der Bergbahn in der scharfen Linkskurve rechter Hand der Fahrstraße bis zum Wanderparkplatz Durchholzen-Pyramidenspitze folgen.

Verkehrsanbindung ÖPNV
Bahn München–Kufstein, Bus 4030 Richtung Walchsee bis Walchsee-Durchholzen

Gehzeiten
Bushalt Walchsee-Durchholzen – Wanderparkplatz Durchholzen Pyramidenspitze ½ Std. (nur ÖPNV) – Jöchlalm 1¾ Std. – Heuberg ½ Std. – Wanderparkplatz Durchholzen-Pyramidenspitze 1¾ Std. – Bushalt Walchsee-Durchholzen ½ Std. (nur ÖPNV)

Beste Jahreszeit
Mitte Mai bis Mitte November bei Schneefreiheit

Einkehr/Unterkunft
keine

Karte
AV-Karte 8, Kaisergebirge

Der Heuberg ist dem Zahmen Kaiser vorgelagert. Das ermöglicht von seinem Gipfel traumhafte Tiefblicke hinunter zum Walchsee. Hinter dem Berg baut sich die kaiserliche Felskulisse auf – von der Pyramidenspitze über den Feldberg bis zur Ackerlspitze.

Der Heuberg ist einer der etwas ruhigeren Aussichtsberge. Denn die meisten Wanderer zieht es weiter hinauf zu den exponierteren Zielen im Zahmen und im Wilder Kaiser. Dabei hat der Heuberg traumhafte Ausblicke zu bieten. Im Norden grüßt die gesamte Gipfelparade der Chiemgauer Alpen über den Walchsee herüber. Von West nach Ost geht hier der Blick, angefangen vom Kranzhorn, über den gleichnamigen Heuberg über dem Inntal. Weiter geht es mit dem Spitzstein und der formschönen Pyramide des Geigelsteins. Ganz rechts haben wir noch den Unterberg bei Kössen, um bei den prominenteren Namen der Chiemgauer Berge zu bleiben. Ganz anders gestaltet sich die Szenerie in unserem Rücken, also nach Süden hin; da öffnet sich der gesamte Felszirkus des Wilden Kaisers.

Der Aufstieg zum Heuberg Bahn- und Busfahrer gehen, sofern sie von Kufstein gekommen sind, von der A1 **Bushaltestelle Walchsee-Durchholzen** in Fahrtrichtung der Hauptstraße. An der Bergbahn in der schar-

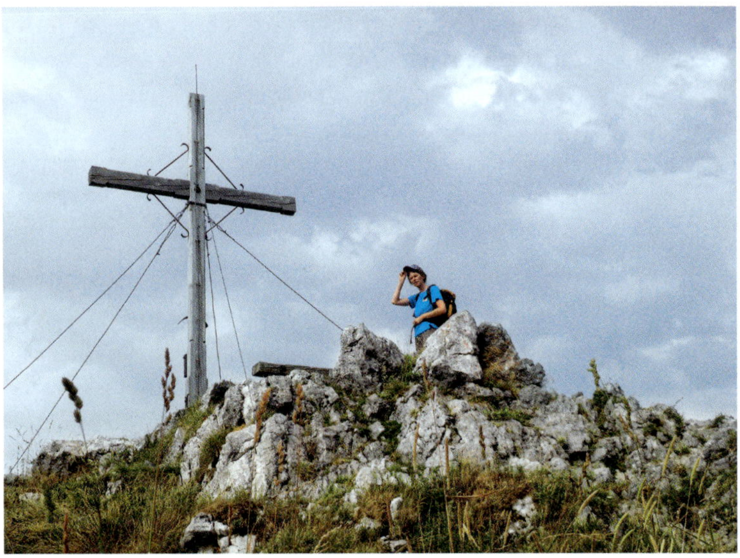

Majestäten unter sich: Autorenfrau Margit Kleemann auf dem Gipfel des Heubergs im Kaisergebirge

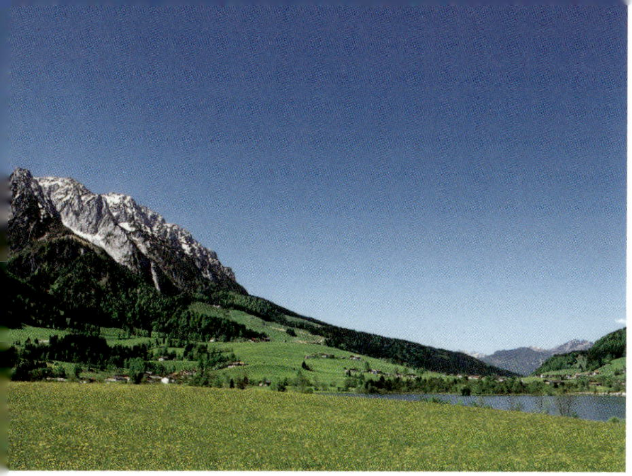

Sommerrodelbahn Walchsee

Wenn Sie früh genug dran sind, reicht die Zeit vielleicht noch für eine rasante Talfahrt mit der Sommerrodelbahn Durchholzen-Walchsee, von der dortigen Mittelstation. Je nach Saison und Jahreszeit endet die Öffnungszeit zwischen 16 und 18 Uhr. Damit können Sie dann auch öfter ins Tal abfahren (Informationen unter www.zahmerkaiser.com/sommer).

Der Walchsee bei Kössen mit dem Zahmen Kaiser im Hintergrund

fen Linkskurve geht es auf einer geteerten Nebenstraße geradeaus weiter. In einer lang gezogenen Rechtskurve folgen wir dieser, den Wegweisern »Heuberg« folgend, bergauf und wandern an der nächsten Weggabelung vor der Bachbrücke, rechts bis zum A2 **Wanderparkplatz Durchholzen-Pyramidenspitze**, dem Ausgangspunkt für Autofahrer. Bis hierher ergibt sich eine zusätzliche Gehzeit für Anreisende mit öffentlichen Verkehsmitteln von einer halben Stunde, hin und zurück also einer Stunde zusätzlich. Hier geht es dann weiter auf der geteerten Nebenstraße, den Wegweisern »Heuberg« folgend, bergauf in das Seitental über mehrere Viehgatter. Dann wandert man auf einem geschotterten Weg, vorbei an der Jager-Ried-Hütte und der 1 **Großpointneralm**. Ab hier gibt es nun einen Wanderweg, weiterhin mit den Wegweisern »Heuberg«, die ich in der Folge nicht mehr erwähne. Ebenso ist die rot-weiße Markierung auf dem Weg bis zum Gipfel zu beachten. Wir kreuzen eine Forststraße und lassen den Abzweig zur Pyramidenspitze rechts liegen. Später mündet der Abzweig zur Winkelalm in unseren Weg. Steil bergauf führt der Steig nun durch den Wald hinauf zur 2 **Jöchlalm**, hier ist im ersten Wegabschnitt durch den steilen Berghang etwas Trittsicherheit gefragt. In Höhe der Jöchlalm ist es auch nicht mehr weit bis zum Sattel, der hinüber zur Hageralm führt. Hier geht es linker Hand bergauf über den Wiesenhang zum Gipfel des 3 **Heubergs**. Der Abstieg entspricht der Aufstiegsroute zurück zu den jeweiligen Ausgangspunkten E2 **Wanderparkplatz Durchholzen-Pyramidenspitze** und E1 **Bushaltestelle Walchsee-Durchholzen**.

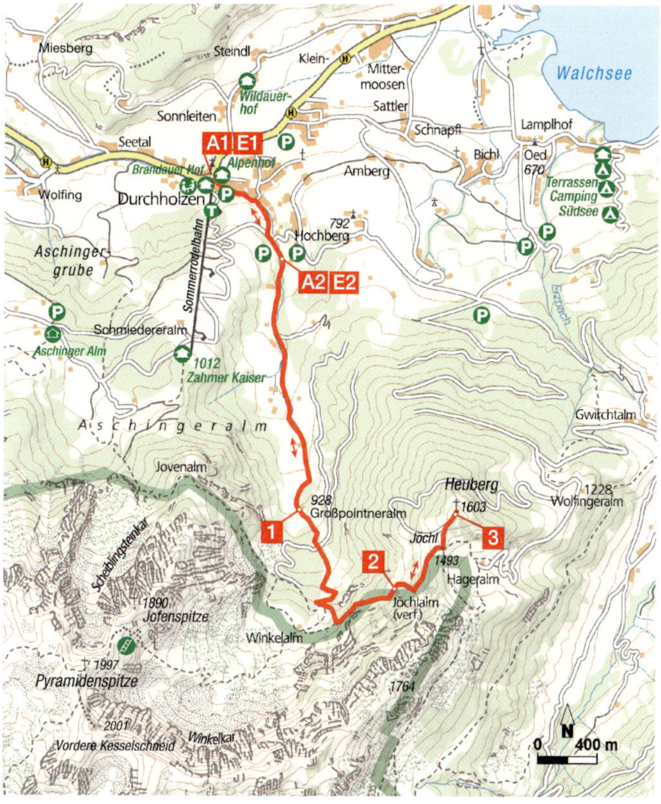

33

Gamskogel (1449 m), Venedigerblick (1160 m)

Stille kaiserliche Aussichtspunkte

mittel | 1090/1090 Hm | 7.45 Std. (+ 1.00 ÖPNV) | 21 km

Tourencharakter
Wanderwege, Forststraßen

Ausgangspunkt
ÖPNV: Bhf. Kufstein (490 m)
Pkw: Parkplatz Kneippanlage, Pienzauerstraße (530 m)

Endpunkt
Wie Ausgangspunkt

Gipfel
Gamskogel (1449 m), Venedigerblick (1160 m)

Bergbahn
Kaiserlift, www.naturerlebnis-Kaisergebirge.at

Anfahrt Pkw
A 93 Kufstein-Nord, am Kreisverkehr rechts nach Kufstein, an den nächsten beiden Kreisverkehren geradeaus Kaisertal, am nächsten Kreisverkehr rechts in die Oskar-Pirlo-Straße, nach dem Oberen Stadtplatz links in die Josef-Egger-Straße, durch die Pienzauerstraße bis Parkplatz Kneippanlage

Verkehrsanbindung ÖPNV
Bahn München–Kufstein

Gehzeiten
Bhf. Kufstein – Parkplatz Kneippanlage ½ Std. (nur ÖPNV) – Duxeralm 1½ Std. – Brentenjochalm 1 Std. – Gamskogel 1 Std. – Kaindlhütte 1 Std. – Brentenjochalm ¾ Std. – Venedigerblick ½ Std. – Duxeralm 1 Std. – Parkplatz Kneippanlage 1 Std. – Bhf. Kufstein ½ Std. (nur ÖPNV)

Beste Jahreszeit
Mitte Mai bis Ende Oktober bei absoluter Schneefreiheit

Einkehr/Unterkunft
Brentenjochalm (1204 m), Weinbergerhaus (Abstecher, 1273 m), Kaindlhütte (1293 m), Duxer Alm (897 m), Berggasthaus Hinterdux (Abstecher, 740 m)

Karte
AV-Karte 8, Kaisergebirge

Der Gamskogel bietet eindrucksvolle Ausblicke in den Wilden und den Zahmen Kaiser. Vom Venedigerblick geht der Blick über das Geißbachtal an klaren Tagen bis zum Großvenediger in die Hohen Tauern. Beide Aussichtspunkte haben eines gemeinsam – sie werden kaum besucht.

Die Gams am Kogel Seinen Namen verdankt dieser Berg wohl tatsächlich jenen Tieren, die aus den Abbrüchen des Kaisertales zum Gipfel ziehen. Jedenfalls streiften, jedesmal als ich dort war, einige ausgewachsene Exemplare um den Berg herum. Hatten sie einen Wanderer erspäht, sind sie auch schon in die Steilhänge gestürmt – mit einer Trittsicherheit, die sich wohl mancher Wanderer wünschen würde. Denn in die Untiefen des Kaisertales ziehen nur ein paar schon längst zugewachsene Steige, von einigen Murenabgängen unterbrochen, unter dem Strich ganz einfach höchst gefährliches Gelände und ideales Terrain für die Gämsen. Kaiserliche Ausblicke darf man hier oben genießen. So sieht man im Zahmen Kaiser von links nach rechts Peterskföpfl, Naunspitze und Pyramidenspitze. Auf der anderen Seite nach Süden warten die steilen Felswände des Wilden Kaisers auf. Von links nach rechts sieht man die Ackerlspitzen, die Ellmauer Halt, den höchsten Gipfel dieser Gebirgsgruppe und ganz rechts im Westen den Scheffauer, um nur die wichtigsten Berge zu nennen. Nur wenige Wanderer nehmen die Route zur Kaindlhütte. Denn die meisten, die dort hingehen, haben Größeres vor und wählen deshalb auch den direkten Weg über die Antalau. Zudem ist die Route in das Kaisertal über den Bettlersteig häufig wegen Murenabgängen oder Steinschlag gesperrt, so auch zum Zeitpunkt meiner Begehung.

Der Venedigerblick Versteckt, nahe dem Berghaus Aschenbrenner, zieht ein schmaler Waldpfad in nur einer Viertelstunde zu dem schönen Aussichtspunkt über dem Geißbachtal. Der Blick geht vorbei an der Hohen Salve in die Hohen Tauern bis zum Großvenediger – ein Panorama der Extraklasse, allerdings nur an klaren Tagen.

Der Aufstieg zum Gamskogel Vom A1 **Bahnhof Kufstein** gehen Bahnfahrer über die Innbrücke in die Altstadt. Dann geht es über den Unteren Stadtplatz bergauf zum Oberen Stadtplatz. An dessen Ende gehen wir

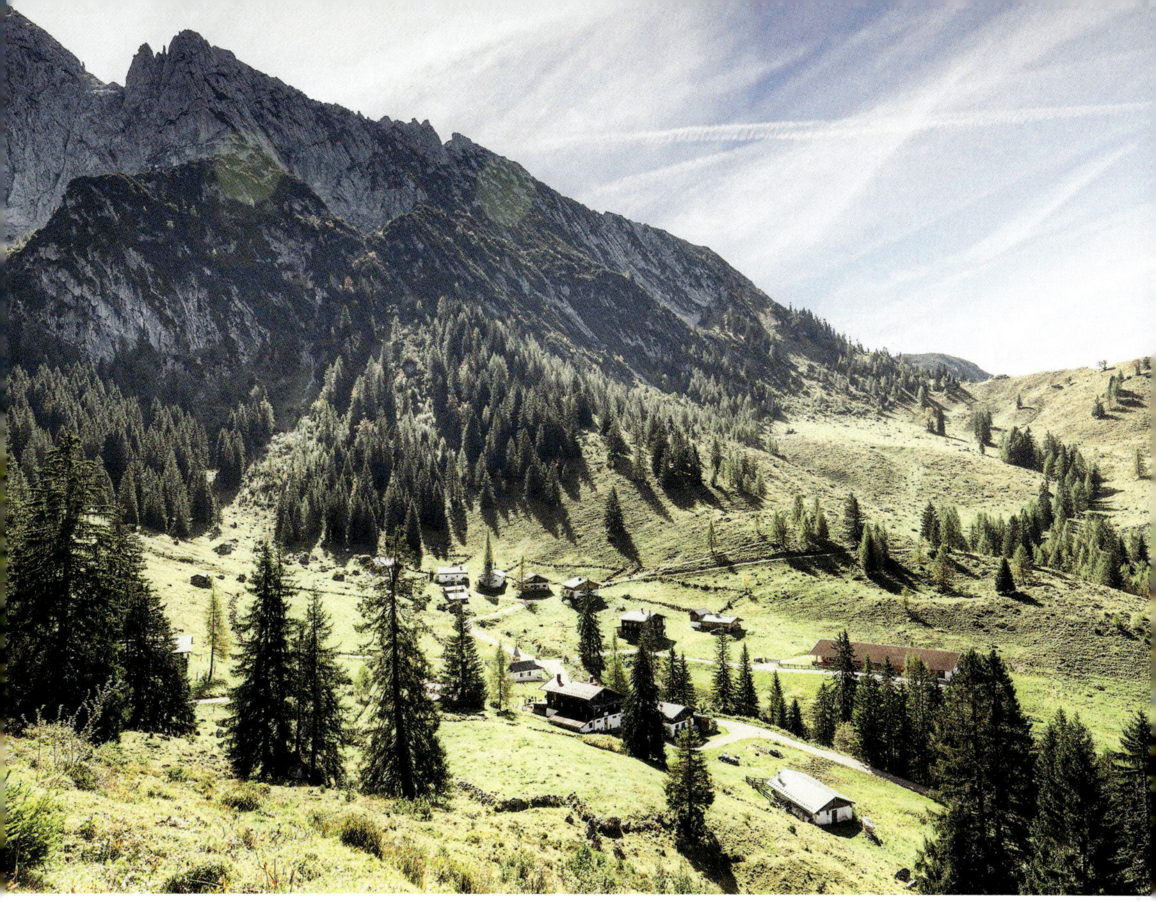

rechter Hand vorbei an der Stadtkirche und überqueren hier die Hauptstraße, der wir noch ein Stück folgen. Dann geht es an der nächsten Straße, der Josef-Egger-Straße, links. Hier folgen wir auch dem grünen Schild »Hotel Andreas Hofer«. Wir gehen über zwei Kreuzungen weiter geradeaus bis zum Ende der Pienzenauer Straße zum A2 **Wanderparkplatz Kneippanlage**. Ab hier gehen nun auch Autofahrer links

Paradeblick für Romantiker – die Kaindlhütte mit dem Zettenkaiser im Hintergrund

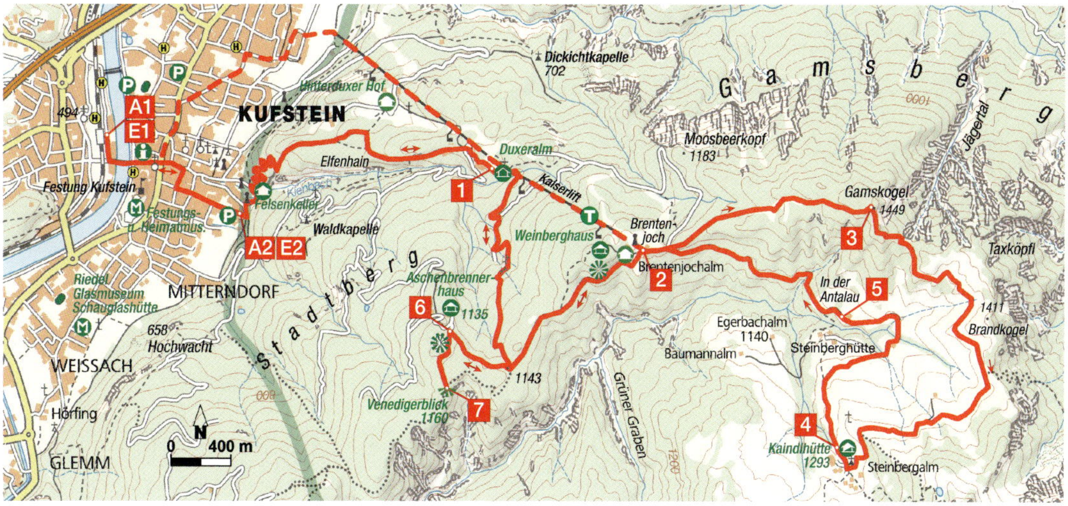

an den Kneippanlagen vorbei, dem Wegweiser »Kaiserlift« folgend, auf einem geteerten Fußweg vorbei am Kalafat-Denkmal. Am Gasthof Felsenkeller biegen wir dann scharf links ab, dem Schild »Kaiserlift« neuerlich folgend, auf einer Fahrstraße. Nach dem Gasthof Kienbergklamm geht es nun rechts mit der Beschilderung »Gasthof Hinterdux« auf einem Wanderweg bergauf. Diesem Schild folgen wir gleich wieder rechts bergauf durch den Elfenhain mit schönen Tiefblicken auf Kufstein mit seiner Festung. Nach dem ersten Anstieg lassen wir dann den Wegweiser »Hinterdux« an einer Weggabelung links liegen und folgen rechts dem Schild »Duxer Alm«, ebenso an der nächsten Gabelung, hier dann geradeaus hoch über der Kienbergklamm. Am Ende der Klamm geht es dann, dem gleichen Wegweiser folgend, links hinauf zur ❶ **Duxer Alm**. Dort geht es weiter, dem Schild »Berghaus Aschenbrenner, Schneerosenweg« folgend, auf einem Forstweg bergauf. An der nächsten Weggabelung wandern wir hier nun rechts, weiterhin mit dieser Beschilderung, bevor der Schneerosenweg in angenehmer Steigung durch den Bergwald hinaufführt. Am Ende des Schneerosenwegs angelangt, wandern wir auf dem Forstweg links mit der Beschilderung »Weinbergerhaus, Kaindlhütte« weiter. Dann lassen wir den Weg zum Weinbergerhaus links liegen und gehen an der urgemütlichen ❷ **Brentenjochalm** vorbei zu einer Gabelung des Forstweges. Genau

Schöne Kulisse: Geranien an der Brentenjochalm

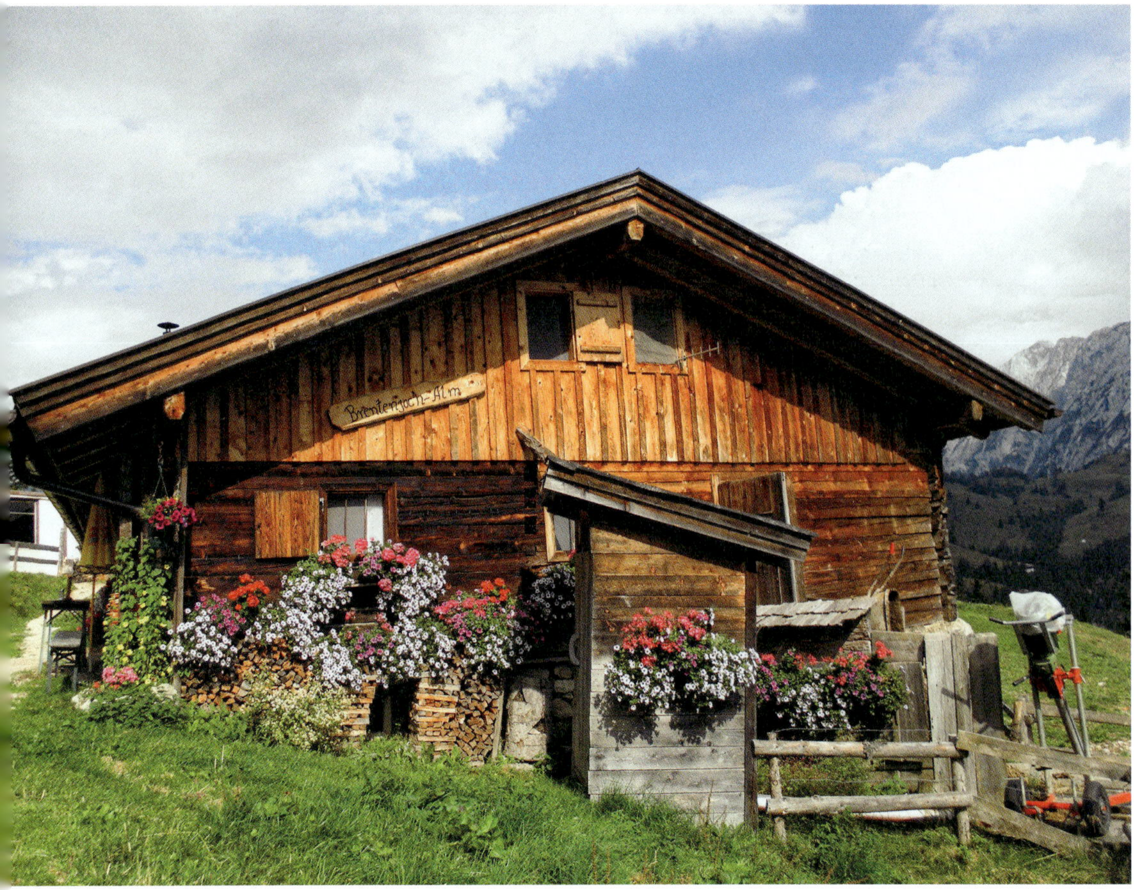

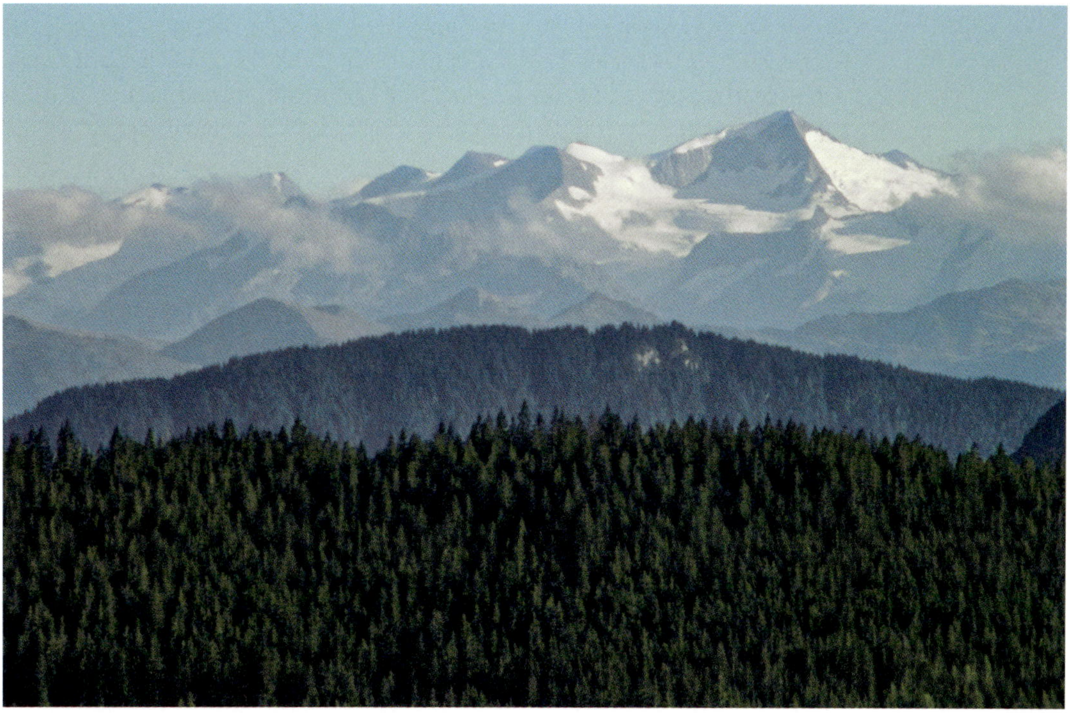

Blick zum Gipfel alpiner Sehnsüchte: am »Venedigerblick«

hier geht es mit dem Wegweiser »Gamskogel« weiter. Über einen teilweise steigähnlichen Weg geht es in angenehmer Steigung hinauf zum Gipfel.

Über die Kaindlhütte nach Kufstein Vom Gipfel des ❸ **Gamskogel** geht es über den Höhenweg, vorbei am Abzweig zum Bettlersteig linker Hand, zur ❹ **Kaindlhütte**. Nachdem wir hier eingekehrt sind, wandern wir auf einem breiten Schotterweg und dem Wegweiser »Weinbergerhaus« folgend vorbei an der ❺ **Antalaualm** bis zur ❷ **Brentenjochalm**. Hier geht es ein Stück auf dem Hinweg zum ❻ **Berghaus Aschenbrenner**. Kurz davor, an einer Rechtskurve des Weges, führt ein schmaler Waldpfad mit ein paar verfallenen Stufen bergauf. Erst steil ansteigend, dann nur noch mit leichtem Anstieg geht es bis zum ❼ **Venedigerblick**. Auf diesem Weg wandern wir wieder zurück zum Abzweig nahe dem ❻ **Berghaus Aschenbrenner**, das sich auch für eine Einkehr anbieten würde. Rechter Hand folgt man dem Forstweg wieder zurück in Richtung »Weinbergerhaus«, bis links der Abstieg über den Schneerosenweg Richtung Kufstein auf der Route des Anstieges verläuft. So gelangen die Autofahrer wieder zurück zum Endpunkt am E1 **Wanderparkplatz Kneippanlage**, Bahnfahrer gehen zurück zum E2 **Bahnhof Kufstein**.

Verkürzte Variante

Abkürzen lässt sich die Tour durch die Auffahrt mit dem Kaiserlift. Autofahrer folgen den Wegweisern dorthin. Bahnfahrer nehmen vom Bahnhof in Kufstein die Buslinie 1 bis zur Haltestelle Meraner Straße und gehen von dort in 10 Minuten zum Kaiserlift. Von der Bergstation geht man bergab zur Brentenjochalm und folgt von dort der beschriebenen Route. Die Gehzeit verringert sich dadurch um 2¼ Stunden, zudem werden 700 Höhenmeter bergauf eingespart.

34

Naunspitze (1633 m), Petersköpfl (1745 m)

Traumtour im Zahmen Kaiser

mittel | 1200/1200 Hm | 7.15 Std. (+ 1.00 ÖPNV) | 9,9 km

Tourencharakter
Wanderwege und Steige, absolute Trittsicherheit sowie trockene Wege erforderlich

Ausgangspunkt
ÖPNV: Halt Ebbs-Schulzentrum (475 m)
Pkw: Parkplatz Reith-Feldberg (600 m)

Endpunkt
Wie Ausgangspunkt

Gipfel
Naunspitze (1633 m), Petersköpfl (1745 m)

Anfahrt Pkw
A 8 München–Salzburg bis Inntaldreieck, A 93 bis Oberaudorf, nach Niederndorf, nach Ebbs, vor der Kirche links in die Kaiserbergstraße, an der Straßengabelung rechts Richtung Feldberg, Vorderkaiserfelden

Verkehrsanbindung ÖPNV
Bahn München–Kufstein, Bus 4030 Walchsee oder 4036 Niederndorfer Berg, Erl bis Halt Ebbs-Schulzentrum

Gehzeiten
Halt Ebbs-Schulzentrum – Parkplatz Reith-Feldberg ½ Std. (nur ÖPNV) – Vorderkaiserfeldenhütte 2¾ Std. – Naunspitze – Petersköpfl 1¼ Std. – Hinterkaiserfeldenalm – Vorderkaiserfeldenhütte 1¼ Std. – Parkplatz Reith-Feldberg 2 Std. – Halt Ebbs-Schulzentrum ½ Std. (nur ÖPNV)

Beste Jahreszeit
Anfang Juni bis Ende Oktober bei absoluter Schneefreiheit

Einkehr/Unterkunft
Vorderkaiserfeldenhütte (1388 m), Ritzaualm, Abstecher

Karte
AV-Karte 8 Kaisergebirge

Im Herbst ziehen die Massen durch das Kaisertal hinauf zu den zahlreichen Gipfelzielen im Wilden Kaiser. Ruhig bleibt es hingegen auch an belebten Wandertagen, wenn man den Weg über die steile Nordseite des Zahmen Kaisers über den Musikantensteig wählt.

Das Kaisergebirge Die ganze Schönheit dieser Berggruppe offenbart sich, wenn man aus der steilen Nordflanke zur Vorderkaiserfeldenhütte aufsteigt. Auf der folgenden Gipfelrunde über die Naunspitze zum Petersköpfl reiht sich nach Süden hin die gesamte Gipfelparade des Wilden Kaisers auf: Scheffauer, die Ellmauer Halt, das Totenkirchl und die Ackerlspitzen – das sind nur die wichtigsten Namen in der Gipfelprominenz dieses Gebirges. Einen Kontrast auf dieser Tour bieten die Nordabbrüche des Zahmen Kaisers. Senkrecht gähnt unter uns der felsige Abgrund. Tief darunter liegt der Walchsee, und auf der Gegenseite bauen sich die Berge der Chiemgauer Alpen auf. Die bekanntesten Aussichtsberge sind hier von West nach Ost gesehen Kranzhorn, Heuberg, Spitzstein und Geigelstein. Mit etwas Glück darf man in den späten Nachmittagsstunden beim Abstieg über den Musikantensteig das eine

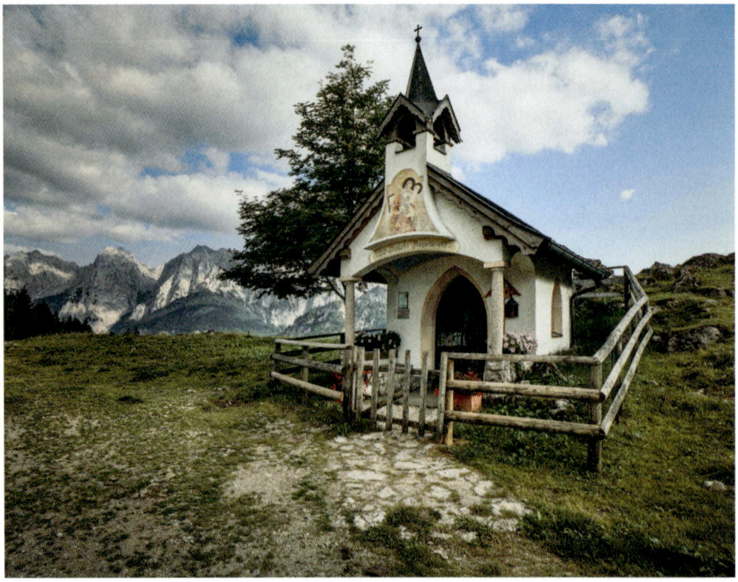

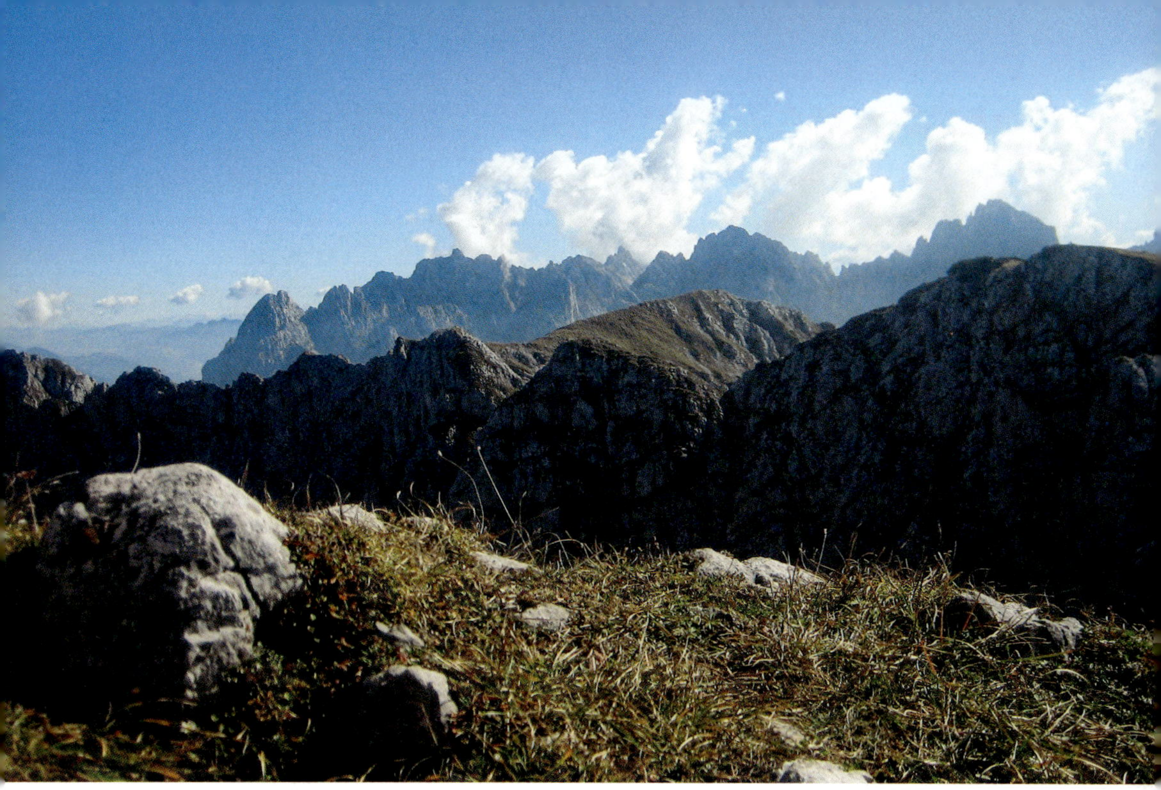

oder andere Gamsrudel beobachten. Sehen sie einen Wanderer, dann reagiert der führende Gamsbock mit einem Pfeifen und alarmiert so die ganze Familie, den Rückzug anzutreten. Schnell sind die wendigen Tiere auch über schier unwegsames Gelände in steilen Felsabbrüchen verschwunden …

Traumlandschaften: Blick beim Aufstieg zum Petersköpfl auf die Felskette des Wilden Kaisers

Die Vorderkaiserfeldenhütte Verschwitzt und außer Atem wartet man hier oben nach dem steilen Anstieg sehnsüchtig auf ein erfrischendes Bier. Gekrönt wird dieser Genuss von einer fabelhaften Aussicht nach Südwesten in das Tiroler Inntal. Auf der linken Seite des Tales reihen sich die Berge des Alpbachtales und der Tuxer Alpen auf, ehe am vermeintlichen Talschluss an klaren Tagen sogar der Blick bis in die Ötztaler Alpen schweift. Auf der rechten Seiten des Inntales geht der Blick wieder zurück. Von hinten nach vorne blitzen zunächst einige Spitzen des Karwendels heraus, gefolgt vom Ebnerjoch im Rofan, bis sich dann ganz vorne in den Brandenberger Alpen das Hundsalmjoch, das Köglhörndl und der Pendling als eine zusammenhängende Gipfelkette die Ehre geben. Wenn man genau hinsieht, kann man auf dem Pendling das Kufsteiner Haus erkennen. Auf der Vorderkaiserfeldenhütte finden Sie übrigens immer einen Platz um die Mittagszeit, denn die Übernachtungsgäste der Hütte sind ja tagsüber auf den Höhenwanderungen im Zahmen Kaiser un-

Linke Seite: Kapelle an der Ritzaualm mit Blick in den Wilden Kaiser

Eine Zusatzrunde

Wer eine Runde drehen möchte, kann über die Ritzaualm absteigen. Hier geht es nordwärts, steil bergab über den Schanzer Weg, Richtung »Schanz, Oberndorf, Ebbs«. Kurz vor Erreichen des Talgrunds wendet man sich auf einem Forstweg rechts in Richtung »Aschinger Alm, Gasthaus Kölnberg, Reith«, bis man auf den letzten Metern der Anstiegsroute linker Hand bergab nach Ebbs folgt. Diese Variante ist nur bei trockenen Wegverhältnissen zu empfehlen; der Abstieg verlängert sich damit um eine Stunde.

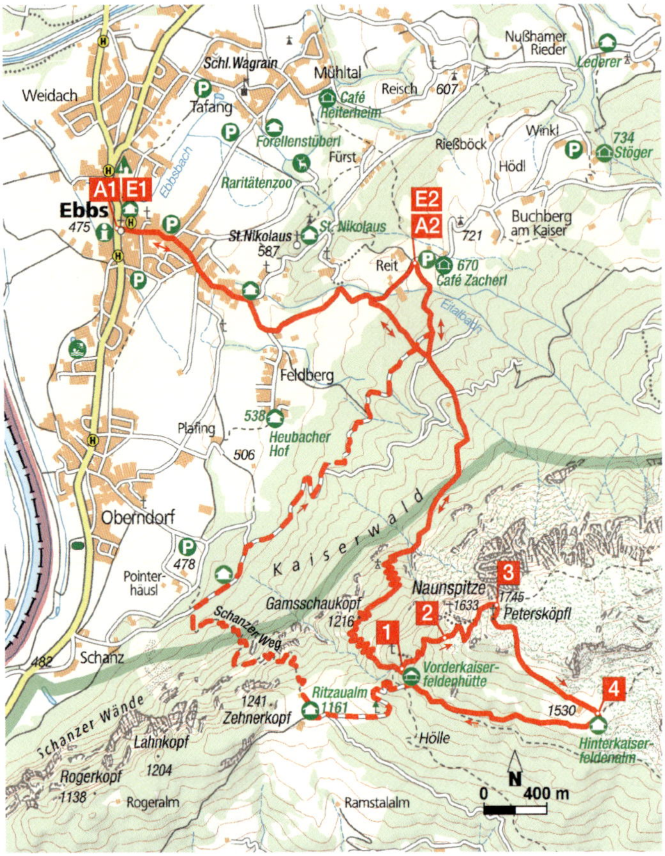

terwegs. Die Aussicht von hier oben kann man sich noch einmal vor dem Abstieg über den Musikantensteig gönnen. Dann wird das Tiroler Inntal in ein mildes Licht getaucht. Aber nicht den Abstieg vor lauter Schwärmerei vergessen! Falls Sie hier oben noch den Sonnenuntergang erleben möchten, sollten Sie auf jeden Fall einen Tag dranhängen, um auf der Hütte zu übernachten, bevor Sie dann erst am nächsten Tag absteigen.

Der Aufsteig zum Petersköpfl Von der **A1 Bushaltestelle Ebbs Schulzentrum** gehen wir in Fahrtrichtung nach der Kirche rechter Hand in die Kaiserbergstraße und folgen ihr bis zu deren Ende mit dem Wegweiser »Aschingeralm«, dem wir weiter bis zum Parkplatz folgen. An der nächsten Straßengabelung gehen wir nach rechts. An der

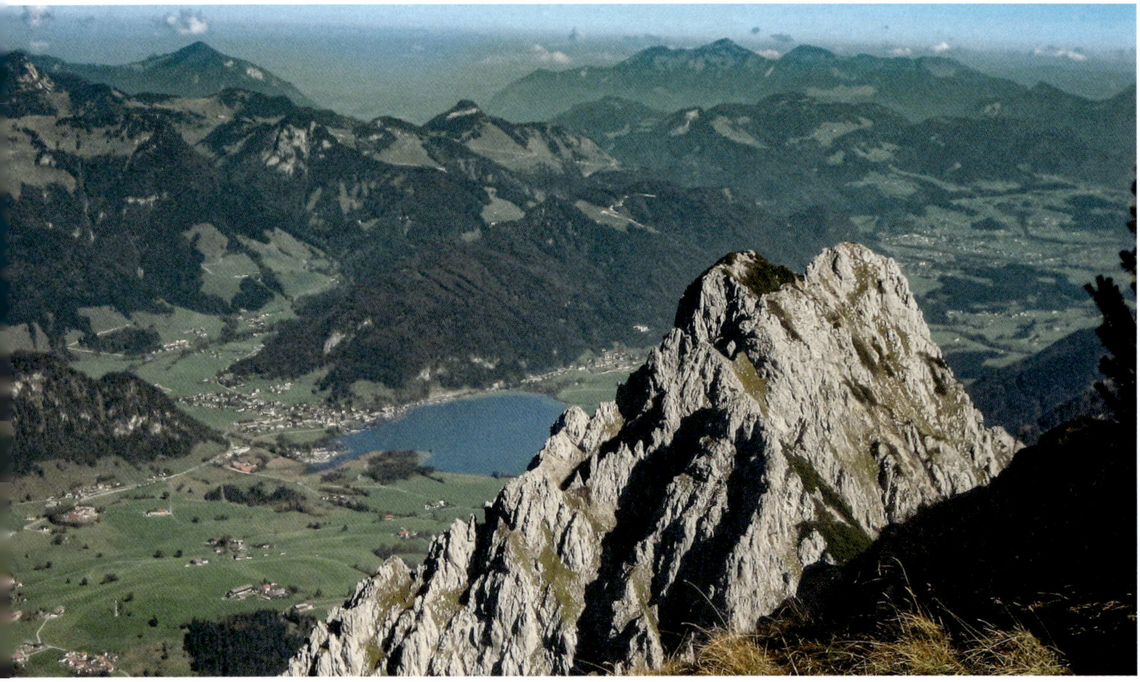

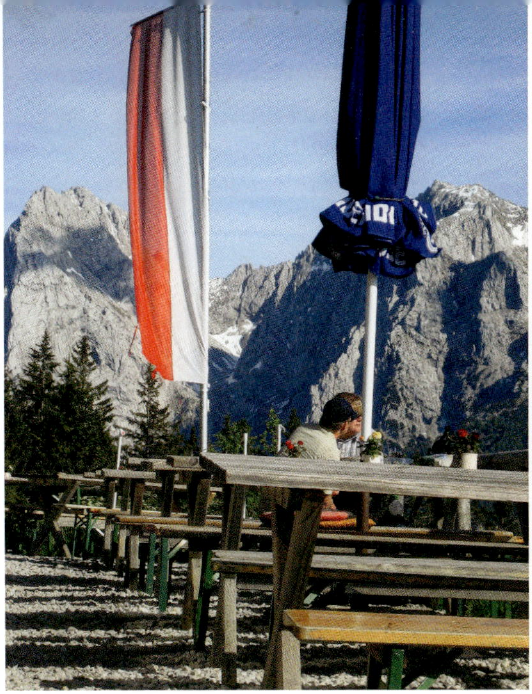

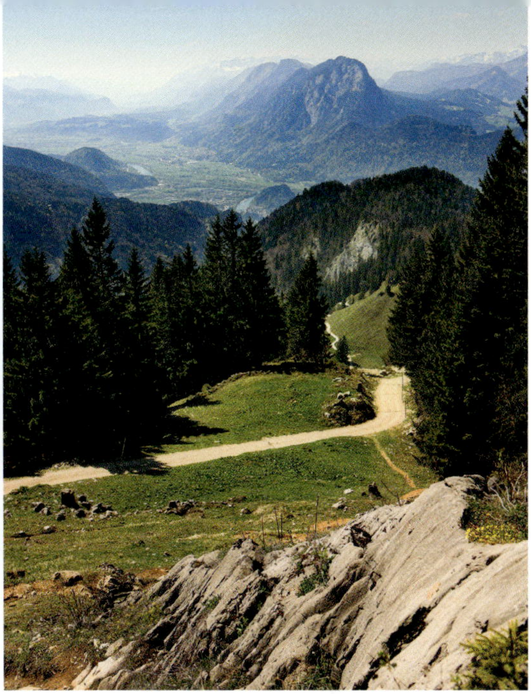

darauffolgenden Gabelung dann linker Hand über eine Bergwiese, weiter der Fahrstraße folgend, bergauf. Dann geht es mit dem Wegweiser »Vorderkaiserfeldenhütte« nach rechts.

Vom A2 **Wanderparkplatz Reith Feldberg**, folgen wir der Fahrstraße über das Gatter wenige Meter bergab. Dann orientieren wir uns am Wegweiser »Vorderkaiserfeldenhütte« linker Hand.

Ab hier geht es für alle über eine Bergwiese in den Wald durch ein Drehkreuz bergauf. Wir kreuzen zweimal eine Forststraße und folgen dem Wegweiser »Vorderkaiserfeldenhütte«, der in der Folge nicht mehr erwähnt wird. Der Weg führt nun steil bergauf und hat zunehmend steigähnlichen Charakter. Dabei wird auch ein seilgesichertes Felsband überquert. Über viele Stufen geht es weiter auf dem Steig bergauf, vorbei am Abzweig zum Klettergarten, zur Vorderkaiserfeldenhütte. Von der 1 **Vorderkaiserfeldenhütte** geht es, den Wegweisern »Naunspitze, Petersköpfl« folgend, in steilen Kehren hinauf zur 2 **Naunspitze**. Das letzte Stück dorthin ist mittelschwierig durch Schrofengelände. Wer diese Stelle meiden möchte, kann, wie alle anderen danach, rechter Hand, neuerlich über steile Serpentinen durch die Latschen hinauf zum Petersköpfl gehen. Der Gipfel des 3 **Petersköpfl** ist zugleich der höchste Punkt unserer Wanderung.

Der Abstieg Vom Petersköpfl aus wenden wir uns nun in südöstlicher Richtung bergab zur Hinterkaiserfeldenalm. Bergab über eine Steilstufe durch die Latschengassen in den Südhängen des Zahmen Kaisers wird sie erreicht. An der 4 **Hinterkaiserfeldenalm** gehen wir nun scharf rechts in westlicher Richtung auf einem weitgehend ebenen Wanderweg zur 1 **Vorderkaiserfeldenhütte**. Auf der bekannten Aufstiegsroute über den Musikantensteig geht es hinunter zu den bekannten Ausgangspunkten E2 **Wanderparkplatz Reith Feldberg** und E1 **Bushaltestelle Ebbs Schulzentrum.**

Mahlzeit! Bei dieser Aussicht auf der Vorderkaiserfeldenhütte muss es schmecken (oben links).

Weiter Ausblick von der Vorderkaiserfeldenhütte in das Inntal mit dem Pendling (oben rechts)

Linke Seite: Blick beim Aufstieg zum Petersköpfl auf den Walchsee und die Chiemgauer Alpen

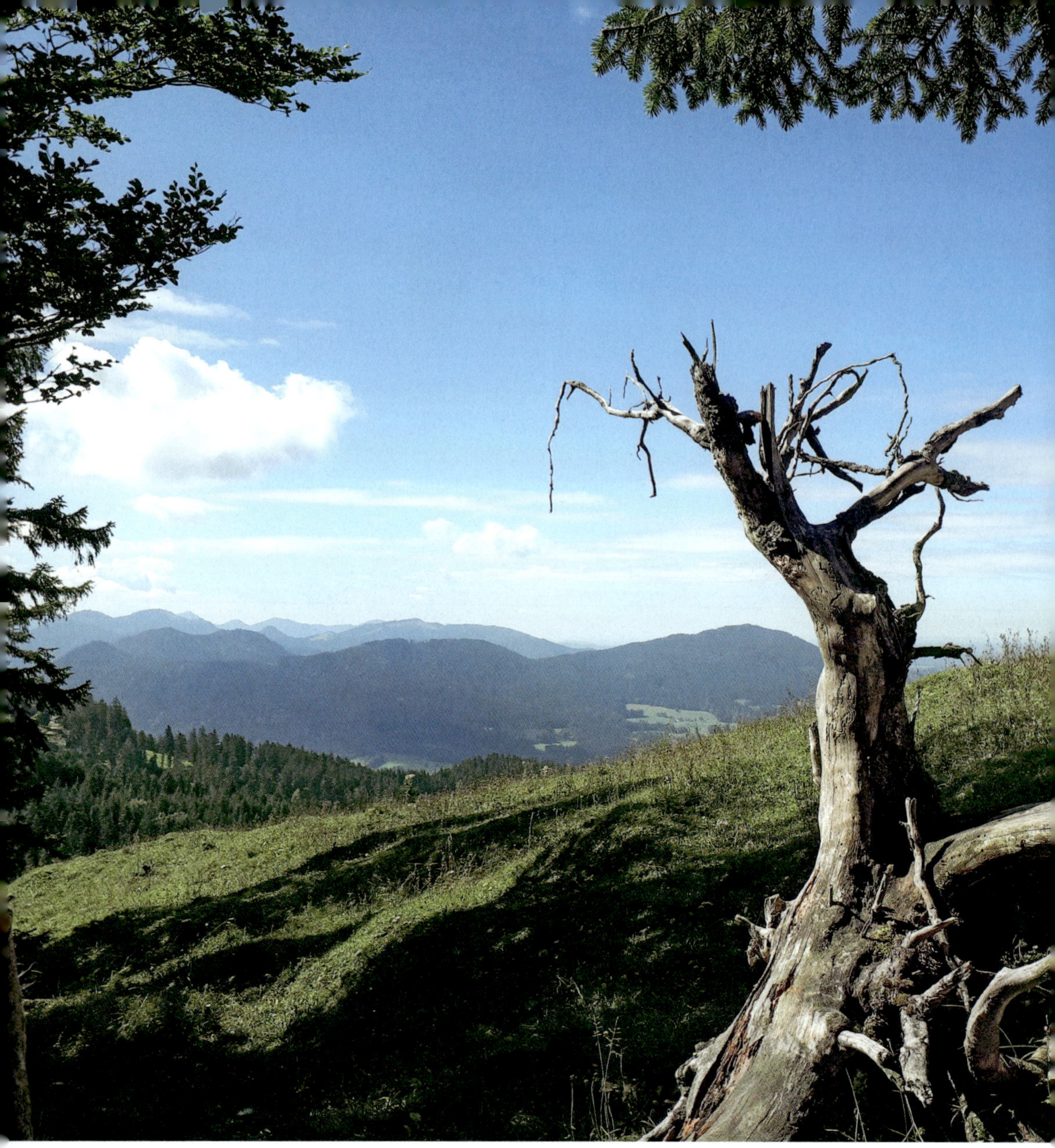

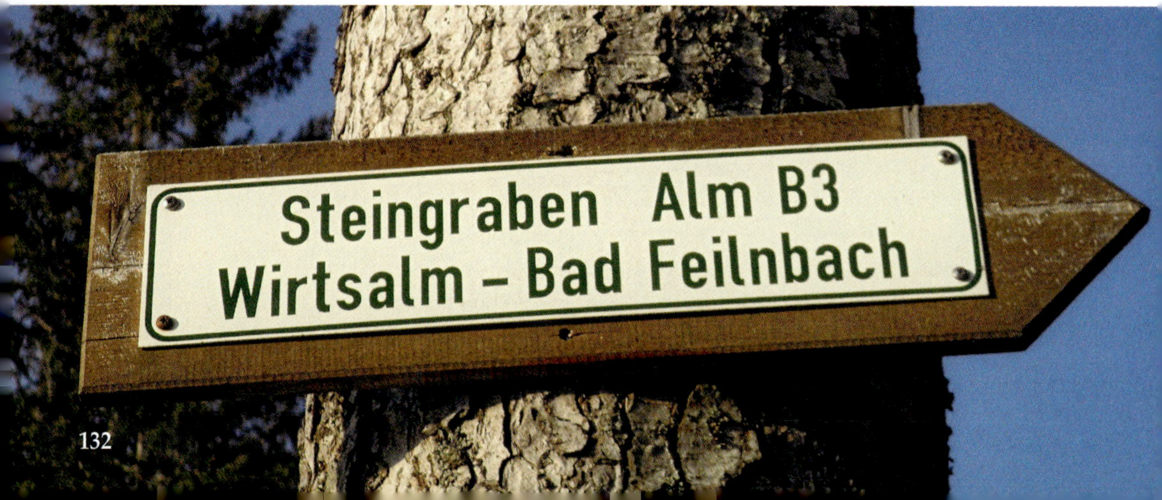
Steingraben Alm B3
Wirtsalm – Bad Feilnbach

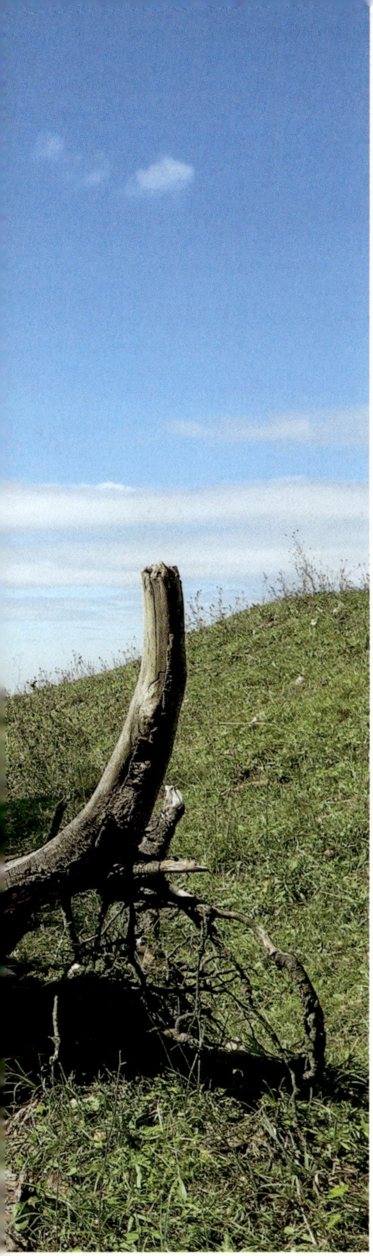

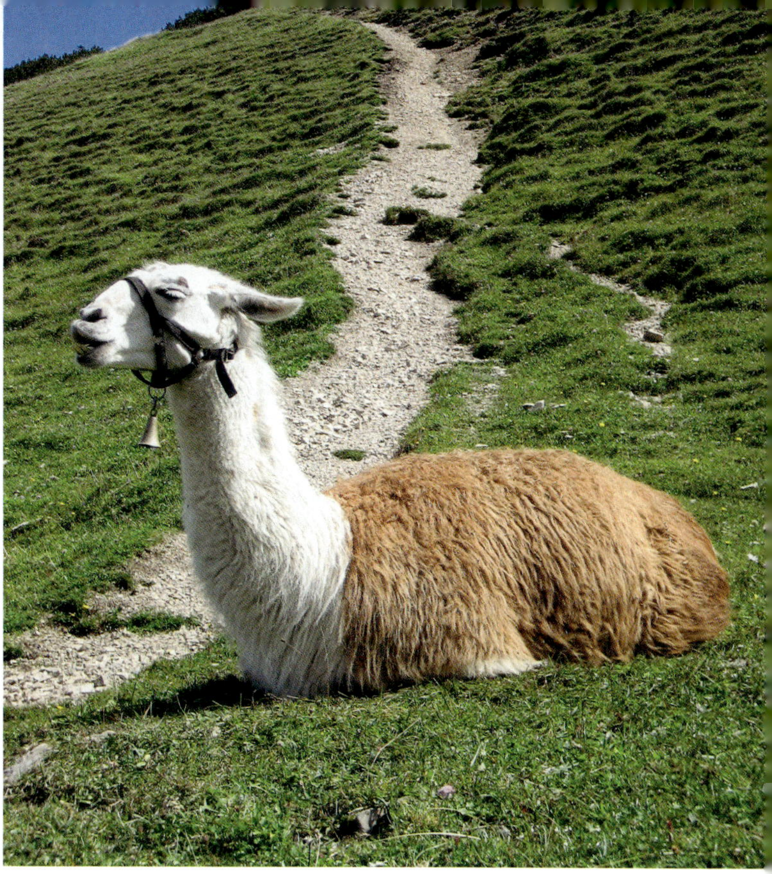

Mangfallgebirge

Stillleben einer Landschaft: Blick vom Eibelkopf ins Leitzachtal (oben links). Ein besonderer Wegewächter: Lama auf der Jägerbauernalm (oben rechts). »Ja mei is der Kas heut' wieder guad«: Einkehr auf der Jägerbauernalm (unten rechts). Wegweiser ins Glück: beim Aufstieg zum Eibelkopf (unten links)

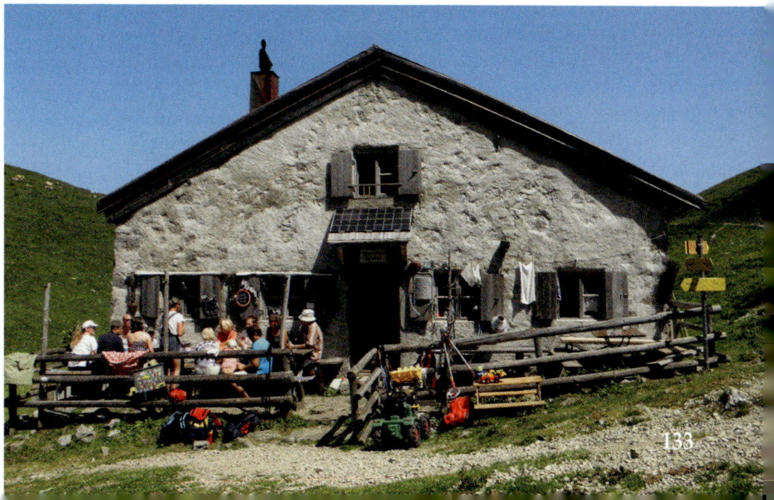

35

Nuslberg (882 m)

Verlassene Klause mit Kaiserblick

mittel · 500/500 Hm · 4.15 Std. · 11,1 km

Tourencharakter
Wanderung auf breiten Schotterwegen im Aufstieg sowie auf schmalen Wanderwegen beim Abstieg

Ausgangspunkt
ÖPNV: Bhf. Kiefersfelden (500 m)
Pkw: Parkplatz am Bhf. Kiefersfelden (500 m)

Endpunkt
Wie Ausgangspunkt

Gipfel
Nuslberg (882 m)

Anfahrt Pkw
A 8 München–Salzburg bis Inntaldreieck, A 93 Inntalautobahn bis Ausfahrt Kiefersfelden, links in die Ortsmitte von Kiefersfelden, nach dem Maibaum links in die Wilhelm-Kröner-Straße einbiegen, die zum Bahnhofsparkplatz führt

Verkehrsanbindung ÖPNV
Bahn München–Kufstein bis Kiefersfelden

Gehzeiten
Kiefersfelden Bahnhof – Haltepunkt Hechtsee-Schöffau 1 Std. – Nuslberg 1½ Std. – Gfall-Stausee ½ Std. – Kiefersfelden Bahnhof 1¼ Std.

Beste Jahreszeit
Anfang April bis Mitte November bei absoluter Schneefreiheit

Einkehr/ Unterkunft
—

Karte
AV-Karte BY 16 Mangfallgebirge Ost, sowie Karte Landesamt für Vermessung und Geoinformation Mangfallgebirge UK50-53

Die Klause auf den Nuslberg und seine gleichnamige Kapelle ist ein stiller, verlassener Ort. Hier oben unter der alten Kastanie sitzt man idyllisch. Und vor allem beim Abstieg hat der Berg schöne Ausblicke hinüber in das Kaisergebirge zu bieten.

Der Nuslberg Unauffällig präsentiert sich dieser Waldbuckel über dem Inntal. Abends scheint hier der Kaiser im letzten Sonnenlicht zu glühen. Dann hört man die Kirchenglocken von Ebbs oder Oberaudorf, deren Läuten bei günstigen Winden bis hier herauf klingt. Die Nuslbergkapelle ist ein wirklich besonderer Fleck Erde, der einem Wallfahrtsort alle Ehre macht.

Der Weg vom Bahnhof zum Nuslberg Vor dem Ⓐ **Bahnhof Kiefersfelden** und den Parkplätzen stehend, gehen wir rechts und folgen der Wilhelm-

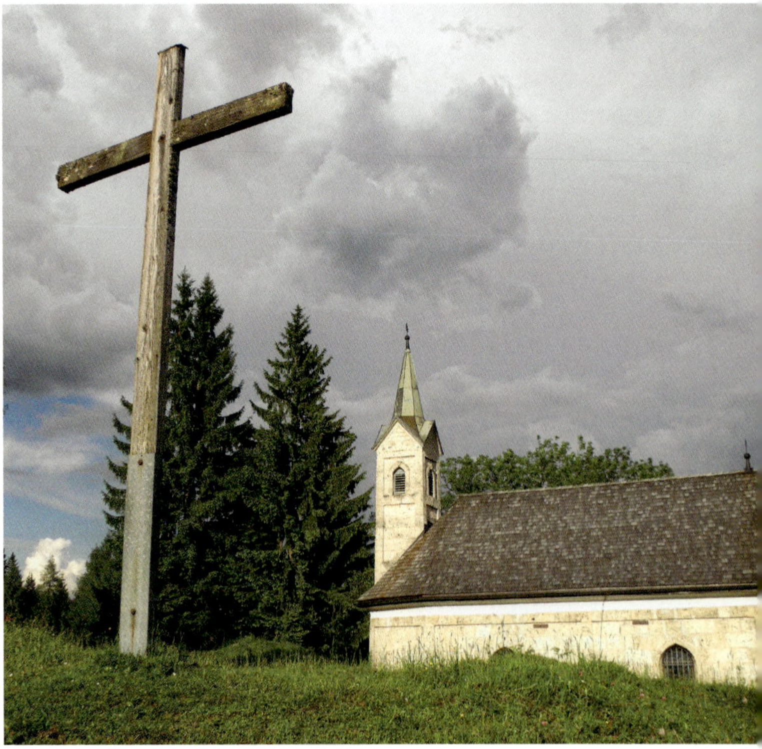

Majestätischer Kraftort hoch über dem Inntal: die Nußlbergkapelle

Kröner-Straße bis zur Hauptstraße. Dieser folgen wir dann erneut nach rechts bis zur Brücke des Kieferbaches. Dort gehen wir links und anschließend auf dem Egelseeweg und dem Uferweg am Kieferbach bis zur zweiten Brücke, die über den Kieferbach führt; hier überqueren wir den Bach. Ebenso überqueren wir die Fahrstraße und folgen links, neben dem ehemaligen ❶ **Bahnsteig** Hechtsee-Schöffau der Wachtlbahn, dem Wegweiser »Kurzenwirt, Nuslberg«. Am Kurzenwirt angelangt, folgen wir dem schlecht sichtbaren Holzwegweiser »Baumgarten« zwischen den Bauernhöfen in nördlicher Richtung, vorbei am Fußgängerschild bergauf in den Wald und passieren die ❷ **Bleierkapelle**. Wir gelangen später an eine geteerte Fahrstraße, der wir wenige Meter nun zum ehemaligen Gasthof Baumgarten linker Hand folgen. Hier geht es jetzt rechts, dem Wegweiser »Nuslberg« folgend, auf einem breiten Schotterweg bergauf. Im weiteren Verlauf schließt sich der Kreuzweg an, der in Kehren bergauf bis zum ❸ **Nuslberg** und zur Kapelle, unserem Ziel, führt.

Ein Abstecher

Lohnend ist ein Abstecher zum ruhigen ❺ **Egelsee**. Von der Brücke am Kieferbach geht es über die Hechtsee-Wasserfälle zum Hechtsee. Deshalb gehen wir am Hechtsee links zum Eglsee. Nach einer Weggabelung orientiert man sich links und erreicht einige schöne Plätze am Ufer des Sees. Dann geht es wieder zurück zur Brücke am Kieferbach. Für diese Wegvariante ist eine Dreiviertelstunde zusätzlich zu veranschlagen.

Der Abstieg vom Nuslberg Von der Nuslbergkapelle folgen wir nun dem Wegweiser »Stausee« in vielen Kehren in nördlicher Richtung hinunter durch den Wald bis kurz vor dem ❹ **Gfaller Stausee**. Hier zweigt rechter Hand bergauf ein Weg ab mit der Beschilderung »Kiefersfelden, Höhenweg«. Zunächst ansteigend, dann wieder bergab, wird der Nuslberg auf seiner Ostseite umrundet. An einer Weggabelung gehen wir nun links steil bergab Richtung Kiefersfelden. An einer geteerten Fahrstraße (Schöffauer Straße) gehen wir rechts. Sogleich nehmen wir den Nuslbergweg linker Hand, dessen folgende Linkskurve uns hinunter zur Thierseestraße bringt, der wir weiter links nach Kiefersfelden folgen. Am Ende der Thierseestraße wählen wir rechts die Hauptstraße über den Kieferbach und gelangen so auf der Route des Hinweges zurück zum Ⓔ **Bahnhof Kiefersfelden** und den Parkplätzen.

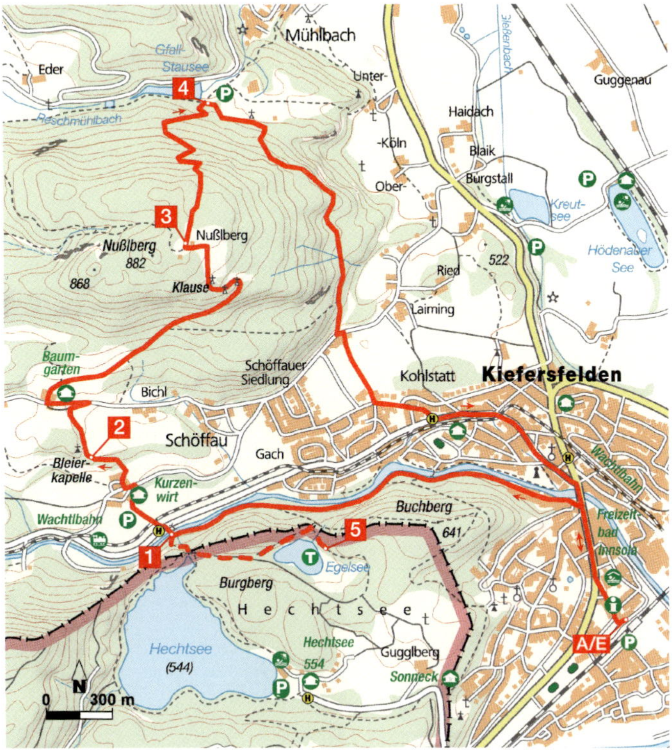

36

Petersberg (848 m)

Unbekannte Pfade durch die Wolfsschlucht

mittel | 520/520 Hm | 4.00 Std. | 7,7 km

Tourencharakter
Wanderung auf teilweise steigähnlichen Pfaden, die Trittsicherheit erfordern

Ausgangspunkt
Pkw: Parkplatz am Bhf. Flintsbach (480 m)
Bahn: Bhf. Flintsbach (480 m)

Endpunkt
Wie Ausgangspunkt

Gipfel
Petersberg (848 m), höchster Punkt 950 m

Anfahrt Pkw
A 8 München–Salzburg bis zum Inntaldreieck, weiter auf der A 93 der Inntalautobahn bis zur Ausfahrt Brannenburg, an der Ausfahrt links nach Brannenburg, bereits nach wenigen Metern links abbiegen Richtung Flintsbach, in einer Rechtskurve der abknickenden Vorfahrtsstraße geradeaus weiter bis zum Bahnhof Flintsbach

Verkehrsanbindung ÖPNV
Bahn München–Kufstein bis Flintsbach

Gehzeiten
Bhf. Flintsbach – Petersberg 2¾ Std. – Bhf. Flintsbach 1¼ Std.

Beste Jahreszeit
Anfang April bis Mitte November nach Schneefreiheit

Einkehr/Unterkunft
Berggasthaus Petersberg (848 m)
Berggasthaus Hohe Asten (1104 m, Abstecher)

Karte
AV-Karte BY 16 Mangfallgebirge Ost

Zwischen zwei Steinbrüchen mit der Geräuschkulisse der Inntalautobahn. Sind wir hier richtig? Ja! Denn bald zieht ein idyllischer Pfad vorbei an den Wasserfällen der Wolfsschlucht. Im letzten Anstieg führt ein kurzer, seilversicherter Steig zum Petersberg.

Die Wolfsschlucht, unser Ausgangspunkt Zwischen den Steinbrüchen bei Fischbach verbirgt sich ein spannender Weg durch die Wolfsschlucht. Wunderschöne Wasserfälle begleiten unseren Weg, bei Trockenheit lieblich, nach Regenfällen spektakulär. An der unteren Kaskade gibt es zudem zwei übereinanderliegende Höhleneingänge zu bewundern. Hinter den Wasserfällen brauchen wir ein wenig Gespür, besonders im Herbst, wenn Laub den Pfad bedeckt, um den Weg durch den Buchenwald hinauf zu finden. Aber genau darin liegt ja der Reiz »vergessener Pfade«. Nach einem Stück des offiziellen Wanderweges zur Hohen Asten geht es dann über einen kurzen, seilgesicherten Steig von Süden her hinauf zum Petersberg.

Der Aufstieg von Flintsbach Wir gehen vom Ⓐ **Bahnhof Flintsbach** und den Parkplätzen aus, die Straße in Verlängerung der Brücke etwa 20 Meter Richtung Flintsbach. An der nächsten Wegkreuzung folgen wir links

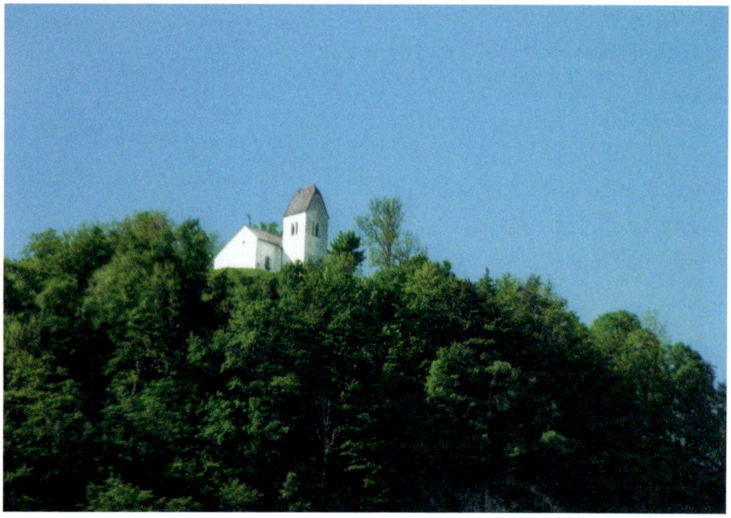

Hoch thront das Petersbergkircherl über dem Inntal.

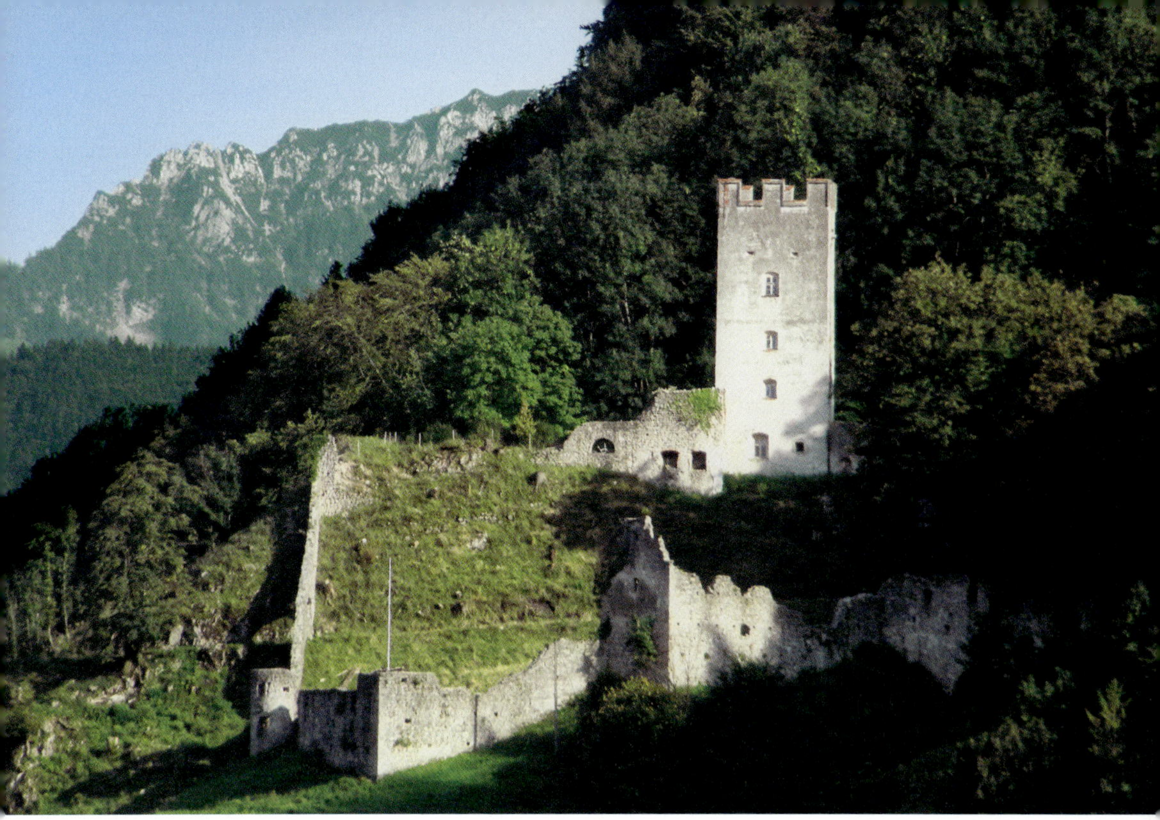

dem Wegweiser »Sportgaststätte« durch die Bahnunterführung. An der darauffolgenden Weggabelung biegen wir rechts ab auf einen breiten Schotterweg, dem Wegweiser »Rundweg Inndamm« folgend. An der nächsten Weggabelung gehen wir dann, der Beschilderung »Fischbach, Inndamm, Gletschergarten« folgend, nach links. An der nächsten Weggabelung folgen wir der Rechtskurve des Weges zum Bahndamm hin ohne Beschilderung. Wir gehen nun durch die Bahnunterführung und weiter auf dem Gletschergartenweg bis zur Hauptstraße in ❶ **Fischbach**. Wir überqueren die Hauptstraße und gehen nun in die Markbachstraße entlang des Baches. Am Ortsende führt die Straße in den Wald. Dort gehen wir links über die Brücke und folgen der Beschilderung »Wolfsschlucht, Wasserfälle« entlang des Baches. Wir überqueren nun rechts einen Steg und folgen dem Wanderpfad in die Schlucht. Über einen weiteren Steg kommen wir an den Wasserfällen der unteren Kaskade vorbei. Nun gehen wir an einer Weggabelung ohne Beschilderung rechts bergauf zu den Wasserfällen der mittleren Kaskade. Dort geht es dann weiter bergauf über einige Stufen. Nun können wir die ❷ **Wasserfälle** der oberen Kaskade vom nächsten Steg aus sehr gut sehen. Wir gehen nun den Steg wieder zurück und steigen rechts weiter bergauf. Dann ist die Wegführung schlecht einsehbar. Der Weg wird nun flacher und führt in einer Rechtskurve wieder auf den Wasserfall

Die Burg Falkenstein fügt sich schön in die Bergwelt ein.

Hohe Asten

Wer noch weiter hinaufmöchte, kann am Ende des Aufstieges dem gut beschilderten Weg hinauf zur ❻ **Hohen Asten** folgen. Das ist der höchste Bergbauernhof in Deutschland, der zu einer ausgiebigen Einkehr einlädt. Die Gehzeit vom Abzweig bis zur Hohen Asten beträgt eine Dreiviertelstunde, der Abstieg etwa eine halbe Stunde, bevor es wieder, mit oder ohne Petersberg, auf der beschriebenen Wanderroute zurück nach Flintsbach geht.

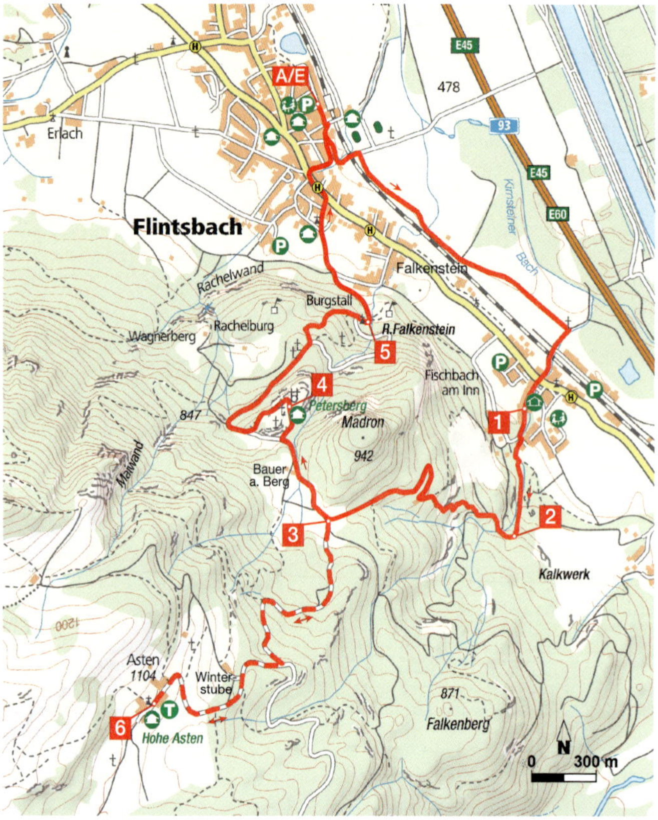

bzw. Bach zu, den wir hier rechts über den letzten Steg überqueren. Wir gelangen nun auf einen Forstweg, dem wir rechts leicht ansteigend wenige Meter folgen. An der nächsten Weggabelung geht es nach links, ebenfalls nur wenige Meter bergauf mit dem Wegweiser »Hohe Asten«. Nun zweigt ein kleiner, leicht zu übersehender Pfad rechts ohne Beschilderung steil bergauf durch den Bergwald ab. Dieser Pfad teilt sich wenig später. Wir wählen den rechten Pfad, der in Kehren unter überhängenden Felswänden entlangführt. Später treffen beide Wege wieder zusammen. Wir gelangen nun an einen Windbruch und folgen der Pfadspur weiter bergauf. Nun endet der Pfad an einem Forstweg, dem wir flach nach rechts folgen. Der Forstweg führt in einer Linkskehre leicht

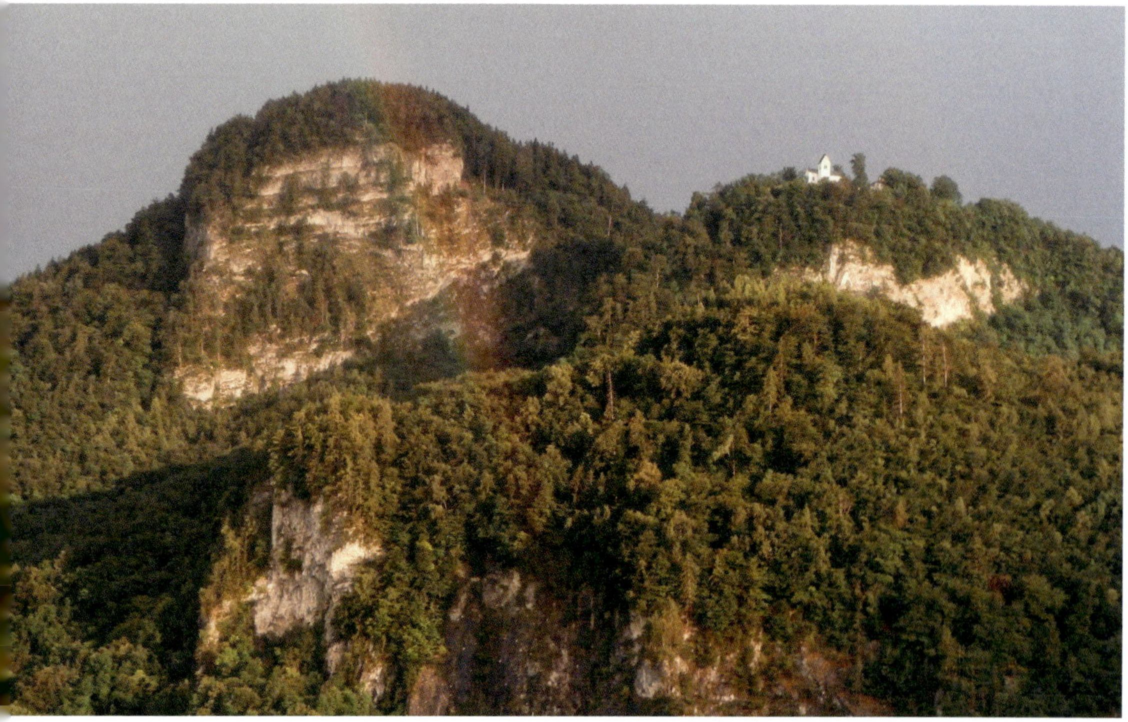

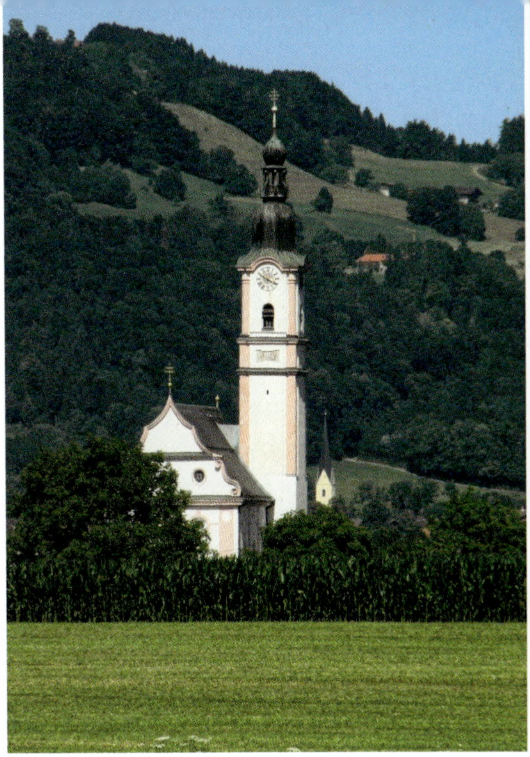
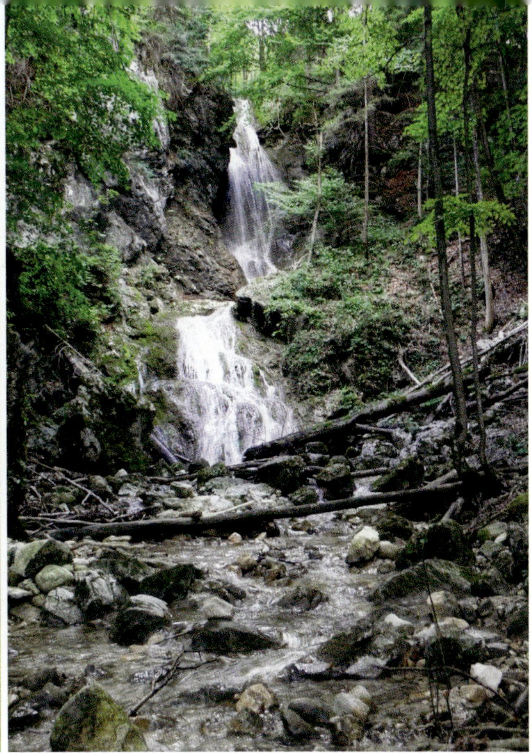

Weithin sichtbar – die Pfarrkirche St. Martin zu Flintsbach (oben links)

Kaum bekannt und imposant: die Wasserfälle der oberen Kaskade der Wolfsschlucht (oben rechts)

bergauf. Am nächsten Abzweig gehen wir rechts. Dies ist ein ehemaliger Forstweg, der allerdings so zugewachsen ist, dass nur noch ein kleiner Pfad sichtbar ist. Wir überqueren noch eine Bergwiese und gelangen so auf einen breiten Schotterweg, den ❸ **Wanderweg** zur Hohen Asten.

Wieder in der Zivilsation angelangt Wir folgen dem Schotterweg rechts zunächst eben, dann bergab, vorbei am Hof »Wagner am Berg«. An der nächsten Weggabelung gehen wir dann rechter Hand auf einem seilversicherten Steig noch wenige Meter zum ❹ **Petersberg**. Oben angelangt, können wir entweder am Gipfelkreuz eine ausgiebige Rast machen oder im Berggasthaus Petersberg einkehren. In beiden Fällen haben wir eine traumhafte Aussicht über das Inntal nach Rosenheim und hinüber zum Heuberg, der bereits zu den Chiemgauer Alpen gehört. Danach lohnt noch eine Besichtigung der gleichnamigen Wallfahrtskirche.

Der Abstieg vom Petersberg Wir gehen den Wanderweg, vorbei am Petersbergkircherl, in Kehren bergab. An einer Gabelung des Forstwegs halten wir uns nun scharf rechts bergab, ohne Beschilderung. Wir folgen danach erneut der Rechtskurve des Forstweges bergab. Nach der Kapelle zweigt linker Hand ein Weg ohne Beschilderung ab. Gleich darauf an der nächsten Weggabelung gehen wir nun rechts und gelangen so auf einen Steig, der durch den Buchenwald in einigen Kehren bergab führt. Wieder am Forstweg angelangt, folgen wir diesem weiter bergab, vorbei an der ❺ **Burg Falkenstein**. Im Tal gehen wir dann auf dem Astenweg zur Hauptstraße, der wir nur einige Meter links folgen. Dann geht es rechts in die Innstraße; die weitere Wegstrecke entspricht der Aufstiegsroute, so gelangen wir wieder zurück zum Ⓔ **Bahnhof Flintsbach** und zu den Parkplätzen.

Linke Seite: Das Petersbergkircherl, links daneben der Große Madron

37

Eibelkopf (1317 m)

Wiesenbuckel unter dem Breitenstein

mittel | 560/560 Hm | 4.45 Std. | 13,8 km

Tourencharakter
Wanderung auf Forstwegen, Spazierwegen und Wanderpfaden

Ausgangspunkt
ÖPNV: Bhf. Geitau (770 m)
Pkw: Parkplatz Bhf. Geitau (770 m)

Endpunkt
Wie Ausgangspunkt

Gipfel
Eibelkopf (1317 m)

Anfahrt Pkw
A 8 München–Salzburg bis Ausfahrt Weyarn, über Miesbach, Schliersee Richtung Bayrischzell, zunächst den Abzweig Geitau rechter Hand ignorieren, am zweiten Abzweig den kleinen Schildern »Klooleithen, Wendelstein, Geitau Bahnhof« linker Hand zur Bahnunterführung an der Kneippanlage folgen, hier links wenige Meter zum Bahnhof fahren

Verkehrsanbindung ÖPNV
BOB nach Bayrischzell bis Geitau

Gehzeiten
Bhf. Geitau – Birkenstein ¾ Std. – Bucheralm 1 Std. – Eibelkopf ½ Std. – Schwaigeralm 1¼ Std. – Geitau Bhf. 1¼ Std.

Beste Jahreszeit
Mitte April bis Mitte November bei Schneefreiheit

Einkehr/Unterkunft
Schwaigeralm (880 m), Bucheralm (1232 m), Café Seidl (840 m)

Karte
AV-Karte BY 16, Mangfallgebirge Ost, Wendelstein, Großer Traithen

Der Eibelkopf versteckt sich unter der Schwarzwand des Breitensteins. Auch der Wendelstein grüßt herüber. Bei so viel Prominenz bleibt für diesen Berg kaum noch Platz für Aufmerksamkeit, obwohl er mit seinen Blumenwiesen am Gipfel ein kleines Paradies darstellt.

Der Eibelkopf Sogar die Einheimischen haben ihn fast vergessen. Denn rundherum haben wir nur klangvolle Bergnamen. Im Osten grüßen von weit her die Chiemgauer Alpen herüber. Davor stehen Hochsalwand, Rampoldplatte und der Wendelstein Spalier, und ganz nah ragt vor unseren Augen der Breitenstein auf. Weiter im Westen grüßen die Schlierseer und die Tegernseer Berge herüber. Bei Letzteren stechen der Wallberg und der Hirschberg heraus. Davor liegen idyllisch wie Spielzeughäuser die Bauernhöfe am waldreichen Rhonberg, der Rückseite des Schliersbergs. Nach Norden hin blicken wir über den Schwarzenberg weit hinaus ins Alpenvorland. An klaren oder föhnigen Tagen kann man hier sogar einige Münchner Großbauten erkennen, wie den Olympiaturm und so manches andere Hochhaus.

Schönere Sonnenuntergänge gibt es nicht Gehen Sie doch einmal in den Abendstunden im Juni oder Juli auf den Eibelkopf! Dann wird hier oben

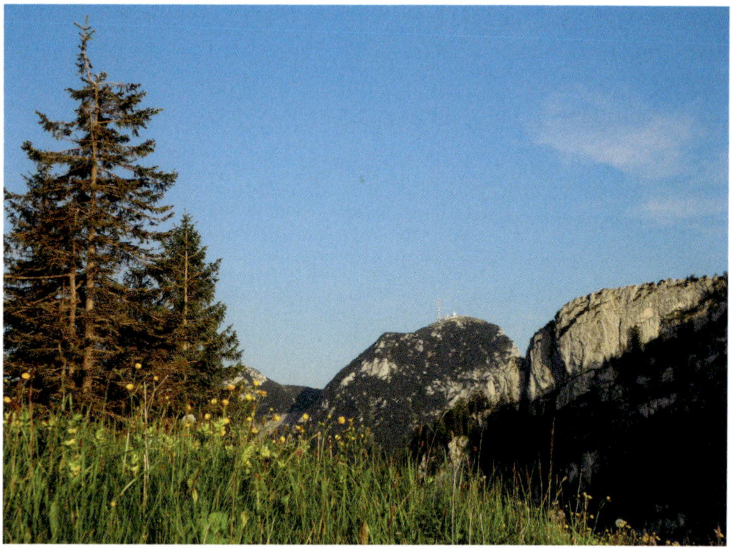

In der Abenddämmerung: Blick vom Eibelkopf auf den Wendelstein und die Schwarzwand unter dem Breitenstein

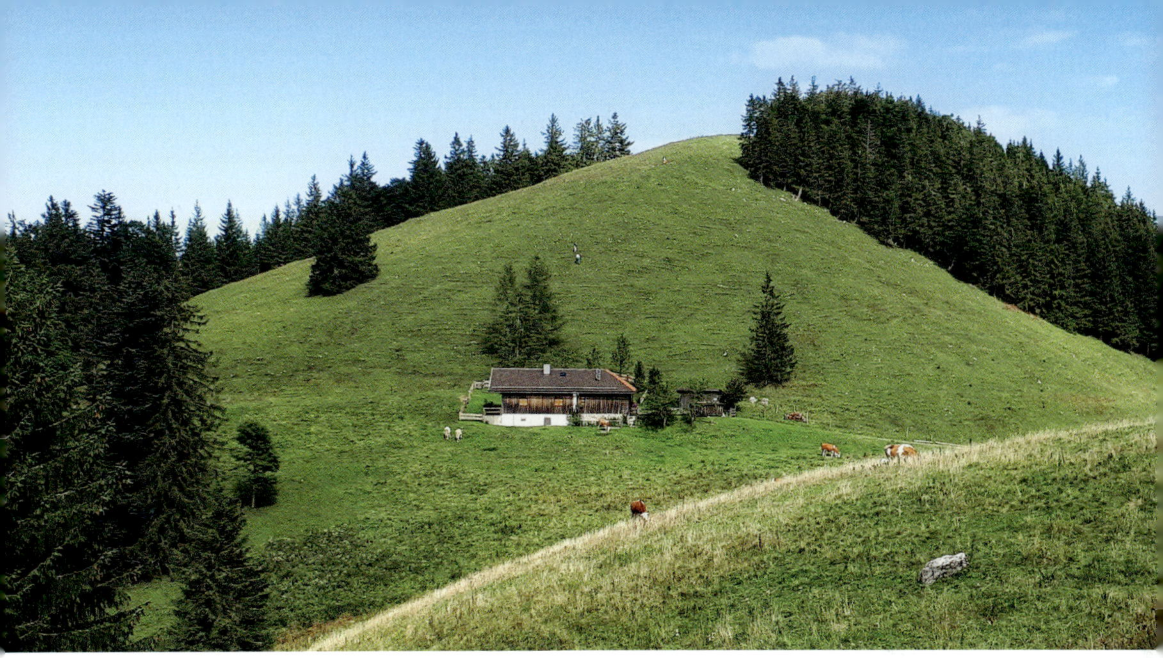

die Landschaft in ein stimmungsvolles, mildes Licht getaucht. Und die Sonne versinkt im nordwestlichen Flachland – schöner können Sonnenuntergänge nicht sein! Direkt um die Sonnwende will es hier oben gar nicht dunkel werden, dann leuchtet der Himmel noch lange in der Abenddämmerung.

Kleine beschauliche Welt: Über der Steingrabenalm thront der Eibelkopf.

Das Kulinarische Gleich mehrere Möglichkeiten bieten sich auf dieser Tour. Auf der traumhaft gelegenen Bucheralm kann man sich mit einer Brotzeit verwöhnen lassen, dazu gibt es ein Glas Ziegenmilch. Beim Abstieg am Nachmittag sind auf der Schwaigeralm besonders Kaffee und Kuchen zu empfehlen, mit Panoramablick vom Gastgarten über das Leitzachtal hinüber zum Brecherspitz. Zu guter Letzt bleibt noch in Birkenstein das altehrwürdige Café Seidl, das sich mit seinen Kuchen und Torten über das Leitzachtal hinaus einen Namen gemacht hat.

Der Breitenstein Direkt hinter dem Eibelkopf fällt senkrecht die Schwarzwand vom Breitenstein ab. Schwarzwand wird sie deshalb genannt, weil sie nach Norden hin zumeist dunkle Schatten wirft – ein bizarrer Kontrast zu unserem stimmungsvollen Blumenberg. Von allen Seiten strömen die Wanderer dort herauf. Zwischen dem Westgipfel des Breitensteins, auch Bockstein genannt, und dem wenige Meter höheren Ostgipfel liegt die Hubertushütte – sicher auch ein Grund, warum es so viele Wanderer auf diesen Berg zieht. Unter den Skitourengehern ist im Winter der Anstieg über die Bucheralm beliebt. Das sogenannte Fensterl, ein natürliches Felsentor, liegt in der Südwestflanke des Berges. Es ist aber nur über unmarkierte und steile Steige zu erreichen.

Nach Birkenstein Vom Ⓐ **Bahnhof** und Parkplatz Geitau gehen wir links auf einer geteerten Fahrstraße. Diese gabelt sich wenig später. Hier gehen wir links dem Wegweiser »Fischbachau-Birkenstein« nach durch die Bahnunterführung. An den nächsten Weggabelungen folgen wir dem gleichen Wegweiser, den ich nicht mehr er-

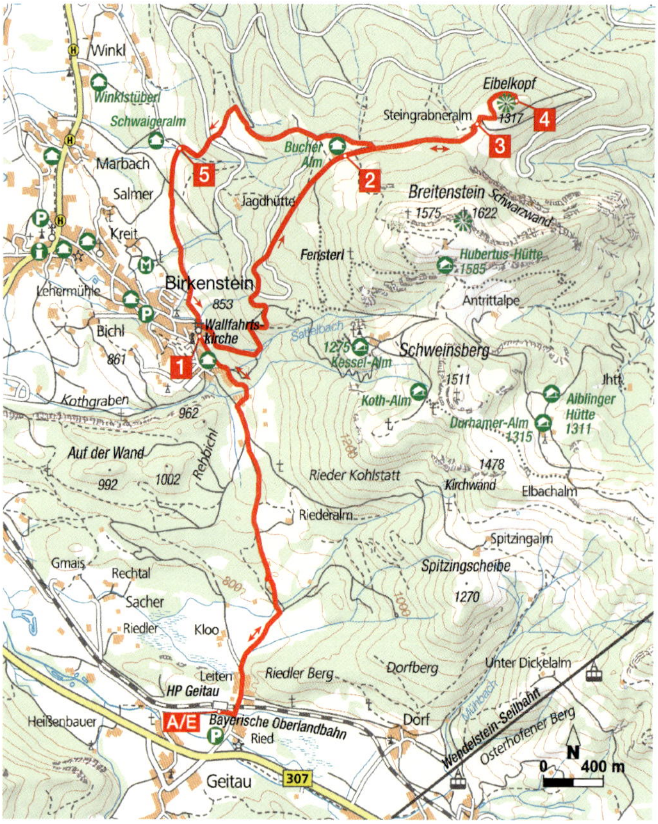

wähnen werde. Ein Forstweg führt uns hier zunächst durch eine Allee, dann steil bergauf, später wieder eben über weite Grasflächen zu einer Schranke. Hier gehen wir an der Weggabelung rechts bergauf, dem Schild »Kesselalm, Breitenstein« folgend, dann beschreibt der Weg eine Linkskurve. An der nächsten Weggabelung gehen wir nur wenige Meter linker Hand bergab, dann zweigt ein Pfad rechts mit dem Schild »Birkenstein« weitgehend eben zur ❶ **Wallfahrtskirche Birkenstein** ab.

Der Aufstieg zum Eibelkopf Bei der Wallfahrtskirche Birkenstein überqueren wir nun die Bachbrücke des Sattelbachs und halten uns rechts. Zwei Wege führen hier bergauf. Wir nehmen den rechten, kleineren Wanderweg; der Wegweiser »Brei-

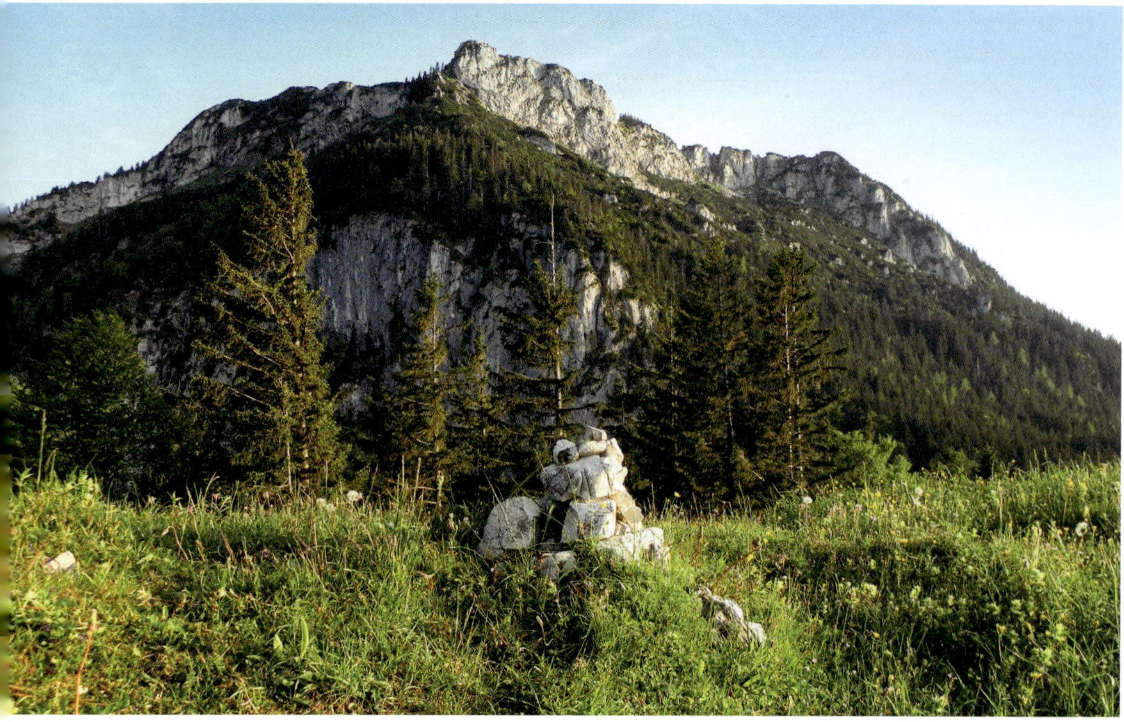

tenstein, Kesselalm« leitet uns bergauf. An der nächsten Weggabelung gehen wir dann links auf dem Forstweg Richtung Kesselalm. In Kehren windet sich der Forstweg bergauf. An der nächsten Weggabelung folgen wir dem Forstweg links, vorbei an einer Schranke mit dem Schild »Bucheralm«. Dann zweigt links der Weg zur Schwaigeralm ab. Hier gehen wir ein kurzes Stück, wieder mit dem Wegweiser »Bucheralm«, geradeaus. Dann nehmen wir an der nächsten Forstweggabelung den linken Weg, kurz danach zweigt rechter Hand ein Weg ab mit dem Wegweiser »Bucheralm über Wanderweg«, dem wir bergauf durch den Wald folgen. Wir kreuzen einmal die Forststraße und folgen weiter dem gleichen Wegweiser auf dem Wanderweg bis zur ❷ **Bucheralm**. Kurz davor ignorieren wir das Schild »Breitenstein« rechter Hand und folgen direkt an der Bucheralm dem Schild »Jenbachtal, Bad Feilnbach«, nun auf einem Forstweg in östlicher Richtung. An der nächsten Forstweggabelung folgen wir geradeaus der Beschilderung »Steingrabneralm«. Der Weg verengt sich bald zu einem Pfad durch den Wald mit bemoosten Felsen. So gelangen wir auf einen Wiesensattel. Dort gehen wir ohne Beschilderung links den Weg wenige Meter zur ❸ **Steingrabneralm**. Noch vor der Alm gehen wir dann weglos rechter Hand im direkten Anstieg zum Gipfel des ❹ **Eibelkopfs**.

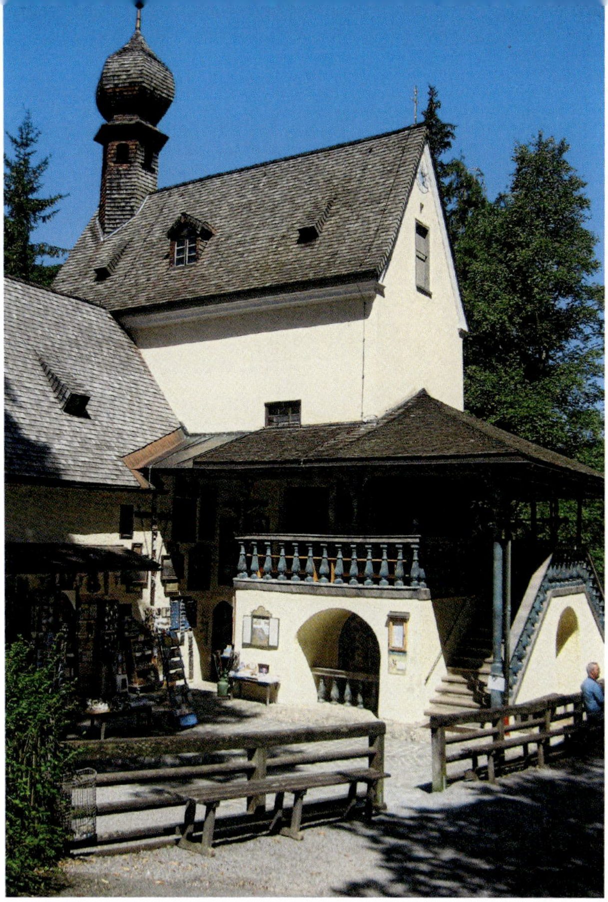

Die Wallfahrtskirche Birkenstein

Zur Schwaigeralm Zunächst geht es auf dem Anstiegsweg, vorbei an der ❸ **Steingrabneralm** und durch den Wald, zurück. Dann ändert sich die Route. An der nächsten Forstweggabelung folgen wir rechter Hand dem Wegweiser zur Schwaigeralm, den wir in der Folge nicht mehr erwähnen, bis dorthin. Nun geht es rechts über Almwiesen und weiter am Waldrand bergab. Den Abzweig nach Elbach rechter Hand ignorieren wir in der Folge und gehen weiter geradeaus. Nach einem Stück am Waldrand geht es wieder in den Wald und hier gleich linker Hand, zur Zeit der Begehung ohne Beschilderung, durch ein Gatter bergab. Wir kreuzen einen Wanderweg und gehen auf dem Pfad über die Bergwiesen hinunter zur ❺ **Schwaigeralm**. Dort folgen wir auf dem Premium-Wanderweg den Wegweisern »Birkenstein«, die ich in der Folge bis dorthin nicht mehr erwähne. So wandern wir an der Wegkreuzung nach Marbach geradeaus. Ebenso am Abzweig nach Kreit, Salmer, bis wir die ❶ **Wallfahrtskirche Birkenstein** erreichen. Ab hier entspricht die restliche Wegstrecke, der des Hinweges, zurück zum Endpunkt am Ⓔ **Bahnhof** und Parkplatz Geitau.

Linke Seite: Abendliche Idylle – Blick vom Eibelkopf hinüber zum Beitenstein

38

Schweinsberg (1514 m)

Einsamer Bruder des Breitensteins

mittel | 780/780 Hm | 7.00 Std. | 16,9 km

Tourencharakter
Wanderung auf unmarkierten Steigen, die absolute Trittsicherheit erfordern sowie auf Wander- und Forstwegen

Ausgangspunkt
ÖPNV: Bhf. Geitau (770 m)
Pkw: Parkplatz Bhf. Geitau (770 m)

Endpunkt
Wie Ausgangspunkt

Gipfel
Schweinsberg (1514 m), Feuerhörndl (1285 m)

Anfahrt Pkw
A 8 München–Salzburg bis Ausfahrt Weyarn, über Miesbach, Schliersee Richtung Bayrischzell, zunächst den Abzweig Geitau rechter Hand ignorieren, am zweiten Abzweig den kleinen Schildern »Klooleithen, Wendelstein, Geitau Bhf.« linker Hand zur Bahnunterführung an der Kneippanlage folgen

Verkehrsanbindung ÖPNV
BOB nach Bayrischzell bis Geitau

Gehzeiten
Geitau – Birkenstein ¾ Std. – Kesselalm 1½ Std. – Schweinsberg 1 Std. – Kesselalm 1½ Std. – Kesselschlucht – Birkenstein 1½ Std. – Geitau ¾ Std.

Beste Jahreszeit
Mitte Mai bis Ende Oktober bei absoluter Schneefreiheit

Einkehr/Unterkunft
Kesselalm (1135 m), Schwaigeralm (885 m, Abstecher)

Karte
AV-Karte BY 16 Mangfallgebirge Ost

Zu groß ist die Prominenz von Wendelstein und Breitenstein! Der Schweinsberg liegt dazwischen als liebenswertes Mauerblümchen mit respektabler Aussicht bis in die Hohen Tauern, auf einer interessanten Rundwanderung von der Wallfahrtskirche Birkenstein aus.

Der Schweinsberg Ganze Scharen von Wanderern sieht man auf den Breitenstein hinaufsteigen. Noch viel mehr Touristen stehen auf der Aussichtskanzel der Wendelstein-Bergstation. Ein wirklich imposanter Kontrast – ist man auf dem Schweinsberg doch von himmlischer Ruhe umgeben! Die Aussicht von hier kann sich durchaus auch sehen lassen. Erhebt sich doch neben den Bergen des Mangfallgebirges über dem Ursprungtal die Eispyramide des Großvenedigers. Unten im Leitzachtal liegen friedlich die Dörfer Fischbachau, Elbach und Hundham.

Der Blick vom Feuerhörndlfelsen So heißt der Felsen nahe der Kesselalm, auf dem eine Kapelle steht. Hier schweift der Blick über die Schlierseer Berge im Süden mit Aiplspitz, Jägerkamp und Brecherspitz hinüber bis zum Hirschberg, zur Baumgartenschneid und zum Wallberg. Ganz im Westen sehen wir die Benediktenwand und direkt vor uns thront der Schliersberg. Ein Panorama, das es verdient, genossen zu werden, vor allem in den Nachmittagsstunden, wenn alles in ein weiches Licht getaucht ist.

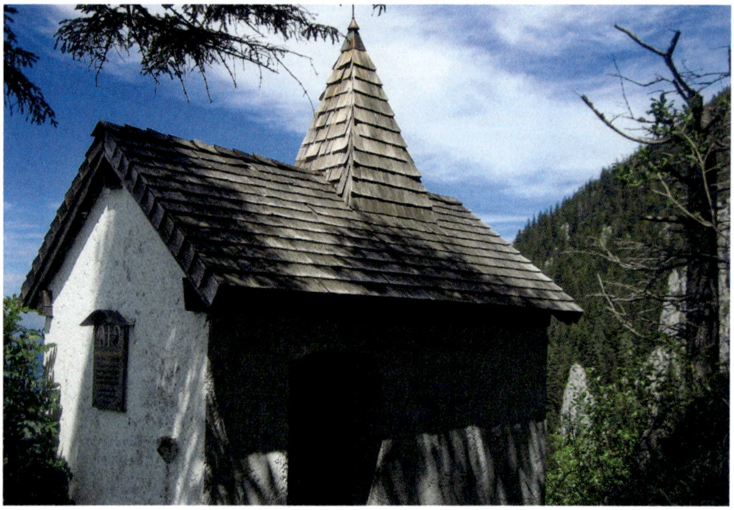

Wunderschön gegelegen, oft links liegen gelassen: die Kesselalmkapelle auf dem Feuerhörndlfelsen

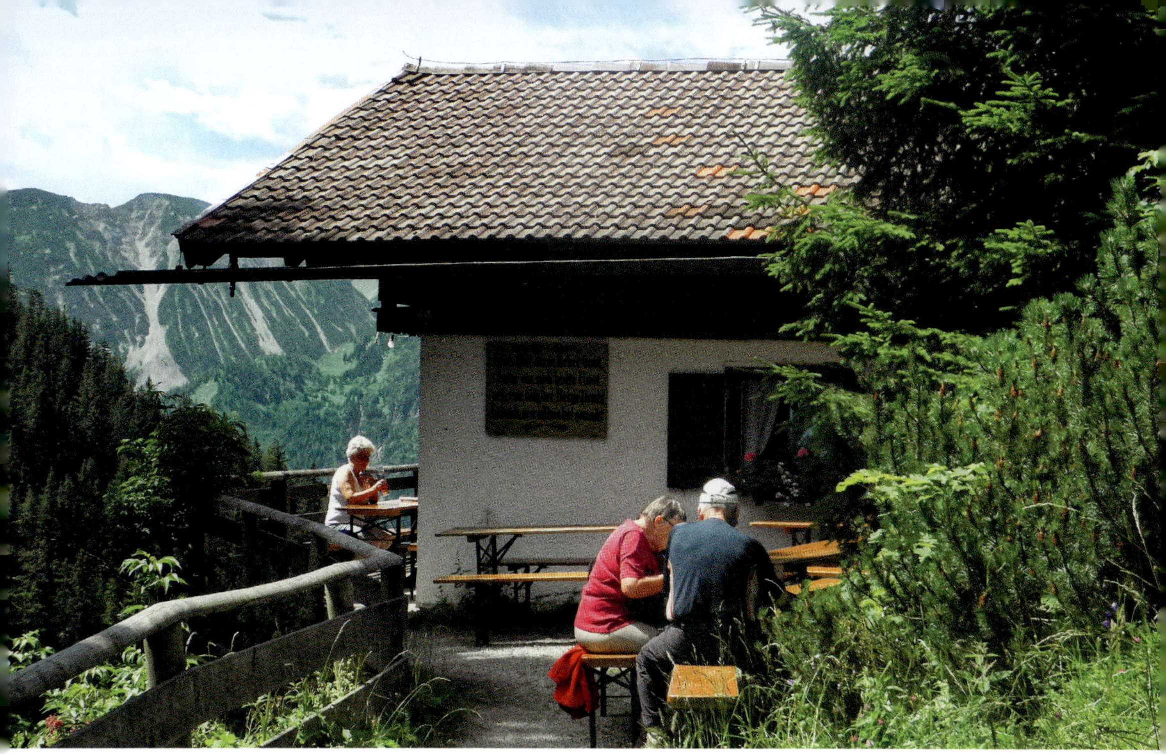

Kaspressknödelsuppe, Kaiserschmarrn: Auf der Kesselalm schmeckt es besonders gut.

Nach Birkenstein Vom Ⓐ **Bahnhof und Parkplatz Geitau** gehen wir linker Hand auf einer geteerten Fahrstraße. Diese gabelt sich wenig später. Hier folgen wir links dem Wegweiser »Fischbachau-Birkenstein«. An den nächsten Weggabelungen folgen wir dem gleichen Wegweiser, sodass ich ihn nicht mehr erwähne. Ein Forstweg führt uns hier zunächst durch eine Allee, dann steil bergauf, später wieder eben über weite Grasflächen zu einer Schranke. Hier gehen wir an der Weggabelung rechter Hand bergauf mit dem Schild »Kesselalm, Breitenstein«, dann beschreibt der Weg eine Linkskurve. An der nächsten Weggabelung gehen wir nur wenige Meter links bergab, dann zweigt ein Pfad rechter Hand mit der Beschilderung »Birkenstein« weitgehend eben zur Wallfahrtskirche Birkenstein ab.

An den heiligen Wassern bergauf Bei der ❶ **Wallfahrtskirche Birkenstein** überqueren wir nun auf einer Brücke den Sattelbach und halten uns rechts. Zwei Wege führen hier bergauf. Wir nehmen den rechten kleineren Wanderweg, der grüne Wegweiser »Kesselalm« leitet uns bergauf. Direkt an der nächsten Weggabelung – gegenüber steht das Schild zur Kesselalm mit deren Öffnungszeiten – führt uns ein schmaler Waldpfad in den rechten Berghang. Wir überqueren einen breiten, nun vermehrt zugewachsenen Schotterweg und folgen ein paar Meter weiter rechts dem Waldpfad bergan. In der Folge wird eine Steilstufe gequert, bis wir an den

Das Breitensteinfenster

Wer zuvor am Abzweig zum ❽ **Breitensteinfenster** jenes noch erklimmen möchte, darf auf einem steilen schmalen Pfad in etwa einer Dreiviertelstunde hier herauf steigen. Das Breitensteinfenster gilt als ein Wahrzeichen des gleichnamigen Berges, das durch einen ungewöhnlichen riesigen Felsbogen gebildet wird. Allerdings ist der Weg nur bei trockenen Wegverhältnissen zu empfehlen. Auf Windbruch ist zu achten! Gespür für die Pfadspur ist erforderlich.

Felsabsatz und an einen kleinen Wasserfall gelangen. Hier führt der Steig fast senkrecht – mit Wurzeln, die auch einige gute Haltegriffe bilden – bergan. Dann geht es flacher weiter. Gleich ist auch die Forststraße zur Kesselalm erreicht, der wir ein kurzes Stück folgen. Kurz vor einer betonierten Bachbrücke, bevor der Hauptweg aus dem Wald tritt, zweigt, schwer einsehbar, ein Pfad linker Hand ab. Zunächst eben, dann leicht bergauf, später dann in Serpentinen angenehm durch den Bergwald geht es hinauf bis zur ❷ **Kesselalm**. Nach einer zünftigen Einkehr gehen wir nordwestlich der Kesselalm hinauf über eine Wiese zur ❸ **Kesselalmkapelle** auf dem Feuerhörndlfelsen.

Die Schweinsbergrunde Wieder an der ❷ Kesselalm angelangt, wandern wir ein Stück in Richtung »Breitenstein, Aiblinger Hütte«, bis wenig später rechts der Weg zum Schweinsberg bergauf abzweigt. An der ❹ **Kothalm** geht es mit diesem Wegweiser links in den Sattel unter dem ❺ **Schweinsberg**, dann ist es auch nicht mehr weit bis zum Gipfel. Zurück geht es wieder bis zum Sattel und dort nun weiter in südlicher Richtung zur ❻ **Elbachalm**. Nun links bergab über die Durhamer Alm, vorbei am Abzweig zur Aiblinger Hütte, den Schweinsberg umrundend zur ❷ **Kesselalm**. Dabei wird der Abzweig zum »Breitenstein« rechter Hand ignoriert. Auf dem bekannten Hinweg geht es zurück zum Endpunkt Ⓔ **Bahnhof und Parkplatz Geitau**.

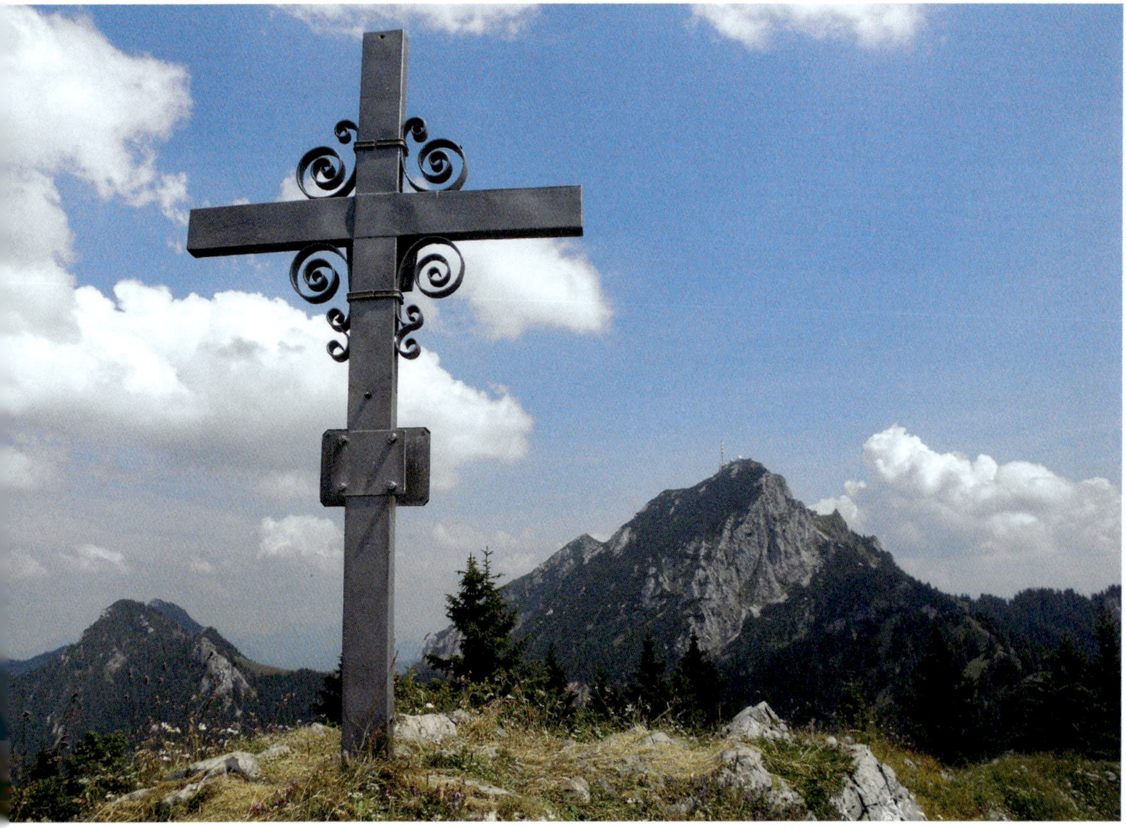

Einsam zwischen dem bekannten Wendelstein und dem Breitenstein – das Gipfelkreuz des Schweinsbergs

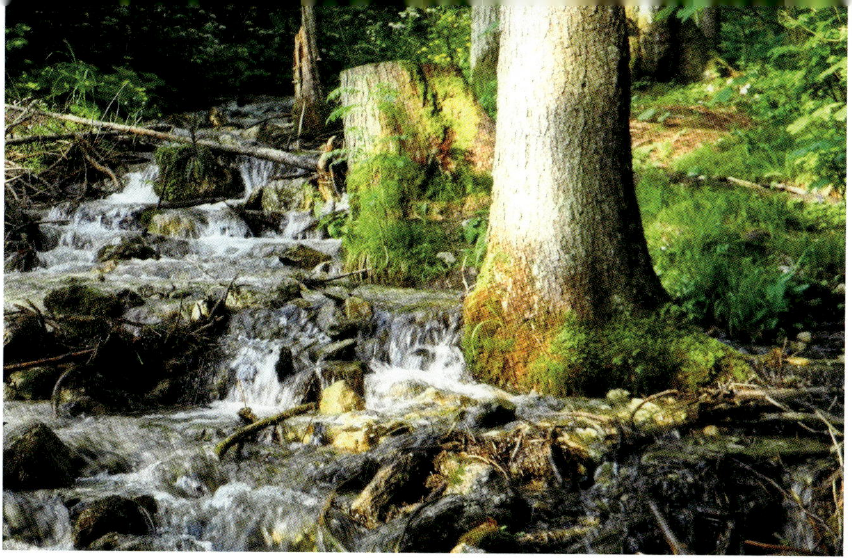

Mystisches Wasser: am Sattelbach nahe der Wallfahrtskirche Birkenstein

Der Abstieg über die Kesselschlucht Natürlich können Sie auch auf dem Herweg zurückgehen, ebenso auf den markierten Wegen. Aber wer es etwas abenteuerlich mag, der sollte durch die Kesselschlucht absteigen; etwas Spürsinn ist hier gefragt. Wir verlassen hierzu die Kesselalm in östlicher Richtung und folgen ein kurzes Stück dem Forstweg zum Breitenstein. Dann, nach wenigen Metern an der ersten Almhütte, folgen wir linker Hand nur kurz einem breiten Schotterweg und gehen über die Almwiesen erneut links bergab, bis im Talgrund, auf der anderen Bachseite, ein Pfad durch die Kesselschlucht abwärts führt. Dabei mündet der Weg vom Breitensteinfenster ein, dem wir weiter bergab folgen. Am Forstweg angelangt, folgen wir diesem talwärts, gehen an der nächsten Gabelung links, ebenso an der darauffolgenden, hier nur wenige Meter auf einem breiten Schotterweg. Dann zweigt der Weg rechts in einen schönen Waldsteig mit dem Wegweiser »Schwaigeralm« ab. In angenehmem Gefälle geht es durch den Bergwald. An einem breiten Schotterweg angelangt, folgen wir dem letzten Wegweiser »Schwaigeralm« links steil bergab. Nun lohnt gegebenenfalls noch ein Abstecher zur ❼ **Schwaigeralm** rechter Hand, andernfalls geht es hier links auf dem Premium-Wanderweg zurück zur ❶ **Wallfahrtskirche Birkenstein**, mit schönen Tiefblicken über Fischbachau in das Leitzachtal.

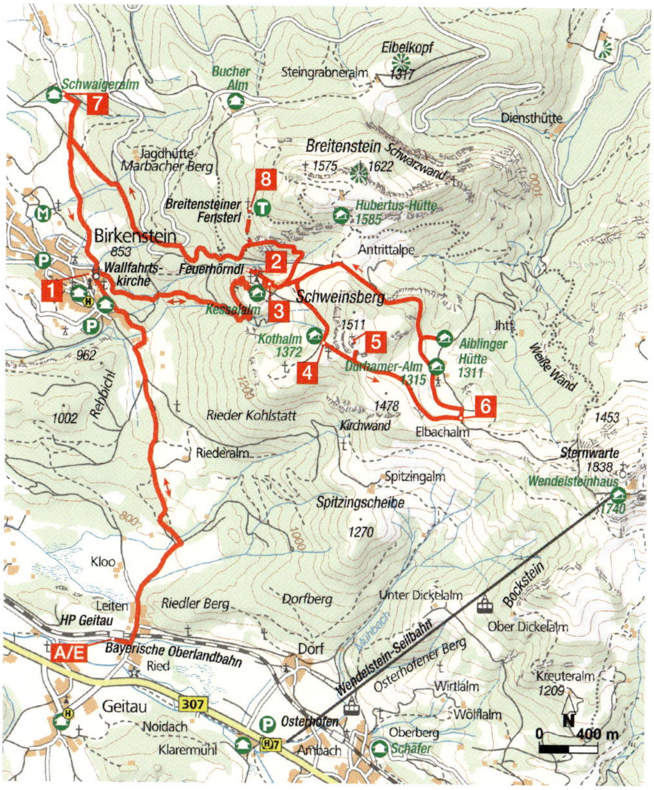

39

Stolzenberg (1609 m)

Drei-Seen-Blick – Drei-Gipfel-Tour

schwer 710/710 Hm 5.00 Std. 10,5 km

Tourencharakter
Breite Schotterwege und Steige, am Gipfel felsdurchsetzter Kammpfad. Nach Regen sollten die Wege mindestens zwei Tage abtrocknen.

Ausgangspunkt
ÖPNV: Halt Spitzingsee-Kirche (1090 m)
Pkw: Parkplatz Spitzingsee-Kirche (1090 m)

Endpunkt
Wie Ausgangspunkt

Gipfel
Stolzenberg (1609 m), Roßkopf (1579 m)

Bergbahn
Stümpflingbahn, www.alpenbahnen-spizingsee.de

Anfahrt Pkw
A 8 München–Salzburg, Ausfahrt Weyarn, über Schliersee weiter Richtung Bayrischzell, nach Fischhausen-Neuhaus der Spitzingstraße bis Spitzingsee-Kirche folgen

Verkehrsanbindung ÖPNV
Bahn München–Bayrischzell bis Fischhausen-Neuhaus, Bus 9562 nach Spitzingsee bis Spitzingsee-Kirche

Gehzeiten
Spitzingsee-Kirche – Untere Haushamer Alm 1 Std. – Stolzenberg 1 Std. – Roßkopf 1¼ Std. – Untere Haushamer Alm 1 Std. – Spitzingsee-Kirche ¾ Std.

Beste Jahreszeit
Ende Mai bis Ende Oktober bei absoluter Schneefreiheit

Einkehr/ Unterkunft
Jagahütt'n (1484 m, Abstecher zur Bergstation Stümpflingbahn)

Karte
AV-Karte 7/1 Tegernsee-Schliersee

Stolzenberg, Rotkopf und Roßkopf – diese Gipfel können auf einer interessanten Kammwanderung miteinander verbunden werden. Dabei grüßen gleich drei Seen von unten herauf – Tegernsee, Spitzingsee und ganz nah der Grünsee, der seinem Namen mit der Farbe alle Ehre macht.

Der Stolzenberg Nicht allzu viele Wanderer zieht es auf diesen Berg. Denn er will erst einmal erobert werden – steinig, wurzelig und nach Regenfällen zudem sehr rutschig. Doch einmal oben angelangt wird man belohnt. Nordseitig mit Tiefblicken auf den Spitzingsee, nach Süden grüßt durch die Tannen an klaren Tagen sogar die Gletscherpyramide des Großvenedigers und im Westen baut sich hinter dem Karwendel die Zugspitze auf. Zudem kann man sich im Juli und August in den satten Blaubeermatten seinen Nachtisch zur Brotzeit selber pflücken.

Über den Stolzenberg zum Roßkopf Vom Ⓐ **Parkplatz und der Bushaltestelle Spitzingsee-Kirche** geht es am Spitzingsee über die Brücke der Roten Valepp zur Wurzhütte. Dort wendet man sich links in den Roßkopf-

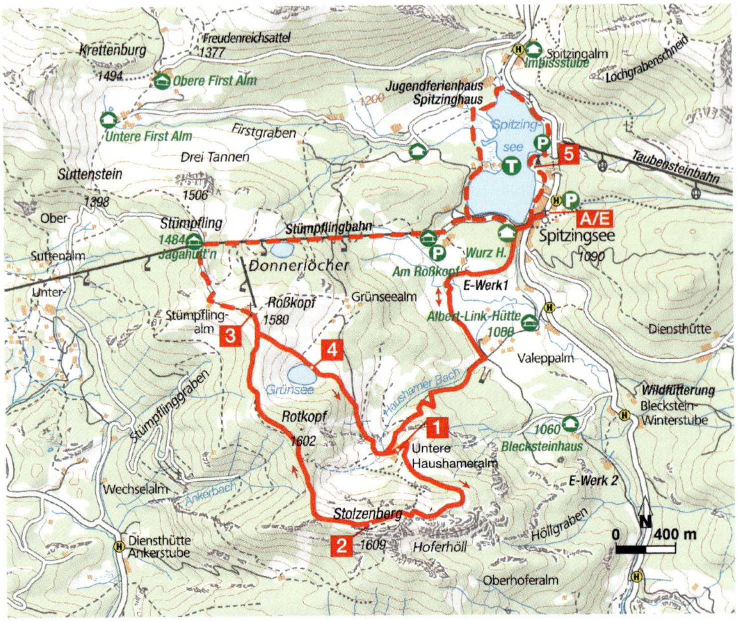

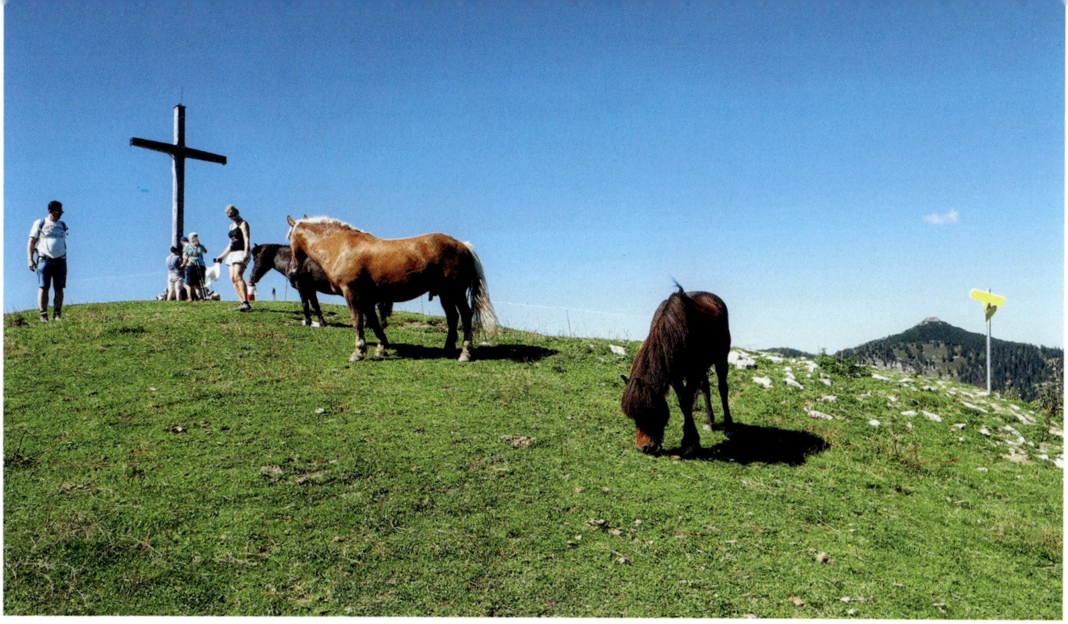

weg mit der Beschilderung »Blecksteinhaus, Albert-Link-Hütte«. In einem weiten Bogen wird ein Skilift gequert, dann führt der Weg nach Süden zu einer markanten Wegkreuzung. Hier geht es rechts steil bergauf mit dem Wegweiser »Stolzenberg«. Vor der ❶ **Unteren Haushamer Alm** wendet man sich mit der gleichen Beschilderung nach links, passiert die Alm und geht nun auf einem Wandersteig in südöstlicher Richtung. Einige steile Hangstufen werden überwunden, dabei geht es erst durch Wald, dann über Almwiesen, bis der felsige Schlussanstieg zum ❷ **Stolzenberg** wartet. Oben angelangt, geht es nun flacher in einem felsigen Auf und Ab weiter, immer in Nähe der Hangkante nach Westen, bis rechts, nordwärts der Pfad steil in Kehren durch den Wald mit der Beschilderung »Rotkopf, Stümpfling« abbricht. Fast eben führt dann der Weg vom Fuße des Stolzenberges weiter nach Norden. Rechts wird nun der steile Abstieg nach »Spitzingsee-Ort« ignoriert. Man bleibt weiter auf dem Kammweg in nördlicher Richtung, nun wieder ansteigend. Dabei wird der Rotkopf unterquert, bis man auf den letzten Metern über die Almwiesen den ❸ **Roßkopf** erreicht.

Der Name passt: Pferde weiden am Roßkopf

Wem der Abstieg zu viel ist, der folgt den Wegweisern zur Stümpflingbahn, in etwa einer Viertelstunde ist man dort. Von der Talstation wandert man ein Stück neben der Zufahrtsstraße bergab und dann am Südufer des Spitzingsees nach Spitzingsee-Kirche.

Alle anderen gehen wieder wenige Meter auf dem Anstiegsweg zum Roßkopf zurück und folgen durch ein Gatter linker Hand dem unbeschilderten Steig steil bergab hinunter zum ❹ **Grünsee**. Dort geht es, jetzt in mäßigem Gefälle, weiter bis zur ❶ **Unteren Haushamer Alm**. Die restliche Wegstrecke entspricht der Aufstiegsroute und führt zurück zu den Endpunkten Ⓔ **Parkplatz/Bushaltestelle Spitzingsee-Kirche**.

Den See umrunden

Wer noch Zeit hat, kann sich noch eine Umrundung des ❺ **Spitzingsees** vornehmen. Am besten nach der Tour am späten Nachmittag, wenn sich die Touristenströme am See wieder ins Tal bewegt haben. Nahe Spitzingsee-Kirche gibt es auch einen Bootsverleih für eine Fahrt auf dem See. Ebenso erreicht man in Spitzingsee-Ort ein öffentliches Badeufer.

40 Jägerkamp (1746 m), Rotwand (1884 m)

»Vergessene Pfade« über dem Spitzingsee

schwer 1170/1100 Hm 8.00 Std. 16,9 km

Tourencharakter
Wanderung auf Wanderwegen, aufgelassenen Steigen, auch auf Forststraßen; kurzzeitig wegloses Wiesengelände; Trittsicherheit und Schwindelfreiheit erforderlich

Ausgangspunkt
ÖPNV: Halt Spitzingsattel (1127 m)
Pkw: Parkplatz Spitzingsattel (1127 m)

Endpunkt
Wie Ausgangspunkt

Gipfel
Jägerkamp (1746 m), Benzing (1735 m), Rauhkopf (1689 m), Rotwand (1884 m)

Bergbahn
Taubensteinbahn, www.alpenbahnen-spizingsee.de

Anfahrt Pkw
A 8 München–Salzburg, Ausfahrt Weyarn, über Schliersee weiter Richtung Bayrischzell, nach Fischhausen-Neuhaus der Spitzingstraße bis zum Spitzingsattel folgen

Verkehrsanbindung ÖPNV
Bahn München–Bayrischzell bis Fischhausen-Neuhaus, Bus 9562 nach Spitzingsee bis Spitzingsattel

Gehzeiten
Spitzingsattel – Jägerbauernalm 2 Std. – Jägerkamp 1 Std. – Taubensteinbergstation 1¼ Std. – Rotwandhaus 1 Std. – Rotwand ¼ Std. – Schwarzenkopfhütte 1¾ Std. – Spitzingsattel ¾ Std.

Beste Jahreszeit
Ende Mai bis Ende Oktober bei absoluter Schneefreiheit

Einkehr/ Unterkunft
Rotwandhaus (1737 m), Stüberl Bergstation Taubensteinbahn (1604 m)

Karte
AV-Karte 7/1 Tegernsee-Schliersee

Eine ganze Reihe »vergessener Pfade« liegt über dem Spitzingsee zwischen Jägerkamp und Rotwand. So gestaltet sich der Weg nach Süden, der Sonne entgegen, zu einer abwechslungsreichen, romantischen Tour. Zuvor sollte es allerdings ein paar Tage nicht geregnet haben.

Jägerkamp und Rotwand Gerne werden diese beiden Paradeaussichtsgipfel über dem Spitzingsee von der Bergbahn der Taubensteinbahn aus begangen. So spart man sich viele Höhenmeter. Dabei gibt es reizvolle Alternativen zu den gängigen Aufstiegsrouten, Trittsicherheit und Schwindelfreiheit vorausgesetzt. Außerdem sollte es zuvor einige Tage nicht geregnet haben, damit man trockene Steige antrifft. Allerdings kann im Herbst der zumeist im Schatten liegende erste Wegabschnitt beim Aufstieg vom Spitzingsattel zum Abzweig Jägerbauernalm an der Lawinenverbauung auch dauerhaft rutschig sein. Dann braucht es alpine Erfahrung und natürlich gutes Schuhwerk mit einer Profilgummisohle. Von beiden Gipfeln kann man an klaren Tagen eine nahezu perfekte Aussicht

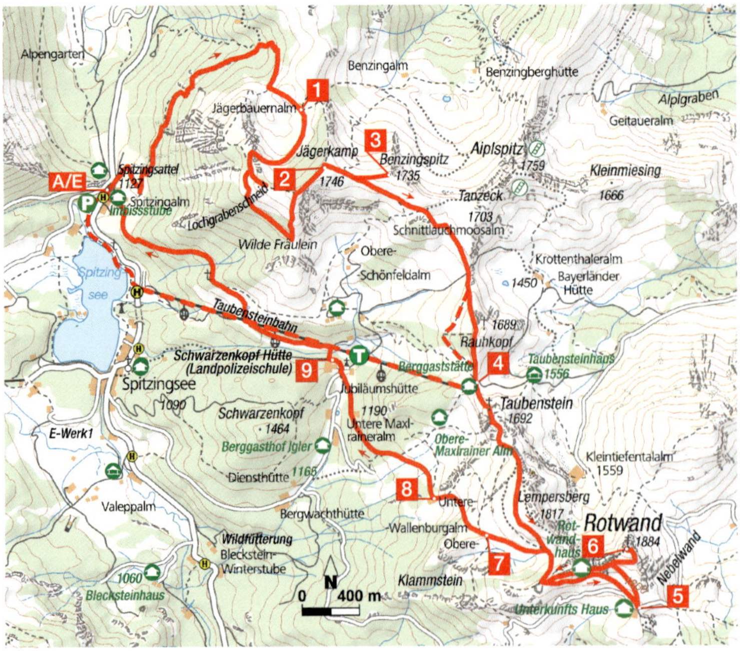

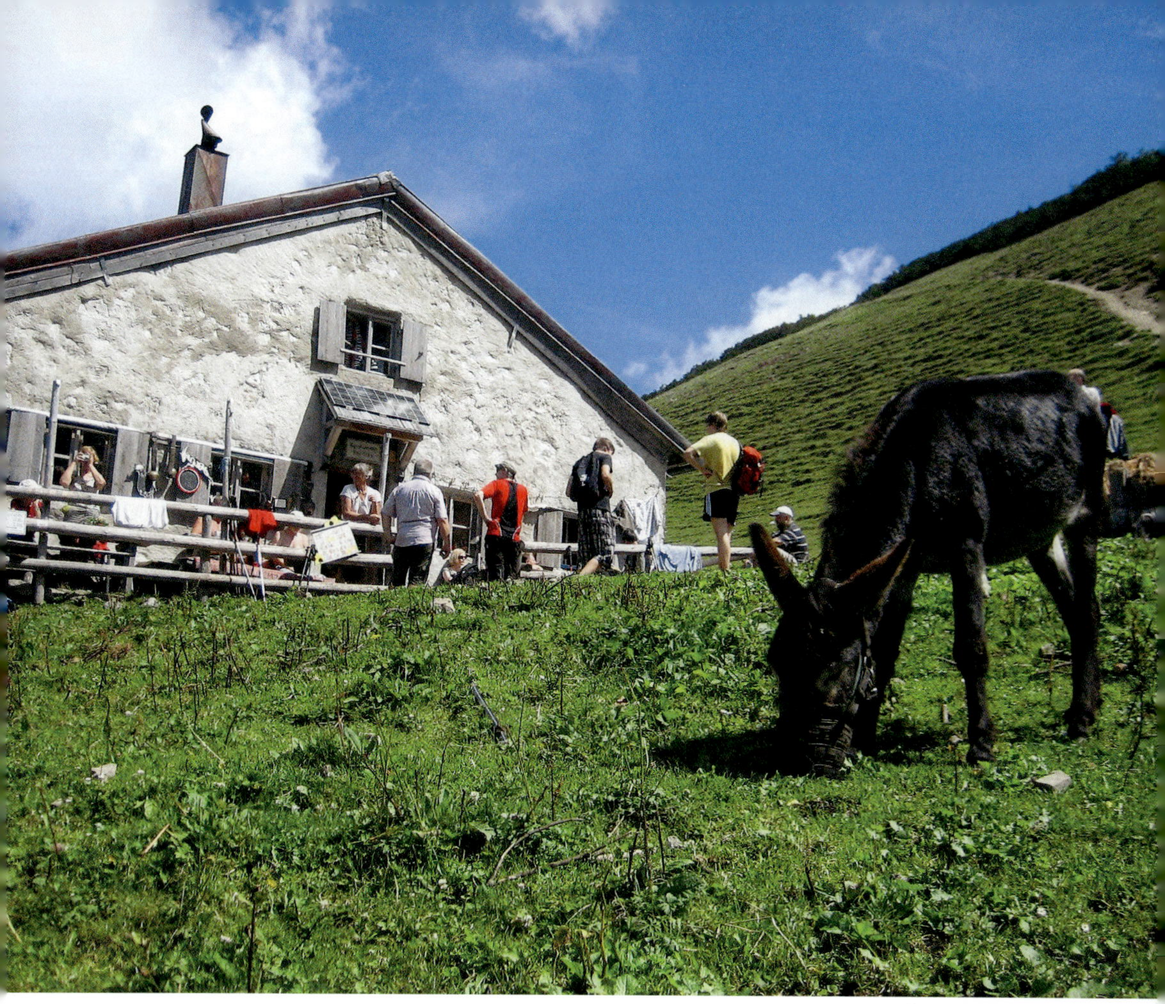

genießen. Rundherum die Prominenz des Mangfallgebirges mit Wendelstein, Breitenstein, Wallberg und Brecherspitz. Ganz im Westen sieht man sogar die Zugspitze. Und im Süden, über dem Kamm des Sonnwendjochs, erheben sich die Eisriesen der Hohen Tauern und der Zillertaler Alpen.

Gemütliche Brotzeit auf der Jägerbauernalm

Der Aufstieg zum Jägerkamp Von der Ⓐ **Haltestelle und Parkplatz Spitzingsattel** geht es am nordöstlichen Ende des Parkplatzes rechter Hand in angenehmer Steigung in Serpentinen bergan durch die Bergwiesen. An der ersten Gabelung hält man sich rechts im Wiesengelände. So erreicht man später lichten Bergwald und quert dabei einige Schuttreisen, bis an einer Lawinenverbauung der meist glitschige Steig rechter Hand, dürftig seilgesichert, die Felspassage durchquert. So ist man bald wieder im Bergwald und erreicht den zum Jägerkamp hinaufziehenden Wanderweg, dem man nach rechts folgt. Am Rand des Talkessels folgt man dann linker Hand einem Pfad durch die Latschen bis zur ❶ **Jägerbauernalm**. Hier geht es rechts unbeschildert in die Querung des Kessels, unterhalb der Latschen. In Serpentinen steigen wir weiter bergan in die Einsattelung der Jägerkamp-Umrahmung, der man anschließend links weiter bergauf durch die Latschengassen bis zum Gipfel des ❷ **Jägerkamp** folgt.

Nach Regenfällen

Wer doch in einen Regenguss am Nachmittag kommt, der sollte den rutschigen, steilen Abstieg über die Wallenburger Almen meiden und direkt auf dem Höhenweg von der Rotwand beziehungsweise vom Rotwandhaus zur Bergstation der Taubensteinbahn gehen. Nach der Abfahrt mit der Bergbahn geht es dann noch für Autofahrer am Spitzingsee etwa 20 Minuten zurück zum Spitzingsattel. ÖPNV-Anreisende können von der Talstation mit dem Bus zurückfahren.

Weiter zur Rotwand Nach Osten geht es nun wieder bergab zur Taubensteinbahn. Mit diesem Wegweiser orientiert man sich bis dorthin. Dabei lohnt sich noch ein Abstecher zum ❸ **Benzing**, indem man dem Bergkamm am Sattel unter dem Jägerkamp durch eine Latschengasse kurz bergan zum Gipfel folgt. Dann geht es wieder auf den Wanderweg zurück, und man orientiert sich wieder an den Wegweisern zur Taubensteinbahn. So wird die Schnittlauchmoosalm passiert und dann je nach Lust und Laune der Rauhkopf überstiegen oder umgangen, bis man zur ❹ **Bergstation der Taubensteinbahn** gelangt. Nun geht es weiter, den Wegweisern zur Rotwand folgend, zunächst unter dem Taubenstein vorbei, dann wird der Lämpersberg gequert. Am Gatter des Kirchstein dreht der Weg scharf nach links. So wird das ❺ **Rotwandhaus** erreicht, das sich für eine gemütliche Einkehr empfiehlt. Von dort sind es dann noch gerade 20 Minuten bergan bis zur ❻ **Rotwand**.

Wer nicht mehr bergab wandern möchte, kann auch mit der Taubensteinbahn zum Spitzingsee fahren (unten links).

Schöner Farbtupfer: Wegweiser und Geranien an der Bergstation der Taubensteinbahn (unten rechts)

Zurück zum Spitzingsattel Vom Gipfel der Rotwand geht es ein Stück bergab. An der ersten Kehre des Wanderweges folgt man unbeschildert dem Pfad westwärts, unter

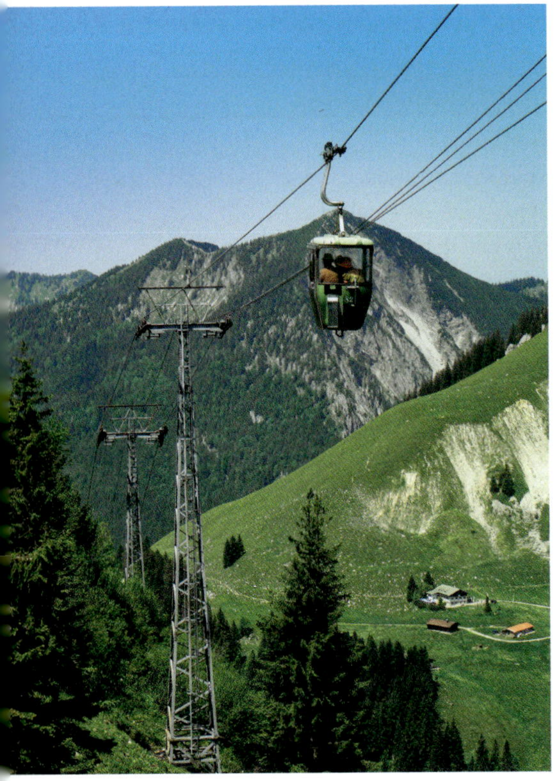

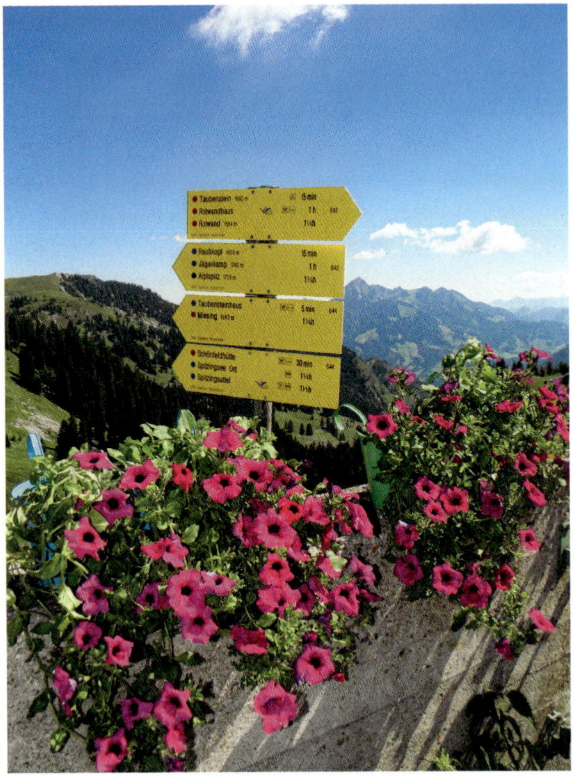

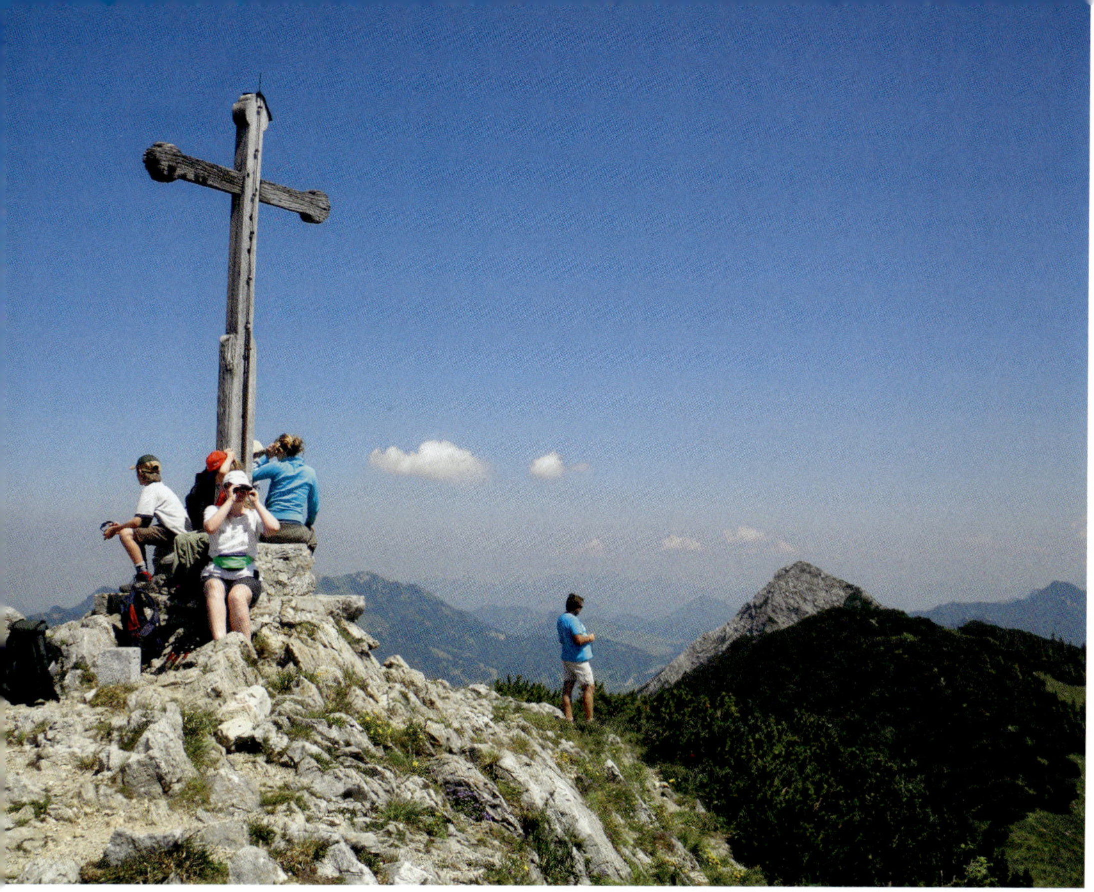

den Wänden der Rotwand bis zum Kirchstein. Hier geht es dann ein kurzes Stück rechts durch das Drehkreuz Richtung Taubensteinbahn. Wenig später folgt man, wieder unbeschildert, linker Hand dem Weg durch den Latschenkessel zur ⑦ **Oberen Wallenburger Alm**. Diese verlässt man in nordwestlicher Richtung bergab, bis man den Zaun passiert, um dann den fast senkrecht abfallenden Waldsteig über einige Stufen bergab zu wählen. Der gut erkennbare Pfad führt auf freie Bergwiesen. Hier geht es in einem Linksbogen hinunter zur ⑧ **Unteren Wallenburger Alm**. Dort folgt man in nördlicher Richtung weitgehend eben dem meist etwas morastigen Wiesenweg. So erreicht man neuerlich eine Bergwiese, die man quert zur Skiliftstütze 4. Am Waldrand folgt man so dem Weg hinunter Richtung Untere Maxlrainer Alm. Trifft man neuerlich auf diesen Wegweiser, geht man rechts durch das Gatter auf einen unbeschilderten, aber gut mit roten Punkten markierten Weg. Diesem folgt man durch den Bergwald leicht bergab, bis man eine Bergwiese erreicht, der man zum Sattel der ⑨ **Schwarzenkopfhütte** der Bayerischen Polizei an einer Fahrstraße folgt. Hier biegt man links auf einen breiten Schotterweg in den Wald ein. Ab jetzt orientiert man sich an den Wegweisern zum Spitzingsattel. So geht es an der nächsten Gabelung neuerlich links, nun weitgehend eben. Man taucht aus dem Bergwald, und der Blick geht über die Bergwiesen hinunter zum Spitzingsee. Dann folgen wir dem von rechts herunterziehenden Weg zum Spitzingsattel. Dieses Wegstück ist häufig morastig, zudem mit vielen Wurzeln und kleineren Felsblöcken durchzogen, bis dann Ⓔ **Haltestelle und Parkplatz Spitzingsattel** erreicht werden.

»Ich kann sogar die Zugspitze sehen!« – Gipfelglück am Jägerkamp

Für jeden Tag die richtige Tour

Nr.		Tour	🕘 (Std.)	+ÖPNV	km	⛰ (Hm)	🍴	☺	🏛	❄	☼	🌳	🚡	🌅	🚌
1	🟠	Schneibstein	8.00		20,2	600/1750	●		●		●		●	●	●
2	🔴	Grünstein	4.00		5,6	570/570	●	●						●	●
3	⚫	Hirschangerkopf	9.15		14,5	1200/1200					●				●
4	🔴	Freimahderkopf	4.00	0.30	7,0	570/570		●				●			●
5	🟠	Dötzenkopf	4.00	0.30	7,8	600/600	●	●				●		●	●
6	⚫	Dreisesselberg	5.30		10,6	330/1330	●	●	●		●		●	●	●
7	🟠	Gruberhörndl	4.30		8,1	610/610			●			●			
8	⚫	Saurüsselkopf	4.00		13,2	570/570			●			●			●
9	🟠	Richtstrichkopf	5.00	0.30	8,5	550/550						●		●	●
10	🔴	Hörndlwand	6.00		11,8	1030/1030	●				●			●	●
11	🟠	Hochscharten	4.45		8,1	720/720						●		●	●
12	🔵⚫	Engelstein	1.45	3.45	13,1	200/200	●					●			●
13	🟠	Hochgern	7.15	1.00	18,8	1300/1300	●					●			●
14	🔴	Rachlalm	3.00		9,5	410/410	●	●	●			●			●
15	🔵	Reifenberg	2.15	1.45	5,9	380/380	●			●	●				●
16	⚫	Gedererwand	5.45		8,4	660/660	●	●				●			
17	⚫	Kampenwand	6.15	1.00	14	180/1050	●				●	●	●		●
18	🔴	Haindorfer Berg	4.30		10,6	580/580	●		●			●			●
19	🔵	Herrenchiemsee	1.30	1.00	13,2		●	●	●			●		●	●
20	⚫	Hammerstein	4.30	0.30	13	670/670	●					●			●
21	🟠⚫	Predigtstuhl/ Spitzstein	7.30		17,5	1100/970	●				●				●
22	🔴	Riesenberg	6.00	0.30	22,8	1000/1000	●					●			●

Nr.		Tour	Gehzeit (Std.)	+ÖPNV	Länge (km)	Höhenunterschied (Hm)	Einkehr	Kindergeeignet	Sehenswürdigkeit	Wintergeeignet	Viel Sonne	Schattiger Weg	Seilbahn	Bademöglichkeit	ÖPNV
23	● (rot)	Dandlberg	2.45		5,8	160/160	●	●	●			●			
24	● (rot)	Pastaukopf	4.15		10,4	620/620						●			
25	● (rot) ● (schwarz)	Heuberg	4.15		8,1	610/610	●	●				●			
26	● (rot)	Walmberg	3.00		5,4	370/370		●			●				●
27	● (rot)	Sonnwendköpfl	5.00	1.45	10,3	610/610	●	●	●		●	●		●	●
28	● (rot)	Rudersburg	5.30	1.45	9,7	1050/1050	●				●	●			●
29	● (rot)	Harauer Spitze	3.45		6,8	510/510	●	●				●		●	●
30	● (rot)	Geigelstein–Wandberg	8.45	0.30	20,4	1350/1350	●				●				●
31	● (rot)	Feldberg	8.00	2.15	15	1370/1370	●				●				●
32	● (rot)	Heuberg	4.00	1.00	8,0	800/800					●				●
33	● (rot)	Gamskogel	7.45	1.00	21	1090/1090	●				●	●	●		●
34	● (rot)	Petersköpfl	7.15	1.00	9,9	1200/1200	●					●			●
35	● (rot)	Nuslberg	4.15		11,1	500/500		●	●			●			●
36	● (rot)	Petersberg	4.00		7,7	520/520	●	●	●			●			●
37	● (rot)	Eibelkopf	4.45		13,8	560/560	●		●			●			●
38	● (rot)	Feuerhörndl–Schweinsberg	7.00		16.9	780/780	●		●			●			●
39	● (schwarz)	Stolzenberg	5.00		10,5	710/710	●				●	●	●	●	●
40	● (schwarz)	Rotwand Jägerkamp	8.00		16,9	1170/1100	●				●		●	●	●

Piktogramme erleichtern den Überblick

- Gehzeit
- + ÖPNV (Gehzeit)
- Länge
- Höhenunterschied
- Einkehr
- Kindergeeignet
- Sehenswürdigkeit
- Wintergeeignet
- Viel Sonne
- Schattiger Weg
- Seilbahn
- Bademöglichkeit
- ÖPNV

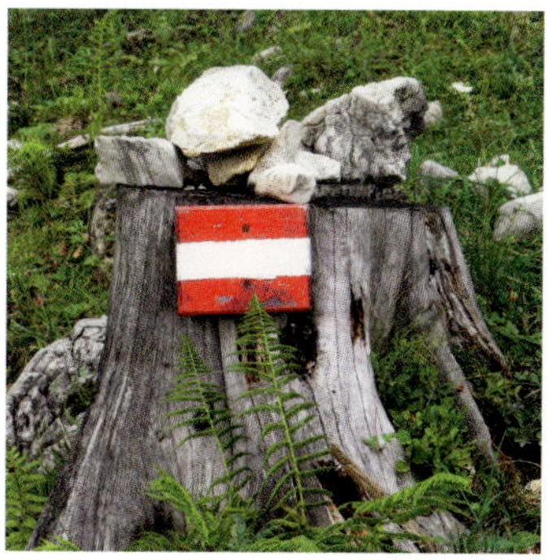

Markierung beim Aufstieg zur Rudersburg

PS:

Irgendwann lernt man es doch …

Jahrelang bin ich beim Schreiben meiner Bergbücher an sonnigen Tagen von Tour zu Tour geeilt, um die schönsten Fotomotive einzufangen. Daraus ergaben sich pro Tag manchmal zwei bis drei Touren. Effizient war es schon, schön aber nicht. Für dieses Buch habe ich bei schönstem Wetter nun auch gerne mal eine Stunde am Gipfel gesessen, um das wunderbare Panorama zu genießen. Wenn man eins nach dem anderen macht, respektive pro Tag nur eine Tour, bekommt man auch einen besseren Blick für die Details, die ein schönes Bildmotiv hergeben können. Schön ist es auch, wenn man spätabends bis in die Nacht hinein diese Tour beschreibt. Danach, am Ende der Beschreibung, geht es dann an die Auswertung der Bilder, und so zieht die Tour des Tages noch mal an einem vorbei. Ein wirklich schöner Moment, der einen Tag in den Bergen auf »vergessenen Pfaden« dann auch würdevoll abschließt und einen mit diesen Bildern belohnt …

Na klar, es wird immer voller, auch in den Bergen …

… höre ich die Wanderer reden. Die Hütten werden immer voller. Zudem überfüllte Parkplätze, auch die Züge sind am Wochenende manchmal brechend voll. Da heißt es, in die Nischen dazwischen zu schauen. Solch eine Nische sind die hier beschriebenen Touren, vor allem die in den Chiemgauer Bergen. Warum muss es immer der spektakuläre Aussichtsgipfel sein? Man fühlt sich dabei getrieben, will vor den anderen drankommen, will der Erste sein! Da denke ich an die vielen entlegenen und »vergessenen Pfade« in diesem Buch. Wie viel mehr Wanderqualität sie mir bieten und wie gut ein Vollkornbrot mit Bergkäse und einer Kaminwurzen am Berg doch schmecken kann! Dazu eine fantastische Aussicht, umgeben von den beschaulichen Geräuschen der Natur. Da rauscht ein Bach, dort windet sich ein Ast im Wind. Wohltuend entschleunigt, ganz nach dem Motto: Der Weg ist das Ziel. Ach ja, es wird immer voller in den Bergen? Nicht überall! Übrigens kann man sich so auch in vielen anderen Lebensbereichen seine Nischen suchen. Mal am Donnerstagabend um 19 Uhr in den Supermarkt gehen statt am Samstagvormittag, eine Stunde später am Freitagabend von der Arbeit heimfahren, anstatt im Stau zu stehen – ganz nach der Devise »azyklisch leben« …

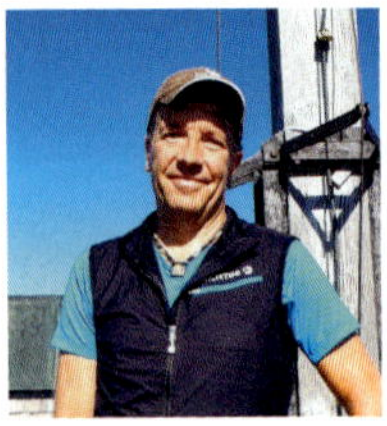

Michael Kleemann

In diesem Sinne …

… wünsche ich Ihnen, liebe Leserinnen und Leser, spannende, romantische und genussreiche Momente auf den V*ergessenen Pfaden*. Wandern Sie dort mit der gebotenen Behutsamkeit, achten Sie auf Waldschonungen und Wildschongebiete und hinterlassen Sie keine Spuren, damit uns auch in Zukunft diese entlegenen Wege erhalten bleiben, so wie ich sie vorgefunden habe.

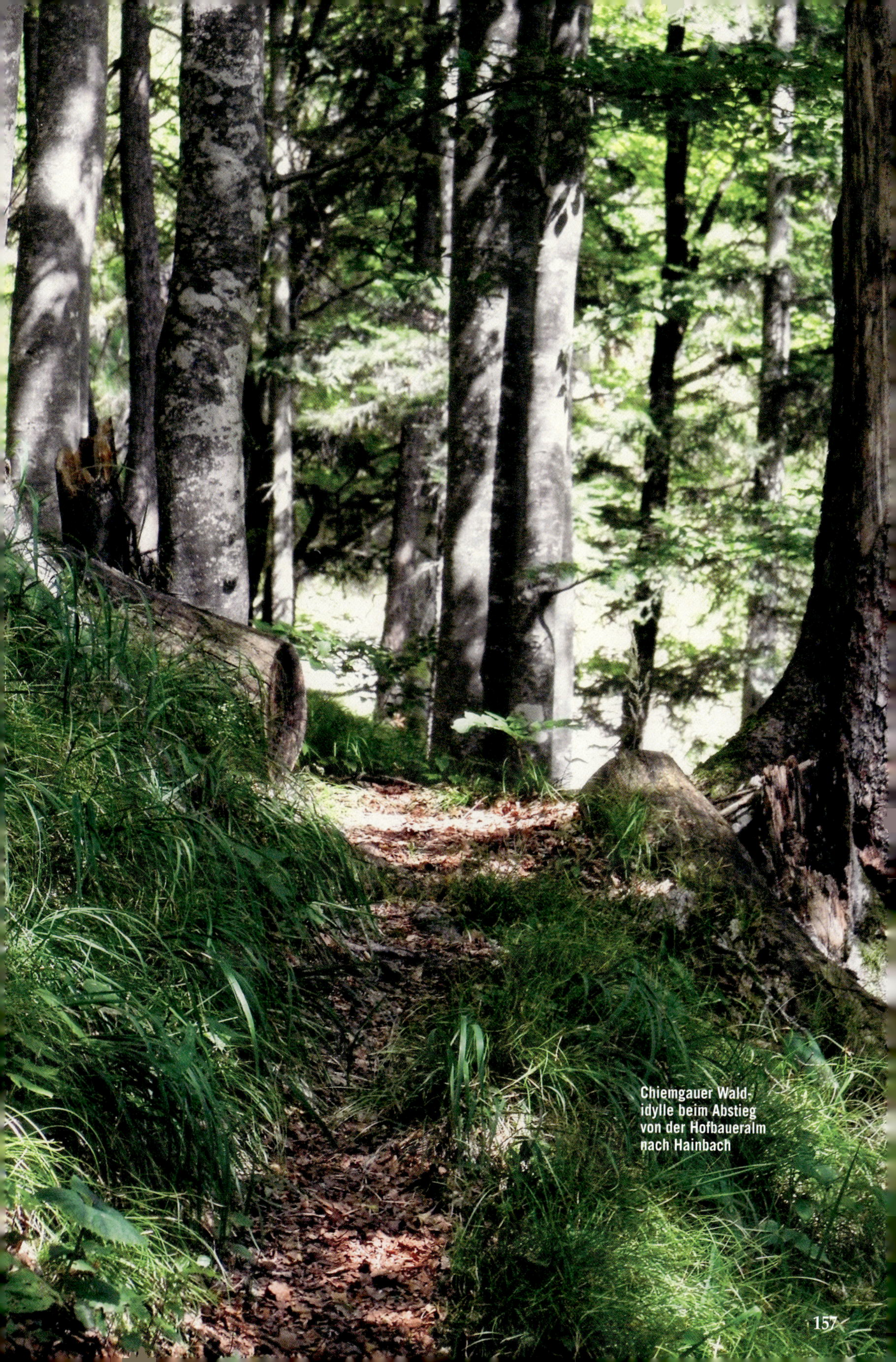

Chiemgauer Waldidylle beim Abstieg von der Hofbaueralm nach Hainbach

Register

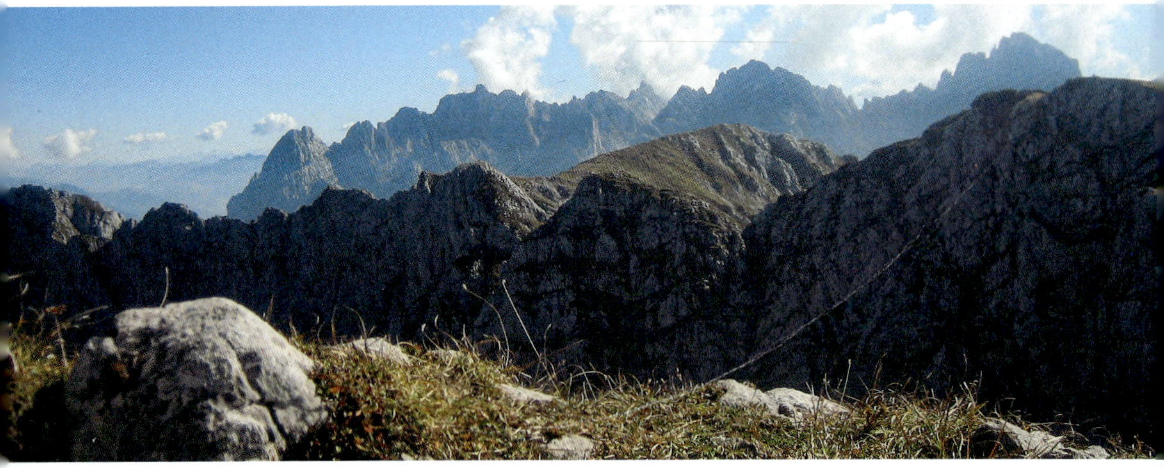

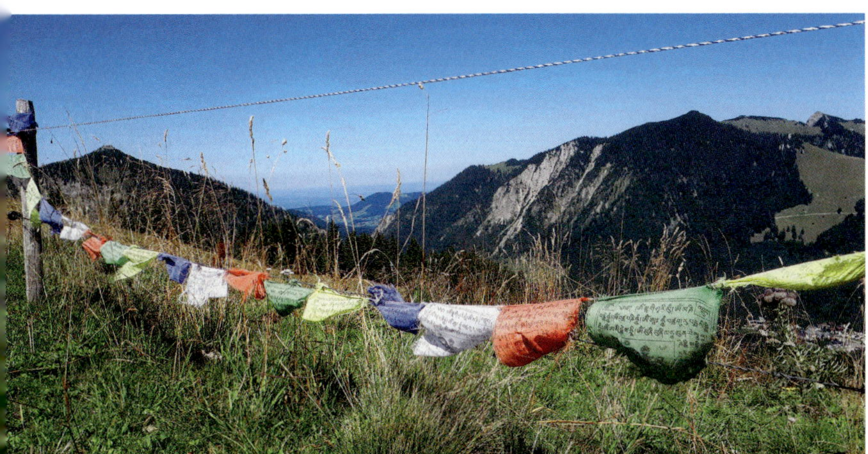

Kaiserliche Ausblicke auf den Zahmen und Wilden Kaiser (linke Seite)

Blick vom Roßkopf auf Brecherspitz (links) und Jägerkamp (rechts)

Impressum

Verantwortlich: Stefanie Krüger
Redaktion, Lektorat und Satz: Andreas Kubin
Umschlaggestaltung: Rudi Stix
Repro: Cromika
Kartografie: Bruckmann Verlag GmbH, Heidi Schmalfuß
Herstellung: Alexander Knoll
Printed in Slovenia by Florjancic

★★★★★

Sind Sie mit diesem Titel zufrieden? Dann würden wir uns über Ihre Weiterempfehlung freuen.
Erzählen Sie es im Freundeskreis, berichten Sie Ihrem Buchhändler, oder bewerten Sie bei Onlinekauf.
Und wenn Sie Kritik, Korrekturen, Aktualisierungen haben, freuen wir uns über Ihre Nachricht an Bruckmann Verlag, Postfach 40 02 09, D-80702 München oder per E-Mail an lektorat@verlagshaus.de.

Unser komplettes Programm finden Sie unter www.bruckmann.de

Alle Angaben dieses Werkes wurden vom Autor sorgfältig recherchiert und auf den neuesten Stand gebracht sowie vom Verlag geprüft. Für die Richtigkeit der Angaben kann jedoch keine Haftung übernommen werden, weshalb die Nutzung auf eigene Gefahr erfolgt. Insbesondere bei GPS-Daten können Abweichungen nicht ausgeschlossen werden. Sollte dieses Werk Links auf Webseiten Dritter enthalten, so machen wir uns die Inhalte nicht zu eigen und übernehmen für die Inhalte keine Haftung.

In diesem Buch wird aus Gründen der besseren Lesbarkeit das generische Maskulinum verwendet. Weibliche und anderweitige Geschlechteridentitäten werden dabei ausdrücklich mitgemeint, soweit es für die Aussage erforderlich ist.

Empfehlung der Redaktion
Sie sind auf der Suche nach weiterführender Literatur? Dann empfehlen wir Ihnen den Titel »Wandergenuss Chiemgau und Berchtesgadener Land« von Lisa und Wilfried Bahnmüller. Oder Sie werfen einen Blick in die Zeitschrift BERGSTEIGER. Hier werden Sie bestimmt fündig.

Bildnachweis: Alle Bilder im Innenteil und auf dem Umschlag stammen vom Autor mit Ausnahme von 7 l.u. Tourismusverband Kaiserwinkl, 32, 33, 34 Predigtstuhlbahn, Josef und Marga Posch GmbH & Co. KG, 35 Dr. Julia Krause, 56 Josef Niederbuchner Chieming, 91 l.o. Rainer Nitzsche, 116 l.u. Sportalpen-Marketing, 123 Tourismusverband Kaiserwinkl, 125 W9 Studios, 128 Lolin, 131 r.o. Panorama-Smart-Design

Umschlagvorderseite: Unterwegs zum Gipfel des Geigelsteins (Tour 30)
Umschlagrückseite: Nur noch wenige Meter bis zum höchsten Punkt des Pastaukopfs (Tour 24)

Die Deutsche Nationalbibliothek verzeichnet diese Publikation in der Deutschen Nationalbibliografie; detaillierte bibliografische Daten sind im Internet über http://dnb.d-nb.de abrufbar.

2. aktualisierte Auflage

ISBN: 978-3-7343-1329-5